Günter Burkart / Martin Kohli
Liebe, Ehe, Elternschaft

»FAMILIENWELTEN«
Herausgegeben von Rosmarie Welter-Enderlin
und Bruno Hildenbrand

Band I: Günter Burkart, Martin Kohli
Liebe, Ehe, Elternschaft
Die Zukunft der Familie

Mit Menschen verbindlich zusammenzuleben – verheiratet oder unverheiratet, alleinerziehend oder mit einem anderen, nichtbiologischen Elternteil – bedeutet eine Möglichkeit, in der Welt zu Hause zu sein. Und es bedeutet, im raschen Wandel gesellschaftlicher Verhältnisse Kontinuität zu erleben und zu vermitteln. Was aber sind die Quellen dieser Kontinuität? Wenn Eltern-Kind-Beziehungen im Prinzip unaufkündbar sind und wenn z.B. Eltern über gemeinsame Kinder verbunden bleiben, selbst wenn sie als Liebende getrennt sind: Was ermöglicht die Beständigkeit im Wandel? Wenn der Mensch nicht einfach mehr fraglos zu einer Gemeinschaft gehört, sondern sie selber immer wieder neu schaffen muß, woher nimmt er dann seine Wurzeln? In der Reihe »Familienwelten« werden diese Fragen aus unterschiedlichen Perspektiven beleuchtet. Allen Büchern gemeinsam ist das Anliegen, Einsichten in neue Gestaltungsmöglichkeiten von Zusammenleben in Familien zu geben, ohne zu belehren.

Günter Burkart
Martin Kohli

Liebe, Ehe, Elternschaft

Die Zukunft der Familie

Piper
München Zürich

ISBN 3-492-03498-5

Umschlag: Federico Luci
Gesamtherstellung: Clausen & Bosse, Leck
Printed in Germany

INHALT

Vorwort

Dieses Buch handelt von den Umwegen und Seitenpfaden, aber auch den ganz gewöhnlichen Bahnen, denen die meisten von uns folgen, um schließlich in Ehe und Familie anzukommen. Der Schwerpunkt liegt nicht auf den spektakulären Einzelerscheinungen, sondern auf der Vielfalt des Alltäglichen; auch auf dem, was oft übersehen wird, wenn vom Wandel der Familie die Rede ist. Wir wollen eine Grundlage für die Diskussion um die Zukunft der Familie schaffen – eine bessere Grundlage, als sie gerade bei diesem Thema häufig anzutreffen ist, wo kurzlebige Erscheinungen über Gebühr in den Vordergrund geschoben werden, wenn findige Journalisten ein neues Phänomen entdeckt zu haben glauben.

Wir verknüpfen soziologische Überlegungen und statistische Informationen mit Einsichten, die wir aus Gesprächen mit Frauen und Männern aus verschiedenen gesellschaftlichen Bereichen gewonnen haben. Wir stellen einzelne Probleme und Lebensformen detailliert dar: zum Beispiel Kinderlosigkeit, Alleinleben, Scheidung und Wiederverheiratung, die heimliche Liebe zur Familie, die Gleichgültigkeit gegenüber der Ehe, nichteheliches Zusammenleben. Wir versuchen, den Zusammenhang zwischen diesen Erscheinungsformen modernen Lebens auszuleuchten und sie vor ihrem historischen Entstehungshintergrund zu erklären. Immer aber kommen unsere Gesprächspartner selber ausführlich zu Wort.

Wir danken Beate Fietze dafür, daß sie in der ersten Phase der Untersuchung so engagiert beteiligt war. Einige Passagen aus Falldarstellungen gehen auf Formulierungen von ihr zurück. Doch sind am Ende allein wir beide dafür verantwortlich. Cornelia Heinz sowie Heidi Bohnet vom Lektorat des Verlags haben das Manuskript sorgfältig durchgesehen und wertvolle Verbesserungsvorschläge gemacht. Dafür sei ihnen herzlich gedankt, ebenso wie Inge Brauer und Dietmar Rost für Korrekturarbeiten. Wir danken den bereitwilligen Gesprächspartnerinnen und Gesprächspartnern, ohne die das Buch nicht hätte geschrieben werden können. Es versteht sich übrigens von selbst, daß wir ihnen andere Namen gegeben und manche persönlichen Details retouchiert haben.

Wenn wir so viele Frauen und vergleichsweise wenige Männer in unseren Fallbeispielen darstellen, dann mag das auch an unserem größeren Interesse für das andere Geschlecht liegen. Aber es spricht einiges dafür, daß die Frauen heute die interessanteren Lebensgeschichten haben – zumindest interessanter im Hinblick auf die zukünftige Entwicklung. Und es sind immer häufiger die Frauen, von denen in Liebe, Ehe und Elternschaft die Initiative ausgeht.

Die Interviews zu der Studie wurden zu einem Zeitpunkt durchgeführt, als in Berlin und zwischen Ost- und Westdeutschland noch eine Mauer stand. Zum Zeitpunkt der Fertigstellung des Buches waren statistische Daten zwar schon für beide ehemaligen deutschen Teilstaaten verfügbar, jedoch noch nicht auf einem Stand, der direkte Vergleiche zuließ. Außerdem beziehen sich viele unserer allgemeinen Überlegungen und Schlußfolgerungen ganz auf die Verhältnisse im westlichen Teil. Es hätte wenig Sinn gemacht, den östlichen Part mit einzubeziehen, der sich unter völlig anderen Vorzeichen entwickelt hatte. So war zum Beispiel die Scheidungshäufigkeit in der ehemaligen DDR wesentlich höher als in der alten Bundesrepublik, ebenso der Anteil nichtehelicher Geburten. Die Erklärungen für diese Phänomene liegen jedoch so sehr im Bereich des Gesellschaftssystems der ehemaligen DDR, daß es erforderlich wäre, eine Analyse dieses Systems vorauszuschicken, wollte man solche Unterschiede verstehen. Das aber ergäbe ein anderes Buch. Wenn also nichts anderes angemerkt ist, beziehen sich alle Daten nur auf das Gebiet der Bundesrepublik Deutschland vor der deutschen Vereinigung.

Die Leserinnen und Leser, die wir uns beim Schreiben vorgestellt haben, sind nicht die Spezialisten und Experten aus der Familienforschung. Es sind die Frauen und Männer, die ihre eigenen Erfahrungen in der Spiegelung durch andere wiederfinden möchten und zugleich daran interessiert sind, wie es außerhalb ihres Lebenskreises, in den anderen Abteilen unserer Gesellschaft, zugeht.

1. Ist die Familie noch zu retten?

Nahezu unbemerkt vom breiten Publikum (es waren Sommerferien, es war spät am Abend, und die übrigen Fernsehkanäle hatten attraktive Programmalternativen zu bieten) lief im August 1990 in der Nordkette des Dritten Fernsehprogramms eine Diskussionsrunde unter dem Titel »Ist die Ehe noch zu retten?« Eine Schriftstellerin, eine Scheidungsrichterin, eine Psychotherapeutin, ein Weihbischof, ein Theologie-Professor und ein Soziologe diskutierten die Frage. So unterschiedlich wie die Fachrichtungen waren auch die Äußerungen. Erstaunlicherweise kamen sich der Bischof und der Soziologe in einem Punkt recht nahe: Sie behaupteten beide, die Frage sei falsch gestellt, die Ehe müsse gar nicht gerettet werden. Allerdings waren ihre Begründungen ziemlich unterschiedlich. Während der Bischof davon sprach, daß Gott die Ehe längst und für immer gerettet habe, verwies der Soziologe auf steigende Eheschließungszahlen und sagte: »Abgesehen von den fünfziger und sechziger Jahren hatten wir in der jüngeren Geschichte der Menschheit noch nie so hohe Anteile von Verheirateten wie heute. Der Ehe geht es also gar nicht so schlecht.«

An einem Punkt, den die Schriftstellerin in die Debatte gebracht hatte, gerieten sich Bischof und Soziologe doch ein wenig in die Haare (die Psychotherapeutin versuchte zu beruhigen). Die Kontroverse entzündete sich an der Formel »Bis daß der Tod euch scheide«. Die Schriftstellerin kritisierte diesen kirchlichen Anspruch, der Bischof verteidigte ihn. Der Soziologe warf ein, das sei ja in früheren Jahrhunderten aus zwei Gründen kein großes Problem gewesen: Erstens hätten die Menschen früher selten aus Liebe geheiratet, damit seien viele moderne Scheidungsgründe gar nicht erst in Frage gekommen. Und zweitens sei die Lebenserwartung so gering und die Sterblichkeit so hoch gewesen, daß der größte Teil der Ehen durch einen vergleichsweise frühen Tod eines Partners beendet worden sei. Die Aussage, früher hätten die Menschen nicht aus Liebe geheiratet (überhaupt hätten sie angesichts ihrer ärmlichen Verhältnisse wenig Zeit für Liebe gehabt), wollten nun weder der Pfarrer noch die Schriftstellerin gelten lassen. Dem Moderator fiel es in der nüchternen Studio-Atmosphäre nicht schwer, die Kampfhähne zu trennen, die Sendung neigte sich ohnehin dem Ende zu.

Die Diskussion um die Krise von Ehe und Familie ist so alt wie die wissenschaftliche Beschäftigung mit diesem Thema. Bereits Wilhelm Heinrich Riehl, einer der Begründer der Familienforschung, machte sich in seinem Standardwerk über die Familie Sorgen um deren Auflösungserscheinungen.

»Nun hat aber auch die neuere Zeit eine große Zahl selbständiger weiblicher Berufszweige ausgebildet, durch welche das Weib der Familie ganz entrückt wird. (...) Diese Erscheinung, die wohl immer im Kleinen vorhanden war, rückt jetzt massenhaft vor, verwirrt die Klarheit des Gegensatzes von männlichem und weiblichem Beruf und hemmt eine durchgreifende Reform der Familie.«

Nur Details der Sprache verraten, daß diese Sätze nicht aus den letzten Jahren stammen können. Sie wurden vor über 135 Jahren veröffentlicht, 1855. Ganz andere Töne, aber ähnliche Inhalte, klangen in den sechziger Jahren des 20. Jahrhunderts an. Viele Beobachter beklagten oder beklatschten – je nach Standort – den endgültigen Tod der »bürgerlichen Kleinfamilie«. Die Ehe wurde von den einen als letzte Bastion des Gemeinschaftsgefühls, von den anderen als Gefängnis betrachtet. Treue galt vielen als kleinbürgerliches Besitzdenken: »Wer zweimal mit derselben pennt, gehört schon zum Establishment.«

Im Rückblick wird deutlich, daß man dieses »Krisengerede« als destruktiv abtun und den Eindruck großer Stabilität erwecken konnte, wenn man auf die demographischen Daten verwies, also auf die jährlichen Zahlenreihen der Bevölkerungsstatistiker: Nie zuvor waren so viele Menschen verheiratet gewesen (weit über 90 % eines Geburtsjahrgangs), und der Baby-Boom erreichte seinen Höhepunkt im Jahr 1964. Allerdings setzten nun, in einer Zeit, da die Familie den Gipfel ihrer Wertschätzung erobert hatte, grundlegende strukturelle Entwicklungen ein. Sie schlugen sich in demographischen Veränderungen ungewöhnlichen Ausmaßes nieder, und sie liefen mit ungewöhnlicher Geschwindigkeit ab. Seit Mitte der sechziger Jahre sinkt überall in den entwickelten Ländern die Zahl der Geburten, für viele in geradezu dramatischer Weise und inzwischen weit unter das zur Reproduktion der Bevölkerungszahl notwendige Maß. Die Zahl der Eheschließungen geht rapide zurück, besonders bei den Jüngeren. Immer häufiger lassen sich Ehepartner wieder scheiden – in manchen Ländern endet schon jede zweite Ehe vor dem Scheidungsrichter. Und weil dabei immer häufiger Kinder betroffen sind, gibt es eine wachsende Zahl an unvollständigen Familien, Stieffamilien, Alleinerziehenden und »Scheidungswaisen«. Immer mehr Menschen ziehen es vor, alleine zu wohnen. Viele Paare leben zusammen, verzichten aber auf eine Eheschließung – manche nur, um die Tragfähigkeit ihrer Beziehung zu testen; andere, damit die immer mögliche Trennung einfacher zu bewerkstelligen ist. Die Eheschließung wird von vielen nicht prinzipiell ausgeschlossen, aber der Zeitpunkt wird auf ein unbestimmtes Datum in der Zukunft verschoben.

Die Symptome des Wandels – weniger Kinder, weniger Ehen, mehr Scheidungen, mehr Singles – wurden im Lauf der letzten zwanzig Jahre in Bergen von Abhandlungen immer wieder aufs neue erörtert; an Erklärungsversuchen mangelt es nicht. Sie sind auch Gegenstand öffentlicher Diskussionen geworden, und ihre Interpretation ist inzwischen Allgemeingut kulturkritischer Zeitgeistbetrachtungen: Abkehr von Ehe und Elternschaft, Zerfall der Kernfamilie, Dauerkrise der Paarbeziehungen – eben das »ganz normale Chaos der Liebe«.

Es gehört daher kein besonderer Mut mehr dazu, jenen Auguren zuzustimmen, für die das alte Familienmodell ausgedient hat. Die Krise der Familie – der bürgerlichen Familie, der Kleinfamilie, der Monogamie usw. – ist längst da. Mehr noch: Wir scheinen bereits auf dem Weg in eine »postmoderne Gesellschaft von Einzelgängern«, in die individualisierte »Risikogesellschaft«, die vollmobile Single-Gesellschaft, in der *swinging singles* und die »Verhandlungsfamilie auf Zeit« – also die Familie, in der nichts mehr selbstverständlich ist – die Herrschaft übernommen haben.

Das mag nun alles nicht übermäßig bedrohlich sein, und tatsächlich spricht bei genauerer Betrachtung manches gegen das kurzsichtige Zerrbild vom Zerfall. Mit verantwortungsvollem Blick auf die globale Entwicklung, so meinen heute manche, ließen sich dem Geburtenrückgang ohnehin nur gute Seiten abgewinnen. Die Befürchtung, daß die Deutschen – oder die Schweizer

– aussterben, scheint ihnen übertrieben und nicht immer frei von rassistischen Untertönen. In der gegenwärtigen Situation wird der Geburtenrückgang in den reichen Ländern ohnehin durch Einwanderung mehr als ausgeglichen. Auch die Tatsache, daß die Leute weniger heiraten, so wird gesagt, hätte unser gesellschaftliches Leben nicht sonderlich in Bedrängnis gebracht. Und ist es nicht so, daß wir in der modernen dynamischen Welt gerade die vollmobilen Singles brauchen; Menschen, die ihr Leben in die Hand nehmen und selbstbewußt gestalten; Leute, die sich durch Familienbande nicht von ihren beruflichen Entscheidungen abbringen lassen; Männer, die ihre Ziele durchsetzen; Frauen, die Karriere machen?

Darüber hinaus muß man bedenken, daß der vermeintliche »Normalzustand« der fünfziger und sechziger Jahre, in dem nur wenige Außenseiter ledig oder kinderlos blieben, historisch gesehen eine ganz ungewöhnliche Situation darstellte. Blickt man in der Geschichte zurück, findet man in der Regel viel weniger »Normalität« in diesem Sinn: Bis weit in unser Jahrhundert gab es in vielen Regionen Europas ganze Bevölkerungsgruppen, die nicht verheiratet waren – einfach deshalb, weil sie kein *Recht* hatten, die Ehe einzugehen: besitzlose Knechte und Mägde, Dienstmädchen oder Vagabunden. Und geht man noch etwas tiefer in die Vergangenheit zurück bis ins europäische Mittelalter, so öffnet sich der Blick auf eine erstaunliche Vielfalt und Uneinheitlichkeit von Ehe- und Paarbeziehungen. Erst im 16. Jahrhundert, als ihr Monopol auf den Glauben durch die Reformation bereits gebrochen war, konnte die katholische Kirche in ihren Einflußbereichen ihre Vorstellung von *legitimer* Ehe und Eheschließung allgemeinverbindlich durchsetzen.

Die gegenwärtigen Veränderungen stehen also in scharfem Kontrast zu einer historisch *einmaligen* Situation: Nie zuvor war *eine* Form von Ehe und Familie so weit verbreitet gewesen wie Mitte der sechziger Jahre. Das ist ein Grund dafür, warum die gegenwärtige Situation besonders krisenhaft erscheint. Man kann den Spieß also auch umdrehen: Nicht der jetzige Zustand, sondern die hohen Heiratsquoten der Nachkriegszeit waren die eigentliche Anomalie. Jetzt haben wir in gewisser Weise wieder die normalen Verhältnisse früherer Epochen: Viele der jungen Leute bleiben längere Zeit unverheiratet, das durchschnittliche

Heiratsalter ist also recht hoch und ebenso der Anteil der Ledigen in den verschiedenen Altersgruppen.

Ein weiterer Punkt spricht gegen die Krisentheorie. Es wäre voreilig, etwa von den sinkenden Anteilen Verheirateter in der Bevölkerung auf eine Krise der Paarbeziehung (der Monogamie) zu schließen. Diese Entwicklung ist zunächst einmal lediglich ein Problem der *Rechtsform* Ehe. Man könnte durchaus die Auffassung vertreten, daß sich soziologisch gesehen wenig ändert, wenn die Zahl der Eheschließungen zurückgeht, sofern man feststellt, daß Männer und Frauen nach wie vor paarweise in einer gemeinsamen Wohnung zusammenleben. Ob mit oder ohne Trauschein, wäre dann eher nebensächlich. Dies gilt um so mehr in dem Maße, wie sich Verrechtlichungstendenzen der eheähnlichen Gemeinschaften durchsetzen.

Und noch ein letztes Argument läßt sich gegen das Untergangsszenario anführen. Wenn häufig gedankenlos und fast schon in ritualisierter Form vom »Wertverlust von *Ehe und Familie*« die Rede ist, dann wird vergessen, daß dies zwar in gewisser Weise für die Ehe gilt – Werte wie »Familie«, »Elternschaft« und »Partnerschaft« dagegen immer noch ziemlich hoch im Kurs stehen. Das zeigen viele Umfrageergebnisse.

»Die grundsätzlichen, traditionellen Ehenormen werden auch von den Jugendlichen der achtziger Jahre kaum in Zweifel gezogen«, heißt es zum Beispiel in einer Untersuchung des Bielefelder EMNID-Instituts von 1983. Ähnliche Ergebnisse werden auch von anderen Forschern berichtet. Nach Klaus Allerbeck und Wendy Hoag war es für junge Leute 1983 zwar nicht mehr so selbstverständlich wie noch 1962, daß sie einmal heiraten wollten. Doch der Rückgang der Heiratsabsichten ist geringer, als man erwarten könnte: Lediglich etwa 10% der Jugendlichen sagten, daß sie nicht heiraten wollten; knapp 20% äußerten sich unentschieden. Und ein Allensbacher Ergebnis zeigt zwar einen Anstieg für die Meinung »Die Ehe ist überlebt«, doch für die überwiegende Mehrheit ist die Ehe immer noch »notwendig«.

Die Ergebnisse solcher demoskopischer Messungen zur Frage des Wandels der Wertigkeit von Ehe und Familie sind nicht gerade eindeutig und lassen Interpretationsspielräume in beide Richtungen offen. Man könnte sagen: Innerhalb von zwei Jahrzehnten ist der Rückgang der Zustimmung zu diesen bedeutsamen Institutionen bemerkenswert hoch – vor allem, wenn sich darin ein Trend andeutet, der sich ausweitet. Aber man kann auch sagen: Es hat sich doch nicht so viel geändert. Gewiß ist: Die Zustimmung zur *Ehe* als einer notwendigen Institution ist nicht mehr ganz so hoch wie früher, aber immer noch ziemlich hoch. Das gilt in der Tendenz auch für die *Familie*, aber doch längst nicht in gleichem Maße.

Außerdem läßt sich von unverbindlichen Meinungsäußerungen in Umfragen (die häufig nur den »Zeitgeist« wiedergeben) keineswegs auf das alltagspraktische Verhalten der Menschen schließen: Wenn es darauf ankommt, ist von der eindeutigen Ablehnung dieser »alten« Lebensformen weniger zu spüren. Und es ist ja nicht so, daß sich die Leute nicht mehr binden wollten. Die Ehe wird halt zunehmend als formale Einrichtung gesehen. Im Grunde sind die Veränderungen sehr undramatisch; es zeigt sich, daß unverheiratete Paare entweder *voreheliche* Paare sind – also früher oder später doch heiraten – oder eheähnlich zusammenleben – im Beziehungsalltag ist wenig davon zu merken, daß sie ohne Trauschein sind. Und selbst die steigenden Scheidungsziffern muß man keineswegs als Krisensymptom begreifen: Ist es nicht ein Zeichen besonderer Wertschätzung der Ehe und der Partnerschaft, wenn eben immer mehr Leute mit ihrem jeweiligen Partner unzufrieden sind und nach einem *besseren* suchen?

Schließlich muß man fragen, welche alternativen Modelle zukünftiger Lebensformen an die Stelle der bisherigen Ehe- und Familienformen treten könnten, falls diese wirklich dem Untergang geweiht wären. Zeichnen sich schon deutliche Konturen der Richtung des Wandels ab? Setzen sich neue Standards durch, die zur Etablierung alternativer Lebensformen führen werden? Es sieht nicht so aus, als sei das schon klar: Alleinleben (ohne »festen« Partner des anderen Geschlechts) ist ebensowenig eine *dauerhafte* Alternative wie die Wohngemeinschaft, auch wenn die Verbreitung beider Formen zugenommen hat. Es handelt sich dabei bisher eher um Übergangsformen ins Erwachsenenalter oder um Formen für besondere Gruppen wie Studenten oder jugendliche Problemgruppen in den Großstädten. Nach wie vor ist es im Erwachsenenleben der Normalfall, als Paar zusammenzuleben und wenigstens ein Kind zu haben, also genau das, was wir unter »Familie« verstehen – auch wenn die Haushaltsstatistik das Gegenteil zu beweisen scheint: Sie weist für die Bundesrepublik inzwischen den Einpersonenhaushalt als die häufigste Kategorie privater Haushalte aus. Daraus kann jedoch nicht der Schluß gezogen werden, Alleinleben sei die prägende Lebensweise geworden. Erstens sagt die Statistik als Momentaufnahme nichts über die Dauer des Alleinlebens aus. Zweitens machen Ehepaare (mit im Haushalt lebenden Kindern und ohne) immer noch mehr als die Hälfte aller Haushalte aus – und die Kinder bleiben auch nach einem Auszug aus dem Elternhaus ein wichtiger Bezugspunkt. Drittens ist das Alleinleben bei den Leuten im mittleren Alter weniger verbreitet als gemeinhin geglaubt wird: Es ist in Wirklichkeit vor allem ein Problem der verwitweten Seniorinnen. Paarweises Zusammenleben, Monogamie und der Eltern-Kind-Verband bleiben weiterhin vorherrschend – wenn auch nicht mehr in der bisherigen Ausschließlichkeit und zunehmend ohne die Perspektive von lebenslanger Dauer.

Wir wollen in diesem Buch deutlich machen, daß die Klagen oder die Genugtuung über den Untergang der Familie zumindest voreilig sind. Das alte Familienideal ist noch nicht zum bloßen Gegenstand historischer Betrachtungen geworden. Um dies zu zeigen, werden wir die Fragen nach der Zukunft von Ehe und Familie nicht unter Hinweis auf einige auffällige und Aufmerksamkeit erregende Erscheinungen zu beantworten suchen. Wir werden vielmehr nach bestehenden Unterschieden zwischen gesellschaftlichen Gruppierungen suchen und fragen, ob sich diese Unterschiede in Zukunft eher aufheben oder eher verstärken werden. Der Wandel, von dem bisher die Rede war, ist ja nicht überall in gleichem Ausmaß und mit gleicher Geschwindigkeit zu beobachten.

Es ist bekannt, daß die Zahl der Scheidungen in bayerischen Landkreisen wesentlich geringer ist als zum Beispiel in Hamburg oder Berlin. Nicht anders ist es mit der Verbreitung von nichtehelichen Lebensgemeinschaften und Alleinlebenden. Auch der Anteil kinderloser Paare ist in den Universitätsstädten und den großen Dienstleistungszentren wesentlich höher als auf dem flachen Land. Moderne Lebensformen finden sich häufiger unter Studenten und Akademikern als in anderen gesellschaftlichen Gruppen. Es sind vor allem die gut ausgebildeten Frauen, die neue Bahnen einschlagen. Die vorbehaltlose Zustimmung zu Ehe und Familie läßt zwar überall nach, aber es gibt doch deutliche Unterschiede zwischen gesellschaftlichen Gruppen, zwischen Jungen und Alten, zwischen Arbeitern und Akademikern, zwischen Dörfern und Großstädten.

Nur in bestimmten *sozio-regionalen Milieus*, das war der Ausgangspunkt unserer Überlegungen, sind die Veränderungen in den Wertvorstellungen so deutlich, daß sie auch zu einer Änderung im Verhalten geführt haben. In anderen Milieus sind die »Krisenerscheinungen« noch weit weniger ausgeprägt, und das alte Familienmodell kann weiterhin eine gewisse Verbindlichkeit bewahren. Unter einem *Milieu* verstehen wir einen regional begrenzten Ausschnitt der Gesellschaft, in dem durch die Zusammensetzung der Bevölkerung sowie die wirtschaftlichen, gesellschaftlichen und kulturellen Gegebenheiten sich bestimmte Wertvorstellungen eher durchsetzen konnten und damit auch vorherrschende Lebensweisen entstanden sind. In jedem Milieu gibt eine bestimmte Berufsgruppe oder eine andere Gruppierung den Ton an: zum Beispiel Industriearbeiter, technische Angestellte, Beamte, Akademiker oder »Alternative«.

Um diese Differenzierungen nachzuweisen, haben wir mit über 40 Personen in unterschiedlichen Milieus lebensgeschichtliche Interviews durchgeführt. Wir haben in Berlin mit Akademikern und Angehörigen des Alternativ-Milieus gesprochen. Wir sind nach München gefahren, um dort und in den Vorstädten der Lebensweise von Leuten nachzuspüren, die technische Berufe ausüben. Im Ruhrgebiet haben uns die Erzählungen von Arbeiterinnen und Arbeitern interessiert, und schließlich wollten wir in einem südbadischen Dorf herausfinden, wie weit dort neue Lebensformen schon Einzug gehalten haben. Alle diese Menschen haben uns über ihre Erfahrungen und Erlebnisse mit dem anderen Geschlecht berichtet. Sie erzählten uns, wie es zur ersten festen Bindung kam, und wie es war, als sie in eine gemeinsame Wohnung zusammenzogen; wie es dazu kam, daß sie – vielleicht – heirateten, daß sie – vielleicht – Kinder bekamen. Viele von ihnen erzählten aber auch von Trennungen und Einsamkeit, von Phasen des Alleinlebens und von neuen Bindungsversuchen. Sie informierten uns darüber, wie sie den partnerschaftlichen und familialen Alltag organisieren, wie sie es mit der Treue halten, welche Bedeutung die Sexualität hat.

Wir konnten feststellen, daß es erstaunliche Unterschiede in all diesen Fragen gibt. Vor allem sind es oft Unterschiede in der Bedeutung derselben Sache: Ob man zum Beispiel unverheiratet zusammenwohnt, hat für ein Akademiker-Paar in Berlin-Charlottenburg eine andere Bedeutung als für Angehörige des technischen Milieus in München und wieder eine andere für die jungen Leute im südbadischen Dorf oder für ein Arbeiter-Paar im Ruhrgebiet. Wir können zeigen, daß die Abkehr von der Familie nicht alle Bevölkerungsgruppen in gleichem Maße erfaßt hat. Viele Beobachter und Krisendiagnostiker richten ihren Blick häufig nur auf das Milieu, aus dem sie selber kommen: Sie sehen in erster Linie die Situation bei den gebildeten Schichten in den großen Dienstleistungszentren, häufig auch die Situation in der Alternativszene. Wenn man jedoch genauer zwischen den einzelnen Milieus unterscheidet, dann zeigen sich große Unterschiede, die auf ein spannungsvolles Verhältnis zwischen Familienorientierung und Individualismus hinauslaufen.

In den folgenden Kapiteln werden wir zahlreiche Beispiele aus unserer Interview-Studie präsentieren. Außerdem informieren wir genauer über die demographischen Entwicklungen, und zwar: in Kapitel 3 über Ehescheidungen sowie Frauenerwerbsarbeit; in Kapitel 4 über Eheschließungen und nichteheliches Zusammenleben; in Kapitel 9 über Zweit- und Drittehen; in Kapitel 10 über Alleinleben; in Kapitel 11 schließlich über den Geburtenrückgang. Und wir greifen die Frage wieder auf, die sich am Ende dieses Kapitels gestellt hat: Sind die Unterschiede zwischen den Milieus nur Relikte einer eigentlich schon vergangenen Zeit? Das würde bedeuten, daß sie sich allmählich einebnen. Aber es könnte auch sein, daß diese Unterschiede erhalten bleiben – und mehr noch: daß sie sogar größer werden. Warum das so sein könnte, wird in den folgenden Kapiteln deutlicher werden.

2. Paare unter Individualisierungsdruck

Um zu verstehen, wie die einschneidenden Veränderungen im Bereich von Paarbeziehungen, Ehe und Familie zustande gekommen sind, müssen wir uns ein wenig mit Geschichte und Theorie befassen.

Der Übergang in die moderne europäische Gesellschaft brachte eine tiefgreifende Freisetzung der einzelnen Menschen aus lokalen, familiären, ständischen und religiösen Bindungen mit sich. Für den mittelalterlichen Menschen war mit der Geburt schon weitgehend vorbestimmt, was aus ihm werden würde. War er das Kind eines besitzlosen Bauern, hatte er wenig Chancen, etwas anderes zu werden als besitzloser Bauer. Seine »Identität«, wie wir heute sagen, war durch die Zugehörigkeit zu seinen gesellschaftlichen Bezugsgruppen geprägt. Er sah sich weniger als Individuum denn als Angehöriger seines Standes, seiner Familie, seiner Dorfgemeinschaft. Der moderne Mensch einige Jahrhunderte später dagegen löst sich oft schon früh in seinem Leben von seinen geographischen und familiären Bindungen und »nimmt sein Schicksal selbst in die Hand«. Was das Individuum ausmacht, wurde immer mehr zu einer Frage seiner persönlichen Entwicklung, seiner eigenen Entscheidungen, seiner eigenen Lebensgestaltung.

Diese Entwicklung hin zu mehr Individualität (»Individualisierung«) läßt sich besonders gut am Beispiel der Partnerwahl zeigen. Im Mittelalter wurden die jungen Mädchen schon frühzeitig – noch im Kindesalter – von ihren Eltern an eine andere Familie vergeben – nicht an den zukünftigen Bräutigam! Es waren also die Familien, die über das Heiratsschicksal ihrer Kinder bestimmten. Dabei ging es meist um Fragen der Besitzvererbung. Ein Ritter und erst recht ein Fürst mußte die Kontrolle darüber haben, wer durch Einheirat Teilhaber seines Erbes sein würde.

Doch die römisch-katholische Kirche versuchte schon frühzeitig, auf Partnerwahl und Eheleben ihrer Mitglieder Einfluß zu gewinnen. Das gelang ihr auch allmählich, und damit wurde zwangsläufig die Macht der Familien geschwächt. Eines der Mittel, derer sich die Kirche dabei bediente, war das Verbot der Verwandtenehe, die im frühen Mittelalter in Europa weit verbreitet gewesen war. Mit der Heirat innerhalb der Verwandtschaft hatten die Wohlhabenden ihren Familienbesitz zusammengehalten. Als dies nicht mehr möglich war, wurde die Familienmacht geschwächt, indem der Besitz verstreut wurde. Außerdem konnte die Kirche mit der Durchsetzung des Verbots der Verwandtenehe ihre Autorität in Sachen Ehe demonstrieren. Einer der bekanntesten Fälle war die Exkommunizierung des französischen Königs Philipp I. durch den Reformpapst Urban II. im Jahre 1095. Der Skandal, der zum Ausschluß aus der Kirche führte, war in den Augen der Theologen nicht die Tatsache, daß Philipp in Bigamie lebte, sondern die, daß er eine *Verwandte* zur zweiten Frau genommen hatte.

Das Verbot der Ehe innerhalb der Verwandtschaft wurde natürlich theologisch-moralisch begründet. Manche Historiker sind aber davon überzeugt, daß es der Kirche in erster Linie dazu diente, Zugang zu frei werdendem Besitz zu erlangen. So konnte sich etwa ein Erblasser Sündennachlaß und ewiges Heil erkaufen, wenn er der Kirche einen Teil seines weltlichen Besitzes vermachte. Und mancher überließ seinen Besitz lieber der Kirche, wenn keine Verheiratung innerhalb der Familie möglich war, als seinen Besitz mit anderen Familien zu teilen.

Weitere Mittel der Kirche zur Stärkung ihres Einflusses auf Eheangelegenheiten waren Ächtung und Verbot des Konkubinats (der »wilden Ehe«), die Einführung des Zölibats und schließlich die Durchsetzung des sogenannten »Konsensprinzips«. Damit ist gemeint, daß eine Ehe nur zustande kommen sollte, wenn beide Eheleute in die Heirat einwilligten. Zweifellos hat die katholische Kirche in dieser Hinsicht einen fortschrittlichen Beitrag geleistet, wenn auch ansonsten die Kirchengeschichte viele dunkle Kapitel aufweist.

All das führte dazu, daß die Macht der Väter über die Verheiratung ihrer Kinder allmählich zurückging und daß die Brautleute selber (zunächst nur die Männer) zumindest ein Mitspracherecht bei der Eheschließung bekamen. Einige Jahrhunderte später wurde der Einfluß der Kirche seinerseits durch den stärker werdenden Staat zurückgedrängt, und auch dies führte dazu, daß die Entscheidung über den Heiratspartner jetzt noch stärker in die Hände der Brautleute selber überging. Schließlich kam diese Entwicklung in unserem Jahrhundert zu einem vorläufigen Abschluß:

Weder die Familien noch die Kirche noch der Staat, sondern allein die beiden Beteiligten treffen heute die Entscheidung darüber, ob überhaupt, und wenn ja, wer wann und in welchem Rahmen geheiratet wird.

»Individualisierung« heißt in diesem Zusammenhang in erster Linie: Befreiung der Individuen – und der Paare! – von äußerer Bevormundung. Doch das bedeutet noch lange nicht, daß jeder ganz individuell tut, was er will. Im Gegenteil: Man muß sehen, daß sich in der Mitte des 20. Jahrhunderts ein Standardmodell durchgesetzt hatte, dem mehr oder weniger alle folgten: Man zog nach Abschluß der Ausbildung aus dem Elternhaus aus, gliederte sich ins berufliche Erwerbssystem ein, heiratete etwa Mitte zwanzig und gründete einen eigenen Haushalt (»Hausstand«), bekam bald darauf in kurzer Folge zwei oder drei Kinder, erlebte zwanzig Jahre später den Auszug der Kinder aus dem Elternhaus und schied fünfzehn bis zwanzig Jahre später aus dem Erwerbsleben aus. So machten es mehr oder weniger alle, jedenfalls diejenigen, die erwerbstätig waren – also in der Hauptsache die Männer.

Seit den sechziger Jahren zerfließt nun aber dieses einheitliche Bild. Die Entwicklung hin zu mehr Individualität hat sich noch einmal beschleunigt, und viele sprechen von einem »neuen Individualisierungsschub«. Die »Normalfamilie«, so wird gesagt, weiche einer zunehmenden »Pluralität von Lebensformen«. Es gibt immer mehr verschiedenartige Haushalts-, Familien- und Lebensformen: kinderlose Paare, unverheiratete Paare, Stieffamilien, Alleinlebende, Alleinerziehende, Wohngemeinschaften. Auch auf der Ebene ideeller Leitbilder scheint die »Normalfamilie« zu zerfallen und einer wachsenden Unverbindlichkeit Platz zu machen. Immer weniger trifft man in seiner Umwelt auf Unverständnis oder gar diskriminierende Ablehnung, wenn man anders lebt, als es bisher üblich war. Das bedeutet, daß die individuellen Wahlmöglichkeiten zunehmen und daß der Lebensverlauf stärker als früher von den Entscheidungen der einzelnen selber abhängt. Wann man aus dem Elternhaus auszieht, wie man danach lebt, welchen Partner man sich »wählt«, wie man das paarweise Zusammenleben organisiert – dies alles wird immer weniger durch kulturelle Normierungen und gesellschaftliche Verbindlichkeiten geregelt, sondern ist immer mehr eine Frage der persönlichen Entscheidung. Man kann heiraten oder auch nicht; man kann Kinder bekommen oder kinderlos bleiben; man kann allein, zu zweit oder in einer größeren Gemeinschaft leben.

Die Möglichkeit der Wahl bedeutet aber auch, Verantwortung für das eigene Lebensschicksal zu übernehmen. Entscheidungen sind notwendig, sie werden einem nicht mehr von kulturellen Traditionen abgenommen. Und das ist für viele von uns heute auch mit Überforderung und Verunsicherung verbunden. Nehmen wir nur das Beispiel der Elternschaft. Noch bis vor drei Jahrzehnten hat sich kaum eine Frau ernsthaft darüber Gedanken gemacht, ob und wenn ja, wann sie ihr erstes Kind – und eventuell weitere Kinder – bekommen wollte. Es war einfach klar und selbstverständlich: Eine normale Frau wird irgendwann heiraten und Kinder bekommen. Heute ist es für die meisten jungen Frauen vollkommen selbstverständlich, daß sie zuerst eine solide und gute Berufsausbildung machen. Darüber wird kaum noch nachgedacht. Dagegen steht heute die Frage der Mutterschaft als Entscheidung an. Die Frau muß es sich überlegen, ob sie es will, und mehr noch, wann der richtige Zeitpunkt dafür gekommen ist. Eine solche existentielle Entscheidung jedoch aufgrund von Zweckmäßigkeitsüberlegungen zu treffen ist für viele eine große psychische Anforderung und Überforderung. Dazu kommt, daß die individuelle Zukunft unsicherer geworden ist. Wir können nicht mehr mit einem stabilen lebensgeschichtlichen Erwartungshorizont rechnen, denn es geht auch die Sicherheit früherer Jahre verloren, als man mit einer Heirat oder einer Familiengründung den Sinn des eigenen Lebens abschließend festgelegt hatte.

Das Beispiel der »geplanten« Mutterschaft zeigt zudem, daß die Entwicklung immer mehr auch die Frauen erfaßt hat. Man spricht von der »Individualisierung der weiblichen Biographie« und meint damit eine neue Unabhängigkeit der Frau (vom Mann), die im wesentlichen dank der enorm gestiegenen Beteiligung der Frauen im Bildungs- und Beschäftigungssystem und durch die langsame aber stetige Angleichung von männlichen und weiblichen Geschlechtsrollen zustande gekommen ist. Für Frauen sind damit ebenso wie für Männer die lebensgeschichtlich bedeutsamen Wahlmöglichkeiten gestiegen. Aber auch die »Destabilisierung biographischer Erwartungshorizonte« hat die Frauen erfaßt; sie können sich heute nicht mehr sicher sein, den »Mann fürs Leben« gefunden zu haben, wenn sie sich »fest« binden.

Es gibt nun innerhalb der Wissenschaft unterschiedliche Auffassungen darüber, wie die Menschen mit dem Problem der größer gewordenen Entscheidungsmöglichkeiten zurechtkommen. Für die einen entsteht daraus ein wachsendes Problem der Überforderung, für die anderen steht fest, daß die Menschen heute besser als früher in der Lage sind, sich vernünftig (»rational«) zu entscheiden. Sie haben die Wahl zwischen Alternativen und können abwägen, was für sie persönlich günstiger ist. Was »kostet« eine Ehe, und welchen »Nutzen« bringt sie mir?

Für den Bereich von Liebe und Ehe lassen sich im einzelnen eine ganze Reihe von Entwicklungen nennen, die von den Vertretern der Individualisierungstheorie und auch von den Vertretern einer »neuen Rationalität« immer wieder hervorgehoben werden. Wir fassen sie in neun Punkten zusammen.

1. »Individualisierung« heißt auch, daß sich heute immer mehr Menschen für individualistische Lebensformen entscheiden: allein leben, partnerlos bleiben, ohne Kinder, ohne Familie leben. Die *Single*-Existenz ist attraktiver geworden. Die Entscheidung, wenigstens vorübergehend auf eine Paarbeziehung zu verzichten, kann das Ergebnis einer Abwägung zwischen den Vor- und Nachteilen des Alleinlebens gegenüber der Paarbeziehung sein.

2. Die Durchsetzung der individualisierten Partnerwahl war im Verlauf der europäischen Geschichte von einer zunehmend rationalen Wahl des Partners begleitet; die Leute, so wird argumentiert, suchen sich heute selbstbewußt und vernünftig den passenden Partner aus.

3. Ebenso wird, so sagen die Vertreter dieser Theorie, die Entscheidung für die Ehe oder – als Alternative dazu – für das nichteheliche Zusammenleben zunehmend das Ergebnis einer »Kosten-Nutzen-Analyse«; die Leute wägen Vor- und Nachteile der Ehe genau ab und entscheiden sich dann dafür oder dagegen.

4. Durch die Normalisierung der Ehescheidung und den immer häufigeren Verzicht auf eine Eheschließung gewöhnt man sich daran, daß Beziehungen und Ehen nicht mehr unbedingt fürs ganze Leben gemacht sind. So setzt sich gegenüber dem traditionellen Lebens- und Familienverlauf allmählich das lebensgeschichtliche Muster von Paarbeziehungsfolgen durch (»Fortsetzungsehe«). Das heißt, es wird normal, im Verlauf verschiedener Lebensphasen mehrere langjährige Beziehungen zu haben, und es

ist nicht mehr ungewöhnlich, mehrmals im Leben verheiratet zu sein.

5. Mit der »Individualisierung der weiblichen Biographie« (Emanzipation und Zuwachs an Entscheidungsautonomie) wächst die Möglichkeit für die Frauen, mit ihren Männern auszuhandeln, was innerhalb der Paarbeziehung möglich ist und was nicht. Die Frauen sind heute selbstbewußt genug, den selben Einfluß auf Entscheidungen innerhalb der Ehe oder der Partnerschaft zu haben wie der Mann. Sie begnügen sich nicht mehr damit, die Karriere des Mannes zu fördern oder seine Wünsche zu erfüllen.

6. Je selbstbewußter Frauen sind, je mehr sie sich mit ihrer *eigenen* Karriere-Planung befassen, desto wahrscheinlicher wird das Muster der »individualisierten Partnerschaft«. Damit meinen wir Paarbeziehungen, in denen beide Partner weitgehend eigene Wege gehen, also zum Beispiel hochqualifizierte kinderlose Doppelverdiener-Paare und, noch relativ selten, getrennt lebende Paare.

7. Elternschaft und die Zahl der Kinder ist nicht mehr »Schicksal«, sondern ebenfalls zunehmend das Ergebnis von Entscheidungsprozessen auf der Grundlage von »Kosten-Nutzen«-Überlegungen. Paare denken darüber nach, was Kinder »kosten« und welche Einschränkungen mit der Elternschaft verbunden sind. Das gilt auch für den Zeitpunkt einer möglichen Elternschaft. Kinder sind geplant, Mutterschaft und Vaterschaft sind nicht selbstverständlich, sondern werden in Diskussionen entschieden und festgelegt.

8. Im Zuge dieser Entwicklung ist mit einer Zunahme von Kinderlosigkeit zu rechnen, weil sich immer mehr Paare nicht dazu entschließen können, auf zwei volle berufliche Karrieren zugunsten von Familie zu verzichten. Dazu trägt auch das wachsende Anspruchsniveau an die elterliche Verantwortung bei. Viele potentielle Eltern trauen sich die schwere Bürde nicht zu.

9. Das Ergebnis dieser gesamten Entwicklungen ist die zunehmende Durchsetzung des Individualismus und eine allmähliche Abkehr vom Familiensinn als Leitwert.

Damit haben wir in aller Kürze die Theorien der Individualisierung und der rationalen Wahl, soweit sie für unser Thema Bedeutung haben, zusammengefaßt. Nun gibt es allerdings genügend empirische Hinweise dafür, daß sich diese Trends nicht ungebrochen, konfliktfrei und allgemein durchsetzen. So sind etwa trotz individualisierter Partnerwahl längst nicht alle kulturellen und gesellschaftlichen Regeln der Paarbildung außer Kraft gesetzt. Es ist ein bekanntes Phänomen, daß sich Ehepartner in vielerlei Hinsicht ähnlich sind: zum Beispiel hinsichtlich ihrer sozialen Herkunft oder ihres Ausbildungsniveaus. Dies zeigt, daß die Wahl des Partners nicht frei von gesellschaftlichen Einflüssen ist, auch wenn anscheinend nur »die Liebe« entscheidet. Trotz des Trends zum Alleinleben scheint die Vorherrschaft der monogamen Lebensform nicht entscheidend geschwächt; die meisten Menschen leben am liebsten als Paar zusammen. Auch die Ehe ist in vielen sozialen Milieus immer noch der Normalfall, und Elternschaft ist trotz der allmählichen Akzeptanz von Kinderlosigkeit immer noch ein Leitwert. Die Angleichung der Geschlechtsrollen vollzieht sich langsamer, als viele erwarten, und sie scheint auch ihre Grenzen zu haben. Die traditionalen Formen des Ehelebens und des Geschlechterverhältnisses widerstehen in manchen Milieus noch ziemlich gut dem Individualisierungsdruck; mit anderen Worten: Männer und Frauen sind oft immer noch die alten. Gleichzeitig wachsen die Spannungen zwischen Individualismus und Familiensinn, die sich in einer Polarisierung zwischen individualisiertem und familienorientiertem Lebensstil niederschlagen könnten.

Die Individualisierungstheorie ist vielschichtig (teilweise ziemlich unklar und widersprüchlich), und viele Fragen sind bisher ungeklärt. Das braucht uns hier nicht im einzelnen zu kümmern. Zwei Fragen wollen wir dennoch anschneiden.

Die erste betrifft das Verhältnis von Individuum und Paar. Während nämlich zahlreiche Autoren den Individualisierungsprozeß als Trend zum Alleinleben interpretieren, gibt es gute Gründe für die Annahme, daß diese Entwicklung gerade die Paarbeziehung stärkt. Familie und Dorfgemeinschaft waren früher die wichtigsten emotionalen Bezugsgrößen für den einzelnen, die Paarbeziehung und die »Liebe« zwischen den beiden Partnern spielte eine untergeordnete Rolle. Der überwiegende Teil der Bevölkerung (Bauern und Landarbeiter, Knechte, Mägde, Tagelöhner usw.) hatte auch wenig Zeit und Gelegenheit für »Liebe« in diesem modernen Sinn. Die Ehe war in erster Linie Zweckverband, Schutzgemeinschaft und Versorgungsbündnis. Sie war eingebettet in die größere Gemeinschaft, das Paar hatte nicht die herausgehobene Bedeutung, die ihm heute zukommt. Mit der »Freisetzung« der Menschen aus verwandtschaftlichen, religiösen und anderen Bindungen (»Individualisierung«) wurde die Liebesbeziehung für den einzelnen immer mehr zum einzigen Hort von Geborgenheit und emotionaler Unterstützung, die er früher im Dorf- und Familienverband gefunden hatte. Man kann deshalb sagen, daß es heute stärker als früher so etwas wie eine lebensgeschichtliche Notwendigkeit zum Eingehen von Paarbeziehungen gibt (man könnte geradezu von einem »Paarungszwang« sprechen). Die Auflösung traditionaler Vergemeinschaftungsformen (Dorf- und Hausgemeinschaft, Verwandtschaft) hat nicht nur den Individualismus gefördert und den individuellen Lebenslauf zu einer wichtigen Bezugsgröße gemacht, sondern die Individuen und Biographien auch stärker von intimen Bindungen abhängig gemacht. Gefühle und Intimität wurden zunehmend in die privaten Räume der Familie und des Paares verlagert.

Das zweite Problem der Individualisierungstheorie ist die Behauptung zunehmender normativer Unverbindlichkeit. Es wird gesagt, die individuellen Entscheidungen seien heute ganz unabhängig von gesellschaftlichen Wertvorstellungen, weil diese ihre bindende Kraft völlig verloren hätten. Es ist zwar nicht zu bestreiten, daß die Wahlmöglichkeiten für die einzelnen zugenommen haben; und wahrscheinlich gibt es heute nicht mehr so klare, eindeutige und feste Leitbilder (bezogen auf die Familie) wie für die meisten Generationen in der ersten Hälfte des 20. Jahrhunderts. Aber damit geht ja nicht zwangsläufig ein hohes Maß an Unverbindlichkeit einher. Auch wenn es richtig ist, daß heute mehr als je zuvor eigenständige Überlegungen und Entscheidungen erforderlich sind – wir sind davon überzeugt, daß in den einzelnen Milieus Wertvorstellungen vorhanden sind, die einen großen Einfluß auf die individuellen Entscheidungen ausüben. Die Wahlmöglichkeiten und die vorstellbaren »Lebensentwürfe« im Dorf oder in einem Arbeiterviertel sind ganz andere als jene in Schwabing, Kreuzberg oder in der Hafenstraße.

Zwei Punkte sind in diesem Kapitel nur kurz angerissen worden. Sie sind für unser Thema aber so wichtig, daß wir sie im nächsten Kapitel noch einmal besonders hervorheben und durch Zahlen und Trends belegen möchten. Zwar bleibt die Paarbeziehung immer noch bestimmend für das Leben des einzelnen. Doch der

Individualisierungstrend hat dazu geführt, daß die Stabilität der Lebensperspektive verlorengeht. Die dauerhafte, die lebenslange Ehe wird immer seltener. Der zweite Punkt ist, daß mit der zunehmenden Beteiligung der Frauen am Bildungs- und am Erwerbssystem ihnen prinzipiell dieselben Lebensverläufe offenstehen wie den Männern, d.h. daß Ausbildung und Beruf für sie genau so wichtig zu werden scheinen wie für Männer. Damit verlieren die traditionellen Besonderheiten des Frauenlebens an Bedeutung; es erfüllt sich heute nicht mehr durch »Küche und Kinder«.

3. Stabilitätsverlust und Emanzipation

Die Ehe ist nicht mehr länger die einzig mögliche Lebens- und Wohnform. Eine Zeitlang zumindest, vor allem in den siebziger Jahren, konnte man neue Formen der »aufgeweichten« Monogamie und Tendenzen zur Promiskuität registrieren, besonders in den Großstädten und im studentischen Milieu. Zwar stehen seit den achtziger Jahren Treue und Monogamie wieder höher im Kurs; eine Alternative zur ausschließlichen Zweierbeziehung konnte sich nicht massenwirksam etablieren. Doch die Auswirkungen der »sexuellen Revolution« haben sich auf die Erwartungshaltung ausgewirkt. Immer weniger rechnen die Leute heute damit, daß ihre Beziehungen stabil (»bis zum Tod«) sein werden, auch wenn sich das vielleicht alle noch wünschen. Die Dauerhaftigkeit von Beziehungen nimmt ab, weil die Individualisierung zunimmt. Das heißt nicht nur, daß die eigene Lebensplanung für alle, auch für Frauen, immer mehr in den Vordergrund rückt und die Partnerschaft verhältnismäßig an Wichtigkeit verliert; es heißt auch, daß die Ansprüche an den Partner steigen. Das scheint ein Widerspruch: Auf der einen Seite wird das eigene Leben wichtiger, die Partnerschaft verliert an Bedeutung – auf der anderen Seite steigen die Ansprüche an den Partner, weil die Liebesbeziehung zur einzigen Zufluchtsstätte von Geborgenheit wird. In der Tat: Mit diesem Widerspruch muß der moderne Mensch offenbar leben, und er ist ein Grund dafür, daß Beziehungen so instabil geworden sind.

Wenn wir Vierzig- oder Fünfzigjährige nach ihrer Lebensgeschichte befragen, hören wir seltener als noch vor zwanzig Jahren von *einer* Liebes- und Ehegeschichte. Häufig sind es wenigstens zwei, oft auch mehr. Seltener als früher, daß man gleich seine »erste Liebe« geheiratet hat; seltener, daß geheiratet wird, weil man glaubt, die Richtige bzw. den Richtigen gefunden zu haben. Viele heiraten einfach deshalb, weil sie glauben, jetzt sei es an der Zeit, dem eigenen Leben die entsprechende Wendemarke zu geben. Und das muß nicht für ewig gelten.

Es kommt daher häufiger zum Lebensmuster der »seriellen Monogamie«, d.h. zu einer lebensgeschichtlichen Folge von zeitlich begrenzten Ehen oder eheähnlichen Beziehungen (»Liebespaar auf Zeit« oder »Verhandlungsfamilie auf Zeit« lauten die entsprechenden Schlagworte). Vielleicht gehört es tatsächlich schon bald zu einem durchschnittlichen Lebenslauf, daß man mehrere Ehen und mehrere Familien durchläuft. Damit verändern sich auch die Verwandtschaftsbeziehungen. Mit jeder neuen Eheschließung tauchen neue Verwandte auf, ohne daß man deswegen unbedingt die Beziehungen zu den bisherigen Verwandten aufgeben müßte. Nicht ausgeschlossen, daß jemand mit dem ersten Schwiegervater weiterhin samstags angeln geht, während er den zweiten zum Sonntagskaffee einlädt. Warum soll ich den Kontakt zum Bruder meiner ersten Frau abbrechen, nur weil ich sie hasse? Man kann sich selbst entscheiden, mit welchen Verwandten man intensiven Kontakt haben und welche man überhaupt nicht sehen will. Vorbei sind endlich die Zeiten, so ist zu hoffen, wo man gezwungen war, nett zu der schrecklichen Tante zu sein.

Scheidung und Wiederverheiratung

Der sichtbare Ausgangspunkt dieser Veränderungen war die enorme Zunahme der Ehescheidungen. Manche sagen: Gibt es einen schlagenderen Beweis für den Zerfall der Wertigkeit von Ehe und Familie? – Man sollte vorsichtig sein, diese Frage schnell zu bejahen. Sehen wir uns zunächst die Entwicklung der letzten Jahre und Jahrzehnte an (vgl. Tabelle 2 im Anhang).

Spitzenreiter in Sachen Scheidung sind, wie auf vielen anderen Gebieten, die Vereinigten Staaten von Amerika. Dort läßt sich auch am deutlichsten die jüngste Zunahme der Scheidungszahlen beobachten. Man kann heute sagen: Ungefähr die Hälfte der Ehepaare in den USA lebt zusammen, bis daß der Tod sie scheidet; die andere Hälfte lebt zusammen, bis sie es nicht mehr miteinander aushalten und der Scheidungsrichter sie trennt. Bei Zweit- und Dritt-Ehen wächst das Scheidungsrisiko sogar auf etwa zwei Drittel. Die Entwicklung der letzten Jahrzehnte läßt sich durch die folgende Zahlenreihe kennzeichnen: 1960 kamen auf 1000 verheiratete Frauen 9 Scheidungen, 1970 waren es 15, und 1980 bereits 22 (seither stagnieren die Zahlen allerdings). Etwa ein Drittel der Frauen im Alter von 35 bis 39, die jemals verheiratet waren, hatten 1985 schon (mindestens) eine Scheidung hinter sich.

Auch in Europa läßt sich zwischen 1960 und 1980 fast überall (eine Ausnahme stellt Italien dar) eine anhaltende Zunahme der Scheidungsquoten feststellen, wenngleich sie in den verschiedenen Ländern noch stark variieren. Seit Anfang der achtziger Jahre stagnieren sie und gehen in manchen Ländern sogar etwas zurück. Die höchsten Quoten in Europa gibt es zur Zeit in der UdSSR, Schweden, Dänemark und Großbritannien. Auch in der ehemaligen DDR war die Scheidungsquote ziemlich hoch.

In der Bundesrepublik stiegen die jährlichen Scheidungszahlen von knapp 50000 Anfang der sechziger Jahre auf erstmals über 100000 im Jahre 1976. Nach einem durch die Reform des Scheidungsrechts (1977) bedingten Rückgang stiegen sie seit 1980 wieder an und erreichten 1984 einen Höhepunkt von über 130000. Seither gibt es ein leichtes Auf und Ab um diesen Wert herum.

Die jährliche Zahl der Scheidungen sagt über den Trend natürlich nur dann etwas aus, wenn man sie in Beziehung zu anderen Entwicklungen setzt. Wenn beispielsweise die jährliche Zahl der Eheschließungen genau so schnell gestiegen wäre, könnte man nicht von einem erhöhten Scheidungsrisiko sprechen. Aber die Zahl der Eheschließungen ging in den letzten Jahrzehnten deutlich zurück. Der Anstieg der Scheidungsneigung ist deshalb für die letzten zwanzig Jahre nicht zu bezweifeln, auch wenn man strenggenommen eindeutige Aussagen erst machen kann, wenn man sogenannte Ehekohorten im Zeitverlauf vergleicht. Das heißt, man muß zum Beispiel feststellen: Ist der Anteil der Ehen aus dem Jahre 1980, die irgendwann durch Scheidung gelöst werden, größer als der entsprechende Anteil für die Ehen, die 1970 geschlossen wurden? Man sieht an diesem Beispiel, daß für die gegenwärtige Entwicklung keine exakte Aussage gemacht werden kann – man weiß ja nicht, wie viele der 1980 geschlossenen und noch bestehenden Ehen irgendwann noch geschieden werden, gerade heute, wo Scheidungen immer häufiger auch nach sehr langer Ehedauer vorkommen.

Es ist deshalb verführerisch, die pro Jahr geschlossenen Ehen einfach mit den im selben Jahr geschiedenen Ehen zu vergleichen und etwa zu sagen: »Heute wird bereits jede dritte Ehe geschieden.« Das liest man häufig. (Tatsächlich kamen in der alten Bundesrepublik im Jahr 1987 knapp 130000 Scheidungen auf 380000 Eheschließungen, und in den Jahren danach war das Verhältnis ähnlich.) Und weiter heißt es: Noch vor dreißig Jahren sei nur jede zehnte Ehe geschieden worden. Aber diese Aussagen wären nur dann richtig, wenn sich die Zahl der jährlichen Eheschließungen über einen sehr langen Zeitraum nicht geändert hätte und auch in Zukunft nicht ändern würde. Das ist nicht der Fall. Trotzdem ist es aufschlußreich, sich die entsprechenden Verhältniszahlen anzusehen. 1960 wurden noch 11mal mehr Ehen geschlossen als geschieden wurden. 1970 war das Verhältnis 6:1. Ende der siebziger Jahre lag die Relation bei 4:1. Und seit 1983 kommen jährlich drei Eheschließungen auf eine Scheidung. Das heißt im strengen Sinn natürlich nicht, daß heute jede dritte Ehe geschieden wird. Aber, wenn der Trend sich über einen längeren Zeitraum unverändert fortsetzt, daß jährlich drei Ehen auf eine Scheidung kommen, kann man das – grob vereinfacht – so interpretieren.

In einer anderen Betrachtungsweise ergibt sich eine Verdopplung des Scheidungsrisikos seit den sechziger Jahren. Fragt man nämlich nach dem Anteil der Ehescheidungen an allen »Eheauflösungen« (der fehlende Anteil ergibt sich durch Tod des Ehepartners), dann zeigt sich folgende Entwicklung: Wurde im Jahre 1960 jede siebte Ehe durch Scheidung gelöst, so war es Mitte der achtziger Jahre bereits fast jede dritte.

Für die nächste Zeit ist zu erwarten, daß die Zahlen noch ein paar Jahre lang leicht ansteigen, weil jetzt die geburtenstarken Jahrgänge aus den sechziger Jahren ins Heirats- und deshalb dann auch ins Scheidungsalter kommen. Dann allerdings werden die Geburtsjahrgänge kleiner, und die Gesamtzahl aller Ehen wird weiter zurückgehen. Der Baby-Boom hatte seinen Gipfel im Jahr 1964; daraus folgte ein Heiratsboom Ende der achtziger Jahre (weil die meisten Leute um das 25. Lebensjahr herum heiraten); und daraus kann man einen Scheidungsboom etwa 1992 bis 1994 ableiten, wenn der Trend sich fortsetzt, daß die meisten Ehescheidungen zwischen dem dritten und fünften Ehejahr erfolgen. Da es aber gleichzeitig auch eine Tendenz zur Scheidung erst nach zwanzig oder mehr Ehejahren gibt, wird der Scheidungsgipfel erst Mitte der neunziger Jahre überschritten sein. Vermutlich geht dann die Zahl der Scheidungen auch deshalb zurück, weil ein wachsender Teil der Paare gar nicht erst heiratet, sondern so zusammenlebt. Es werden dann allerdings die bisher nicht gezählten Trennungen unverheirateter Paare ansteigen.

Man hat die gestiegenen Scheidungszahlen vorschnell als Abkehr von der Ehe interpretiert, solange man noch nicht berücksichtigte, wie es mit der Wiederverheiratung aussieht (vgl. Tabelle 1 im Anhang). Man könnte sogar behaupten, daß die gestiegenen Scheidungszahlen ein Votum *für die Ehe* sind, weil sie zeigen, daß die Leute eine *wirklich gute Ehe* wollen; und wenn sie die mit dem ersten Partner nicht bekommen, dann versuchen sie es eben ein zweites oder drittes Mal. Der Scheidungsforscher Hans-Peter Heekerens spricht davon, daß die zweite Ehe inzwischen »salonfähig« geworden sei. Das ist zweifellos das amerikanische Muster (dessen Extremform mit fünfter und sechster Ehe aus Hollywood wohlbekannt ist).

Für die USA konnte man bisher davon ausgehen, daß etwa vier von fünf Geschiedenen sich wieder verheiraten. »Typischerweise«, schreibt Paul Glick, der führende amerikanische Scheidungsforscher, »heiraten Geschiedene nach Möglichkeit ein zweites Mal.« Seit Mitte der sechziger Jahre allerdings sinken die Wiederverheiratungsquoten und werden nach neueren Schätzungen auf 75% oder sogar 70% in den neunziger Jahren fallen. Bei uns liegen die Wiederverheiratungsquoten zur Zeit bei etwa 70%, sehr niedrig (etwa 40%) sind sie in Schweden, Norwegen und den Niederlanden. Auch für Europa gilt die Tendenz, daß Wiederverheiratung nach einer Scheidung in den letzten Jahren zögernder erfolgt. Dennoch: Insgesamt steigt der Anteil der Zweit- und Drittehen gegenüber den sogenannten Erstehen (bei denen beide Partner ledig sind). Mitte der achtziger Jahre war bereits jede dritte Ehe im alten Bundesgebiet eine solche »Wiederholungsehe«. Und in Berlin (West) waren sogar 40% aller jährlich geschlossenen Ehen bereits Wiederverheiratungen – wie man dem Familienbericht 1987 entnehmen konnte.

Man kann durchaus von einer Scheidungs-Wiederverheiratungs-Spirale sprechen: Die zunehmende Zahl der Wiederverheiratungen ist eine einfache Folge der zunehmenden Scheidungszahlen, weil damit das Potential an »Wiederverheiratungsfähigen« steigt. Scheidungszahlen wiederum steigen, wenn sie einmal zu steigen begonnen haben, mit einer gewissen Eigendynamik weiter an. Je häufiger, je alltäglicher Scheidungen werden, desto eher kann ich mir das auch für mein eigenes Leben vorstellen. Der amerikanische Familienforscher und Demograph Frank Furstenberg untersucht seit Jahren dieses Phänomen des biographischen Wechselspiels Eheschließung – Scheidung – Wiederverheiratung und spricht von der »Fortsetzungsehe« schon fast als dem Normalfall.

Warum gehen Ehen in die Brüche? Kinderlosigkeit, Ungehorsam gegen die Schwiegereltern, Stehlsucht sowie Geschwätzigkeit und Unvorsichtigkeit waren anerkannte Scheidungsgründe – allerdings stammt diese Liste aus dem 18. Jahrhundert – und aus Japan. Was sind die Gründe und Ursachen, die heute bei uns zu so vielen Scheidungen führen? Drei Arten lassen sich unterscheiden: Erstens allgemeine kulturelle Entwicklungen; zweitens demographisch-strukturelle Merkmale der Ehepaare; drittens persönliche Gründe.

Beginnen wir mit der dritten Gruppe. Es mag tausend Gründe geben, warum man sich von dem Partner, mit dem man verheiratet ist, trennen will (ohne daß man deswegen auch die Ehe ablehnen muß): Ehebruch, Gewalt, Alkoholismus, Überdruß, Langeweile, ständiger Streit und vieles mehr; kurzum: man – oder frau – sucht einen besseren Ehepartner. Immer mehr Frauen scheinen sich heute jedoch nicht mehr allzu große Hoffnungen zu machen, daß es in einer zweiten Ehe wirklich auf Dauer besser wird. Sie bleiben nach einer Scheidung erst einmal unverheiratet.

Die zweite Sorte von Gründen ist ziemlich gut erforscht. So ist zum Beispiel das Scheidungsrisiko besonders hoch, wenn die Eheschließenden sehr jung sind. Und allgemein ist das Scheidungsrisiko in den ersten Ehejahren besonders hoch. Es ist aber nicht nur das vielzitierte »verflixte siebte« Jahr, das besonders gefährlich ist, sondern bereits das vierte, fünfte und sechste. Im Lauf der letzten Jahre hat sich allerdings das Scheidungsalter immer mehr nach hinten verlagert. Das heißt, heute werden viel mehr Ehen nach 15, 20 oder 25 Ehejahren geschieden als früher. Deshalb ist es heute noch schwerer als früher, endgültig zu beurteilen, wie hoch das Scheidungsrisiko im allgemeinen ist.

Dann gibt es eine Art Generationeneffekt: Wer nicht in einer intakten Familie aufgewachsen ist, wer von der Scheidung seiner Eltern als Kind betroffen war, dessen Risiko, selbst wieder geschieden zu werden, ist höher als das der anderen, deren Eltern eine »erfolgreiche« Ehe führten.

Auch die soziale Lage und das Bildungsniveau haben einen

meßbaren Einfluß auf die Scheidungsraten, wenn auch in relativ komplizierter Weise. Im großen und ganzen ist es jedenfalls so, daß das Scheidungsrisiko in den Extremlagen der gesellschaftlichen Hierarchie höher ist als in der Mittelschicht: Sowohl bei Paaren aus wirtschaftlich schwierigen Verhältnissen als auch bei Leuten mit besonders hohem Ausbildungsniveau zerbrechen Ehen leichter als bei den »Durchschnittsbürgern«.

Eine weitere Gruppe von Scheidungsgründen interessieren Soziologen und Sozialgeschichtler besonders, weil sie geeignet sind, die langfristigen Veränderungen zu erklären. Gemeint sind allgemeine kulturelle und gesellschaftliche Entwicklungen. Da sind zunächst – so merkwürdig das erscheinen mag – die Sterblichkeitsverhältnisse zu nennen. Genauer gesagt: die Lebenserwartung. Sie lag in früheren Jahrhunderten bei etwa vierzig Jahren. In der Mitte des 19. Jahrhunderts hatten die Leute, wenn sie heirateten, noch etwa dreißig Ehejahre vor sich. Heute sind es etwa zwanzig Jahre mehr. Dazu kam früher die hohe Kindbettsterblichkeit der Frauen. In vielen Fällen kam der Tod sozusagen einer möglichen Scheidung zuvor. Das war besonders in Mittel-, West- und Nordeuropa der Fall, wo man oft erst mit Mitte oder Ende zwanzig heiratete und in vielen Fällen einer der Partner zehn Jahre später bereits gestorben war. Nicht Scheidung, sondern frühe Verwitwung war deshalb das normale Ende einer Ehe. Als die Lebenserwartung stieg, stieg auch das Scheidungsrisiko, weil die Verwitwung erst im hohen Lebensalter wahrscheinlich wurde.

Das hat u. a. dazu geführt, daß die Menschen heute trotz sinkender Kinder- und steigender Scheidungszahlen längere Zeitspannen als Ehepaare und Eltern erleben als noch vor hundert Jahren.

»Noch nie in der Geschichte lebten derart viele Menschen eine so lange Zeit ihres Lebens mit demselben Ehepartner zusammen wie heute trotz der sinkenden Eheschließungsneigung und des erhöhten Scheidungsrisikos... Den längsten Zeitabschnitt im Familienzyklusmodell bildet heute die nachelterliche Phase«, schreibt die Oldenburger Soziologin Rosemarie Nave-Herz.

Um 1900 lebten die Eltern fast die gesamte Ehedauer mit ihren (durchschnittlich vier) Kindern zusammen, danach nur noch wenige Jahre allein: Wenn das letzte Kind das Haus verlassen hatte, war der Tod meist nicht mehr fern. Ehe war mit Familie weitgehend identisch. Paare von heute leben mit ihren Kindern – durchschnittlich 1,4 – nur etwa ein Drittel der Ehezeit zusammen; wenn die Kinder das Haus verlassen haben, dauert die Ehe noch etwa zwanzig Jahre an.

Aber das erklärt natürlich längst nicht alles (vor allem, weil ein Großteil der Scheidungen immer noch nach kurzer Ehedauer erfolgt). Wichtiger ist, daß die religiösen, moralischen, ökonomischen und rechtlichen Hinderungsgründe der Scheidung abgebaut wurden. Dies hängt wieder mit dem gesellschaftlichen Individualisierungstrend zusammen: Die Ansprüche an ein selbstbestimmtes Leben wachsen, und der Charakter der Ehe hat sich entsprechend gewandelt.

Die Ehe ist *keine Versorgungsinstitution mehr*. Man heiratet heute fast ausschließlich *aus »Liebe«* (was immer das sei) – früher spielte die reine Liebesehe, wie die Familienhistoriker vielfach nachgewiesen haben, keine große Rolle. Wenn ein Bauer sich eine Bäuerin nahm, weil sie kräftig war und gut kochen konnte, dann gab es keinen Scheidungsgrund wie »fehlende Liebe«. Eine Verletzung ehelicher Pflicht wäre dann zum Beispiel Faulheit, aber nicht Lieblosigkeit gewesen. Je mehr die Ehe auf Liebe gegründet ist (seit das Bürgertum seine Ehekonzeption durchgesetzt hat), desto wahrscheinlicher werden Scheidungen. Furstenberg führt als Grund für die besonders hohen Scheidungsraten in den USA an, daß sich dort die romantische Liebe als Heiratsgrund und die individuelle Partnerwahl besonders früh etabliert haben, im Gegensatz zu Europa, wo der Einfluß der Familien und der gesellschaftlichen Lage auf die Eheschließungen da und dort immer noch spürbar ist.

Je mehr die Liebesheirat sich durchsetzte; je stärker das Ehepaar vom größeren Familienverband isoliert wurde und sich immer mehr in seine vier Wände zurückzog; und je mächtiger der Selbstverwirklichungstrend der letzten Jahrzehnte wurde, desto mehr sind die *Ansprüche an den Partner gestiegen*. Je höher diese Ansprüche sind, desto schwieriger sind sie zu erfüllen, desto schneller stellt sich die Enttäuschung über den Partner ein. Und dann ist der Gedanke an eine Scheidung nicht mehr weit.

Auch die *Emanzipation* der Frau hat zweifellos zum Scheidungsboom beigetragen – und zwar in dem Sinn, daß sich immer mehr Frauen durch eine gute Ausbildung und einen anspruchsvollen Beruf selbst versorgen können, daß sie wirtschaftlich nicht mehr so stark vom Ehemann abhängig sind und daß sie schließlich auch selbstbewußt genug geworden sind, eine Trennung vom Mann aus eigenem Antrieb herbeizuführen. Längst wird der größere Teil der Scheidungen von den Frauen beantragt.

Schließlich gibt es eine Art Eigendynamik der Scheidungsspirale: Wenn es erst einmal normal geworden ist, sich scheiden zu lassen, also wenn man aus seiner persönlichen Umgebung von einigen Scheidungsfällen weiß, dann rückt dieses Ereignis auch für einen selbst in den Bereich des Möglichen.

Können wir sagen, die Ehe habe an Bedeutung verloren, weil sich immer mehr Leute immer schneller scheiden lassen? Wir müssen, wenn wir diese Frage sinnvoll beantworten wollen, daran denken, daß sich mit dem Bedeutungswandel der Ehe auch der Sinn der Scheidung gewandelt hat. Ihre Geschichte zeigt in Recht und Praxis markante Veränderungen. Im Mittelalter haben wir eine Situation vor uns, in der die Vertreter der katholischen Kirche unaufhörlich den heiligen Charakter der Ehe und ihre von Gott so bestimmte Unauflöslichkeit von den Kanzeln verkündeten. Die Reformation Luthers war der erste Schritt zur Entmachtung der Kirche in dieser Sache. Als der weltliche Staat schließlich ganz die Oberhoheit über das Scheidungsrecht errungen hatte, nutzte er dies, um Ehe und Scheidung in seinem Sinn zu definieren und zu handhaben. Da die Ehe die Quelle des Bevölkerungswachstums war und gleichzeitig ein Fundament der gesellschaftlichen Ordnung, war die Regelung der Scheidung eine »polizeiliche« Aufgabe des Staates, ein soziales Ordnungsproblem, wo der Staat geradezu die Pflicht hatte, einzugreifen. Aber die »Privatisierung der Ehe« ist fortgeschritten, und weder der Staat noch die Kirche haben heute eine nennenswerte Möglichkeit, in die privaten Entscheidungen der Eheleute einzugreifen. Wie sagte die Scheidungsrichterin in der am Anfang dieses Buches erwähnten Fernsehdiskussion: »Die Leute kommen zu mir und wissen genau, wie sie es machen wollen mit der Scheidung. Mir bleibt nur der Vollzug. Ein einziges Mal in zehn Jahren habe ich die beiden Scheidungswilligen wieder weggeschickt und ihnen noch ein Jahr Bedenkzeit auferlegt. Nach einem Jahr sind sie wiedergekommen, und ich habe sie geschieden.«

Die geschichtlichen Etappen der Ehe sind auch die Etappen der Scheidung. Früher war eine Scheidung die notwendige Konsequenz einer ehelichen Pflichtverletzung – gewissermaßen die gerechte Strafe. Das Scheidungsrecht war vom Schuldprinzip beherrscht, der Scheidungsgrund immer: ein schuldhaftes Verhalten des anderen. Das konnte natürlich auch damals schon häufig der Ehebruch sein. Aber, vor allem in den Zeiten der Versorgungsehe, kamen auch zahlreiche andere Verfehlungen in Frage: Trunksucht, Geschwätzigkeit, Faulheit, Arbeitsunfähigkeit und sehr lange auch: Geisteskrankheit.

Als die Versorgungsehe allmählich von der Liebesehe abgelöst wurde, blieb zwar das Schuldprinzip noch lange Zeit in Kraft, aber es gab zwei wichtige Veränderungen. Zum einen konnte allmählich auch der Mann zum Schuldigen erklärt werden (früher hatten es Frauen ziemlich schwer, eine Scheidung auf ihre Initiative hin und gegen den Willen des Mannes durchzubekommen). Zum zweiten wurden Lieblosigkeit und Untreue allmählich zu den einzigen anerkennenswerten Scheidungsgründen. Eine Scheidung wurde zu einer persönlichen Katastrophe, ein Fehlschlag beim Streben nach Glück mußte eingestanden werden.

Die Liebesehe in ihrer reinen Form stellt hohe Ansprüche und kann deshalb kaum Bestand haben. Bald gab es rivalisierende Vorstellungen von einer vernünftigen Ehe. So kam allmählich die Partnerschaftsehe auf. Mit ihr setzte sich (rechtlich allerdings wesentlich später) im Scheidungsrecht das Zerrüttungsprinzip durch. Die Trennung wurde als Konsequenz des Scheiterns einer Ehe angesehen.

Heute sind wir wieder einen Schritt weiter. Trennungsgründe müssen nun nicht mehr im schuldhaften Verhalten des Partners gesucht werden; auch von »Zerrüttung« muß nicht unbedingt gesprochen werden. Vielmehr kann man ganz nüchtern feststellen: Unsere Lebensentwürfe und Lebenspläne haben sich immer mehr auseinanderentwickelt – darüber ist man sich einig, und die Scheidung ist nun die vernünftige Lösung einer sinnlos gewordenen Ehe und damit auch: die Chance für einen Neubeginn mit einem anderen Partner in einer neuen Lebensphase. Die Scheidung ist nicht mehr bitteres Ende, sondern hoffnungsvoller Neubeginn. Das Scheidungsrecht fragt heute nicht mehr nach dem Grund des Scheiterns, sondern begnügt sich damit, dessen Folgen zu regeln.

Nun haben wir freilich ein Bild gezeichnet, dem die Wirklichkeit nicht ganz so schnell folgen kann – auch wenn die Zahl der »vernünftigen« und »einvernehmlichen« Scheidungen wächst. Wir sollten deshalb nicht vergessen, daß es trotz der fortschreitenden »Normalisierung« immer noch viel Leid und Schmerz und Enttäuschung gibt – und auch bösartige Versuche, in der Scheidungsvereinbarung »es dem Partner heimzuzahlen«, die eigenen Rachebedürfnisse zu befriedigen und damit die verletzten Gefühle zu besänftigen. Eine Ehescheidung ist für die Betroffenen meist immer noch ein schmerzhafter Vorgang – oft mit lebenslang spürbaren finanziellen und psychischen Folgen. Besonders die Kinder leiden unter einer Scheidung ihrer Eltern und zeigen nicht selten jahrelang die Symptome ihrer Verstörung.

Und der Anteil der geschiedenen Ehen, bei denen Kinder betroffen sind, wächst. Schätzungen in den USA gehen davon aus, daß nahezu jedes zweite Kind, das heute geboren wird, eine Zeitlang in einer Einelternfamilie leben wird; und daß von denen, deren Mütter wieder heiraten, noch ungefähr die Hälfte als Kind erneut einen familialen Zusammenbruch erleben wird. Man kann über das Ausmaß an unvollständigen Familien besorgt sein. Immerhin gibt es in Gesamtdeutschland bereits weit über zwei Millionen »Mehrpersonenhaushalte mit unvollständiger Familie«.

Schon 1981 gab es bei uns etwa eine Million »Scheidungswaisen«, davon mehr als die Hälfte bei der Mutter, etwa 60 000 beim Vater lebend. Die übrigen minderjährigen Kinder lebten bei einer Stiefmutter oder einem Stiefvater. Nach Schätzungen der Statistiker lebten 1985 in der Bundesrepublik – man könnte sagen, »immerhin noch« – 82,5 % der Kinder und Jugendlichen unter 18 Jahren mit ihren beiden (biologischen) Eltern zusammen, 7 % mit einem Eltern- und einem Stiefelternteil. Die übrigen 10,5 % lebten bei ihrer unverheirateten oder verheiratet-getrenntlebenden Mutter bzw. – entsprechend – bei ihrem Vater. Untersuchungen aus Frankreich zeigen, daß mehr als die Hälfte der Kinder, deren Eltern sich trennen, den Kontakt zum nicht sorgeberechtigten Elternteil, das ist in der Regel der Vater, ganz verlieren. Für das Wohlergehen und die spätere Entwicklung der Persönlichkeit der Kinder, das zeigte eine amerikanische Studie, ist es offenbar sehr wichtig, daß beide Eltern eine gute Beziehung zu den Kindern aufrechterhalten, auch wenn sie sich selber nicht mehr sehen können. So gesehen ist es ein humaner und wichtiger Zug unseres Gesetzgebers gewesen, das geteilte Sorgerecht nach einer Scheidung zuzulassen.

Die Frauen sind die treibende Kraft im Veränderungsprozeß

Wir sagten schon: Die Emanzipationsbewegung im Anschluß an die Studentenbewegung der sechziger Jahre hat viel dazu beigetragen, verkrustete Strukturen im Geschlechterverhältnis und im Familienleben aufzubrechen. Doch eine der wichtigsten Veränderungen für das Leben der Frauen hat tieferliegende Wurzeln. Nach und nach eroberten sich die Frauen im Verlauf des 20. Jahrhunderts immer größere Bereiche in den Bildungsinstitutionen und in den verschiedenen Sparten der beruflichen Welt.

Jetzt, wo die Forderung nach Beteiligung von Frauen in allen traditionell männlichen Bereichen in gewissem Maße selbstverständlich geworden ist, wird es wichtiger, auf ihre weiterhin starke Benachteiligung hinzuweisen – etwa die minimalen Anteile von Frauen unter der universitären Professorenschaft oder den wirtschaftlichen Führungskräften. Und solange diese krassen Ungleichheiten bestehen, haben die Frauen auch keinen Grund, sich zufriedenzugeben. Man sollte darüber aber nicht vergessen, daß erst durch die sogenannte Bildungsexpansion der sechziger und siebziger Jahre die Voraussetzungen dafür geschaffen wurden, daß sich Frauen heute von ihren traditionellen Aufgaben als Hausfrau und Mutter lösen können. Im Jahre 1964 rief Georg Picht, ein sozialdemokratischer Reformer, den »Bildungsnotstand« aus. Die Deutschen, so warnte er, würden den Anschluß an die technologische und wirtschaftliche Entwicklung verpassen, wenn sie nicht schleunigst mehr Hochschulabsolventen produzierten. Da diese Kassandra-Rufe durchaus auf offene Ohren stießen und gleichzeitig die SPD mehr Chancengleichheit durch Bildung durchsetzen wollte (»Bildung ist Bürgerrecht« – das sagte allerdings der Soziologe Ralf Dahrendorf, der damals eine kurze Karriere in der FDP gemacht hatte), kam eine Bewegung in Gang, die dazu führte, daß in wenigen Jahren die Zahl der Studienanfänger an deutschen Universitäten gewaltig in die Höhe schnellte (vgl. Tabelle 5 im Anhang).

Schon der Blick auf die Statistik der Studienanfänger, die nach Geschlecht getrennt ausgewiesen ist, zeigt, daß an dieser Bildungsexpansion die Mädchen in überdurchschnittlichem Ausmaß beteiligt waren. Auch hier, wie in vielen gesellschaftlichen Bereichen, erwiesen sich die achtziger Jahre zwar als Bremsklotz der Entwicklung, denn der Anteil der Frauen unter den Studienanfängern stagniert seit 1981; dennoch hat sich der wichtige Effekt eingestellt, daß eine studierende Frau und eine Frau mit Hochschulabschluß etwas vollkommen Normales geworden ist. Es ist noch keine fünfundzwanzig Jahre her, daß man im allgemeinen glaubte, ein Studium nütze einer Frau allenfalls insofern, als sie sich dadurch einen Akademiker als Ehemann angeln könnte.

1960 war ein Viertel aller bundesdeutschen Studienanfänger weiblich. 1972 lag dieser Anteil bei über einem Drittel und erreichte 1981 seinen bisher höchsten Wert – über 40 %. In den achtziger Jahren lag dieser meist etwas unter und in manchen Jahren etwas über der 40-%-Marke. Die absoluten Zahlen weiblicher Studienanfänger sind aber weiter gestiegen. 1970 schrieben sich »nur« 36 000 junge Frauen an westdeutschen Hochschulen ein, 1980 waren es bereits mehr als doppelt so viele und 1990 schon mehr als 100 000. Dieser Zuwachs bedeutete auch eine jährliche Steigerung des Anteils der Studienanfängerinnen an der Gruppe der gleichaltrigen Frauen. Ende der achtziger Jahre war unter den 19–20jährigen bereits jede fünfte eine Studentin! Und betrachtet man die Gesamtgruppe aller studierenden Frauen, dann ergibt sich folgende Entwicklung: 1970 »erst« 130 000, 1980 dreimal soviele und 1990 schon weit über eine halbe Million.

Auch die Erwerbstätigkeit von Frauen ist etwas Alltägliches geworden (vgl. Tabelle 6 im Anhang). Man hat den typischen Lebensverlauf von Frauen zwischen Familie und Beruf früher gern als »Zwei-Phasen-Modell« bezeichnet: Erwerbstätigkeit bis zur Ehe, dann endgültiges Ausscheiden aus dem Erwerbsleben und ausschließliches Dasein für Ehemann und Kinder. Erwerbstätigkeit galt hier lediglich als Übergangsstadium zwischen dem Ende der Schulausbildung und der Familiengründung. Dieses Modell galt stets mehr für Frauen aus gehobenen Verhältnissen, weniger für Arbeiterfrauen, die aus finanziellen Gründen auch als Ehefrauen mit Kindern oft erwerbstätig bleiben mußten. Allmählich erlangte das »Drei-Phasen-Modell« größere Verbreitung: Berufstätigkeit bis zur Geburt des ersten Kindes, »Familienphase« von zehn bis fünfzehn Jahren, danach Wiedereinstieg in die Erwerbstätigkeit. Zur gesellschaftlichen Wirklichkeit wurde dieses Modell in der Bundesrepublik ansatzweise in den fünfziger Jahren, als mit dem wirtschaftlichen Aufschwung die Nachfrage nach weiblicher Arbeitskraft stieg. Das Ausmaß seiner tatsächlichen Verbreitung ist allerdings umstritten. Eine Untersuchung über die Erwerbstätigkeitsphasen von rund 100000 Frauen der Geburtsjahrgänge 1901–1926 konnte nicht bestätigen, daß ein hoher Anteil der Frauen ins Erwerbsleben zurückkehrte, nachdem die Kinder in das Alter gekommen waren, in dem sie keine ganztägige mütterliche Betreuung mehr brauchen. Im übrigen zeigte sich, daß verhältnismäßig viele Frauen die wiederaufgenommene Erwerbstätigkeit ein- oder mehrmals unterbrachen. Neben den Frauen, deren Lebensverlauf dem Drei-Phasen-Modell entspricht, lassen sich drei Gruppen unterscheiden: »Karrierefrauen«, »Familienfrauen« und »Wechselfrauen« – Erwerbstätigkeit und Tätigkeit in der Familie wechseln sich ab. Aktuelle Untersuchungen weisen darauf hin, daß jüngere Frauen (vor allem qualifiziertere) die Erwerbsbeteiligung seltener und für kürzere Zeit unterbrechen.

Im internationalen Vergleich ist die Erwerbsbeteiligung von Frauen in der Bundesrepublik immer noch relativ gering; doch ebenso wie in vielen anderen Ländern sind es auch bei uns besonders die verheirateten Frauen und immer mehr sogar Mütter von jüngeren Kindern, die auf den Arbeitsmarkt drängen. Für die Statistiker wird es dadurch immer schwieriger, klar zwischen berufstätigen Frauen und »Hausfrauen« zu unterscheiden, weil besonders die Mütter nach Teilzeitstellen suchen.

»Etwa die Hälfte der verheirateten Frauen zwischen 18 und 60 Jahren in der Bundesrepublik leben in einer Ehe mit traditioneller Aufgabenteilung; sie führen den Haushalt, und die Ehemänner verdienen im Erwerbsleben den Unterhalt für die Familie. Die andere Hälfte dieser Frauen ist selber erwerbstätig, davon ein Drittel ganztags erwerbstätig und zwei Drittel zeitweise erwerbstätig«, schreiben Glatzer und Herget.

Auch in den Vereinigten Staaten gibt es die herkömmliche Familie mit dem Mann als Alleinverdiener und der Frau als »reiner« Hausfrau immer seltener.

»Die wohl wichtigste Veränderung der Frauenrolle in der letzten Generation ist im beruflichen Bereich festzustellen. Fast die Hälfte der Mütter mit Kindern im Vorschulalter sind heute erwerbstätig. Gerade dreißig Jahre ist es her, daß dieser Anteil bei 12% lag«, schreibt der Familiensoziologe Ira Reiss. Und das Forscher-Ehepaar Carol und Theodore Nadelson behauptet, daß nur noch eine verschwindende Minderheit aller amerikanischen Familien nach dem traditionalen Muster leben, wo der Mann das Geld verdient und die Frau zu Hause bleibt. »Somit müssen wir feststellen, daß diese Familien heute die Abweichung von der Norm darstellen; die Norm, das sind die Doppelverdiener-Familien.«

Frauenforscherinnen wiesen in den achtziger Jahren häufig darauf hin, daß die Frauenerwerbsquoten wieder zurückgegangen seien, seit auf dem Arbeitsmarkt Engpässe aufgetaucht waren: »Die Erwerbstätigenquoten von Frauen sind bei allen Familienständen von 1980 bis 1985 rückläufig«, schrieb Charlotte Höhn, die Direktorin des Bundesinstituts für Bevölkerungsforschung, in einem ihrer jährlichen »Berichte zur demographischen Lage« in der Bundesrepublik (1987).

Doch sie hatte damit nur bedingt recht. Sobald man nach Altersgruppen aufschlüsselt, zeigt sich ein anderes Bild. Und wenn die Verkürzung der Lebensarbeitszeit (durch längere Ausbildung und früheres Rentenalter) berücksichtigt wird, ergibt sich eine deutliche Zunahme. In den letzten Jahren stieg die absolute Zahl der erwerbstätigen Frauen im Vergleich zum Vorjahr jeweils stärker an als die der Männer, und dies besonders deutlich bei den Angestellten.

Betrachtet man nur die Durchschnittsquoten, erscheint der Anstieg der Frauenerwerbsquote (Anteil der erwerbstätigen Frauen an allen Frauen) in den letzten dreißig Jahren tatsächlich als ziemlich bescheiden: Waren 1960 etwa 30% aller Frauen erwerbstätig, so waren es 1985 etwa 35%. Doch diese Quoten sagen ziemlich wenig aus – sie sind im Gegenteil geradezu irreführend. Zunächst ist dies der Anteil an sämtlichen Frauen, einschließlich Kindern und Greisinnen. Dann verbirgt die Durchschnittsquote gegenläufige Trends. Der eine Trend ist ein starker Rückgang der Frauenerwerbsquote bei zwei besonderen Altersgruppen: den unter 20jährigen und den über 60jährigen. Der andere Trend ist ein starker Anstieg der Quoten für die mittleren Altersgruppen. Der Grund für den Rückgang bei den jüngeren Frauen ist klar: eine wesentlich längere Ausbildungs- (Studien-)dauer bei den meisten jungen Frauen gegenüber den sechziger Jahren. Der Grund für den Rückgang bei den älteren ist auch bekannt: zunehmend früherer Übergang in den Ruhestand. Betrachtet man jetzt aber nur noch die übrigen Altersgruppen (und alles andere ist unsinnig), dann wird sofort deutlich, wie stark die Erwerbsbeteiligung der Frauen angewachsen ist (zwischen 1961 und 1985):

Von 46 % auf 60 % bei den 30–40jährigen Frauen;
von 44 % auf 58 % bei den 40–50jährigen Frauen;
von 36 % auf 45 % bei den 50–60jährigen Frauen.

Abschließend sind einige Bemerkungen zur Gruppe der Doppelverdiener-Paare angebracht. Dabei muß man unterscheiden zwischen beruflicher Arbeit von Frauen, die vorrangig auf die notwendige Erhöhung des Haushaltseinkommens gerichtet ist, und solcher, die von den Frauen selbst gewollt wird, auf die sie nicht verzichten möchten – auch wenn der Mann genug verdient. Sie arbeiten weniger des Geldes wegen, sondern eher, weil ihnen die Arbeit Spaß macht, weil sie sich dadurch besser anerkannt fühlen, weil sie dadurch eher »Selbstverwirklichung« erreichen können.

In der amerikanischen Familiensoziologie ist diese Unterscheidung seit langem als jene zwischen »dual *earner* couples« und »dual *career* couples« bekannt – dort der »Verdienst«, hier die »Karriere«. Doppelverdiener-Paare mit *career-jobs* haben deshalb eine wesentlich geringere Neigung, den Beruf zugunsten eines Kindes aufzugeben.

Doppelverdiener-Paare ohne Kinder werden im journalistischen Sprachgebrauch gerne als »Dinkies« bezeichnet (»double income – no kids«). Ob die Ehen von Doppelverdienern weniger glücklich sind als jene von traditionellen Alleinverdiener-Familien ist umstritten. In einer neueren Studie wird festgestellt: Je weniger Zeit die Doppelverdiener miteinander verbringen, desto weniger zufriedenstellend ist ihre Ehe. Darin drückt sich zweifellos das Grund-Dilemma dieser Paare aus: Jeder möchte sich gerne so viel wie möglich seiner beruflichen Arbeit widmen – aber wenn man zu wenig Zeit füreinander hat, schadet das der Beziehung.

Für die älteren Generationen von »Karriere-Frauen« gab es mehrere Möglichkeiten, ihre beruflichen Interessen wahrzunehmen, wie aus einer Studie aus den siebziger Jahren hervorgeht:

entweder unverheiratet zu bleiben (über die Hälfte der befragten Erfolgsfrauen waren ledig) und bei der Mutter zu wohnen, die den Haushalt macht (wie im Fallbeispiel Marlene E., einer Rechtsanwältin); oder kinderlos zu bleiben (fast drei Viertel der Befragten). Für jene Minderheit, die trotz des beruflichen Engagements ein Kind oder gar zwei Kinder bekam, gab es typischerweise zwei Möglichkeiten: entweder als Selbständige zu arbeiten, möglichst mit dem Ehemann zusammen – und dadurch die räumliche Trennung zwischen Haushalt und Arbeitsplatz aufzuheben (wie im Fall von Tina K., einer Architektin); oder sich eine »Zugehfrau« (eine »Perle«) und ein Kindermädchen einzustellen (wie es Regine M., Wirtschaftsprüferin, machte).

Neuere amerikanische Untersuchungen zeigen, daß auch hochqualifizierte, erwerbstätige Frauen versuchen, Kind und Beruf zu vereinbaren. Wenn die Frauen eine hohe Berufszufriedenheit aufweisen, steigt ihre Neigung, ein Kind zu bekommen (und natürlich ebenso, wenn sie auf einen unterstützenden Mann zählen können). Gleichzeitig sinkt damit allerdings die Bereitschaft und die Möglichkeit zu mehr als einem Kind drastisch. Andere Studien zeigen ebenfalls, daß gerade Frauen in hochqualifizierten Berufen mit hoher Berufszufriedenheit nicht auf Kinder verzichten möchten. Entscheidend für die gleichzeitige Realisierung von Karriere und Familie ist die Einstellung von Babysittern und Haushaltshilfen, »typischerweise Frauen aus unteren sozialen Schichten«.

An dieser Stelle läßt sich eine spekulative Überlegung anschließen: Es könnte sein, daß gutverdienende Paare, die beide hochqualifiziert sind (beispielsweise Akademiker) und intellektuell anspruchsvoll arbeiten, sich in Zukunft Kinder vielleicht nur dann noch »leisten« wollen, wenn sie sich Haus- und Kinder-Personal einstellen können. Dieses Personal kommt natürlich eher aus weniger wohlhabenden und situierten Verhältnissen. Insgesamt bekommen Akademiker-Paare und »Karriere-Frauen« weniger Kinder, die Frau ist bei der Geburt des ersten Kindes älter, und die Abstände zwischen den Geburten sind größer. Auf der anderen Seite bleiben Paare ohne hochqualifizierte Berufsausbildung seltener unverheiratet, heiraten früher, bekommen häufiger und früher Kinder. Es ist, wenn sich diese Auseinanderentwicklung fortsetzen sollte, durchaus möglich, daß ein neues Muster von Arbeitsteilung zwischen den sozialen Schichten die alte Arbeitsteilung zwischen den Geschlechtern überlagert. Berufsarbeit und Haushalts-/Erziehungsarbeit wird dann nicht mehr so sehr zwischen Männern und Frauen geteilt, sondern mehr zwischen berufsorientierten Paaren, die wenig Zeit für Haus- und Erziehungsarbeit haben, und anderen, die den Karriere-Paaren wenigstens einen Teil dieser Arbeiten abnehmen.

4. Zusammenleben mit und ohne Trauschein

»Menschen sind einsam. Suchen den andern. Prallen zurück, wollen weiter wandern... bleiben schließlich... Diese Resignation: Das ist die Ehe.« So jedenfalls sah es Kurt Tucholsky. Weniger aufrüttelnd, dafür aber etwas präziser als Tucholskys melancholische Einsicht, sind die Definitionen der Soziologen. Allerdings gibt es dabei eine Spannweite von einem sehr engen bis zu einem sehr weiten Ehebegriff. Der engere Begriff hebt den Charakter der Ehe als einer Rechtsinstitution hervor. Die Ehe ist demnach »eine (relativ) dauerhafte und rechtlich legitimierte Lebens- und Sexualgemeinschaft zweier (ehe-) mündiger verschiedengeschlechtlicher Partner«. Doch es gibt auch einen weiteren Ehebegriff. So spricht etwa René König von der Ehe als einer »auf gewisse Dauer angelegten Form des Zusammenlebens zweier Personen verschiedenen Geschlechts«. Hier fehlt der Bezug zum Recht. Und derselbe Autor, der auch kulturvergleichende und anthropologische Studien durchgeführt hat, betont in vielen Veröffentlichungen, daß die Ehe in manchen Kulturen nicht auf zwei Personen beschränkt sein muß: Polygamie ist eine weit verbreitete Form der Ehe. Oft wird betont, daß die Ehe als Grundlage der Familie gilt, daher nur einen begrenzten Eigenwert hat. Sie dient der Legitimierung des Nachwuchses.

Berühmt wurde eine Begriffsbestimmung des Philosophen Immanuel Kant, die allerdings auch gern mißverstanden oder nicht ganz korrekt zitiert wird: »Geschlechtsgemeinschaft ist der wechselseitige Gebrauch, den ein Mensch von eines anderen Geschlechtsorganen und Vermögen macht.« Geschlechtsgemeinschaft nach dem Gesetz, das ist die Ehe, »die Verbindung zweier Personen verschiedenen Geschlechts zum lebenswierigen wechselseitigen Besitz ihrer Geschlechtseigenschaften«.

Bertolt Brecht hat diese Definition aufgegriffen und ironisch verfremdet. Es heißt bei ihm:

»Den Pakt zu wechselseitigem Gebrauch/Von den Vermögen und Geschlechtsorganen/Den der die Ehe nennt, nun einzumahnen/Erscheint mir dringend und berechtigt auch.

Ich höre, einige Partner sind da säumig./Sie haben – und ich halt's nicht für gelogen –/Geschlechtsorgane kürzlich hinterzogen:/Das Netz hat Maschen und sie sind geräumig.

Da bleibt nur: die Gerichte anzugehn/Und die Organe in Beschlag zu nehmen./Vielleicht wird sich der Partner dann bequemen

Sich den Kontrakt genauer anzusehn./Wenn er sich nicht bequemt – ich fürcht es sehr –/Muß eben der Gerichtsvollzieher her.«

Für Goethe war die Ehe »der Anfang und der Gipfel aller Kultur. Sie macht den Rohen mild, und der Gebildetste hat keine bessere Gelegenheit, seine Milde zu beweisen.«

Im Mittelalter war die Ehe noch eine kirchlich abgesegnete häusliche Gemeinschaft, eine Wirtschafts-, Schutz- und Versorgungsgemeinschaft. Später, im Zeitalter der bürgerlichen Ehe, war sie Lebenszweck und Sinnerfüllung. All das ist sie heute kaum noch.

Die Meinungsführer der sechziger Jahre definierten die Ehe als Gefängnis. Die sechziger Jahre? Schon Friedrich Schiller wußte: »Der Ring macht Ehen und Ringe sind's, die eine Kette machen.« Wenn die Ehe früher tatsächlich ein Gefängnis war, dann ist sie heute ein Gefängnis mit offenem Vollzug und ohne das Attribut »lebenslänglich«.

Sie ist also eine Institution, die von der Gesellschaft bereitgestellt wird, in der Menschen ihr Bedürfnis nach Sexualität, Liebe und Geborgenheit sozusagen in gesellschaftlich geordneten Bahnen ausleben können. Ein Ordnungsgefüge, in dem das Leben als sinnvoll erfahren werden kann. Die Ehe- und die Scheidungsgesetzgebung hat bis vor wenigen Jahrzehnten dies noch so gesehen. Ehe und Familie waren auch Garanten der gesellschaftlichen Ordnung. Aber die »Privatisierung der Ehe« ist weit fortgeschritten. Kirche, Staat und Gesellschaft haben kaum noch Einfluß auf die Institution Ehe.

Heute hat sie viel von ihrer Ewigkeitsperspektive verloren, ist zeitlich begrenzt vorstellbar, als Lebensphase. Deshalb, so meinen manche, bestehe der einzige Zweck der modernen Ehe darin, die mögliche Trennung besser regeln zu können. Die Ehe ist ein Zusammenleben *mit* Trauschein, also mit rechtlichen Regelungen, vor allem mit geregelten Trennungsmöglichkeiten. »So betrachtet ist der Schutz der wirtschaftlichen Interessen des braven Ehegatten der eigentliche Zweck der modernen Ehe.« Der Jurist Paul Weimar, der dies schrieb, dachte dabei offenbar an die Möglichkeit, daß der »brave« Partner (der nicht Ehebruch begeht) durch die Scheidung wenigstens nicht auch noch wirtschaftlich benachteiligt werden sollte.

In allen westlichen Ländern hat es seit Mitte der sechziger Jahre einen drastischen Rückgang der Eheschließungsquoten gegeben (vgl. Tabelle 1 im Anhang). Diese Entwicklung war in Europa zuerst in Schweden, den übrigen skandinavischen Ländern und in den Niederlanden zu beobachten. Es folgten die Bundesrepublik, die Schweiz und Österreich. In Frankreich, Spanien, Großbritannien, Belgien und Italien waren vergleichbare Kurven ab Mitte der siebziger Jahre zu registrieren.

In der Bundesrepublik Deutschland sank seit Beginn der sechziger Jahre die Zahl der Eheschließungen scheinbar unaufhaltsam von 530640 im Jahr 1962 auf den Tiefstand von 328215 im Jahr 1978. Und der Rückgang in dieser Zeit fällt noch deutlicher aus, wenn man bedenkt, daß diese geringere Zahl von Ehen bei einer höheren Bevölkerungszahl geschlossen worden war. Damals konnte man durchaus allen Ernstes fragen: Hat die Ehe überhaupt noch eine Zukunft?

Auf den ersten Blick hat sich die Lage inzwischen wieder stabilisiert. Es sieht nicht so schlecht aus, wenn man die Entwicklung in den achtziger Jahren betrachtet: »Es wird wieder geheiratet«, konnte man hören und lesen. Selbst in Berlin jubelte eine Broschüre der Stadtverwaltung: »Die Berliner heiraten wieder...« Tatsächlich stieg die Zahl der jährlichen Eheschließungen seit 1982 wieder leicht an und hat inzwischen bereits wieder die 400000-Marke erreicht. Damit haben wir etwa Verhältnisse wie Mitte der siebziger Jahre.

Allerdings: Das ist nur der erste Blick. Schaut man genauer hin, zeigt sich: Die Zunahme in den achtziger Jahren geht nicht darauf zurück, daß die Heiratsneigung der jungen Leute wieder zugenommen hätte. Zunächst muß man bedenken, daß Mitte der achtziger Jahre die Kinder des Baby-Booms ins heiratsfähige Alter kamen. 1989 ist das Jahr, in dem die Mädchen des Geburtsjahrgangs 1964 (Gipfel des Baby-Booms) genau in dem

Alter waren, in dem heute eine Frau durchschnittlich heiratet. In den neunziger Jahren werden bei gleichbleibender Heiratsneigung die Eheschließungszahlen der jungen Leute wieder zurückgehen, weil die nachfolgenden Jahrgänge schwächer besetzt sind. Aber schon in den achtziger Jahren blieb die Heiratsneigung der jüngeren Ledigen nicht konstant, sondern ging zurück. So heirateten zum Beispiel 1970 in der Altersgruppe der 24–25jährigen Männer noch 189 von 1000 vorher Ledigen. Diese Zahl sank auf 99 im Jahre 1980 und weiter auf 80 im Jahre 1983.

Nun könnte der Rückgang dieser Zahlen auch – statt einer sinkenden Heiratsbereitschaft – lediglich einen Heiratsaufschub anzeigen: Die Leute heiraten eben immer später. Tatsächlich ist das durchschnittliche Heiratsalter (der Ledigen) zwischen 1975 und 1990 bei den Frauen von knapp 23 auf über 25, und bei den Männern von 25 auf knapp 28 angestiegen. Ein Teil des jährlichen Rückgangs der Eheschließungsquoten läßt sich also durch den leichten Anstieg des Heiratsalters erklären, aber längerfristig spielt das keine entscheidende Rolle.

Viel wichtiger ist eine andere Veränderung: Bis heute ist – trotz des Anstiegs der Heiratszahlen seit 1982 – die Zahl der *Erst-Eheschließungen* weiter zurückgegangen, das heißt, jener Ehen, bei denen beide Partner als Ledige vor den Standesbeamten traten. Der leichte Anstieg an der Gesamt-Zahl der Eheschließungen in den achtziger Jahren ist nämlich in erster Linie auf die wachsende Zahl der *Wiederverheiratungen nach einer Scheidung* zurückzuführen, also auf Zweit- und Drittehen.

Betrachten wir die Sache aus Sicht der Frauen. 1960 war nur eine von fünfzehn Frauen, die in diesem Jahr heirateten, vorher schon einmal verheiratet gewesen und geschieden. 1970 galt das bereits für jede zehnte und inzwischen hat sich ihr Anteil verdoppelt: Jede fünfte Frau, die heute heiratet, ist bereits mindestens einmal geschieden.

Und insgesamt sieht es so aus: Von allen Ehen, die heute geschlossen werden, sind nur noch zwei Drittel reine Erstehen, d. h. beide Partner sind ledig. Ein Drittel also sind (für einen der Ehepartner) bereits Zweit- oder Drittehen. Und für Großstädte wie Berlin ist das Verhältnis von Erstehe und Wiederholungsehe fast schon ausgeglichen.

Für die Zukunft muß man also davon ausgehen, daß vor allem die Zahl der Erstehen junger Leute weiter zurückgeht. Und zwar absolut und relativ. Absolut, weil jetzt die geburtenschwachen Jahrgänge ins Heiratsalter kommen. Und relativ, weil von diesen Jahrgängen voraussichtlich ein größerer Teil als früher entweder später oder überhaupt nicht heiraten wird. Für die Zukunft gibt es keinen Zweifel: Es werden nicht mehr so viele Leute verheiratet sein, wie etwa in der Generation der 1936–1940 Geborenen, von denen fast alle verheiratet waren. Die Frauen dieser Geburtsjahrgänge waren in einigen Ländern zu 94% oder 95% (z.B. Dänemark, Deutschland, England, Niederlande), in den meisten anderen zu über 90% verheiratet. Auch die Männer erreichten in fast allen Ländern Heiratsquoten von über 90%.

Man schätzt, daß von den Frauen, die in den fünfziger und sechziger Jahren geboren wurden, vielleicht 15 bis 20% unverheiratet bleiben werden. Von den 1955 geborenen Frauen zum Beispiel war in der Bundesrepublik im Alter von 30 Jahren ein Viertel noch unverheiratet. Vergleichbar ist die Situation in den meisten anderen europäischen Ländern. Einzig Schweden fällt aus dem Rahmen; dort war im Alter von 30 Jahren erst die Hälfte der Frauen verheiratet, die 1955 geboren wurden.

Wenn also in Zukunft von jedem Jahrgang vielleicht 20% ledig bleiben, dann ist das zwar viel, gemessen an den Geburtsjahrgängen der dreißiger Jahre. Aber es ist, verglichen mit früheren Epochen, nichts Aufregendes. Denn historisch gesehen ist der Normalzustand der, daß längst nicht alle Leute verheiratet sind. Und die Epoche in der Mitte dieses Jahrhunderts, wo fast alle verheiratet waren, ist, wie gesagt, historisch ziemlich ungewöhnlich. Das sogenannte »europäische Heiratsmuster«, gekennzeichnet durch ein hohes Heiratsalter (Mitte zwanzig oder später) und eine große Zahl von Leuten, die überhaupt nicht heirateten, blieb für die meisten mittel- und westeuropäischen Länder bis weit ins 20. Jahrhundert bestimmend. Durch Heiratsbeschränkungen wirtschaftlicher und rechtlicher Art waren ganze Bevölkerungsgruppen zur Ehelosigkeit gezwungen oder konnten erst spät heiraten.

Diese »Ehehindernisse« sind längst beseitigt. Fast jeder, der über 18 ist (außer den Entmündigten und Geschäftsunfähigen), ist heute zur Eheschließung berechtigt. Wenn sich heute immer mehr junge Leute von der Ehe abwenden, muß das andere Gründe haben. Wir haben die meisten schon genannt: Die Frauen können heute auch als Dreißigjährige problemlos ledig sein. Die Paare können problemlos unverheiratet zusammenleben; befriedigende Sexualität ist nicht mehr auf die Ehe angewiesen. Wir alle müssen mobil sein, wenn wir erfolgreich sein wollen. Das fördert nicht gerade die Ausrichtung des Lebens auf eine Familie. Wer aber nicht an Familiengründung denkt, der hat auch wenig Gründe für eine Eheschließung. Das ist überhaupt eine bisher wenig beachtete, aber bemerkenswerte Veränderung: Die Leute haben gar nichts gegen die Ehe, aber sie wissen oft nicht, warum sie eigentlich heiraten sollten – es ist ihnen auch ziemlich egal, ob sie verheiratet sind oder nicht. Eine gewisse Gleichgültigkeit hat sich breitgemacht (Wir gehen auf diese Beobachtung im 8. Kapitel noch genauer ein).

Doch die entscheidende Veränderung, das sagten wir schon, ist nicht die Abkehr von der Ehe an sich, sondern der Abschied von der Dauerhaftigkeit. Dafür sind die erhöhten Scheidungszahlen und der wachsende Anteil von Zweit- und Drittehen ebenso ein Signal wie die wachsende Zahl unverheiratet zusammenlebender Paare. »Bis daß der Tod euch scheidet« – das war jahrhundertelang Realität, weil der Tod meist sehr früh kam. Heute kommt er später, aber auch aus vielen anderen Gründen werden Ehen früher aufgelöst.

Zusammenleben ohne Trauschein

In den letzten Jahren ist viel über nichteheliche Lebensgemeinschaften geschrieben worden, nachdem die Familienforscher entdeckt hatten, daß immer mehr Paare auf die Eheschließung verzichten. Auf diese Entwicklung ist man erst in den siebziger Jahren aufmerksam geworden, zuerst in Schweden und den Vernigten Staaten, später in allen industrialisierten Ländern. Von verbesserten Chancen der Frauen, ihre eigenen Interessen durchzusetzen, ist die Rede. Das Zusammenleben ohne Trauschein wird als Alternative zur Ehe angesehen, in der sich – ob man will oder nicht – die alten Herrschaftsverhältnisse zwischen Mann und Frau leichter durchsetzen würden als in der »freien« Partnerschaft ohne staatliche Legitimation und kirchlichen Segen. Andere sehen die rasche Verbreitung nichtehelicher Lebensgemeinschaften nüchterner. Sie sprechen davon, daß diese Entwicklung nichts anderes bedeute als eine veränderte Verlobungszeit. Hatte man sich früher durch das festliche Ritual der Verlobung die Ehe versprochen (meist auch verbunden mit der Übernahme finanzieller Verpflichtungen), so lebe man heute eben »erst mal so« zusammen, um zu testen, wieweit die Beziehung der alltäglichen Situation standhalten könnte. Das sei ja ohnehin vernünftiger und garantiere eher, daß die Ehe gelingt. Nur am Rande sei vermerkt, daß es eine neuere amerikanische Untersuchung gibt, in der das Gegenteil festgestellt wurde: Von denjenigen Ehepaaren, die vor der Heirat schon zusammengelebt hatten, ließen sich nach einigen Jahren mehr wieder scheiden als von denen, die nicht zusammengelebt hatten.

Die Frage ist also, ob nichteheliches Zusammenleben heute »nur« eine neue Lebensphase zwischen dem Auszug aus dem Elternhaus und der Gründung eines eigenen Familienhaushalts bedeutet. Mit anderen Worten: ob diese unverheirateten Paare früher oder später alle heiraten werden – oder ob es sich hier um eine Alternative zur Ehe handelt, die, wenn sie sich ausbreitet, dazu führt, daß immer mehr junge Leute nicht nur vorübergehend, sondern auf Dauer auf die Eheschließung verzichten. Die Forschungsergebnisse zu dieser Frage sind noch uneinheitlich. Anfangs (in den siebziger Jahren) schien es sich bei den nichtehelichen Lebensgemeinschaften eindeutig um eine Gruppe zu handeln, die eine neue Vorstufe zur Ehe gefunden hatte. Aber in den achtziger Jahren wurden immer mehr unverheiratete Paare im mittleren Alter gezählt, und ein wachsender Anteil verzichtete auch nach der Geburt des ersten Kindes auf die Eheschließung.

Wie soll man die Sache nennen? Der Begriff *nichteheliche Lebensgemeinschaft*, der sich bald etabliert hatte, nachdem die ersten Veröffentlichungen zu dieser Thematik erschienen waren, vermag nicht recht zu überzeugen. Von den Juristen bevorzugen heute besonders jene den Begriff der »*eheähnlichen* Lebensgemeinschaft«, die eine rechtliche Gleichstellung mit der Ehe erreichen wollen. Gelegentlich kann man unter Juristen noch den alten und ziemlich wertbeladenen Begriff des »Konkubinats« hören.

Konkubinat (lat.) bedeutet ursprünglich »uneheliches Zusammenliegen«. Im Duden heißt es: »Dauernde, außereheliche Geschlechtsgemeinschaft«. In früheren Auflagen war diese Definition noch mit dem Zusatz »wilde Ehe« versehen. Der deutsche Aufklärer Thomasius (1655–1728) unterschied drei Geschlechtsverbindungen. Bei der *Hurerei*, so sagte er, geht es nur um Trieb und Lust. Die *Ehe* hat den Hauptzweck, Nachkommen zu zeugen. Beim *Konkubinat* steht zwar ebenfalls die Lust im Vordergrund, Zeugung ist aber nicht ausgeschlossen bzw. wird in Kauf genommen. Das Konkubinat hat nach Thomasius durchaus Ehecharakter, wenn auch gleichzeitig damit der Vorwurf sündhaften Verhaltens verbunden ist.

In der angelsächsischen Forschung sind die Bezeichnungen *consensual union* und (*nonmarital) cohabitation* gebräuchlich. Auch in Frankreich ist der Begriff *cohabitation (hors mariage)* zumindest unter Demographen verbreitet. Im deutschen Sprachraum hat sich noch keine einheitliche Begrifflichkeit durchgesetzt. *Nichteheliche Lebensgemeinschaft* klingt zu sehr nach »außerehelich« – sozusagen »nicht ganz in Ordnung«; und »Lebensgemeinschaft« ist auch nicht jedermanns Sache: Es hört sich ziemlich altertümlich an und erweckt außerdem den Eindruck von »lebenslanger« Gemeinschaft – ähnlich wie der »Lebensgefährte« (ein Wort, das Ältere gern benutzen). Der Ausdruck »unverheiratet zusammenleben« wirft grammatikalische Probleme auf: Man kann nicht – auch wenn dies schon geschrieben wurde – vom »Umsichgreifen unverheirateten Zusammenlebens« sprechen (schließlich ist ja nicht das Zusammenleben unverheiratet). Von »Kohabitation« zu sprechen, verbietet sich: Der Begriff existiert nicht in der Umgangssprache, und es ist kaum anzunehmen, daß er sich dort durchsetzen könnte. Doch die Umgangssprache bietet uns keinen anderen Begriff an, zumindest noch keinen einfachen und eindeutigen. Man hat nur die Wahl zwischen den technischen Begriffen der Demographie und den alten Moralbegriffen oder jenen, die immer nur eine Abweichung vom Normalfall der Ehe suggerieren: »Wilde Ehe«, »Ehe ohne Trauschein«, »Bindestrich-Ehe«. Wir müssen uns, in Ermangelung eines klaren Begriffs, mit diesen Notbehelfen zufriedengeben. Außerdem werden wir sehen, daß sich unter dem, was so (oder so) genannt wird, sehr Unterschiedliches verbergen kann. Bevor wir das nicht geklärt haben, verzichten wir auf eine einheitliche Sprachregelung.

Auch andere verbale Unsicherheiten sind festzustellen. Noch gibt es zum Beispiel keine sprachlich fixierte Vorstellung davon, daß das Zusammenleben so wie die Ehe ein Ziel des Lebens wäre (oder eine Sackgasse?). »Überträgt man die landläufige Redensart vom ›Hafen der Ehe‹ auf unser Thema, so bleibt zu fragen, gibt es auch einen Hafen der Nicht-Ehe, oder bewegen wir uns noch auf dem stürmischen Meer« meint Claudieter Schott.

Der »Junggeselle« ist aus dem Sprachgebrauch verschwunden, weil Unverheiratetsein nicht mehr als Vorstufe vor der eigentlichen Erwachsenen-Phase oder als skurrile Eigenschaft betrachtet wird. Statt dessen spricht man heute vom »Single«, in der Regel mit eher positivem Beiklang, der Freiheit, Ungebundenheit und Entscheidungsautonomie signalisiert.

In einem 1957 erschienenen Buch hatte sich der Titel »Die Unverheirateten« noch mit größter Selbstverständlichkeit auf jene Problemgruppen bezogen, die nicht nur unverheiratet, sondern auch partnerlos geblieben waren: alte Jungfern, schrullige Junggesellen, Enttäuschte und Hängengebliebene. Nach wie vor sei der Standpunkt gültig, daß die Ehe »eine Form des sozialen Lebens ist, die durch keine andere ersetzt werden kann, und daß jeder Mensch vor die Aufgabe gestellt ist, das Eheproblem zu lösen«. Dort, wo Menschen unverheiratet bleiben, »müssen wir von einem Versagen einer der Hauptaufgaben des Lebens gegenüber sprechen«, schrieb der Autor, ein Psychotherapeut namens Erich Stern.

Warum leben heute immer mehr Paare ohne Eheschließung zusammen? Eine erste Möglichkeit, diese Frage zu beantworten, ist herauszufinden, welche Gruppen bevorzugt diese Lebensform praktizieren – wer die Träger dieser Bewegung sind: die Jüngeren, die berufstätigen Frauen, die Bildungsschichten (Studenten, Akademiker), die Alternativen, die Stadtbewohner, die Atheisten?

Sehen wir uns zunächst die Situation in einigen ausgewählten Ländern an. In den meisten westlichen Ländern ist diese Lebensform inzwischen verbreitet. Allerdings sind genaue Aussagen über die Zahl unverheiratet zusammenlebender Paare selten möglich, da die amtliche Statistik in den meisten Ländern diese Paare immer noch nicht gesondert registriert. Noch relativ selten ist nichteheliches Zusammenleben in Irland, England, Belgien und den südeuropäischen Ländern.

Neben den USA ist *Schweden* das Land, in dem man zuerst auf diese neue Erscheinung aufmerksam wurde. Dort ist wohl auch ihre Verbreitung am größten. Im Jahr 1970 waren in Schweden 7% aller zusammenwohnenden Paare unverheiratet, 1975 waren es doppelt so viele, und 1986 war bereits jedes vierte zusammenlebende Paar kein Ehepaar! Eine lange Tradition (es gab zum Beispiel um die Jahrhundertwende die sogenannten »Stockholm-Ehen« – das waren Paare, die nicht heirateten, weil sie sich alleine keine Wohnung leisten konnten und deshalb mit anderen zusammenlebten), eine hohe Toleranz auch gegenüber ledigen Müttern und unehelichen Kindern sowie eine moderne Sozialpolitik sind dafür verantwortlich. Schon vor dreißig Jahren hatte etwa ein Drittel der Ehepaare vor der Trauung zusammengelebt. Es ist bekannt, daß das heute für alle Ehepaare gilt. Umgekehrt weiß man aber noch nicht genau, wie viele von den nichtehelichen Paaren auch langfristig unverheiratet bleiben. In einer kleinen Untersuchung ergab sich, daß nach vier Jahren jeweils ein Drittel inzwischen geheiratet, sich getrennt hatten oder noch zusammenlebten. Eine andere Studie zeigt, daß in letzter Zeit nur noch 20% der kinderlosen Frauen nach acht Jahren Zusammenleben ihren Partner geheiratet hatten – gegenüber 80% vor 15 Jahren.

Obwohl immer mehr Paare zwischen dem 20. und dem 45. Lebensjahr unverheiratet zusammenleben, neigen die schwedischen Forscher insgesamt dazu, darin keine Ablehnung der Ehe und keine langfristige Alternative zum ehelichen Zusammenleben zu sehen, sondern eine neue Lebensform vor der Ehe. Aber zweifellos hat die Bedeutung des nichtehelichen Zusammenlebens in dreierlei Hinsicht zugenommen: Die Gesamtzahl unverheirateter Paare stieg kontinuierlich an, die voreheliche Phase des Zusammenlebens verlängerte sich (das Heiratsalter stieg), und vor allem für Geschiedene ist das freie Zusammenleben tatsächlich eine deutliche Alternative zu einer Zweitehe geworden. Wenn sich schwedische Frauen scheiden lassen, sinkt ihre Heiratsneigung drastisch ab: Die Wahrscheinlichkeit, mit dem neuen Partner »so« zusammenzuleben, ist inzwischen zehnmal höher, als wieder zu heiraten. Auch nichteheliche Paare mit Kindern gibt es in Schweden immer häufiger. Fast die Hälfte aller Neugeborenen sind »unehelich«, aber das bedeutet im Normalfall längst nicht mehr, Kind einer alleinstehenden (sitzengelassenen) Mutter zu sein, sondern Kind eines unverheirateten Paares.

Auch in *Frankreich* hat das Zusammenleben ohne Trauschein

längst den Charakter des Ungewöhnlichen verloren. Die Zahl der jungen zusammenlebenden Paare (bei denen der Mann unter 35 Jahren ist) stieg von 67000 im Jahre 1968 auf fast 600000 im Jahre 1985. Der Anstieg der *cohabitation* läßt sich zwar überall (in jeder Region und in allen sozialen Klassen) beobachten. Dennoch gibt es Unterschiede. Die größte Zustimmung und Verbreitung erfährt diese Lebensform in Paris und anderen Großstädten, unter Religionslosen und in Bevölkerungsgruppen mit Hochschulabschluß oder hohem Berufsprestige.

Obwohl die *Schweiz* zu den Ländern in Europa gehört, wo das »Konkubinat«, wie man hier sagt, in einigen Kantonen bis vor kurzem noch mit Strafsanktionen belegt war – auch wenn diese nicht mehr ausgeübt wurden –, ist auch hier die Verbreitung hoch und der Anstieg in den letzten Jahren bemerkenswert. Während von den Heiratsjahrgängen 1970/71 nur 7% der Ehepaare vor der Eheschließung mehr als ein Jahr unverheiratet zusammengelebt hatten, galt dies fünfzehn Jahre später bereits für ein Viertel. In der Volkszählung 1980 wurden knapp 1,5 Millionen Ehepaare und fast 60000 »Konsensualpaare« ermittelt, davon mehr als 10000 mit Kindern. Die Zahl der Haushaltungen mit unverheirateten Paaren wird von Experten aber auf bis zu 100000 geschätzt.

Eine Untersuchung aus *Ungarn* stellte bemerkenswerte Besonderheiten – im Vergleich zur westeuropäischen Entwicklung – fest. Unverheiratete Paare waren häufiger zu finden unter Geschiedenen bzw. getrenntlebenden Verheirateten als unter Ledigen. Darüber hinaus waren es häufiger Frauen mit Kindern, die unverheiratet mit einem Mann zusammenleben. Und schließlich lebten diese Paare zwar häufiger in städtischen Regionen, jedoch konzentriert auf die Bevölkerungsgruppen mit niedrigstem Bildungsniveau.

Auch für die *Bundesrepublik* läßt sich die Zahl der unverheiratet zusammenlebenden Paare immer noch nicht exakt ermitteln, und man ist auf indirekte Berechnungsversuche angewiesen. Deshalb gehen die Angaben auch weit auseinander.

Das kommerzielle EMNID-Institut kam für das Jahr 1983 auf eine Schätzung von 1,1 bis 1,25 Millionen unverheiratet zusammenlebender Paare (in Westdeutschland). Das Institut für Demoskopie in Allensbach gab für das Jahr 1985 die Zahl 1,5 Millionen an. Beide Institute stützten sich dabei auf kleine Stichproben, über deren »Repräsentativität« es unterschiedliche Ansichten gibt. Auf wesentlich niedrigere Zahlen kommen die amtlichen Statistiker in Wiesbaden. Sie zählten zum Zeitpunkt der EMNID-Erhebung »nur« etwa eine halbe Million nichtehelicher Lebensgemeinschaften. Aber auch sie können sich nicht auf exakte Daten stützen. Sie gehen von der Haushaltsstatistik aus, die durch jährliche »Mikrozensus«-Erhebungen fortgeschrieben wird (von der letzten Volkszählung lagen noch keine Ergebnisse vor). Sie weist für 1985 eine Zahl von 770000 Mehrpersonenhaushalten, »in denen nur Familienfremde wohnen«, aus (das sind 3% aller Haushalte; dazu gehören Wohngemeinschaften und nichteheliche Gemeinschaften). 1972 hatten die entsprechenden Zahlen 160000 (noch nicht einmal 1% aller Haushalte) und 1982 547000 (2,2%) betragen. Von 1972 bis 1985 ergab sich somit fast eine Verfünffachung.

Daraus leiten die Statistiker des Statistischen Bundesamtes folgende Schätzwerte für nichteheliche Lebensgemeinschaften ab:

1972	1978	1982	1985	1988
137000	348000	516000	686000	820000

Diese Zahlen ergeben eine recht geradlinige Kurve, so daß bei gleichbleibendem Trend 1992 eine Million überschritten sein würde. Der Anteil der Paare mit Kindern sank von 18% (1972) auf knapp 12% (1988). Absolut gesehen stieg jedoch auch die Zahl der unverheirateten Paare mit Kindern an und lag 1990 bei etwa 100000.

Die Träger dieser Bewegung waren zunächst überwiegend Studenten und andere junge Leute. Und immer noch haben die nichtehelichen Paare in der Regel höhere Bildungsgrade erworben als ihre verheirateten Altersgenossen. Immer noch gilt, daß diese Paare häufiger in Großstädten leben. Bei 60% aller erfaßten Paare waren (im April 1988) *beide* Partner ledig. Rechnet man diejenigen dazu, wo nur einer der beiden Partner ledig war, kommt man auf mehr als drei Viertel. Inzwischen sind aber immer häufiger auch Geschiedene oder noch anderweitig Verheiratete unter den »ungebunden« Zusammenlebenden anzutreffen, manchmal auch Verwitwete. Insgesamt hat bei zwei von fünf unverheiratet zusammenlebenden Paaren mindestens einer der Partner bereits eine Ehe hinter sich. Eine spätere Heirat ist dennoch bei den meisten nicht ausgeschlossen: In den vorliegenden Untersuchungen war nur bei einer Minderheit von etwa einem Zehntel (in der Altersgruppe bis 35) eine klare Absicht zu erkennen, nicht zu heiraten.

Wie kam es zu dieser ungeheuer raschen Ausbreitung?

Die mittel- und langfristigen historischen Entwicklungen, die wir in den vorausgegangenen Kapiteln für den demographischen Wandel seit Mitte der sechziger Jahre, insbesondere für den Rückgang der Geburten und der Eheschließungen sowie den Anstieg der Scheidungen, verantwortlich gemacht haben, sind in entsprechender Weise auch die Bedingungen für das Ansteigen der Zahl nichtehelicher Lebensgemeinschaften. Diese Bedingungen sind allerdings zu allgemein, um erklären zu können, warum es gerade seit Mitte der sechziger Jahre so starke Veränderungen gab und warum sich das freie Zusammenleben in den siebziger Jahren so schnell ausbreiten konnte und innerhalb weniger Jahre zu einem Massenphänomen wurde. Die Familienforscher wurden vom »demographischen Einbruch« Mitte der sechziger Jahre überrascht und tun sich bis heute mit dessen Erklärung schwer.

Immerhin herrscht Übereinstimmung darüber, daß die Frage der Ausbreitung von nichtehelichen Lebensgemeinschaften nicht isoliert betrachtet werden kann, sondern nur im Zusammenhang mit dem gesamten Veränderungsprozeß verständlich wird. Es ist gewiß zu einfach zu sagen: Heute »wählen« immer mehr junge Leute diese Lebensform, weil sie sich davon mehr Selbstverwirklichung versprechen. Sie tun es wohl einfach deshalb, weil es anders schwer vorstellbar ist. Die Frage, warum immer mehr Leute unverheiratet zusammenleben, ist gleichzeitig die Frage, die der französische Familienforscher Louis Roussel so formuliert: »Warum hat die Institution Ehe für einen großen Teil der jüngeren Bevölkerung plötzlich ihre regulative Bedeutung verloren?«

Diese Frage ist nicht einfach zu beantworten. Ein erster Grund ist der Geburtenrückgang: Je weniger selbstverständlich die Elternschaft, desto schwächer der Druck zur Heirat. Der Geburtenrückgang wiederum hat Ursachen, von denen manche den Rückgang der Heiratsneigung beschleunigt haben – das gilt in erster Linie für das gestiegene durchschnittliche Bildungsniveau und die qualifizierte Erwerbsbeteiligung von Frauen. Damit ist auch die

Versorgungsehe (»Hausfrauenehe«) weiter zurückgedrängt worden, immer mehr Frauen müssen *aus diesem Grund nicht* heiraten. Sie müssen als »Ledige« nicht mehr mit Mißbilligung, Spott und Verachtung rechnen. Schließlich haben die erhöhten Ansprüche an Liebesbeziehung und Partnerschaft zum einen die Scheidungsquoten erhöht, zum anderen die Heiratsneigung gesenkt. Alle diese Prozesse haben dazu geführt, daß die Leute es mit der Heirat nicht mehr so eilig haben.

Zum Durchbruch kam die Abkehr von der frühen Ehe in bemerkenswertem Umfang aber erst in jener Generation, die Ende der sechziger Jahre einen tiefgreifenden Wandel der Wertvorstellungen hinsichtlich Ehe und Familie durchsetzte – etwas vereinfachend manchmal als »sexuelle Revolution« bezeichnet. Erst mit der Möglichkeit verhältnismäßig angstfreier und gesellschaftlich akzeptierter vorehelicher Sexualität konnte sich die Tendenz zur aufgeschobenen Heirat ausbreiten. Damit war der erste Schritt zur Verbreitung des Zusammenlebens ohne Ehe getan; der zweite war die Durchsetzung dieser Wohnform in der Öffentlichkeit, vor allem aber bei den Vermietern von Wohnungen, die vor nicht allzu langer Zeit noch Angst vor dem Kuppeleiparagraphen hatten.

Es war offenbar entscheidend für das Tempo des Wandels, daß einige der allgemeinen Faktoren des demographischen Wandels in *einer* Generation zusammentrafen: die Erfindung der »Pille«, ein bestimmtes Maß an Wohlstand und Bildungsniveau, die grundsätzliche Diskussion um Familienwerte und außereheliche Sexualität, die rechtlichen Veränderungen hinsichtlich Abtreibung, Scheidung, Kuppelei, Volljährigkeit usw. Diese Generation brach mit dem Familienkult der Nachkriegsepoche. Zwar hatte der Rückgang von Heiraten und Geburten bereits einige Jahre früher begonnen, aber erst die »Achtundsechziger« entwickelten auch die ideologischen Begründungen gegen Ehe und Familie und brachten die entsprechenden kulturellen Selbstverständlichkeiten ins Wanken.

Eine andere wichtige Ursache wurde bereits genannt: Die Bildungsexpansion der sechziger und siebziger Jahre war mitverantwortlich für die rasche und massenhafte Ausbreitung der neuen Lebensform, weil sie dazu führte, daß die Ausbildungszeiten für einen schnell wachsenden Teil der Jugendlichen immer länger wurden – und somit auch die Zeitspanne vom Auszug aus dem Elternhaus bis zur Gründung eines eigenen Familienhaushalts. Man wollte (und konnte) nicht mehr zuhause leben – man wollte (und konnte) aber weder gleich heiraten noch längere Zeit alleine leben. Studenten und andere junge Erwachsene haben deshalb zwei neue Lebens- und Wohnformen entwickelt bzw. wiederentdeckt: Wohngemeinschaft und freies Leben zu zweit.

Das Ergebnis der ganzen Entwicklung war das Verschwinden zweier traditioneller Eheschließungsgründe: Sowohl das Bedürfnis nach sexuellen Beziehungen als auch der Wunsch, das Elternhaus zu verlassen, konnten jetzt problemlos außerhalb des institutionellen Rahmens der Ehe befriedigt werden. Wenn man Sex vor der Ehe haben kann, wenn man das Elternhaus verlassen kann, ohne zu heiraten, wenn man schließlich auch als unverheiratetes Paar eine Wohnung findet – dann gibt es immer weniger Gründe für eine frühe Heirat – ohne deswegen auf das verzichten zu müssen, was die Ehe verspricht (eine »wilde« Ehe ist ohnehin ein verlockenderes Versprechen). Die Ausbreitung des nichtehelichen Zusammenlebens und der Bedeutungsschwund der Ehe gehen Hand in Hand. Die beiden Lebensformen werden sich ähnlicher.

Es gibt heute viele Formen nichtehelicher Lebensgemeinschaften: verhinderte Ehepaare (aufgrund äußerer Heiratshindernisse); ehemals Verheiratete (Geschiedene, »gebrannte Kinder«), für die das Zusammenleben manchmal eine Übergangsphase darstellt; »freie Ehen« in klassischer Form, also eheähnlich zusammenlebende Paare, die bewußt auf Legalisierung verzichten; freie Partnerschaften, wo der Versuch gemacht wird, anders (natürlich »besser«) miteinander zu leben als in einer Ehe; unverheiratete Paare, für die das Zusammenleben eine Versuchsehe, eine Vorstufe zur Ehe, eine neue Art der Verlobungszeit, darstellt. Es sieht so aus, daß auch der Anteil jener relativ hoch eingestuft werden muß, die nicht absolut gegen die Ehe sind, aber *ihren gegenwärtigen Partner* nicht heiraten wollen. Alle diese Varianten lassen sich im wesentlichen auf zwei Grundformen zurückführen: die feste, dauerhafte Beziehung ohne Heiratsabsicht sowie das vorläufige und probeweise Zusammenleben junger Leute.

Was sind die Gründe für die Abkehr von der Ehe, wenn das Zusammenleben *als Alternative zur Ehe* verstanden wird? Zunächst ist vorstellbar, daß nicht die Ehe an sich abgelehnt wird, sondern die Monogamie – also die Verpflichtung, sich mit *einem* Sexualpartner zu begnügen. »Nur so« zusammenleben könnte also heißen, daß man glaubt, weniger Verbindlichkeiten einzugehen, daß man glaubt, dann eher »fremdgehen« zu können. Das mag zutreffen, die dafür angemessene Lebensform wäre dann aber das Alleinleben, das *living apart together*. Wir gehen dieser Vermutung im 10. Kapitel nach.

Weiterhin ist möglich, daß viele Paare deshalb nicht mehr heiraten, weil sie eine Trennung von vornherein in Betracht ziehen, weil sie den Anspruch auf lebenslange Dauer von vornherein aufgegeben haben und weil sie sich sagen, daß diese unvermeidliche Trennung leichter zu bewerkstelligen sein wird, wenn man sich nicht ehevertraglich gebunden hat. Soweit es Untersuchungen über die Dauerhaftigkeit von nichtehelichen Lebensgemeinschaften gibt, sprechen die Ergebnisse tatsächlich dafür, daß sich die unverheirateten Paare leichter trennen als die verheirateten. Beispielsweise hat eine amerikanische Studie für den Zeitraum von 1975–1984 ergeben: Schon nach einem Jahr war ein Drittel der Paare wieder getrennt, 41% hatten geheiratet. Nach zehn Jahren hatten nur noch 2% der nichtehelichen Gemeinschaften Bestand; 60% waren in eine Ehe überführt worden. Ein Ergebnis dieser Studie war so bemerkenswert, daß sogar »Der Spiegel« darüber berichtete: Von den Ehen, denen eine Phase des Zusammenlebens vorausgegangen war, war nach einem bestimmten Zeitraum ein höherer Anteil wieder durch Scheidung gelöst als von jenen, denen keine solche »Probezeit« vorausgegangen war.

Der Verzicht auf die Ehe kann auch bedeuten, daß die Ehe als »Gefängnis« betrachtet wird, als Fesselung der Frau an den Haushalt, an Hausfrau- und Mutterrolle. Das Zusammenleben wird dann als Möglichkeit gesehen, aus diesen Zwängen auszubrechen, sie ist Ausdruck weiblicher Emanzipationsbestrebungen. Diese Auffassung wird insbesondere von Eva Schulze und Sibylle Meyer vertreten.

Schließlich darf auch nicht übersehen werden, daß unter den nichtehelichen Lebensgemeinschaften, die sich zu den Ehegegnern zählen, besonders häufig Geschiedene zu finden sind. Ihre oft früh geschlossenen Ehen sind früh gescheitert, und sie wollen nie mehr heiraten; sie sind »gebrannte Kinder«, die diesen Lebensfehler nicht noch einmal machen wollen. Ihr Anteil muß heute nicht größer sein als vor Jahren, doch hat die fehlende Akzeptanz der Ehelosigkeit früher viele dieser Frauen dazu gedrängt, wieder zu heiraten.

Zusammenfassend läßt sich sagen: *Eine* – aber wie wir finden, meist überschätzte – Bedeutung des nichtehelichen Zusammenlebens ist, eine echte Alternative zur Ehe zu bieten für alle, die die Ehe strikt ablehnen, oder für jene, und das sind vor allem Frauen, die sich mehr Einflußmöglichkeiten innerhalb einer nichtehelichen Gemeinschaft als innerhalb einer Ehe versprechen.

Eine weitere Bedeutung des nichtehelichen Zusammenlebens ist, und die wird immer wichtiger, daß man *nach einer Ehescheidung* nicht gleich wieder heiraten, aber auch nicht alleine leben muß. Zunehmend, auch in den USA, wo es eine lange Tradition der schnellen Wiederverheiratung gibt, verzichten die Geschiedenen auf eine allzu rasche Wiederheirat. Sie leben lieber erstmal allein, danach mit einem neuen Partner unverheiratet zusammen, und erst, wenn diese neue Probe-Phase lange genug gedauert hat, heiraten sie vielleicht wieder.

Die wichtigste Bedeutung des nichtehelichen Zusammenlebens ist, daß es eine Möglichkeit darstellt, das Elternhaus zu verlassen, ohne deswegen gleich heiraten oder alleine leben zu müssen. Das ist einfach notwendig geworden im Lauf der Zeit, weil die Ausbildungsphase der jungen Leute immer länger geworden ist. Das Neue ist nicht, daß man heute zusammenlebt, *statt* zu heiraten; das Neue ist, daß man heute zuerst zusammenlebt, *bevor* man heiratet. Nichteheliches Zusammenleben ist eine Art Vorstufe zur Ehe geworden. Ob und vor allem wann man dann heiratet, hängt von den Umständen und von der sozialen Lage ab: etwa, wenn ein Kind kommt; wenn die Ausbildung beendet ist; wenn man Hauseigentum erwerben will; oder wenn man sich sicher ist, daß man länger zusammen bleiben will.

5. Wo die Familie noch selbstverständlich ist

Die Familie oder besser gesagt: die häusliche Gemeinschaft war für die große Mehrheit aller jemals existierenden Kulturen und für den weitaus größten Zeitabschnitt der Menschheitsgeschichte die wichtigste Bezugsgröße der Existenz des einzelnen Menschen.

Das Haus war »eine Lebensgemeinschaft, der nicht nur der Hausbesitzer mit Frau und leiblichen Kindern angehörte, sondern alle, die unter seinem Dach wohnten und der Herrschaft des Hausvaters unterstanden, der ja zumeist Hausbesitzer und ›Arbeitgeber‹ zugleich war. Zur Hausgemeinschaft gehörten die leiblichen Kinder, Stiefkinder, auch die unehelich geborenen, Anverwandte, Gesinde, Inleute wie Altenteiler, das Gesinde – Knechte und Mägde, die zumeist unverheiratet waren und sich für eine bestimmte Zeit verdingt hatten. Nicht selten waren es Verwandte; das entsprach der Gewohnheit, die eigenen Kinder auf anderen Höfen arbeiten zu lassen. Die sogenannten Inleute waren Menschen, die mit dem Hausherrn oder der Hausfrau nur selten verwandt waren und auch verheiratet sein konnten, aber der Gewalt des Hausherrn unterstanden. Unter Altenteiler verstehen wir die Gruppen von älteren Personen, zumeist die Großeltern, die nicht mehr der häuslichen Produktionsgemeinschaft angehörten, aber noch im Hause lebten.« So beschreibt der Historiker Richard van Dülmen das Haus in der vorindustriellen Zeit.

Peter Laslett, ein britischer Historiker, schildert in einem seiner Bücher das Leben einer Londoner Bäckerfamilie im 17. Jahrhundert. Familie, Haushalt und Handwerksbetrieb bedeuteten praktisch dasselbe. »Der Mann, der dieser Gruppe vorstand, der Unternehmer, Arbeitgeber oder Verwalter, war der Meister, das Oberhaupt der Familie. Er war der wirkliche Vater einiger Gruppenmitglieder und vertrat bei anderen Vaterstelle. Seine Frau war ihm sowohl gleichgestellt als auch untergeordnet – gleichgestellt, weil sie für die Belange der Familie verantwortlich war, sich um das Essen kümmerte und den weiblichen Dienstboten gegenüber das Sagen hatte; untergeordnet, weil sie Frau, Gemahlin und Mutter war und Mutterstelle vertrat. Den bezahlten Dienstboten beiderlei Geschlechts kam in einem solchen Familienhaushalt eine bestimmte festumrissene Rolle zu. Wenn auch natürlich in anderer Weise, so gehörten sie doch, solange sie im Hause wohnten, genauso zur Familie wie die Kinder. Eine Familie war damals eine Einheit dreier Gemeinschaften – der von Mann und Frau, der von Eltern und Kindern und der von Meister und Angestellten.«

Wir möchten hier den Ausdruck »Großfamilie« vermeiden, der längst als »Mythos« entlarvt ist. Die Historiker sprechen lieber vom »ganzen Haus«, obwohl diese Bezeichnung in der Umgangssprache etwas merkwürdig klingt. Die Rede von der »Großfamilie« erweckt den Eindruck eines großen Haushalts mit mehreren Generationen, in dem Urgroßeltern, Großeltern, Eltern und Kinder zusammenwohnten. Das, so sagen uns die Familien- und Bevölkerungshistoriker übereinstimmend, war aber die Ausnahme (schon allein aufgrund der Sterblichkeitsverhältnisse). Die großen Haushalte früherer Zeiten (mit etwa fünf bis sieben Personen) setzten sich aus einer Kernfamilie (Eltern und Kindern), einzelnen Verwandten (etwa einer unverheirateten Cousine und einer alt gewordenen Großmutter) und einzelnen mithelfenden, nicht verwandten Arbeitskräften zusammen. Aber der Zusammenhang zwischen den einzelnen Haushalten und Familien war größer als heute, der Verwandtschaftsverband war auch eine wichtige wirtschaftliche und politische Einheit. Der Führer eines solchen Verbandes war in der Regel auch der »Sippen«-Chef.

Die erste größere Veränderung in unserem Kulturkreis spielte sich im Verlauf des 19. Jahrhunderts ab, als die »bürgerliche Familie« auf dem Vormarsch war. Das Ehepaar mit seinen Kindern zog sich aus dem größeren Familien- und Verwandtschaftsverband zurück. Und was noch wichtiger ist: Die Menschen früherer Jahrhunderte hatten kaum private Rückzugsmöglichkeiten gehabt, der größte Teil des Lebens, auch dessen ganz intime Seiten, hatte sich gewissermaßen in der Öffentlichkeit abgespielt. Eindrucksvoll schildert Norbert Elias, wie damals etwa wildfremde Menschen sich in einer Herberge ein Bett teilten, wie aus einer gemeinsamen Schüssel gespeist wurde oder wie die Körperpflege im öffentlichen Gemeinschaftsbad vollzogen wurde.

Nun, in der bürgerlichen Gesellschaft des 19. Jahrhunderts, verlagerten sich nicht nur Körperpflege und Sinnesgenüsse in die neu entstehenden Räumen der bürgerlichen Intimität: Eßzimmer, Schlafzimmer, Badezimmer, Toilette. Das ganze Ehe- und Familienleben wurde gefühlsbetonter und intimer und schottete sich immer mehr von der Öffentlichkeit ab. In der Romantik und im Biedermeier entstand das, was in der modernen Zeit als glückliches Familienleben, als Familienidylle bekannt wurde.

Wenn wir einen Sprung in die fünfziger Jahre unseres Jahrhunderts machen, treffen wir wieder – natürlich unter ganz anderen gesellschaftlichen und wirtschaftlichen Voraussetzungen – auf dieses Bild von der »glücklichen Familie«. Es prägte die Aufbaugenerationen des Nachkriegsdeutschland, auch in der »Ostzone« und der späteren DDR. In den fünfziger und frühen sechziger Jahren war »Familie« das Selbstverständlichste von der Welt.

Für viele ist es das auch heute noch. Wir wenden uns in diesem Kapitel jenen unserer Interviewpartner zu, für die das nichteheliche Zusammenleben eine *vor*-eheliche Lebensphase darstellt. Sie haben die feste Absicht zu heiraten, weil die Ehe – und mehr noch die Familie, die für sie aber ohne Ehe kaum vorstellbar ist – immer noch eine wichtige lebensgeschichtliche Orientierung darstellt. Sie können sich zum Beispiel ein Leben als Single nicht ernsthaft vorstellen; und sie können mit »alternativen Lebensformen« wenig anfangen. Generell, das sahen wir bereits im letzten Kapitel, ist ohnehin bei der Mehrzahl der unverheiratet zusammenlebenden Paare eine Heiratsabsicht vorhanden, bei vielen sogar eine ziemlich feste. (Die entsprechenden Untersuchungen nennen etwa die Hälfte mit fester Heiratsabsicht; etwa 10% mit der festen Absicht, nicht zu heiraten.) Diese Paare gibt es überall – das heißt in unserer Untersuchung: in allen Milieus. Umgekehrt aber finden sich diejenigen, die eine feste Absicht bekunden, *nicht* zu heiraten, überwiegend oder nur in großstädtisch-innovativen Milieus. Wir fanden jedenfalls in unserer Untersuchung weder im Ruhrgebiet noch im südbadischen Dorf jemanden, für den das nichteheliche Zusammenleben eine klare oder gar eine dauerhafte Alternative zur Ehe gewesen wäre. Für das ländliche Milieu – und ebenso das »Arbeitermilieu« des Ruhrgebiets – nehmen wir daher an, daß die »nichteheliche Lebensgemeinschaft«, wenn sie überhaupt vorkommt, lediglich eine Vorstufe der Ehe darstellt. Wir befassen uns in diesem Kapitel mit dieser Form des nichtehelichen Zusammenlebens im Dorf.

Unser Dorf – wir nennen es »Wieslingen« – ist ein ehemaliges Bauerndorf mit überwiegend katholischer Bevölkerung in einem gemischt-konfessionellen Raum in Südbaden. Sein Gesicht hat sich in den letzten 25 Jahren, wie das vieler Dörfer, radikal gewandelt. Die einstmals das Dorfbild prägenden und beherrschenden Insignien der Landwirtschaft – Traktoren und Mähdrescher, Milchsammelstelle und Gemeinde-Waage, Mistgeruch und Heublumenduft – sind verschwunden. Die Einwohnerzahl hat sich innerhalb zweier Jahrzehnte verdoppelt.

Anfang der sechziger Jahre war die Bevölkerung überwiegend katholisch, und zumindest im Dorfkern gab es fast nur Bauernfamilien. Allerdings waren viele von ihnen Nebenerwerbslandwirte, die in eine nahegelegene Stadt mittlerer Größe pendelten, einen wichtigen Standort der metallverarbeitenden Industrie. Mit der »Flurbereinigung« im Jahre 1962 veränderte sich das Ortsbild in kurzer Zeit ganz erheblich. Das sicht- und riechbarste Zeichen dieser Veränderung, in deren Verlauf die meisten Bauern ihre Landwirtschaft aufgaben, war das vollständige Verschwinden der ehemals die Straßen säumenden »Misthaufen«.

Auch in anderer Hinsicht veränderte sich das Dorf in den sechziger Jahren. So gab es zum Beispiel bis 1965 noch einen Dorf-»Büttel«, d. h. einen nebenberuflichen Gemeindebediensteten, der mit dem Fahrrad und einer lauten Glocke durch das Dorf fuhr, um den Einwohnern die neuesten Nachrichten zu übermitteln, wobei er nicht selten durch Nachfragen auch persönlicher Art aufgehalten wurde. Es gab also einen sehr persönlichen Informationsdienst, der dann durch das wöchentlich erscheinende »Gemeinde-Blatt« ersetzt wurde. Diese Veränderung steht im Zusammenhang mit der Professionalisierung der Gemeindeverwaltung, deren sichtbarster Ausdruck die Wahl eines ausgebildeten Verwaltungsfachmanns zum neuen Bürgermeister Mitte der sechziger Jahre war. Vorher war das Bürgermeisteramt ein Ehrenamt gewesen, ausgeübt von einem der angesehensten Landwirte.

Aus den Interviews, die wir führten, ergibt sich, daß man vor etwa fünf bis zehn Jahren noch mit Schwierigkeiten rechnen mußte, wenn man als unverheiratetes Paar eine Wohnung suchte. Heute scheint es kaum noch Akzeptanz-Probleme zu geben, weder bei der Wohnungssuche noch in der Nachbarschaft oder in der Verwandtschaft. Das gilt nach Aussage einiger Interview-Partner und anderer jedoch nicht durchgängig für die Region. Manche meinten, daß Wieslingen in dieser Hinsicht besonders modern sei. Es wurden jedenfalls neben einigen Dörfern, in denen der katholische Pfarrer noch größeren Einfluß besitzt, auch Beispiele aus den nahegelegenen mittelgroßen Städten genannt, wo unverheiratete Paare bei der Wohnungssuche auf Schwierigkeiten gestoßen waren.

Es sieht so aus, als beginne sich die Auffassung durchzusetzen, daß man vor der Eheschließung eine gewisse Zeit zusammenleben kann. Sind allerdings Kinder geplant oder bereits gezeugt, dann ist die Heirat unausweichlich: Sämtliche Kinder, die im Jahr unseres Besuchs in Wieslingen zur Welt kamen, waren ehelich – und in den Jahren davor gab es nur vereinzelt voreheliche Geburten.

Die Kontaktaufnahmen und Gesprächsanbahnungen stießen in Wieslingen naturgemäß auf größere Schwierigkeiten als etwa in Berlin oder München, schon allein aufgrund einer ziemlich geringen Zahl von Leuten, die überhaupt in Frage kamen. Zum Zeitpunkt der Untersuchung wurde die Zahl der unverheiratet zusammenlebenden Paare von einer informierten Amtsperson auf etwa 25 bis 30 geschätzt, registriert waren aber nur 18 Paare (bei 1000 Haushalten). Bei der Mehrheit dieser Paare war der Mann nicht älter als 30 und die Frau nicht älter als 28 Jahre. Zum zweiten war es trotz guter Kontakte zu Vermittlungspersonen problematisch, die Bereitschaft der Angesprochenen zu gewinnen. Das ist der Grund dafür, daß es vor allem sehr junge und besonders aufgeschlossene Personen waren, die sich zu einem Interview bereitfanden.

Im Unterschied zu Berlin oder München war es auch schwieriger, Frauen zu gewinnen. Häufig übernahm der männliche Teil des Paares die »Verhandlungen« mit der Vermittlungsperson und dem männlichen Interviewer, und es war deshalb leichter, bereitwillige Männer zu finden. Das sah manchmal so aus, daß die Frau, wenn der Interviewer sein Anliegen am Telefon vorbrachte, einen Augenblick um Bedenkzeit bat, den Hörer ablegte und der Interviewer nach kurzer Zeit den Mann am Apparat hatte (obwohl wir gesagt hatten, wir suchten noch eine Frau). In einem anderen Fall zeigte sich die angesprochene Frau sehr interessiert, wollte aber erst auf ihren Freund warten, der auf einer Reise war. Obwohl der Interviewer betonte, daß er noch eine weibliche Interviewpartnerin suche und mit ihr allein sprechen wolle, bat sie um diese Wartezeit. Als ihr Freund dann erreichbar war, machte er zwar keinen begeisterten Eindruck, lehnte aber auch nicht ab. Die Terminvereinbarung erwies sich jedoch als äußerst mühsam, und schließlich kam das Interview nicht zustande. Die angesprochenen Interview-Partnerinnen wollten außerdem in den meisten Fällen nicht alleine, sondern zusammen mit ihrem Partner das Interview durchführen.

Weil in Wieslingen weniger Interviewpartner gefunden werden konnten als vorgesehen, wurden auch noch einige Nachbargemeinden einbezogen. Die Kontaktperson, die uns Interview-Partner in Nachbargemeinden vermittelte, sprach in ironischer Weise gern von »unchristlichen Lebensgemeinschaften«. Das interviewte Paar in »Hochdorf«, bei dem nur die Frau aus dem Ort stammte, kannte kein anderes unverheiratetes Paar. In einem anderen Nachbarort wußte ein Informant, der dort großgeworden war und alle Leute kannte, von drei oder vier vorwiegend sehr jungen Paaren. Das einzige Paar, das er kannte, das schon mehrere Jahre unverheiratet zusammenlebte, war nicht zu einem Interview bereit. Er selbst hatte ebenfalls etwa ein Jahr mit seiner Freundin im Haus seiner Eltern gelebt, bevor sie heirateten und dabei ein rauschendes Fest feierten (mit weißer Hochzeitskutsche zur Kirche und offenem BMW-Cabriolet für die Trauzeugen). Zwei junge EDV-Unternehmer in einer nahegelegenen Kleinstadt sagten, daß sie es sich auf die Dauer wohl nicht leisten könnten, unverheiratet zu bleiben, wenn sie auch auf lokaler Ebene erfolgreich sein wollten.

Voreheliches Zusammenwohnen ist also inzwischen auch auf den Dörfern nichts völlig Außergewöhnliches mehr; ganz ungewöhnlich ist es aber, mehrere Jahre unverheiratet zusammenzuleben. Es ist sehr wahrscheinlich, daß die meisten unverheiratet zusammenlebenden Paare, die man in Dörfern antrifft, in wenigen Jahren verheiratet sein und mindestens ein Kind haben werden – oder sie verlassen das Dorf, und zwar nicht, weil starker und offener moralischer Druck ausgeübt würde, dem sie nicht standhalten könnten, sondern vermutlich, weil ihre gesamte Lebensplanung und ihre Grundeinstellung sich nur schwer mit den ländlichen Strukturen vereinbaren läßt, zu denen die Familie immer noch einschränkungslos gehört.

Sehen wir uns an, welche Bedeutungsaspekte sich aus den Interviews mit den unverheiratet Zusammenlebenden in den südbadischen Dörfern ergeben. Ein erstes Merkmal ist, daß diese Form der Partnerschaft nicht auf ewig angelegt ist. Irgendwann in absehbarer Zeit sollte dieser Lebensabschnitt durch eine Eheschließung beendet werden.

Ilona Förster, eine 21jährige Verkäuferin, die mit ihrem Freund zusammenlebt, sagt: »Grundsätzlich finde ich, man sollte schon heiraten, wenn man mal 'ne gewisse Zeit zusammen ist. Jetzt mal unabhängig von Kindern, ja oder nein, finde ich, man muß schon heiraten, sonst – irgendwann kann der eine mal sagen, jetzt ist's mir zu dumm. Heiraten ist vielleicht schon ein wenig noch eine stärkere Verbindung, die man da eingeht, da kann man nicht so einfach sagen, ich pack jetzt meinen Koffer und geh...« – »Heiraten gehört einfach dazu, wenn man länger zusammenlebt«, meint auch der 26jährige KfZ-Mechaniker Thomas Stein, der mit seiner Freundin unverheiratet zusammenlebt.

Das Zusammenleben ist eine Lebensform *vor* der Ehe. Es ist eine Lebensphase, in der die Tragfähigkeit der Beziehung getestet werden kann. Auch der Partner kann sozusagen einem Test unterzogen werden, und schließlich kann man sich auch selber prüfen, ob man sich »reif« fühlt für so etwas Ernsthaftes wie eine Ehe.

»Lieber erst mal so zusammenleben, um sich besser kennenzulernen, anstatt früh zu heiraten und sich dann vielleicht bald wieder scheiden zu lassen. Ehen halten länger, wenn man vorher so zusammengelebt hat« – davon ist Volker Schwarz (26, Techniker) überzeugt.

Für ihn, meint Thomas Stein, war das Zusammenwohnen mit seiner Freundin eine große Umstellung, ein Verlust zahlreicher Bequemlichkeiten, die er bei der Mutter zuhause gehabt hatte. Die Anfangszeit war deshalb sehr schwierig, und sie haben sich »wirklich zusammenraufen müssen«. Es war entscheidend, diese Krise zu meistern: Nun wissen sie, daß sie miteinander klarkommen können. Nun weiß er, daß er sie heiraten will.

Ähnlich auch bei Ilona Förster, für die das voreheliche Zusammenleben ein »Test« ist. Sie hat, wie Thomas Stein, die Annehmlichkeiten des Zuhausewohnens aufgegeben (ohne Krach mit den Eltern zu haben), um auszuprobieren, ob sie mit dem Partner auch längerfristig zusammenbleiben kann, und das heißt ganz selbstverständlich auch: ihn heiraten kann.

Der springende Punkt ist immer die Frage der Familiengründung. Das nichteheliche Zusammenleben wird bei allen, die wir im Dorf interviewten, selbstverständlich beendet, sobald Kinder kommen oder in naher Zukunft vorgesehen sind. Das gilt auch für alle Interviewpartner aus dem Ruhrgebiet.

Die nichtehelichen Paare erscheinen wie Reisende im Wartesaal. Dieser hat seinen Zweck erfüllt und kann verlassen werden, sobald der Familienzug im Bahnhof einläuft – dann, wenn die finanziellen und anderen Voraussetzungen zur Familiengründung geschaffen sind. In Wieslingen ist es oft noch (wie früher) der Mann, der zuerst seine Ausbildung abschließen oder seine berufliche Existenz sichern will.

Peter Sandrock, ein 26jähriger EDV-Techniker, der zur Zeit alleine lebt, weil kurz zuvor seine bisherige Beziehung gescheitert ist, hat ans Heiraten bisher nicht gedacht, weil er erst einmal eine Existenz aufbauen möchte. Außerdem will er festgestellt haben, daß die Moral der Frauen nicht mehr so gut ist; da will er mit der Ehe lieber noch etwas abwarten, denn diese bedeutet auch Familiengründung, und das wiederum bedeutet, Verantwortung zu übernehmen.

Sein 27jähriger Berufskollege Lothar Schaumann, der seine gegenwärtige Freundin noch nicht lange kennt, sagt lapidar: »Es gibt zwei Gründe, warum ich noch nicht verheiratet bin. Erstens ist es mir finanziell noch nicht möglich, eine Familie zu ernähren. Zweitens bin ich noch nicht reif genug.« Er will aber auf jeden Fall heiraten, in Verbindung mit Kindern. »Ohne Kinder wäre es vielleicht nicht unbedingt notwendig zu heiraten.« Aber wenn Kinder kommen, dann sollte man es tun. Er will, daß sie seinen Namen tragen.

Noch einmal Ilona Förster: »Wir haben gesagt, wir werden das jetzt versuchen, ob das gut geht. Wir werden auf jeden Fall, wenn's gut geht, heiraten, aber wir werden erst heiraten, wenn wir wirklich der Meinung sind, daß wir jetzt auch Kinder möchten. Wir werden also nicht einfach heiraten, daß geheiratet ist, sondern wir sind der Meinung, dann ist es auch so weit, daß man sich übers Kinderkriegen Gedanken machen kann.«

Der Kinderwunsch ist im Dorf noch ganz fraglos, keiner der von uns Interviewten will auf Familie verzichten. Während bei einigen der Interviewpartner im Arbeitermilieu der Kinderwunsch auch bei weniger günstigen sozialen Bedingungen realisiert wurde, wird im Dorf eher versucht, die Abstimmung zwischen Kinderwunsch und beruflichen Zielen über das herkömmliche »Zwei-Phasen-Modell« des weiblichen Lebenslaufs zu lösen: Zunächst sichert der Mann seine berufliche Existenz, und die Frau ist in dieser Zeit ebenfalls berufstätig; danach fallen Familiengründung, Heirat und Beendigung der Berufstätigkeit der Frau zeitlich nahe zusammen. Ob auch das »Drei-Phasen-Modell« (d. h., die Frau will nicht für ewig Hausfrau und Mutter bleiben, sondern irgendwann ihren Beruf wieder ausüben) für die Beteiligten akzeptabel ist, läßt sich für unsere jungen Interviewpartner natürlich nicht sagen; es ist jedenfalls noch kein erklärtes Ziel. Klar ist hingegen, daß die Männer einer Verbindung von Elternschaft und Berufstätigkeit der Frau Widerstand entgegensetzen:

Für Thomas Stein und seine Freundin Petra (23, Zahnarzthelferin) steht fest: »Zwei Kinder wollen wir.« Sie würde gern auch mehr haben, aber er glaubt, drei seien »schon zu teuer. Lieber nur zwei, denen man dann mehr geben kann« (materiell). Wenn's nach ihm ginge, würde sie wohl nicht mehr arbeiten, wenn Kinder da sind. Sie denkt an einen Halbtagsjob oder Heimarbeit. Ihm gefällt das aber nicht.

Volker Schwarz findet, daß Kinder »dazugehören zu einer Ehe. Bloß, ich hab eins gesagt, das hab ich ihr gleich von Anfang an gesagt: Wenn Kinder kommen, dann hört sie auf zu arbeiten. Das hab ich gleich von Anfang an gesagt, und daran halt ich mich auch fest.«

Für Peter Sandrock kommt eine Beteiligung an der Kindererziehung, die über das durch seine Arbeit vorgegebene Maß hinausginge, nicht in Betracht. Zumindest hofft er aber, daß sich die Arbeitsbelastung in seiner Firma etwas reduziert haben wird, wenn er daran geht, eine Familie zu gründen.

Man trifft, so können wir zusammenfassen, im Dorf immer noch relativ selten, aber wesentlich häufiger als noch vor fünf, zehn oder gar fünfzehn Jahren, unverheiratet zusammenlebende Paare. Die meisten von ihnen sind Mitte zwanzig, der Mann etwas älter als die Frau. Sie wollen nicht mehr warten und so lange zu Hause wohnen, bis sie heiraten können. Sie wollen aber nicht heiraten, bevor sie ihre berufliche Existenz gesichert haben, bevor sie Kinder wollen und bevor sie sich unter Alltagsbedingungen näher kennengelernt haben. Das nichteheliche Zusammenleben ist eine Probe-Ehe, eine Vorstufe zur Ehe, die man erst eingeht, wenn die finanzielle und berufliche Absicherung für die Zukunft aufgebaut ist. Es ist selbstverständlich, daß man heiratet – und dies auch mit entsprechender zeremonieller Symbolik (»weiße Hochzeitskutsche«), was die kirchliche Heirat mit einschließt, ohne daß dies unbedingt ein Zeichen für eine religiöse Haltung wäre. Eher drückt sich darin der Wunsch aus, die gesamte Dorföffentlichkeit mit einzubeziehen. Der Druck, den die Verwandtschaft auf »Verlobte« und nichtehelich Zusammenlebende ausübt, ist nicht mehr gravierend (Vorstellungen, wie man sie von »Jagdszenen aus Niederbayern« oder von sozialkritischen österreichischen Schriftstellern kennt, wären völlig unangebracht), aber er darf auch nicht unterschätzt werden.

Auch im Ruhrgebiet ist das Zusammenleben ohne Trauschein meist nur eine Probephase vor der Ehe, eine Übergangszeit, in der die für eine Ehe notwendigen Schritte abgeschlossen werden können. Dabei ist die Ehe auch hier insofern selbstverständlich, als sie die Basis der Familiengründung darstellt.

Hans-Wilhelm Sander, 30, Sohn eines Arbeiters, selbst Chemiefacharbeiter, lebt mit einer 22jährigen Krankenschwester seit einigen Jahren in einer alten Arbeitersiedlung des Ruhrgebiets unverheiratet zusammen. Heiraten, sagt er, sei ein »ziemlich extremer Schritt: Man heiratet ja nicht wie man eine Pizza essen geht oder sonst ein Fest«. Man geht eine größere Verbindlichkeit ein. Das Zusammenleben ist für ihn nur ein Übergang, und sobald die Freundin mit ihrer Ausbildung fertig ist, werden sie auch heiraten. Auch wenn er die überkommene Aufgabenteilung zwischen Mann und Frau nicht mehr offensiv vertreten würde – sie entspricht doch noch weitgehend seinen Wünschen.

Renate Hild, 29, ist Krankenschwester. Seit etwa 8 Jahren kennt sie ihren jetzigen Freund, mit dem sie auch schon länger zusammenlebt und den sie in wenigen Monaten zu heiraten beabsichtigt. Sie wollen heiraten, weil sie zusammen Kinder haben möchten. Er ist 30 Jahre alt, hat über den zweiten Bildungsweg das Fachabitur gemacht und arbeitet jetzt als Erzieher. Seit etwa drei Jahren beschäftigt sie sich mit dem Gedanken an Mutterschaft. Sie wurde ungeduldig, weil er mit seiner Ausbildung noch nicht fertig war. Da deren Ende nicht klar absehbar war, mußte sie die Familienplanung aufschieben. Sie gehörte zwar nicht zu jenen, die früh heiraten wollten. Aber es war für sie auch immer klar, daß sie zusammen Kinder haben würden, wenn sie beide zusammenbleiben wollen.

Sie wollen nun noch abwarten, bis ihr Freund beruflich Tritt gefaßt hat. Wenn sie dann Kinder haben werden, ist er an erster Stelle für das Familieneinkommen zuständig, aber sollte er arbeitslos sein, würden sie die Rollen tauschen, und Renate würde sich um das Familieneinkommen kümmern. Während ihres Zusammenlebens hat sie ihn auch immer auf seine Tauglichkeit zum Familienernährer geprüft – besonders in der Zeit, als sie von ihrer beruflichen Situation und von ihrem Alter her den Zeitpunkt für gekommen sah, Kinder zu bekommen. Die Beziehung geriet immer dann für sie in Gefahr, wenn sie sich nicht sicher sein konnte, daß er auch die Rolle des Familienernährers einmal übernehmen wollte und konnte. »... Aber er hat im großen und ganzen bestanden«, sagt sie, natürlich scherzhaft.

Gewiß entspricht Renate nicht mehr dem klassischen Bild einer durch und durch familienorientierten Arbeiterfrau. Sie entstammt dem kleinbürgerlichen Milieu (der Vater hatte einen kleinen, immer vom Untergang bedrohten, Gärtnereibetrieb), und die Eltern haben Wert darauf gelegt, daß Renate eine solide Ausbildung bekommt. Sie will nicht mehr um alles in der Welt heiraten, sie hat auch keine Probleme damit, jahrelang unverheiratet zusammenzuleben. Aber eine Familiengründung ohne Heirat ist für sie dennoch fast nicht vorstellbar; daß sie Kinder haben will, steht außer Frage. Und ihre Vernünftigkeit besteht darin, ihren zukünftigen Ehemann in der Phase des vorfamiliären Zusammenlebens gerade unter diesem Aspekt zu »testen«, ob er ein guter Familienvater wird sein können.

Einige der über Vierzigjährigen in unserer Untersuchungsgruppe sind, vor nunmehr etwa zwanzig Jahren, direkt vom Elternhaus in ihre erste Ehe gegangen. Unter den Jüngeren ist das heute die Ausnahme.

Ingrid Buchwald aus Wieslingen ist 35 Jahre alt, verheiratet, Hausfrau, hat zwei Kinder. Sie hat ihren jetzigen Ehemann mit 17 kennengelernt. Als sie etwa drei oder vier Jahre miteinander gegangen waren, äußerten sie den Gedanken, vielleicht zusammenzuziehen (ohne gleich zu heiraten). Ihre Eltern, denen diese Vorstellung nicht gefiel, hatten ihnen dann den Vorschlag gemacht, einen Teil des elterlichen Hauses auszubauen, und bestanden darauf, daß sie heiraten sollten, wenn dieses Vorhaben beendet war. Sie sagt, Zusammenwohnen ohne Ehe sei damals kaum möglich gewesen. Heute würde sie nicht gleich heiraten, sondern erst mal ausprobieren.

Unter den von uns interviewten war nur eine Person, die prinzipielle Einwände gegen das nichteheliche Zusammenwohnen äußerte.

Gertrud Simon, eine verheiratete 33jährige Arbeiterin aus dem Ruhrgebiet, wollte mit ihrem Mann erst nach der Heirat zusammenziehen, und auch jetzt hat sie kein Verständnis dafür, daß immer mehr Leute unverheiratet zusammenleben. Manchmal nimmt sie dieser Lebensform gegenüber eine tolerierende Distanz ein, scheint zumindest Verständnis zu haben, könnte es sich nur niemals für sich selbst vorstellen. Das erleichtere die Trennung zu sehr, wenn Komplikationen auftreten. Man sehe zwar dann besser, ob der Partner sich am Haushalt beteilige, trotzdem käme diese Lebensform nicht einmal als »voreheliche Phase« für sie in Frage.

Hätte ihr Mann ihr damals nicht die Ehe angetragen, hätte sie sich allein eine Wohnung genommen. Sie findet diese Haltung auch heute noch richtig.

Volker Schwarz

Volker Schwarz, 26, ist technischer Angestellter und lebt mit seiner Freundin, Heidrun Müller, die zwei Jahre jünger ist, unverheiratet in einer Mietwohnung im Dorfkern von Hochdorf. Die beiden kennen sich bereits seit acht Jahren, hatten zunächst eine lockere Beziehung und verloren sich dann etwas aus den Augen. Seit vier Jahren sind sie wieder fest befreundet, leben inzwischen zwei Jahre in dieser Wohnung, nachdem sie vorher ein Jahr im Haus von Heidruns Eltern gewohnt hatten. Heidrun ist gelernte Verkäuferin. Sie hat einen acht Jahre älteren Bruder, mit dem sie sich besser als mit ihren Eltern verstanden hat. Sie ist von der Oma erzogen worden (ein Punkt, den Volker im Interview für seine eigenen Kinder als nicht akzeptabel hervorhebt).

Die 100 qm-Wohnung, in einem Neubau mitten im Dorf, hat ein großes Wohn-, ein Schlaf-, sowie ein Arbeitszimmer für ihn. Sie zahlen 660 DM Warmmiete. Das Interview findet im Wohnzimmer am Abend statt; wie bei vielen der Interviews in Südbaden ist es nicht möglich, einen der Partner allein zu interviewen. So sitzen wir also zu dritt im Wohnzimmer, das Gespräch wird hauptsächlich von ihm bestritten. Er antwortet manchmal auch für sie. Heidrun ist zurückhaltend, ein wenig mißtrauisch.

Volker stammt aus einer Arbeiterfamilie, er hat drei Geschwister – eine ältere Schwester, eine jüngere Schwester, einen jüngeren Bruder. Seine Mutter war ihr Leben lang Hausfrau. Er machte nach der Hauptschule eine Lehre als Feinblechner, ließ sich dann innerbetrieblich zum technischen Angestellten umschulen – im selben Betrieb, in dem auch sein Vater arbeitet. Zur Zeit macht er abends einen EDV-Kurs und einen Fernlehrgang Maschinenbautechnik.

Seine Freundin wohnte zunächst noch bei ihren Eltern, wo auch er sich häufig aufgehalten hat, und als sie das Angebot bekamen, diese Wohnung zu mieten, griffen sie zu, weil er darin ein eigenes Arbeitszimmer bekommen konnte. Der Grund, warum sie unverheiratet zusammenleben, ist, daß er seine Ausbildung noch nicht beendet hat, die er auf jeden Fall »durchziehen« will. Heiraten kann und sollte man erst, wenn die äußeren Voraussetzungen dazu geschaffen sind.

»Ich hab erstmal meine Berufswünsche, die ich mir erfüllen will und die ich auch durchziehen möchte, egal wie. Und ich glaub, wenn wir jetzt heiraten würden, Kinder würden kommen, dann wär das schon wieder etwas problematischer...

...der Gedanke, daß wir heiraten, ist eigentlich da. Wenn ich die Schule fertig habe, das nötige Kleingeld und alles da ist. Dann – eine Heirat ist ja nichts Billiges, heute. Das ist auch schon wieder 'ne Frage des Geldes meistens schon. Dann muß ich sagen, okay, wenn das Geld und alles da ist, werden wir auch heiraten, wenn alles stimmt bei uns...

Und wir haben gesagt, solange das so ist, daß ich so viel zu lernen habe, warum sollen wir jetzt heiraten? Das kostet ja auch Zeit, das Ganze – eine Heirat ist ja auch ein Aufwand heutzutag – also in meinen Augen kostet das viel Zeit. Und da haben wir gesagt, da warten wir lieber ab.«

Volker will erst seine Ausbildung beenden. Warum? »Wenn wir jetzt heiraten würden, Kinder würden kommen...« Es scheint fast zwangsläufig: Mit der Heirat kommen auch gleich die Kinder. Dann aber wird es schwierig, sich seine Berufswünsche zu erfüllen. Und dann sagt er: »Eine Heirat, die kostet viel Zeit und viel Geld!« Wie meint er das?

Es gibt noch einen anderen Grund, nicht zu schnell zu heiraten. Man lebt, sagen beide, lieber erst mal »so« zusammen, um sich besser kennenzulernen, anstatt früh zu heiraten und sich dann vielleicht bald wieder scheiden zu lassen.

Heidrun sagt: »Wenn wir erkannt hätten, hoppla, es geht nicht – klar, dann wär es auch wieder auseinandergegangen. Deswegen, ich find es noch nicht mal so schlecht, wenn man mal 'n paar Jahre erst mal so zusammenlebt. Mal gucken, ob man sich so zusammenraufen kann – ich meine, Probleme gibt es überall. Und so ist es leichter, wenn man vielleicht – voneinander wegzugehen.«

Und er ergänzt: »Und das kann man am besten merken, wenn man erstmal sagt, okay, ich leb mal ein paar Jahre zusammen mit dem Partner – und guckt dann, wie es weitergeht. Und dann sagt, okay, jetzt wird geheiratet, jetzt werden Nägel mit Köpfen gemacht.«

Heidruns Begründung des Zusammenlebens bleibt defensiv: Es hat den Vorteil, daß man testen kann, ob es geht. Das Zusammenleben hat im Vergleich zur Ehe keinen höheren Wert an sich. Sie hat die Vorzüge dieser Lebensform erst nachträglich erkannt, war zunächst skeptisch.

Für Volker und Heidrun sind Ehe und Familie Selbstverständlichkeiten. Aber es gibt, da die gesellschaftliche Billigung des Zusammenlebens ohne Trauschein groß genug ist, keinen Grund, Eheschließung und Familiengründung zu überstürzen. Es gibt keinen starken Druck mehr, der einen zur Ehe drängen würde, also kann man auch erst einmal abwarten:

»Im Moment würde ich's auch nicht so sehen, daß wir jetzt heiraten müssen, daß es jetzt auf Biegen und Brechen gemacht werden muß. Wenn aber die Leute – ich meine, wir werden von der Bevölkerung nicht verurteilt, und das ist vielleicht auch mit ein Grund, warum wir uns auch nicht mit dem Gedanken beschäftigen. Das wär vielleicht anders, wenn jetzt die Bevölkerung so richtig mit dem Finger auf einen zeigen würde, und es würde heißen: Ha, die leben da also in wilder Ehe, und so. Und – ich mein, früher war das wirklich auf dem Land wahrscheinlich so, daß die Leut das nicht gern gesehen haben. Grad aufm Land, wo jeder jeden kennt, ja? So kann man eigentlich sagen, es ist eigentlich nichts Schlimmes, wenn man so lebt. Also *ich* persönlich finde es besser, man lebt so zusammen und rauft sich richtig zusammen, bis man heiratet, bevors hinterher wirklich kaputt geht.«

Sieht man genau hin, bemerkt man, daß die beiden sich mit der Frage, ob ihre Existenzweise wirklich nicht mißbilligt wird, mehr auseinandersetzen, als sie sich selbst (und dem Interviewer) zugestehen wollen. Auch Selbstzweifel schimmern durch: Ist das denn wirklich richtig so? Sie haben das Gefühl, daß etwas nicht ganz in Ordnung ist, wenn man nicht doch heiratet. »Die Leute im Dorf«, sagt er, »sind im allgemeinen höflich und freundlich. Da sagt kein Mensch was, und ich hab auch nie was gehört, daß hintenherum etwas geredet worden ist.« Aber der Gedanke ist doch da, daß »hintenrum« geredet werden könnte. Das kann auch kaum überraschen – schließlich sind sie Pioniere: In Hochdorf, so scheint es, sind Volker und Heidrun das einzige Paar, das so zusammenlebt. Die beiden kennen jedenfalls kein anderes, wenn sie auch einschränkend sagen, daß sie nicht mehr so »auf dem laufenden«

seien. Er stammt ohnehin nicht aus dem Dorf und hat seinen Bekanntenkreis dort, wo er herkommt und auch arbeitet, in einer Kleinstadt zwanzig Kilometer weiter. Aber sie müßte es doch eigentlich wissen, ihre Eltern leben ja noch hier.

Ist es vielleicht doch immer noch etwas schwierig, auf dem Lande als unverheiratet zusammenwohnendes Paar zu leben? Gibt es Druck innerhalb der Verwandtschaft – daß gefragt wird: »Wann heiratet ihr endlich?«

»Ja, das schon. Der Spruch kommt oft. Weil sie halt sagen, so lang leben wir jetzt schon zusammen, und jetzt wird's mal Zeit, daß mal wieder ein Familienfest stattfindet, war schon lang keins mehr. Aber im großen und ganzen – drängen tut niemand.«

Ein Familienfest! Meinte er das, als er sagte, eine Heirat koste Zeit und Geld? – Volker nennt ein anderes Problem. Seine Freundin werde gelegentlich als »Freiwild« betrachtet, sagt er, von Leuten, die man mal im Gasthaus trifft.

»Die kriegen das irgendwie mit, daß man nicht verheiratet ist, daß die dann eher denken, da wär was, also – ›Hoppla, leicht zu nehmen – kann man sich mal 'n netten Abend machen‹, heißt's dann, auf gut Deutsch gesagt. Und das ist das, was mich halt daran ein wenig stört.«

Fragen wir die beiden, was sich für sie selber, was sich an ihrer Beziehung ändert, wenn sie heiraten. Heidrun antwortet:

»Also ich muß sagen – ich seh da keinen Unterschied, ob wir heiraten oder nicht. Weil – wir leben ja quasi schon so zusammen, als wenn wir verheiratet wären. Ich mein, ich möcht ihn auch nicht in was drängen. Ich möcht ihn auch erst die Schule fertigmachen lassen. Und ich seh also kein Problem, daß es anders wird, wenn wir mal verheiratet sind.«

Das erscheint uns doch ein wenig zu glatt. »Nägel mit Köpfen machen« – das ist für ihn der Übergang vom »So«-Zusammenleben zum richtigen – und das heißt: ehelichen – Leben.

Wird die Beziehung durch Heiraten endgültiger oder verbindlicher? Sie sagt: »Also, für mich ist es schon – so wie wir zusammenleben, ist es schon was Endgültiges.« Aber natürlich sind sich auch Volker und Heidrun darüber im klaren, daß heutzutage keine Garantie für Dauerhaftigkeit zu bekommen ist, ob man nun verheiratet ist oder nicht. Er sagt:

»Wir wollen heiraten.« Sie fügt hinzu: »Wenn halt nichts dazwischenkommt«. Belustigt fährt er fort: »Eben, davor ist man heute nie gefeit. Also – so seh's ich. Ich kenn viele Leute, die zusammenwaren jahrelang, und dann sind sie auch auseinandergegangen. Oder Leute, die haben – muß man auch sagen, jahrelang so zusammengelebt, und dann haben sie geheiratet, dann ist's noch'n Jahr gegangen, waren sie auch schon geschieden, kenn ich auch einige.«

Noch überzeugt uns die Nonchalance nicht ganz, mit der unser Paar den Unterschied zwischen Ehe und Nichtehe verwischen will. Erinnern wir uns: Volker will irgendwann, wenn die Testphase erfolgreich durchlaufen ist, »Nägel mit Köpfen machen«. Er glaubt, heiraten koste Zeit und Geld. Es stört ihn, daß seine Freundin als »Freiwild« betrachtet wird (er meint es ja nicht so schlimm, wie es sich anhört – es ist ja nicht so, daß die angesprochenen Männer in den Kneipen glauben, gleich mit ihr ins Bett steigen zu können). Es gibt also, abgesehen von den an erster Stelle genannten, vernünftigen Gründen, doch auch untergründigere Motive – fragen wir also: Ist Heiraten noch etwas Besonderes? Volker meint:

»Im Prinzip ist ja eine Heirat heute – man kriegt ein Papier. Zum Beispiel ein Kollege von mir hat's standesamtlich nur gemacht, der ist also nicht kirchlich. Das war zehn Minuten. Also ich muß sagen, ich war schon mal Trauzeuge oder sowas, ich muß sagen für *mich*, ich hab zwar mit der Kirche kein gutes Verhältnis, aber kirchliche Heirat gehört einfach zum Heiraten dazu, weil's echt festlicher ist, find ich. Weil also Standesamt, das hat ja – ist wirklich ja so, daß heutzutage die standesamtliche Hochzeit wirklich in meinen Augen – ist eine Abfertigung wie auf'm Bahnhof. Alle Viertelstund kommt ein anderes Paar dran, und da ist nichts Festliches dabei. Da redet der Standesbeamte was kurz, und dann ist die Sache erledigt.«

Auf der kirchlichen Heirat zu bestehen braucht im Dorf also nichts mit Religiosität zu tun haben. Nein, eine Heirat muß einfach ein Fest sein, schließlich heiratet man nicht alle Tage. Volker wettert gelegentlich gegen die katholische Kirche. Er nimmt Bezug auf den Bekannten, der das Interview vermittelt hatte, der scherzhaft von »unchristlichen Verhältnissen«, einer »unchristlichen Lebensweise« sprach, wenn er auf die nicht verheirateten Paare zu sprechen kam.

»Und wenn es heißt, das wär eine unchristliche Lebensweise, ich weiß nicht – das hat mit unchristlich nichts zu tun. Wenn ein verheirateter Mann hergeht und betrügt seine Frau, dann ist es wahrscheinlich schlimmer, als wenn ich mit 'ner Freundin zusammenleb und echt ein festes Verhältnis hab.«

Warum nimmt er den Spruch seines Freundes so ernst? Warum setzt er sich mit dem darin steckenden moralischen Vorwurf so sehr auseinander und fühlt sich genötigt, sich zu verteidigen? Sein Vergleich ist ja wirklich absurd: Es sei schlimmer, wenn ein Ehemann seine Frau betrügt, als wenn man unverheiratet mit seiner Freundin zusammenlebt und ihr treu ist. In der Tat: Wer würde das bezweifeln? Aber steckt nicht in seinem Vergleich noch ein Relikt aus einer Zeit, wo eine »wilde« Ehe offenbar mindestens genau so schlimm war wie ein Ehemann, der seine Frau betrügt?

Wir sagten einleitend zu diesem Kapitel, das nichteheliche Paar im Dorf warte nur, bis der Zeitpunkt zur Heirat gekommen ist, der zugleich den Startschuß für die Familiengründung darstellt. Wie hält es Volker damit?

»Und dann haben wir auch gesagt, wenn wir dann verheiratet sind, sollen Kinder kommen. Das ist auch – Kinder sind heutzutag – Ich find, daß sie dazugehören zu einer Ehe. Bloß, ich hab eins gesagt, das hab ich ihr gleich von Anfang an gesagt: Wenn Kinder kommen, dann hört sie auf zu arbeiten und dann ist Ruh. Kinder werden bei mir nicht von der Oma erzogen, das gibt's bei mir nicht. Das hab ich gleich von Anfang an gesagt, und daran halt ich mich auch fest. Deswegen muß ich auch – muß ich gucken, daß ich die Schule fertigkrieg und daß ich dann finanziell noch einiges mehr fordern kann von meinem Chef, das ist schon mal die Grundvoraussetzung. Und so soll es eigentlich auch kommen, daß wir – nächstes Jahr, wenn alles gutgeht, heiraten und dann werden wir Kinder haben.«

Die Sache ist jetzt deutlicher. Es kann jetzt noch nicht geheiratet werden, weil er mit seiner Ausbildung noch nicht fertig ist. Das geht deshalb nicht, weil mit der Heirat Kinder kommen und weil die Frau dann kein Geld mehr dazuverdienen kann. Er muß dann allein für das Familieneinkommen aufkommen. Und das kann er nur, wenn er beruflich auf beiden Beinen steht.

Noch arbeitet sie aber, und das nicht zu knapp. Sie sind ein modernes junges Doppelverdiener-Paar. Fragen wir deshalb noch, wie die Hausarbeit geregelt ist, wie die Aufgaben verteilt sind. Wieder antwortet zunächst er.

»Hausarbeit teilen wir uns zum Großteil. Das kommt darauf an, wer zuerst daheim ist. Oder wer in der Mittagspause – sie kommt meistens in der Mittagspause heim. Dann macht sie den Abwasch, Betten. Und wenn sie jetzt zum Beispiel in der Mittagspause nicht heimkommt oder bloß kurze Mittagspause machen kann, dann läßt sie es stehen, dann mach ich's halt am Abend, wenn ich heimkomm. Ich komm ungefähr, kann man sagen, um fünf oder sechs nach Hause. Und sie kommt ja dann erst eineinhalb Stunden später. – Wie machen wir's noch, was teilen wir noch? – Samstags mach's ich dann, weil ich daheim bin und sie arbeiten muß. Einkaufen – einkaufen teilen wir uns auch. Entweder geht sie mittwochs, wenn sie Zeit hatte, wenn sie – «

Heidrun greift auf: »Ja, mittwochs, mittwochs geh ich hauptsächlich einkaufen, höchstens ich hab noch was vergessen, dann geh ich am Samstag nochmal. So im großen und ganzen mach ich den Haushalt. So gut wie ich's schaff, weil eben er noch lernen muß. Weil das ziemlich viel Zeit aufbringt, und was ich dann halt nicht schaff, das macht dann er. Wie gesagt, ich hab also ziemlich lange Arbeitszeit. Ich muß teilweise kurz vor sechs raus, einmal in der Woche, und das andere mal kurz vor acht, und komm sonst abends wie gesagt um halb acht erst heim. Aber bisher sind wir ganz gut so über die Runden gekommen.«

Er bestätigt und fährt fort: »Ja. Die Wäsche teilen wir uns auch sehr gut. Da haben wir ein gutes System (er lacht). Da die Waschmaschine technisch ist, mach ich das, und sie tut bügeln, das haben wir genau geteilt. Aber es ist besser, sie macht das Bügeln, als wenn ich's machen würde, ich glaub ich würd die Wäsche ganz schön verhunzen, beim Bügeln.«

Sie erklärt: »Ich sag halt, er ist daheim, er kann die Waschmaschine einschalten, und kann trotzdem noch nebenher lernen.«

Und er ergänzt: »Und bis sie kommt, ist die Wäsche dann fast fertig. Und anschließend tu ich sie dann in den Trockner rein. Dann kann sie, wenn sie heimkommt, wenn sie Lust hat, noch bügeln.«

Bei Volker Schwarz, das ist unser Gesamteindruck, finden sich viele Hinweise auf eine konventionelle Lebens- und Familienauffassung. Die Selbstverständlichkeit von Ehe und Familie kann trotz des nichtehelichen Zusammenwohnens nicht übersehen werden. Unser Paar in Hochdorf lebt unverheiratet zusammen, weil *der Mann* seine beruflichen Pläne noch nicht realisiert hat – und nicht etwa, weil die Frau sich mehr Selbständigkeit verspricht. Wir finden hier also noch ganz die alte Konzeption der Versorgungsehe, die verknüpft ist mit einer nicht gerade modernen Auffassung einer klaren Aufgabenverteilung zwischen Mann und Frau. Er verdient die Brötchen, sie erzieht die Kinder. Das kann man, davon ist er überzeugt, nicht der Oma überlassen: Dies ist ein Element einer modernen Überzeugung, oder besser: einer Zwischenstufe zwischen traditional und modern. In der traditionalen Welt sind die Kinder im Kreis von Familie und Verwandtschaft großgeworden. In einer späteren Phase, in der die Erwerbsarbeit bereits aus dem Haus ausgelagert war und die Mutter erwerbstätig sein mußte, damit das Familienbudget stimmte, konnte die Oma einspringen. Eine »postmoderne« Auffassung wäre die, daß die Frau als Mutter dennoch arbeiten geht – nicht, weil es finanziell notwendig ist, sondern weil sie ihr Leben nicht auf Mutterschaft reduzieren will; die Kinder würden vielleicht von professionellem Personal betreut. Dazwischen liegt die Auffassung von Volker Schwarz: Die Frau soll, wenn es finanziell tragbar ist, nicht arbeiten, sondern sich lieber selbst um die Kinder kümmern. Er ist der Versorger und Ernährer. Und an dieser Stelle ist er unmißverständlich und ganz der Patriarch, der seiner Frau sagt, was sie zu tun hat: Sie hört auf zu arbeiten, sie wird die Kinder versorgen, »das gibt's bei mir nicht, daß die Kinder von der Oma erzogen werden – das hab ich gleich von Anfang an gesagt, dabei bleibt's«.

Es überrascht nicht, daß auch seine Vorstellungen von Treue sehr strikt und keineswegs »modern« sind.

»Also ein Trennungsgrund für mich wäre, wenn sie fremdgehen würde, das wäre auf alle Fälle ein Trennungsgrund – das – also das würde ich *nicht* verzeihen. Da würd ich sagen, nee! Wenn sie das nötig hat, daß sie fremdgehen würde, dann würd ich sagen, nee!«

6. Eine Alternative zum Ehe-Gefängnis

»Ich werde nie heiraten!« Viele, die Anfang der fünfziger Jahre geboren wurden, hatten Ende der Sechziger diesen Spruch auf den Lippen. Ehe und Familie waren verhaßt, galten als Hort der Langeweile, der verklemmten Sexualität, der gegenseitigen Abhängigkeit. Mann und Frau waren gefesselt in der Ehe; sie galt als ungeeignet »zur Befriedigung der vitalen sexuellen Bedürfnisse ... sie stellt objektiv eine Beschränkung der sexuellen Befriedigungsmöglichkeiten dar, und zwar für die Frau noch mehr als für den Mann«, wie einer der Kritiker damals schrieb.

Es war die Zeit, in der Wilhelm Reichs absonderliche Theorien neu entdeckt und in manchen Kreisen sehr ernsthaft diskutiert wurden. Jahrelang stand an einer grauen Betonmauer der Frankfurter Universität die Parole zu lesen: »Lest Wilhelm Reich und handelt danach.« Die Kritik der »bürgerlichen Sexualmoral« war unter Studenten ein Gemeinplatz. Die Buchläden, die damals mit Raubdrucken Bücher billiger machten, boten ein ganzes Arsenal von Abrechnungen mit der »bürgerlichen« Ehe und Familie, diesem Repressionsinstrument des »Spätkapitalismus«.

Die Ablehnung der Ehe war nicht zuletzt der Kampf für die Sexualität vor der Ehe, die damals alles andere als selbstverständlich war. »Man verbietet also«, so schrieb Mitte der sechziger Jahre eine junge Schwedin, »allen jungen Menschen unter Zwang jeglichen Geschlechtsverkehr, weil sie dafür zu jung seien, fordert sie aber andererseits mit der ›Anleitung‹ der Obersten Schulbehörde auf, möglichst früh zu heiraten, damit sie ja nicht der Versuchung erliegen, ›sich ohne feste Bindung und bedenkenlos einander hinzugeben‹.«

Mit der Forderung nach vorehelicher Sexualität war gleichzeitig die Zurückweisung einer solchen frühen Ehe verbunden. Von neuen Lebensformen, wie der Kommune und der »freien Beziehung«, versprachen sich die jungen Rebellen der sechziger Jahre Befreiung und die Chance auf echtes (»authentisches«) Lebensglück. Die ersten Kommentare, die das Aufkommen des freien Zusammenlebens begleiteten, konnten zu Recht davon ausgehen, daß diese jungen Leute sich entschieden und kompromißlos von der Ehe abgewandt hatten. Wenn man so lebte, obwohl diese Lebensform noch vor kurzem als »wilde Ehe« moralischer Verurteilung oder zumindest eines Naserümpfens sicher sein durfte, konnte dies wohl nichts anderes bedeuten als eine radikale und endgültige Ablehnung der Ehe. Das Zusammenleben ohne Trauschein erschien als erklärte Alternative zu der als »Gefängnis« abgekanzelten Ehe. Selbstverständlich war das die bessere Form der Zweisamkeit. Frei und ungebunden, nicht mehr unterdrückt, weder vom Partner, noch vom Staat oder gar der Kirche. Außerdem konnte man auf diese Weise die lästigen Rituale und die schrecklichen Familienfeste umgehen.

Die Ablehnung der Ehe war darüber hinaus ein feministisches Anliegen. Wenn es richtig war, daß die Ehe *besonders für die Frauen* eine starke Einengung bedeutete, weil sie nicht nur von der bürgerlichen Moral und der gesellschaftlichen Ordnung, sondern auch von ihrem eigenen Ehemann unterdrückt wurden, dann war zu erwarten, daß der Kampf gegen die Ehe mit ganz besonderer Schärfe von den Frauen geführt würde. In der Tat unternahm die feministische Bewegung in den siebziger und achtziger Jahren besondere Anstrengungen an dieser Front, die bald auf die Bekämpfung der überkommenen Vorstellungen von »Männlichkeit« und »Weiblichkeit« und der damit verbundenen Benachteiligung der Frauen in allen Geschlechterbeziehungen ausgedehnt wurde.

In diesem Sinn war es naheliegend, daß die Lebensform des nichtehelichen Zusammenwohnens in erster Linie von den Frauen, vor allem den feministisch engagierten und den gut ausgebildeten, angestrebt wurde. Davon sind auch Sibylle Meyer und Eva Schulze überzeugt. Die beiden Berliner Familienforscherinnen glauben, »daß der Wandlungsdruck, der auf die Familie ausgeübt wird und der gleichzeitig zur Zunahme neuer Lebensstile führt, schwerpunktmäßig von Frauen ausgeht... Halten wir also fest, daß im Vergleich von Männern und Frauen primär berufstätige Frauen mit hohem Bildungsniveau sich gegen die Ehe aussprechen und das Zusammenleben ohne Trauschein auch als langfristige Perspektive ansehen.«

Wir haben unsere Zweifel, ob das heute noch zutrifft. Wir meinen, daß es für die Frage von Macht und Ungleichheit in einer Beziehung nicht so sehr darauf ankommt, ob ein Paar verheiratet ist oder nicht; eher kommt es darauf an, ob Frau *und* Mann willens und in der Lage sind, mit alten Vorstellungen des Geschlechterverhältnisses zu brechen. Unterdrückung ist auch ohne Trauschein möglich – wirkliche Gleichberechtigung auch innerhalb der Ehe.

Zweifellos war das nichteheliche Zusammenleben in seinen Anfängen gegen die Ehe gerichtet, denn es wurde von den Leuten durchgesetzt, die sich gegen die überkommenen Moralvorstellungen wandten. Es waren ja zunächst hauptsächlich Studenten, die fern vom Elternhaus das besondere Klima ausnutzten, das die Universitätsstädte gerade in den Zeiten des »großen Aufbruchs« boten. Immer weniger Studenten waren damals mit einem möblierten Zimmer bei einer launischen Vermieterin zufrieden, die Zahl der Wohngemeinschaften stieg zu Beginn der siebziger Jahre sprunghaft an. Und es waren diese Wohngemeinschaften, in denen das nichteheliche Zusammenleben zuerst praktiziert wurde, denn Zwei- oder Dreizimmerwohnungen waren für nicht verheiratete Paare kaum zu bekommen. Die Wohngemeinschaften aber übernahmen große Altbauwohnungen, die mit dem Rückgang kinderreicher Familien zunehmend frei wurden. Von der Öffentlichkeit wurde diese Entwicklung kaum wahrgenommen, da standen nur die berühmten Kommunen der ersten Stunde im Rampenlicht. Dort ging es angeblich hoch her, von Gruppensex und Partnertausch berichteten die Sensationsjournalisten. Im studentischen Milieu blieben diese Kommunen eine Randerscheinung; dagegen war die Wohngemeinschaft bald eine normale und weit verbreitete Lebensform für Studenten, später auch für ältere Akademiker und andere Erwachsene. Und in den Wohngemeinschaften leben auch heute noch zahllose unverheiratete Paare.

Die aufgeregten Zeiten der »sexuellen Revolution« und der »Befreiung vom Ehejoch« sind längst passé. Es scheint, daß die Frage »Ehe oder nicht Ehe?« heute an Brisanz und an symbolischem Konfliktpotential verloren hat und deshalb eine kämpferische Gegnerschaft merkwürdig antiquiert erschiene. Das nichteheliche Zusammenleben, auch wenn es als Alternative zur Ehe (und nicht als deren Vorstufe) verstanden wird, muß deshalb nicht mehr mit einer ideologisch festen Ablehnung der Ehe begründet werden. Heute scheint diese Ablehnung weitgehend gemildert und zunehmend einer ideologischen Gleichgültigkeit gewichen. Das freie Zusammenleben muß deshalb nicht Ausdruck von Heiratsfeindlichkeit sein (manchmal ist es sogar das Gegenteil, wie wir im nächsten Kapitel zeigen werden).

Freilich, es gibt sie noch, die rebellischen Heiratsgegner. Wir fanden sie vor allem im großstädtischen Akademiker- und Alternativmilieu.

Wenn Liebesbeziehungen eine bestimmte Intensität erreicht haben, gibt es immer weniger Gründe, weiterhin getrennt zu wohnen. Man kennt sich gut genug, um zu fragen: »Wollen wir nicht zusammenziehen?« Und wenn es dann zustande kommt, hat das Zusammenwohnen zunächst nichts mit einer Probezeit oder einem »Test« für die Ehe zu tun. Ob man später heiratet oder nicht, kann an diesem Punkt völlig offen bleiben.

Nicht eine bestimmte Dauer, nicht mehr die Verlobung, nicht die Ehe – nein: das *Zusammenleben* ist das, was eine Beziehung ernsthaft und verbindlich macht. Wenn zwei als Paar zusammenziehen, dann wissen sie, daß sie es ernst miteinander meinen. Der Verzicht auf die Ehe kann sogar als besonderes Engagement für die Qualität der Beziehung erscheinen: Das Vertrauen wird in die Beziehung selber gesetzt, die Krücken der konventionellen Legalisierung sind dafür unnötig und würden ihre existentielle Bedeutung herabwürdigen. Vereinzelt gibt es immer noch so etwas wie eine anarchistisch geprägte Ablehnung aller gesellschaftlich-formalen Regelungsformen oder die politisch-ideologisch bestimmte Ablehnung von bürgerlichem Staat und bürgerlicher Kirche.

Jakob Lesko, ein 39jähriger Politikwissenschaftler, der in Berlin mit seiner Freundin unverheiratet zusammenlebt, obwohl sie ein gemeinsames Kind haben, sagt: »Ich hatte eigentlich auch nie das Bedürfnis zu heiraten.« Der Grund sei eine gewisse Scheu, eine »Beziehung sozusagen amtlich oder kirchlich besiegeln zu lassen«. Weder der Staat noch die Kirche »sind für mich Institutionen, die eine Ehe zwischen Helga und mir in irgendeiner Art und Weise *segnen* könnten ... also das ist lächerlich, daß diese beiden Bankrottinstitutionen meine Lebensbeziehung absegnen wollen, also dagegen hätte ich was. Ich würde eigentlich sagen, daß ich Helga und mich auf eine inhaltliche Art und Weise als verheiratet seh.«

Jakob hat etwas dagegen, daß diese beiden »Bankrottinstitutionen« sich in sein Privatleben einmischen wollen. Aber er lehnt den verbindlichen Charakter der Ehe keineswegs ab – in dieser Hinsicht sieht er sich (seit das Kind da ist, noch mehr), als ob er verheiratet wäre. Er führt genau das, was mit der »Ehe ohne Urkunde« gemeint ist: Alles ist wie in einer Ehe, es fehlt bloß das amtliche Papier. Deshalb ist es verständlich, daß es den Wunsch nach einer Form gibt, welche das Engagement für die Beziehung deutlicher nach außen zum Ausdruck bringt.

»Bekannte von mir, die haben alle ihre Freunde und Verwandten und Bekannten eingeladen zu ihrer Hochzeit. Aber die wurde weder staatlich noch kirchlich zelebriert.« Er sagt, er könne sich eine Art religiöser Zeremonie vorstellen, allerdings außerhalb des Rahmens der christlichen Amtskirche. »Die Hinduisten versprechen sich ja wirklich sehr viel – gegenseitig, innerhalb dieser Heiratszeremonie. Das wäre etwas, was *mir* irgendwo auch näherliegen würde. Also es in irgendeiner Weise zu dokumentieren, aber eben nicht auf die Art und Weise, die staatlich und kirchlich anerkannt ist.«

Auf den ersten Blick ist Jakob Lesko ein Gegner der Ehe. Doch diese Gegnerschaft erscheint merkwürdig gebremst. Zum einen bezeichnet er sich selber als »wie verheiratet«, zum anderen würde er im Grunde gerne eine richtige Hochzeit mit religiöser Zeremonie feiern, eine heilige Handlung vollziehen. Die radikalen Ehe-Gegner, die auch in ihrer Lebenspraxis und Zukunftsperspektive konsequent auf die Ehe verzichten – und damit auch auf jedes Brimborium und jede symbolische Erhöhung ihrer Beziehung –, fanden wir auch im Alternativmilieu kaum. Unter denen, die vor zehn Jahren noch radikale Verfechter einer alternativen Lebensform waren, scheint es immer häufiger solche zu geben, die allmählich bereit sind zur Ehe.

Nach allem, was man heute über den Zusammenhang zwischen Ehe und Elternschaft weiß, also vor allem dem wenigstens in Deutschland geltenden Prinzip, daß die geplante oder erfolgte Elternschaft im wesentlichen der einzige zwingende Heiratsgrund ist, kann man erwarten, die Ehegegner am ehesten unter jenen zu finden, die trotz der Geburt von Kindern nicht geheiratet haben. Denn die Ehe-Ablehnung jener, die unverheiratet, aber auch kinderlos zusammenleben, hat sozusagen den Härtetest noch nicht zu bestehen gehabt. In den meisten Ländern (eine Ausnahme macht Schweden) gibt es ja nur einen geringen Anteil von Paaren, die trotz eines Kindes auf die Eheschließung verzichten. Heiratsverzicht trotz Elternschaft: Sind das die heutigen Ehegegner? Wir gehen auf zwei Fälle aus unseren Interviews ein, wo eine Eheschließung bisher nicht erfolgt ist, obwohl man schon von einer »Familie« sprechen kann, wenn auch nur von einer »Familie ohne Ehe«.

Martina Fuhrmann

Martina ist 32 Jahre alt, hat einen einjährigen Sohn und lebt zusammen mit ihm und dem Vater des Kindes unverheiratet in einer Berliner Altbauwohnung. Sie hat ein Lehramts- und ein Soziologiestudium absolviert, zur Zeit ist sie arbeitslos. Ihr Einkommen ist entsprechend gering: 600 DM Erziehungsgeld, 50 DM Kindergeld, 50 DM Wohngeld. Ihrem Partner geht es finanziell auch nicht übermäßig gut, er ist als Student eingeschrieben, verbringt seine Zeit aber überwiegend damit, verschiedenen Jobs nachzugehen.

Sie hatte drei längere Beziehungen; die erste begann, als sie sechzehn war und dauerte vier Jahre. Die zweite schloß sich unmittelbar an und hielt fast ein Jahrzehnt, bei wechselnden Wohnformen (allein, zusammen, Wohngemeinschaft). Während dieser Jahre hatte sie einige Nebenbeziehungen. Die dritte Beziehung überschnitt sich für mehrere Monate mit der zweiten und löste diese dann ab. Ihren jetzigen Freund kennt sie seit drei Jahren. Fast ebenso lange wohnen sie zusammen.

Auf den ersten Blick ist Martina gegen die Ehe eingestellt. Der Staat soll nicht in diese private Beziehung eingreifen dürfen. Und ihre ganze bisherige Beziehungsgeschichte entspricht über weite Strecken genau dem, was sich Lieschen vom Dorf von einem aufregenden Großstadtleben jenseits bürgerlicher Ordnung und familiärer Bande vorstellt. Da gibt es ständig Nebenbeziehungen, da gibt es sogar vorübergehend ein Leben zusammen mit zwei Männern – sie hat einen neuen Freund einfach mit in die Wohnung gebracht, in der sie mit ihrem alten Freund lebte. Ihr Lebensmodell sahen sie in dem Film »Pourquoi pas?« dargestellt, der 1977 eine Welle einleitete, alternative Lebensformen (in diesem Fall eine Dreiecksbeziehung) nicht mehr kämpferisch und bierernst zu vertreten, sondern locker-lässig; in jeglicher Hinsicht auf die hergebrachten Strukturen zu pfeifen, im Privaten und in der Arbeitswelt. Eifersucht habe es zu ihrem Erstaunen bis heute zwischen den Männern nicht gegeben. Die beiden spielen in derselben Rockband. Mit dem »Neuen« lebt sie seit vier Jahren in ungewohnt strikter Treue zusammen, zu dem »Alten« hat sie weiterhin eine gute freundschaftliche Beziehung.

Ihre Eltern waren mit ihrem früheren Lebenswandel nicht einverstanden und benutzten die monatliche Unterstützung als Disziplinierungsmittel, worauf sie sich von ihnen finanziell unabhängig machte. Sie hörten allmählich auf, ihr dreinzureden, und gewöhnten sich im Lauf der Jahre daran, daß Martina anders lebte. Und als sie ein Kind bekam, stellten die Eltern die Freude am Kind »über die Form« und nahmen keinen Anstoß daran, daß es ein »uneheliches« Kind war. Seit sie Mutter geworden ist, ist sie ihren Eltern auch nicht mehr so fremd wie vorher. Aber natürlich würden sie es gern sehen, wenn Martina doch noch heiraten sollte.

Auf den ersten Blick also: ganz die Alternative! Aber schaut man genauer hin, entdeckt man ähnliche Bedürfnisse wie bei Jakob Lesko: ein fast religiöser Wunsch, sich durch eine Heirat wirklich zueinander zu bekennen. Die Ehe als staatliche Rechtsinstitution wird abgelehnt – aber der Symbolgehalt eines Rituals, in dem man sich gegenseitig seiner Liebe versichert, wird befürwortet. Am liebsten wäre ihr, wenn man ganz privat heiraten könnte, im Rahmen einer feierlichen Zeremonie.

Rein aus Gründen der Zweckmäßigkeit zu heiraten, findet sie schrecklich, und »das Standesamt zwischen Arbeitsamt und Sozialamt« ist ihr ein wahrer Ausdruck der Kälte unserer Gesellschaft. Sie weiß beim besten Willen nicht, warum man gerade dort seine Liebe bekennen sollte.

Nein, Martina ist keine gefestigte Gegnerin der Ehe. Die Ablehnung beginnt zu bröckeln, seit sie sich Gedanken darüber macht, ob die Behörden sich ihres Kindes bemächtigen würden, falls ihr etwas zustoßen sollte. Sie befürchtet, daß ihr Freund den Sohn nicht bekommen würde. Nach wie vor will sie zwar den Staat möglichst heraushalten. Aber sie weiß nicht recht, ob es eine andere Möglichkeit als die Heirat gibt, ihrem Freund und ihrem Kind diese Sicherheit zu verschaffen. Und zunehmend stößt sie auf Unverständnis, Ungerechtigkeiten und Demütigungen. Sie fand es erniedrigend, als sie bei den Geburtsangaben im Krankenhaus »illegitimes Kind« ankreuzen mußte, und sie wurde auch schon auf dem Amt beleidigt: »Da hätten Sie eben kein Kind in die

Welt setzen dürfen, das Leben ist nicht so einfach, wie Sie sich das vorstellen.« Als unverheiratetes Paar sieht sie sich in doppelter Hinsicht benachteiligt: Wenn es darum geht, ihr ein Familiengründungsdarlehen zu bewilligen, was ja dem Anspruch nach für sozial Schwache eingerichtet wurde, gelten sie nicht als Familie; wenn sie aber Wohngeld beantragen, werden sie als eheähnliche Lebensgemeinschaft betrachtet, und der Verdienst von Klaus wird einbezogen. Nicht zuletzt deshalb haben sie bislang noch keinen eigenen Mietvertrag, sondern konnten die von ihnen gegenwärtig bewohnte Wohnung nur im Untermietvertrag bekommen, »denn wer will schon ein arbeitsloses unverheiratetes Paar mit Kind haben?« Im letzten halben Jahr merkte sie sehr zu ihrer Verwunderung, daß es ganz offensichtlich ein Makel sei, unverheiratet ein Kind zu haben. Und das in Berlin?

Martina Fuhrmann gehört offenbar zur Generation jener, für die eine radikale Infragestellung der elterlichen Konventionen (Ordnung, Ehe, Familie) eine wesentliche Bedingung des persönlichen Entwicklungsprozesses war. Bei den Angehörigen dieser Generation prallen oftmals traditionale und moderne Vorstellungen aufeinander. Wir wissen nicht, ob Martina inzwischen geheiratet hat – wundern würde es uns nicht.

Renate Hornstein

Renate gehört ebenfalls zur Gruppe der ledigen Frauen mit Kind, die nicht heiraten wollen, obwohl sie nicht alleinerziehend ist. Sie ist 34 Jahre alt, medizinisch-technische Assistentin, lebt mit ihrem zweijährigen Sohn und dem Vater des Kindes zusammen, den sie seit acht Jahren kennt. Er ist 38, geschieden, hat aus der früheren Ehe eine Tochter.

Anders als Martina Fuhrmann ist sie nicht »ideologisch vorbelastet«. Das heißt, sie gehört nicht zur Generation der Studentenbewegung, für die es sozusagen eine politische Pflicht war, gegen die bürgerliche Ehe einzutreten. Im Gegenteil: Es war für sie früher offenbar ziemlich selbstverständlich, daß man einen Mann kennenlernt, um ihn zu heiraten. Davon spricht sie immer wieder:

»Und das war eigentlich bei mir so die erste große Liebe, wo ich auch wirklich gedacht hab, den würd ich gern heiraten und mit dem würd ich gern lange zusammenbleiben.« Oder, in einem anderen, umgekehrten Fall: »Ich hab ihn sehr gern gemocht. Aber nicht so, daß ich jetzt gesagt hab, also der und nur den will ich heiraten, mit dem will ich jetzt auf lange Zeit zusammensein.« Oder: »Doch, da hatte ich auch etliche kurzfristige Freundschaften – wo ich mich dann auch des öfteren gefragt hab, wär das ein Mann zum Heiraten?«

»Wär das ein Mann zum Heiraten?« – Das war sozusagen immer ihre Leitfrage, wenn sie einen Mann kennenlernte. Das heißt aber nicht, daß sie damals (als Zwanzig- oder Zweiundzwanzigjährige) nur ans Heiraten gedacht hätte. Im Gegenteil: Sie konzentrierte sich auf ihre Berufsausbildung und investierte deshalb wenig Zeit in die Partnersuche. Mit 24 kam sie in eine Phase, wo sie »vielleicht so ›n bißchen Torschlußpanik« bekam.

Inzwischen hat Renate längst keine Heiratspläne mehr. Jetzt ist für sie nicht mehr die Verbindung Ehe – Familie entscheidend, sondern die Verbindung Zusammenwohnen – »Familie«. Als sie sich entschloß, ein Kind zu bekommen, fragte sie ihren Freund nicht, ob er sie heiraten wolle. Vielmehr schlug sie ihm vor, in eine gemeinsame Wohnung zu ziehen und ein Kind zu bekommen. Sie erzählt, wie es schließlich dazu kam.

»Ja, also das war eigentlich 'ne sehr dramatische Entwicklung... Meine Arbeitsstelle wurde verlagert von der Innenstadt Münchens hier raus, in den Osten von München. Und ich hab in der Innenstadt gewohnt und hatte dann einen Arbeitsweg von ‹ner Dreiviertelstunde. Und mein Freund hat hier im Osten gewohnt. Und – waren wir eben auch schon längere Zeit befreundet, und dann hab ich eben erwogen, näher an meine Arbeitsstelle zu ziehen, weil mir die ewige Fahrerei – das war mir zuviel, zu lange. Und dann kam eben auch noch dieses Pendeln dazu. Ich komm' vom Osten Münchens von meiner Arbeitsstelle, fahr' fast an seiner Wohnung vorbei in die Innenstadt, fahr' wieder raus, fast zu meiner Arbeit – bis zu seiner Wohnung. Und das fand ich also wirklich komisch, ja. Also irgendwann, und eben auch, weil wir nun uns schon Jahre kannten und zusammen waren und fest befreundet waren, uns auch gut verstanden haben und eigentlich momentan auch nicht die Absicht hatten, uns wieder zu trennen, hab ich zu ihm gesagt, daß es eigentlich doch sinnvoll wäre, daß wir zusammenziehen. Oder ob, wie er dazu steht, ob wir nicht zusammenziehen wollten.«

Zunächst, so sagt sie weiter, sei er auf den Vorschlag eingegangen, und sie hätten zusammen eine Wohnung gesucht.

»Und dann, als wir eine gefunden hatten, ... da hat er dann wirklich Stunden, bevor wir zusagen oder absagen mußten, mir gesagt oder mir gestanden, daß er eigentlich noch nicht mit mir zusammenziehen wollte. Da bin ich wirklich aus allen Wolken gefallen.«

Er hätte dann zugegeben, daß es ihm für's Zusammenziehen doch noch etwas zu früh sei, der Grund der langen Fahrzeiten allein auch nicht ausreiche. Sie akzeptierte dies zunächst, doch nach etwa einem halben Jahr brachte sie das Thema erneut auf.

»Und dann hab ich also ihn vor 'ne ganz klare Entscheidung gestellt und hab also gesagt, ich möchte jetzt wirklich wissen, wie er dazu steht, zum Zusammenziehen. Und ich wollt mich jetzt auch nicht ewig hinhalten lassen... Und habe gesagt, also ich möchte jetzt eigentlich schon mit ihm zusammenziehen, und mit dem Zusammenziehen hab ich dann auch verbunden – hab gesagt: Also, wenn wir zusammenziehen und er sich dazu entschließt, müßte aber klar sein, daß ich auch mal 'n Kind bekommen will und bekommen kann. Also ich zieh nicht mit ihm zusammen, wenn er von vornherein sagt, er will kein Kind. Das war für mich nicht möglich, mit einem Mann zusammenzuziehen und zusammenzuleben, wenn ich weiß, der will überhaupt nie ein Kind.«

Zu sagen, Renate hätte ihren Freund gefragt, ob er mit ihr zusammenziehen und ein Kind bekommen möchte, ist offenbar zu schwach ausgedrückt. Sie hat ihn vor die Alternative gestellt, »vor 'ne ganz klare Entscheidung«. Er entschied sich dann gegen das Zusammenziehen, weil er kein zweites Kind wollte – er mußte ja für seine geschiedene Frau und das Kind Unterhalt zahlen. Diese Belastung und diese Verantwortung – das wollte er nicht noch einmal.

Die Parallelen zu früheren Zeiten sind erstaunlich. Zusammenwohnen und Elternschaft wird gekoppelt, so wie früher eheliches Zusammenleben und Familiengründung gekoppelt war. Er möchte nicht zusammenziehen, weil er kein Kind will – sie will, daß er zu ihr zieht, damit sie zusammen ein Kind bekommen können; und sie will sich von ihm trennen, weil er kein Kind möchte und deshalb auch nicht mit ihr zusammenwohnen. Früher wäre die entscheidende Frage gewesen: »Willst du mich heiraten?« – Und er hätte gewußt, daß sie auch meint: »Willst du Kinder mit mir?« – Hier spielt diese Frage überhaupt keine Rolle, die Gretchenfrage lautet vielmehr: »Willst du mit mir zusammenwohnen?« (Und er weiß, die zweite Frage gehört ebenso dazu.)

Schließlich kam es zu dem Kompromiß, daß sie zusammenziehen würden, sie aber nicht gleich schwanger werden sollte. Ihr war inzwischen klar geworden, daß seine Befürchtungen mit seiner früheren Erfahrung zusammenhingen: Er war bei seiner Scheidung offenbar schlecht weggekommen und mußte hohe Unterhaltsbeträge für seine Frau und seine Tochter bezahlen. Und in diese Lage wollte er auf keinen Fall noch einmal kommen. Sie stellte klar, daß sie für den Unterhalt ihres Kindes selber aufkommen würde, und als schließlich seine Bedenken ausgeräumt waren, zogen sie zusammen.

Warum will Renate nicht heiraten, obwohl doch alle Welt sagt: Wenn Kinder kommen, dann heiraten wir? Sie sagt: »Wir müßten ja mit dem Dummbeutel geschlagen sein, wenn wir heiraten würden« und widerspricht, indem sie zunächst finanzielle Gründe anführt, so zumindest für ihren Fall dem gängigen Muster, daß es vornehmlich finanzielle Gründe seien, warum man als Eltern heirate. In ihrem Fall gibt es drei finanzielle Vorteile des Ledigbleibens: Da beide Eltern arbeiten, gibt es angeblich keine steuerlichen Nachteile im Ledigenstatus (beide haben Steuerklasse 2). Sie bekommen mehr Kindergeld, da er aus seiner früheren Ehe ein Kind hat, für das er noch Unterhalt zu zahlen hat. Und schließlich zahlen sie weniger für die Kinderkrippe, wenn das Kind unehelich ist.

Für Renate war klar, daß sie keine Versorgungsehe führen würde (natürlich hat sie Verständnis für Frauen, die heiraten, weil sie zu Hause bei den Kindern bleiben wollen). Sie wollte selbst für den Unterhalt ihres Kindes sorgen. Sie wollte dafür sorgen, daß sie weiterhin die Hälfte der laufenden Kosten zahlen könnte. Sie hat offensichtlich eine sehr präzise finanzielle Planung aufgestellt und diese wohl auch weitgehend realisiert. Die wichtigsten Heiratsgründe waren damit hinfällig. Und allmählich zeigte sich, daß es auch ohne Ehe geht.

»Und – ach, je länger wir zusammen sind, desto weniger stellt sich eigentlich für mich die Frage ob – daß wir heiraten sollen. Ich weiß ehrlich gesagt gar nicht, warum. Es gibt für mich keine Vor- und keine Nachteile. Und für ihn auch nicht. Ich wüßte wirklich nicht, warum ich heiraten sollte. Viele sagen, wegen des Kindes. Ja, sag ich, warum denn? Das Kind lebt mit Vater und Mutter hier zusammen – wächst mit beiden Eltern auf – welchen Nachteil hat das Kind? Also weiß ich nicht.«

Andere Heiratsgründe fallen ebensowenig ins Gewicht. Die Beziehung wird durch Heiraten nicht besser. Und wenn es früher noch ein Grund zum Heiraten gewesen sei, daß man anders nicht akzeptiert wäre, so hätte sich auch das heute allmählich erledigt, sagt sie. Es sei ja sowieso akzeptiert, sei ja der Normalfall. Verwandte und Kollegen fänden es völlig normal, daß sie trotz des Kindes nicht heiratet. Überrascht ist sie, daß es vor allem jüngere, manchmal auch unverheiratete Paare sind, die das ein wenig komisch finden, ein wenig »exotisch«. In der Kinderkrippe gibt es außer ihnen nur noch ein Paar, das nicht verheiratet ist.

»Das ist ja wirklich normal, das ist gang und gäbe, das akzeptiert auch jeder. Da hat man ja auch mittlerweile keine Schwierigkeiten mehr, 'ne Wohnung zu bekommen. Ich glaub, es gibt wirklich kaum noch Paare, die heiraten, bevor sie mal zusammengelebt haben. – Während ich grad jetzt kürzlich wieder festgestellt hab, unverheiratet *mit Kind* ist man doch noch exotisch irgenwie, ich selber empfinde das gar nicht so, wir empfinden das nicht so, wir empfinden unseren Zustand ganz normal.«

Die Frage, ob irgend etwas daran nicht normal sei, kommt von außen. Kleinere Schwierigkeiten gibt es manchmal, wenn die Frage der Bezeichnung auftaucht. »Mein Mann« will sie nicht sagen, das gilt eben nur für Verheiratete. »Mein Freund« ist in vielen Situationen zu unverbindlich. Beim Kinderarzt sagt sie »der Vater meines Kindes« – doch dabei gibt es das Problem, daß der dann meint, sie sei eine arme, sitzengelassene, alleinerziehende Mutter.

Sie sagt, sie werde es sich vielleicht überlegen, wenn später der Junge käme und sagte: »Mutti, warum seid ihr denn nicht verheiratet?« Wenn es sich zeigen sollte, daß der Junge wirklich darunter leiden würde oder Schwierigkeiten bekäme, dann könnte man es sich ja nochmal überlegen. Aber das kann man in aller Ruhe abwarten, deswegen muß man sich nicht jetzt schon entscheiden.

Sie sieht keinen rechten Sinn im Heiraten. Es ist klar, daß diese Einstellung auch etwas damit zu tun hat, daß sie mit ihrem Kind in einer gewissen Weise selbständig ist und daß sie sich nicht abhängig fühlen will durch eine Heirat mit ihrem Freund und Vater des Kindes. Sie würde das Kind notfalls auch alleine durchbringen, das würde sie schaffen, und der Freund ist insofern nicht so wichtig. Nicht zu heiraten ist, so gesehen, auch eine Entscheidung für das Kind und für die eigene Selbständigkeit.

Was ist mit dem Vater des Kindes? Viele Paare, die ein Kind bekommen, heiraten ja nicht bloß aus finanziellen Gründen oder weil die familiären und rechtlichen Verhältnisse dann geregelt und gesichert sind. Es ist oft auch die rechtlose Stellung des nichtehelichen Vaters, die eine Heirat sinnvoll macht. Renate Hornstein weiß, was sie will, und sie kann es erreichen. Ihr Freund dagegen ist bei seiner ersten Ehe nach der Scheidung schlecht weggekommen. Und er hat sich in gewisser Weise ihren Bedingungen gefügt: Zusammenziehen und Kind – oder Trennung. Wie sehen seine Rechte als Vater aus? Sie sagt dazu:

»Ich hab drüber gelesen, was ich machen muß, oder was passiert mit meinem Kind, wenn mir was geschieht. Also wenn ich zum Beispiel sterbe oder so. Da hab ich halt 'n Testament verfaßt und ihn zum Vormund bestellt. Und außerdem – es ist normalerweise so bei unehelichen Kindern, daß automatisch das Jugendamt Vormund ist – habe ich beim Jugendamt damals den Antrag gestellt, daß die die Vormundschaft niederlegen. Das haben die auch sofort gemacht, Begründung war eben, daß ich mit dem Kindesvater zusammenlebe. Ich bin alleine Erziehungsberechtigter und sonst niemand mehr... Und damit ist er eigentlich in der Hinsicht da abgesichert. Also falls mir was passiert. Und das ist ja das einzige, wo es wirklich auch wichtig ist, auch für das Kind wichtig. Also weniger eigentlich für ihn, sondern wichtig ist es für das Kind.«

Der Freund hat sich nur widerwillig dem Wunsch Renates gebeugt, zusammen ein Kind zu bekommen. An einer Stelle des Interviews sagt sie, daß dies vielleicht auch ein Grund sei, warum sie ihm nicht die Heirat anbietet, damit seine Rechte als Vater sicherer sind:

»Zu Anfang eben, als ich schwanger war, war es ein Kind, das er mir zuliebe akzeptiert, ja. Und ich hatte auch ein bißchen Bedenken zu Anfang, hab gedacht, Mensch – hoffentlich hat er dann trotzdem 'ne gute Beziehung zu dem Kind oder mag er das Kind.«

Ihre Zweifel und Bedenken lösten sich bald auf:

»Er war auch bei der Geburt dabei... Vater und Sohn verstehen sich so gut, also beiderseits. Also für den Sohn ist der Papa eine ganz, ganz wichtige Person. Zur Zeit die wichtigste. Und umgedreht auch. Die verstehen sich auch, und er kümmert sich auch, und hat von Anfang an also auch praktisch in der Betreuung mitgeholfen und mitgemacht.«

Renate Hornstein ist keine alte »Achtundsechzigerin«. Sie war nie eine kämpferisch-verbissene kritische Familienideologin. Sie hat einfach die Erfahrung gemacht, daß man »auch so« ganz gut leben kann – selbst mit Kind. Es gibt für sie keinen triftigen Heiratsgrund. Die finanziellen Argumente ziehen bei ihr nicht. Das, was sie an Familienleben benötigt, hat sie auch ohne Urkunde und ohne Zeremonie. Aber sie hat einen Grund, nicht zu heiraten: Sie will unabhängig sein, sie braucht keinen Versorger, auch nicht für das Kind.

7. Verhinderte Ehepaare

Häufiger, als wir heute anzunehmen geneigt sind, haben Paare in früheren Zeiten unverheiratet zusammengewohnt – nicht, weil sie gegen die Ehe waren. Sie wären sogar gern verheiratet gewesen, doch entweder hatten sie kein Geld für eine Hochzeit und die Gründung eines eigenen Hausstandes, oder es war ihnen nicht erlaubt. Sie waren verhinderte Ehepaare. Besonders im 18. und 19. Jahrhundert hatten die weltlichen Obrigkeiten eine Fülle von Heiratsbeschränkungen verfügt. Etwa, wenn der Mann nicht die städtischen Bürgerrechte bekam oder wenn das Ehepaar völlig mittellos war. Betroffen waren Tagelöhner, Knechte und Mägde, nicht erbberechtigte Geschwister der Hoferben; Dienstboten, Lehrlinge, Gesellen und Soldaten. Erst im letzten Drittel des 19. Jahrhunderts wurden diese Einschränkungen des Rechts auf Eheschließung allmählich außer Kraft gesetzt. In manchen Gegenden Europas konnten besitzlose Knechte und Mägde bis in unser Jahrhundert hinein nicht heiraten, wen und wann sie wollten. Das gilt zum Beispiel für einige Regionen Österreichs. In Tirol und Vorarlberg wurde die Zustimmungspflicht der Behörden zur Eheschließung erst 1921 bzw. 1923 abgeschafft. Teilweise hing das mit einer bestimmten Art der Besitzvererbung zusammen, die dazu führte, daß einer der Söhne den ungeteilten väterlichen Besitz bekam. Die anderen mußten sehen, daß sie woanders unterkamen und mußten entsprechend lange auch auf eine Heirat verzichten.

In manchen Gegenden Mitteleuropas betrug der Anteil zeitlebens Lediger an der Bevölkerung bis zu 40 %. Nicht alle von ihnen blieben kinderlos, kaum jemand lebte allein. Die meisten dürften mehr oder weniger fest »gebunden« gewesen sein. Ihre »wilde Ehe« war keine bewußte Entscheidung gegen das Joch der Ehe, sondern ein aufgezwungener, minderwertiger Ehe-Ersatz.

Ausgangspunkt dieser Entwicklung war die Verarmung weiter Teile der mitteleuropäischen Bevölkerung mit der allmählichen Industrialisierung gegen Ende des 18. Jahrhunderts. Es gab zahllose »verlassene Weiber« mit »hilflosen Kindern«. In den vorindustriellen Zeiten hatte der nachbarschaftliche Zusammenhalt noch dafür gesorgt, »daß der voreheliche Geschlechtsverkehr in stabile

Paarbildung mündete«, wie Herrad Schenk schreibt. Doch nun »entzogen sich Männer, wenn sie keine Möglichkeit zu einer Heirat sahen, einer dauerhaften Lebensgemeinschaft und verließen die schwangeren Frauen oder die Mütter und ihre kleinen Kinder. Doch oft genug blieben die Paare, die durch Armut oder gesetzliche Ehebeschränkungen an einer förmlichen Heirat gehindert waren, auch in wilder Ehe zusammen. Den Armen fehlte die Heiratserlaubnis der Gemeinden oder ganz einfach das Geld für die Hochzeit.«

Zwar wurden zu Beginn des 19. Jahrhunderts unter dem Einfluß der Französischen Revolution und des napoleonischen Code Civil die Ehebeschränkungen in einigen deutschen Ländern abgeschafft; unter dem Eindruck der zunehmenden Verarmung wurden sie aber nach und nach wieder eingeführt, vor allem in Österreich, Württemberg und Bayern. Häufig war damit die Absicht verbunden, das Bevölkerungswachstum einzuschränken.

Die gesetzlichen Ehebeschränkungen waren vielfältiger Art und von Ort zu Ort unterschiedlich. So untersagte etwa die bayerische Polizeiordnung von 1616 den Gemeinden »die Aufnahme und Verehelichung von Dienstboten, Taglöhnern und sonstigen unvermöglichen Personen« sowie von allen anderen Personen, »denen erfahrungsgemäß die sittliche und wirtschaftliche Kraft fehlt, eine Familie aus eigenen Mitteln wirtschaftlich zu unterhalten«.

Die Tübinger Historikerin Carola Lipp untersuchte die Verhältnisse in der württembergischen Gemeinde Kiebingen. Dort wurde 1833 ein Gesetz erlassen, in dem Heiratswillige gegenüber der Gemeindeobrigkeit »einen genügenden Nahrungsstand« nachzuweisen hatten. Damit konnten die Gemeinde und ihre einflußreichsten Bürger massiv Heiratspolitik betreiben, denn es lag in ihrem Ermessen, wer durch eine Heirat in die Gemeinde integriert wurde oder wer ausgeschlossen blieb.

So wurde zum Beispiel der Heiratsantrag des Bonivaz Stopper, eines Zieglerknechts und Taglöhners, 1844 vom Kiebinger Gemeinderat abgelehnt. In der Begründung hieß es: »Bonivaz Stopper hat zwar schon einige Jahre als Zieglerknecht gearbeitet, was aber nur in den Sommermonaten stattfindet, deßwegen ist er weder zur Ausübung einer freien Kunst oder Wissenschaft noch zum selbständigen Betreiben eines Gewerbes, hiezu um so weniger als er ein solches nicht ordnungsgemässig erlernte, und der Landwirtschaft befähigt... so daß der Bräutigam auch später kein Vermögen zu hoffen hat, ist es daher zu befürchten, daß diese Familie der Gemeinde nur zu bald zur Last fallen würde, indem ohnehin schon in der hiesigen Gemeinde die Armen in so großer Zahl sind...«

In einem anderen Fall, der aus Esslingen überliefert ist, wurde einem aus München zugewanderten 28jährigen Mechaniker names Alois Landgraf (der Name nützte ihm nichts) im Jahre 1859 auch sein dritter Antrag zur Aufnahme in das städtische Bürgerrecht abgelehnt, weil er statt der für Zugewanderte erforderlichen 1000 Gulden für Bürgerrecht und Heiratserlaubnis nur ein Vermögen von 600 Gulden nachweisen konnte. Obwohl ihm die Mechaniker-Werkstatt seines Onkels bereits testamentarisch zugesagt war, bekam er die mit dem Bürgerrecht verbundene Heiratserlaubnis nicht.

Die abgelehnten Personen waren fast immer Tagelöhner oder Lohnhandwerker, die »laut Gesetz erst dann heiraten durften, wenn sie mit der Meisterprüfung bewiesen hatten, daß sie zum selbständigen Betrieb ihres Gewerbes fähig waren«.

Heute ist die Eheschließungsfreiheit allgemein verwirklicht. Für das deutsche Rechtsgebiet wurde in einer Reihe von Gesetzen, die dem Bürgerlichen Gesetzbuch von 1900 vorausgingen, die gesetzlichen Heiratsbeschränkungen allmählich abgeschafft. 1875 wurde in Preußen die obligatorische Zivilehe eingeführt und auch das Ehehindernis der Religionsverschiedenheit beseitigt. Seither kann jeder Mann und jede Frau (mit Ausnahme der Entmündigten) ohne Ansehung von Stand oder Besitz die Ehe eingehen. Doch es gibt auch heute noch »verhinderte Ehepaare«. Sie leben unverheiratet zusammen, würden aber gern heiraten. Was hindert sie daran? Mit dieser Frage wollen wir uns in diesem Kapitel beschäftigen.

Darüber hinaus interessiert uns noch eine andere Erscheinung, die das freie Zusammenleben nicht zu einer gesuchten Ehe-Alternative, sondern zu einem minderwertigen Ehe-Ersatz macht. Gemeint sind jene Personen, die in Befragungen angeben, daß sie zwar prinzipiell nicht gegen die Ehe seien, jedoch nicht den Partner heiraten wollten, mit dem sie gerade zusammen sind. Ihr Anteil ist erstaunlich groß, wenn man den einschlägigen Studien glauben darf; es sind – je nach Anlage der Untersuchung – bis zu 50% der Personen in nichtehelichen Lebensgemeinschaften, die Vorbehalte gegen den Partner haben, sich mit Trennungsgedanken befassen oder ihren gegenwärtigen Partner nicht heiraten wollen. Spricht das für einen hohen Anteil unzufriedener Paare, oder heißt das nur, daß in solchen Untersuchungen von den Befragten eine besonders hohe Meßlatte angelegt wird? Sind die Ansprüche an die Ehe so gestiegen (und gleichzeitig die Notwendigkeit einer Heirat gesunken), daß nur noch geheiratet wird, wenn der ideale Partner aufgetaucht ist?

Zunächst zu den »verhinderten Ehepaaren«. Wir begegnen ihnen vor allem im Arbeitermilieu des Ruhrgebiets, wo eine ganze Reihe von nicht verheirateten Paaren eher unfreiwillig diese Ersatz-Ehe führen. Häufig sind es finanzielle Gründe, die eine gewünschte Eheschließung verhindern oder verzögern.

So etwa bei Susanne Peter, 27, die mit ihrem Freund, einem ungelernten Arbeiter, und ihren drei Kindern (von denen zwei aus einer früheren Beziehung stammen), zusammenlebt. Sie sagt, daß sie aus finanziellen Gründen nicht heiraten könne. Sein Einkommen sei zu gering, als daß sie auf die Einkünfte durch Sozialhilfe und die Alimente (des Vaters der beiden ältesten Kinder) verzichten könnte.

Bei Sybille Winter, 42, die stundenweise als Bürogehilfin arbeitet, gibt es ein anderes Ehehindernis: Sie ist noch verheiratet. Sie muß abwarten, bis das Scheidungsverfahren abgeschlossen ist, bevor sie sich ihren Wunsch erfüllen kann, den Mann zu heiraten, mit dem sie jetzt zusammenlebt. Das Zusammenleben ohne Trauschein ist für sie – auch nach einer gescheiterten ersten Ehe – keine der Ehe gleichwertige Lebensform. Erst durch eine erneute Heirat ist für sie die Welt wieder in Ordnung.

Gerhild Wille

Gerhild ist 45, ungelernte Arbeiterin, geschieden. Sie wohnt unverheiratet mit einem 35jährigen Facharbeiter zusammen, der ebenfalls geschieden ist. Er hat zwei Kinder aus erster Ehe, sie selbst hat vier Kinder, die zwischen 18 und 26 Jahre alt sind, zwei Töchter und zwei Söhne. Die beiden jüngsten leben noch bei ihr.

Sie lernte mit neunzehn ihren ersten Freund kennen und heiratete ihn einen Monat vor der Geburt ihrer ersten Tochter. Sie war damals in einer für viele Frauen typischen Situation: Die Loslösung vom strengen Elternhaus war nur über eine frühe Heirat möglich. Und »dank« der ungeplanten, aber aus diesem Grund nicht ganz unerwünschten Schwangerschaft, konnte der Vater seine Zustimmung zur Eheschließung nicht verweigern. Doch die Ehe war unglücklich, der Mann erwies sich als gewalttätig. Nach der Geburt eines zweiten Kindes wollte sie sich wegen körperlicher Mißhandlungen scheiden lassen. Sie ging mit ihren Kindern zu ihren Eltern zurück. Nach eineinhalb Jahren machte sie einen erneuten Versuch mit ihrem Mann. Aus dieser Zeit stammt ihr drittes Kind. Das Eheleben mißlang erneut, er behandelte sie schlimmer als zuvor. Sie ließ sich scheiden. Drei Jahre später lernte sie einen Mann kennen, von dem sie ein viertes Kind hat, und der sie, als er erfuhr, daß sie schwanger war, sitzen ließ. Sie lebte dann mehrere Jahre allein und brachte ihre Kinder mit Sozialbeihilfen durch.

Vor fünf Jahren lernte Gerhild ihren jetzigen Freund kennen. Nach einem halben Jahr nahmen sie sich eine gemeinsame Viereinhalb-Zimmer-Wohnung, in der ihre drei jüngeren Kinder, mit denen sich ihr Freund gut versteht, auch ihre Zimmer haben sollten. Gerhild hatte am Ort einen guten Ruf, und sie bekamen sofort eine passable Wohnung. Heirat, Ehe und Familie waren für sie das selbstverständliche Lebensmuster, das zu erreichen sie sich immer bemüht hatte. Auch in der Beziehung mit ihrem jetzigen Partner war recht bald von Heirat die Rede – sie sagt immer »mein Verlobter« –, aber sie konnten den Schritt aus finanziellen Gründen, die gleichzeitig symbolisch aufgeladen waren, nicht vollziehen. Er war nämlich immer noch unterhaltspflichtig gegenüber seiner geschiedenen Frau und deren Kindern. Durch eine Heirat mit Gerhild, die ja ihrerseits arbeitete, wäre die Berechnungsgrundlage für den zu zahlenden Unterhalt an seine Geschiedene gestiegen, und Gerhild wäre so indirekt an der Unterhaltszahlung beteiligt worden. Dazu aber war sie verständlicherweise nicht bereit. Inzwischen ist seine geschiedene Frau wieder verheiratet, und der Heirat steht nun nichts mehr im Wege. Er hatte sich sehr gefreut, als er die Nachricht von der Heirat seiner ersten Frau erhielt, und machte Gerhild einen richtigen Heiratsantrag. Sie willigte sofort ein, obwohl sie inzwischen auch die Erfahrung gemacht hatte, daß man auch »einfach so« zusammenleben kann. »Aber irgendwas fehlte dabei doch. Jetzt haben wir bald wieder geordnete Verhältnisse.« Sie ist froh darüber, daß sie dann den Namen ihres ersten gewalttätigen Ehemannes »weg« hat.

Gerhild Wille hatte sich immer vorgestellt, Kinder zu haben, wenn auch nicht unbedingt so viele. Die meisten ihrer Kinder sind in für sie sozial ungesicherten Situationen gezeugt worden. Der Kinderwunsch ist bei ihr auch stark verknüpft mit der Liebe zum Mann. Sie hätte gern von ihrem jetzigen Partner ein Kind, als Ausdruck ihrer gegenseitigen Liebe. Diesen Wunsch wird sie sich in ihrem Alter zwar kaum noch erfüllen, aber immerhin etwas: »Und das Allerschönste ist, daß wir im Mai heiraten.«

Das interessantere, weil überraschendere Phänomen war, daß wir im Alternativ-, aber auch im Akademikermilieu ebenso auf »verhinderte Ehepaare« trafen. Genauer gesagt, auf Paare, für die das nichteheliche Zusammenleben eine Art minderwertiger Ehe-Ersatz war. Pikanterweise fanden wir sie gerade dort, wo man auf den ersten Blick den Eindruck haben konnte, man habe es mit eingefleischten Ehegegnern zu tun: Es stellte sich bei genauerem Hinsehen heraus, daß die Heirat an sich nicht ausgeschlossen, ja im Grunde sogar gewünscht wurde. Es mußte nur erst »der« oder »die Richtige« kommen.

Wenn ein Paar heute unverheiratet zusammenlebt, muß das also noch lange nicht heißen, daß es gegen die Ehe wäre, auch dann nicht, wenn beide sagen, sie wollten zwar zusammenbleiben, aber in absehbarer Zeit nicht heiraten. Es kann einfach auch heißen, daß sie sich »ihrer Liebe nicht sicher genug« sind. In Zeiten, wo der Anspruch auf eine erfüllte Liebesbeziehung höher, die Bedenken gegen die »wilde Ehe« aber geringer geworden sind, kann es immer häufiger vorkommen, daß Paare gerade deshalb nicht heiraten, weil sie die Ehe hochschätzen. Wenn ein Paar sich seiner Sache nicht so ganz sicher ist, wenn die Liebe zwischen ihnen nicht ganz dem entspricht, was sich beide (oder einer von ihnen) unter wahrer Liebe vorstellen, dann bleiben sie unverheiratet, weil unverheiratet zusammenzuleben heute problemlos möglich ist.

Einige Hinweise in dieser Richtung sahen wir bereits bei Jakob Lesko oder Martina Fuhrmann. Sie würden, trotz einer erklärten Abneigung gegen die staatliche Ehe, vielleicht heiraten – wenn nur erst der oder die »Richtige« käme. Auch bei Renate Hornstein läßt es sich nicht ausschließen, daß sie heiraten würde, wenn ihr

Freund anders wäre oder sich anders verhalten hätte – wenn er zum Beispiel nicht so lange gezögert, sondern gesagt hätte: »Komm, laß uns zusammenziehen, laß uns eine Familie gründen, laß uns heiraten.«

Deutlicher ist die Sache in einem anderen Fall. Trotz eines gemeinsamen Kindes leben auch Monika Seiler (35, Physikerin) und ihr Freund unverheiratet zusammen. Der Umstand, daß die Beziehung nicht so ideal ist, ist der wesentliche Grund dafür, daß sie nicht mit ihm verheiratet ist. Sie sagt, sie sei in dieser Hinsicht »konservativ«. Und sie erklärt: »Wenn ich weiß, daß eine Beziehung nicht ewig hält, dann heirate ich nicht.« Der Umkehrschluß scheint nicht abwegig: Die Perspektive der Dauerhaftigkeit ist die Voraussetzung für die Eheschließung. Dies wäre die alte christlich-bürgerliche Ehekonzeption. Aber – und da kommt eine modernere Überzeugung hinzu – sie glaubt nicht an die Möglichkeit, daß eine Beziehung durch die Eheschließung besser wird (und damit die Chancen der Dauerhaftigkeit steigen). Sie lehne die Ehe nicht total ab, sagt sie. »Aber ich gehe eine Ehe nur ein, wenn ich weiß, daß das die richtige Beziehung ist. Doch ob's die gibt?«

Das Nichtverheiratetsein ist hier also gerade nicht eine Ablehnung der Ehe, im Gegenteil: An der Ehe als Ideal wird festgehalten, und die Ansprüche an den idealen Partner für eine Ehe sind recht hoch. Und da der äußere soziale Druck zur Eheschließung weggefallen ist, kann man warten, bis der unwahrscheinliche Fall eintritt, daß man den idealen Partner findet.

Monika Seiler führt allerdings auch noch prinzipielle Einwände gegen die Ehe an. Sie will nicht in Abhängigkeit geraten, will keine brave Ehefrau sein, will nicht nur für die Kinder leben – wie es ihre Mutter getan hatte, die von »Aufopferung« sprach. Sie will selbständig bleiben. Berufliche Selbstverwirklichung ist vorrangig – auch wenn der Wunsch nach einem glücklichen Familienleben nicht völlig unterdrückt ist. Sie hat die Selbständigkeit gewählt und verzichtet auf die Ehe. Den Anspruch auf »glückliche Familie« und »Familienleben« hat sie nicht aufgegeben, aber in den letzten zwei, drei Jahren zumindest mit diesem Partner zurückgestellt.

Mary White-Vogel

Mary ist 48 und hat eine Lebenszeitstelle als Hochschuldozentin. Seit zwei Jahren ist sie mit einem 36jährigen Mathematiker verheiratet. Sie ist kinderlos geblieben.

Mary ist in den USA geboren. Ihr Vater war Vorarbeiter in einer Fabrik, ihre Mutter war Chefsekretärin. Die Eltern hatten sehr spät geheiratet und führten, wie sie sich ausdrückt, »eine schreckliche Ehe«. Mary ist die älteste Tochter, sie hat noch eine Schwester und einen jüngeren Bruder. Mit siebzehn ging sie von zu Hause weg aufs College, studierte Mathematik. »Du wolltest finanziell unabhängig sein«, wirft ihr Mann ein, der beim Interview dabei sitzt.

Sie hatte während ihrer College-Zeit in den USA einen »steady boy-friend«, aber sie dachte damals nicht ans Heiraten. Sie wollte vorrangig ihre Ausbildung machen. Ihr Ehemann wirft ein: »Aber du hattest doch einen Freund in den USA, der auf dich gewartet hat, als du nach Europa gingst – und du hast ihm einfach nicht geantwortet.« – »Ja«, sagt sie, »eigentlich wollten wir heiraten – wir hatten uns bereits gegenseitig den Eltern vorgestellt. Ich bin geflüchtet. Aber nicht deswegen bin ich in Europa geblieben.« Mit 21 Jahren kam Mary nach Deutschland, studierte Mathematik, promovierte und habilitierte sich. Seit einigen Jahren hat sie eine Dauerstelle an einer Universität.

Bald nach ihrer Ankunft in Europa lernte sie Paul kennen, einen Schauspieler, mit dem sie dann neunzehn Jahre lang befreundet war. Zehn Jahre davon lebten sie als unverheiratetes Paar zusammen. Paul war sechs Jahre älter als sie. Mary meint, daß sie mit ihm zusammen war, »weil er die europäische Kultur repräsentierte«. Für beide stand stets die berufliche Arbeit im Vordergrund. Eine gewisse Distanz blieb zwischen ihnen daher immer bestehen. Mary meint heute, sie hätte so viel gearbeitet, daß sie gar keine engere Beziehung zu ihm aufbauen konnte.

Nachdem diese Beziehung beendet war, machte sie »eine Art verspätete Selbst-Bewußtseinserweiterung durch«. Die Arbeit sei ihr jetzt nicht mehr so wichtig. Man kann hinzufügen: Sie hat beruflich aber auch alles erreicht, was sie wollte oder was möglich war. Ihren jetzigen Ehemann kannte sie knapp drei Jahre, bevor sie ihn heiratete. Ein Jahr lang lebten sie unverheiratet zusammen. Sie versteht ihre Ehe als Fortschritt. »Früher war ich nicht zu einer so intensiven Bindung fähig. Und ich war beruflich emanzipiert, aber privat unemanzipiert, habe zum Beispiel immer gekocht. Jetzt, mit meinem Mann, ist es anders: wir machen alles zusammen. Er kann sogar nähen und bügeln.«

Kommen wir noch einmal auf die langjährige Beziehung mit Paul zurück. Sie war fast zwanzig Jahre lang mit ihm befreundet, sie lebte zehn Jahre lang mit ihm zusammen – trotzdem hat sie ihn nicht geheiratet (oder er nicht sie?). Aus ihrer Erzählung lassen sich drei Gründe herausschälen, warum es nicht zur Ehe kam. Der erste ist, daß Mary und Paul recht jung waren, als sie sich kennenlernten. Während der ersten Jahre der Beziehung stand schon deshalb eine Heirat überhaupt nicht zur Debatte. Der zweite Grund liegt darin, daß sie beide sehr auf ihren jeweiligen Beruf konzentriert waren und dadurch auch häufig in verschiedenen Städten zu tun hatten. Der dritte Grund ist der entscheidende dafür, daß es auch später nicht zu einer Ehe kam: Es gab immer eine »gewisse Distanz«, ein »Fremdsein«. Sie hatte manchmal den Eindruck, daß sie ihn »zu wenig kannte, um ihn zu heiraten«.

Gewiß, der Beruf, auf den sie sich stark konzentrierte (ebenso wie er), hat viel zu dieser Distanz beigetragen. Aber es gab auch wenig Anstrengungen von Paul oder von ihr, diese innere Entfernung zu überwinden. Die Frage des Heiratens wurde nie besprochen. »Er hat auch nicht die Initiative ergriffen, und das Vorhaben ist einfach auf die lange Bank geschoben worden«, sagt Mary.

Immerhin, einmal gab es einen Versuch. Er war arbeitslos geworden und sprach dann vom Heiraten. Ob es nun so war oder nicht – Mary hatte jedenfalls den Eindruck, daß er nur heiraten wollte, um möglichst viel Arbeitslosenunterstützung zu bekommen. Dieses Zweckmäßigkeitsdenken schreckte sie ab. »Das war gegen jede Romantik. Ich hatte das Gefühl, benutzt zu werden.« Danach wurde die Beziehung allmählich schlechter, und Heiraten kam nicht mehr in Frage. Das Nichtheiraten war schließlich »ein Hauptsymbol dafür, daß die Beziehung nicht in Ordnung war«.

Später wurde er dann wieder beruflich erfolgreich, aber sie hatten sich seelisch auseinandergelebt, und ihr wurde klar, daß sie diesen Mann nie würde heiraten können. Und als er aus beruflichen Gründen von München nach Berlin ging, stand fest, daß sie nicht mitgehen würde und daß damit auch die Trennung vollzogen würde.

Sie war mit ihm zunächst zusammengezogen, weil es so bequemer war, weil ihr Beruf eine einsame Tätigkeit war, zu der die Beziehung einen Ausgleich darstellte. Die Entscheidung, nicht zu heiraten, aber weiterhin zusammenzubleiben, war zwar eine Entscheidung gegen die langfristige Perspektive in der Beziehung, aber auch eine Entscheidung für die Aufrechterhaltung einer bequemen Beziehung. Marys Bedenken gegen Paul waren inzwischen zu groß, um ihn heiraten zu wollen – aber sie waren nicht groß genug, um nicht zusammenwohnen zu können. Nichtheiraten bedeutete, einen gewissen Abstand aufrechtzuerhalten, trotzdem aber an der Beziehung festzuhalten.

Das Zusammenleben (ohne Ehe) mit Paul erscheint hier als angemessene Zwischenstufe für eine Beziehung, die zu gut (und auch zu bequem) ist, als daß man sich trennen müßte, aber zu unsicher, als daß man heiraten würde. Und alleine zu leben war nicht erstrebenswert, weil ihre Berufsarbeit eine einsame Tätigkeit war, und die Geselligkeit des Zusammenwohnes einen wichtigen Ausgleich dazu darstellte.

Ihre spätere Heirat mit Horst begründet sie damit, daß sie nach ihrer Beziehung mit Paul eine Phase der Bewußtseinserweiterung durchgemacht habe, aber auch damit, daß mit zunehmendem Alter deutlicher spürbar werde, daß eine unverheiratete Frau doch nicht ganz akzeptiert sei.

»Mit zunehmendem Alter wirkt das Unverheiratetsein auf mich als Frau psychisch negativ.«

Heiraten ist für sie »ein Symbol des Miteinanderseinwollens, eine feste Zusage, für sich und für den anderen«. Das (frühere) Nichtheiratenwollen sei immer ein Rückzug gewesen, zur Aufrechterhaltung der Distanz. Sie sagt, die Ehe sei »eine Entscheidung für Abstand oder Nähe. Heiraten ist eine zusätzliche emotionale Zusage. Es ist eine starke Sehnsuchtserklärung. Wir haben ein großes Fest daraus gemacht.«

8. Die neue Gleichgültigkeit

Halten wir als Zwischenergebnis fest: Die Ehe ohne Trauschein ist häufig eine Vorstufe zur richtigen Ehe. Viele junge Leute proben die Ehe oder warten mit der Heirat, bis sie sich ganz sicher sind. Eine neue Lebensphase zwischen Herkunftsfamilie und eigener Familiengründung ist entstanden. Das erleichtert die Entscheidung, mit der Ehe zu warten. Auch die Paare, die längere Zeit unverheiratet zusammenleben, müssen keineswegs Ehegegner sein: Sie sehen nur einfach keinen Grund mehr zur Heirat. Die Ehe hat in unserer Kultur einen gehörigen Teil ihrer symbolischen Kraft verloren. Es scheint manchen vielleicht so, daß sie abgelehnt werde, weil die Zahlen zurückgegangen sind, und vor allem, weil in den sechziger und siebziger Jahren so viel gegen die Ehe geschrieben und gesagt wurde. Aber die Zahlen sind nicht deshalb zurückgegangen, weil die Leute die Ehe ablehnen und kritisieren, sondern weil es leichter und normal geworden ist, unverheiratet zusammenzuleben. Gleichgültigkeit macht sich breit. Viele Paare leben »erst mal so zusammen« und machen die Erfahrung: Es geht auch so. Die Frage der Heirat stellt sich noch nicht. Irgendwann haben sie vielleicht den Eindruck: »Eigentlich ist es ziemlich egal, ob wir verheiratet sind oder nicht«.

Das bedeutet jedoch auch: Sobald die Eheschließung Vorteile bringt, spricht nichts mehr dagegen, zu heiraten, denn auch in Kreisen der »kritischen Jugend« sind die Zeiten vorbei, wo es zum guten Ton gehörte, »frei« zu bleiben. Kaum jemand denkt heute noch, die Ehe sei ein Gefängnis, aus dem es nur schwer ein Entrinnen gebe. Wenn die Scheidung schon zu Beginn der Ehe eine realistische Möglichkeit darstellt, verliert die Ehe ihren ideologischen Schrecken. Die Entscheidung für oder gegen die Ehe ist eine »pragmatische« geworden, das heißt, sie ist immer weniger eine Entscheidung über den Sinn des Lebens oder über das Lebensglück. Dafür ist sie um so mehr mit Erwägungen verbunden wie: Bringt es uns Vorteile, wenn wir verheiratet sind? Zahlt es sich steuerlich aus? Im Extremfall: Wie lange muß man verheiratet bleiben, damit die finanziellen Gewinne nicht durch die Kosten der Scheidung zunichte gemacht werden? Welche Nachteile müssen wir in Kauf nehmen, wenn wir unverheiratet bleiben? Vielleicht schenkt der Vater das versprochene Auto nur bei einer richtigen Hochzeit; vielleicht bekommt man eine tolle Wohnung nur, wenn man sich als Ehepaar präsentieren kann; vielleicht ist der berufliche Aufstieg des Mannes doch leichter, wenn seine privaten Verhältnisse konventionell geregelt sind.

Das bedeutet auch: Man kann an der Entwicklung der Zahl der Eheschließungen immer weniger ablesen, ob die Leute für oder gegen die Ehe sind. Je gleichgültiger die allgemeine Einstellung gegenüber der Ehe ist, desto mehr werden die Eheschließungszahlen von kurzfristigen Moden abhängen. So ist das Heiraten ja in den achtziger Jahren zweifellos wieder in Mode gekommen, nachdem in den Siebzigern eine Ablehnung der Ehe noch weit verbreitet war. Die entscheidende Frage ist heute eher, ob man zusammenleben will oder nicht.

Zu dieser Entwicklung kam es, wie wir in Kapitel 4 sahen, weil sich in den sechziger Jahren eine Generation aufgemacht hatte, gegen verkrustete Lebensverhältnisse und Familienstrukturen anzugehen. Hier war also durchaus eine Ablehnung der Ehe, der Familie, der Treue und der Doppelmoral der Ausgangspunkt. Und diese Generation hat die Umwälzung der Werte und Lebensformen durchgekämpft. Viele haben einfach unverheiratet zusammengelebt. Zunächst gegen Widerstände, aber diese Widerstände sind nach und nach gebrochen worden oder wurden freiwillig aufgegeben. Etwa die der Vermieter: Sie haben bald ihre moralischen Bedenken über Bord geworfen, zumal bei steigenden Mieten. Es gab wohl manchen, der darauf spekulierte, von einem unverheirateten Paar eine etwas höhere Miete verlangen zu können. Auch die Senkung des Volljährigkeitsalters hat uns manche Frühehe erspart. Man mußte nicht mehr mit 18 heiraten, um sich von den Eltern frei zu machen.

Zuerst ging es bloß darum, den Zeitpunkt der Eheschließung etwas aufzuschieben. Es stand noch nicht in Frage, ob man überhaupt heiraten würde. Es schien ja auch vernünftig, nicht zu früh zu heiraten, besonders für die wachsende Zahl von Auszubildenden, Schülerinnen und Studentinnen. Es war eine schleichende Entwicklung: Zuerst verschoben immer mehr junge Leute den Heiratstermin. Nach und nach verzichteten manche ganz auf die Ehe. Und so hat sich allmählich das Nichtverheiratetsein im Alter von dreißig oder fünfunddreißig Jahren normalisiert. Und deshalb ist es heute fast schon egal, ob man ledig oder verheiratet ist.

Das bedeutet auch, daß es im Beziehungsalltag immer weniger Unterschiede zwischen verheirateten und unverheirateten Paaren gibt. Selbst eine tagelange Beobachtung würde einem Fremden kaum Aufschluß darüber geben, welchen Familienstand sein Paar hat. Im Bett, in der Küche, beim Einkauf, beim Fernsehen, im Streit und in der Liebe – Ehepaare unterscheiden sich nicht von Paaren, die ohne staatliches Zertifikat zusammenleben (vorausgesetzt, sie gehören derselben Generation an und leben in vergleichbaren sozialen Verhältnissen). Es ist eine Illusion zu glauben, ohne Heiratsurkunde könne sich die Frau besser durchsetzen; ebensowenig kann sich der Mann seine Machtposition mit einem amtlichen Papier zurückerobern, wenn er sie im Beziehungsalltag nie besessen oder wenn er sie verloren hat. Was zwischen Mann und Frau in einer festen Beziehung passiert, das kümmert sich nicht um Formalitäten. Das, zum Beispiel, was Psychotherapeuten wie Jörg Willi die »unbewußte Kollusion« nennen (d.h. ein unbewußtes Zusammenspiel neurotischer Züge – wie zum Beispiel ein Bedürfnis nach Unterdrückung beim einen, nach Unterwerfung beim anderen Partner), ist völlig unabhängig vom Familienstand. Die einzige Voraussetzung dafür, daß psychische Prozesse dieser Art in Gang kommen, ist eine gewisse Dauerhaftigkeit der Beziehung. Wenn die erste Phase der Verliebtheit vergangen und Alltagsroutine eingezogen ist; wenn nicht mehr jede lästige Angewohnheit des Partners unter dem Schleier des Liebesglücks versinkt, sondern mehr und mehr ihre dunklen und harten Schatten auf den nüchternen Alltag wirft – dann kann das Zusammenleben genauso leicht zum Gefängnis werden wie die Ehe. Wenn es aber erst einmal so weit ist, dann fällt auch eine Trennung nicht weniger leicht als die Entscheidung zur Ehescheidung.

Auch der französische Soziologe und Philosoph André Béjin geht davon aus, daß nichteheliche Paare (im Französischen *unions libres* genannt, freie Verbindungen) heute in vieler Hinsicht den Ehepaaren ähnlich sind – ganz im Gegensatz zu früheren Jahrhunderten, in denen das Ehepaar und das nichteheliche Liebespaar (im Konkubinat) ganz deutlich unterscheidbar waren. Béjin zeigt das an mehreren Punkten, drei davon finden wir interessant genug, sie zu wiederholen. Das erste Beispiel: *Treue* war früher nur in der Ehe ein berechtigter Anspruch, im Konkubinat war sie das natürlich nicht (es wäre absurd gewesen, wenn die Konkubine von ihrem Gönner strikte Treue verlangt hätte). Heute besteht bei den meisten nichtverheirateten Paaren derselbe Anspruch auf Treue wie bei den Ehepaaren. Der zweite Punkt: Eine Ehe-Beziehung war früher in der Regel auf sachliche Übereinstimmung oder Versorgungsinteressen, vielleicht auch auf Sympathie und Freundschaft gegründet. Doch die leidenschaftliche Liebe, die krank machen und einen bis zur Raserei treiben konnte (*amour fou*), war außerehelichen Beziehungen vorbehalten. Heute pflegen auch nichteheliche Paare das eheliche Ideal der »vernünftigen« Zuneigung, das eher Dauerhaftigkeit verspricht als die rasch vergängliche Leidenschaft. Und ein drittes Beispiel: Die Konkubinatsbeziehungen früherer Zeiten waren ganz auf das Paar konzentriert, gemeinsame Elternschaft war meist völlig ausgeschlossen. Heute ist zwar Elternschaft in nichtehelichen Paarbeziehungen noch nicht so selbstverständlich wie in der Ehe, aber doch möglich – und tatsächlich immer häufiger.

Auch die Rechtsentwicklung hat zur Angleichung von Ehe und Ehe ohne Trauschein beigetragen. Wir meinen damit weniger die noch nicht abgeschlossenen Bemühungen um eine rechtliche Gleichstellung nichtehelicher Paare, sondern die Entwicklung des Eherechts im allgemeinen. Die Ehe ist heute in hohem Maße »privatisiert«. Wie die Eheleute ihre »häusliche Gemeinschaft« gestalten, zu der sie vom Gesetz verpflichtet sind, ist weitgehend ihre Sache. Zwei weitere eheliche Pflichten, Treue und Beistand, gelten im Grunde für nichteheliche Paarbeziehungen genauso wie für Ehen (wo deren Einhaltung ja auch nicht eingeklagt werden kann). Sie ergeben sich aus den Ansprüchen an eine moderne Partnerschaft, auch wenn das rechtlich nirgends festgehalten ist. Statt »Beistandspflicht« heißt es dann eben »Anspruch auf Solidarität«, statt »Treue« vielleicht »Verläßlichkeit«. Lediglich bei der Ehe-Verpflichtung des Unterhalts ergibt sich ein Unterschied – aber das hängt zum Teil einfach damit zusammen, daß es kaum (analog zur Versorgungsehe) »Versorgungs-Zusammenleben« gibt, weil in der Regel beide Partner berufstätig sind. Eheliche Pflichtverletzungen sind heute ebenso wenig gerichtlich einklagbar wie in nichtehelichen Lebensgemeinschaften. Der wesentliche Unterschied zwischen Ehe und nichtehelichem Zusammenwohnen ist, daß bei der Ehe die *Trennungsfolgen* rechtlich geregelt sind (Unterhalt, Zugewinnausgleich, Versorgungsausgleich), während dies bei den Unverheirateten (noch) nicht der Fall ist.

Manche der Studien über nichteheliche Lebensgemeinschaften (vgl. Kap. 4) behaupten, daß es deutliche Unterschiede zwischen verheirateten und unverheirateten Paaren gebe. Wir können das nicht bestätigen. Weit stärker als der Familienstand wirkte sich in unserer Studie die Zugehörigkeit zu einem sozio-regionalen Milieu aus. Mit anderen Worten, die Unterschiede zwischen einem unverheirateten Akademikerpaar in einer Großstadt und einem unverheirateten »einfachen, ländlichen« Paar sind weitaus größer als die Unterschiede zwischen einem verheirateten und einem nicht verheirateten Akademikerpaar. Und allgemein zeigten sich eine weitverbreitete und zunehmende Gleichgültigkeit gegenüber der Eheschließung und eine inhaltliche Annäherung von Ehe und Zusammenleben. Wir interpretieren die Ausbreitung der nichtehelichen Paarbeziehungen daher als Ausdruck wachsender Gleichgültigkeit gegenüber der Ehe.

Damit scheint uns auch klar, daß die trauscheinfreie Beziehung nicht so sehr Ausdruck weiblicher Emanzipationsbestrebungen ist, wie manche Beobachterinnen vermuten. Sie interpretieren die Zunahme nichtehelicher Lebensgemeinschaften in erster Linie als Absage an die Ehe insbesondere durch berufstätige Frauen mit hohem Bildungsniveau, die sich dadurch mehr Möglichkeiten der Selbstverwirklichung und des Abbaus traditioneller Geschlechtsrollen versprächen. Aber wenn es richtig ist, daß Frauen sich heute besser gegen ihre Männer behaupten können, dann wohl nicht, weil sie unverheiratet mit ihnen zusammenleben, sondern deshalb, weil sie allmählich einen Wandel der Geschlechtsrollen durchsetzen – innerhalb wie außerhalb der Ehe.

Das Hauptergebnis unserer Untersuchung auf der allgemeinen Ebene ist also eine zunehmende Indifferenz gegenüber der Ehe, die bei früheren Ehegegnern (im Alternativmilieu) ebenso wie bei jenen festgestellt werden kann, für die Heiraten einmal ganz selbstverständlich war. Die Rechtsform Ehe hat an Bedeutung und symbolischer Macht verloren. Die wesentliche und gut zu überlegende Entscheidung für Paare ist zunächst die, ob sie einen gemeinsamen Haushalt gründen und damit ein gemeinsames Leben begründen wollen. Die Frage der Eheschließung wird demgegenüber erst später aktuell oder verliert ihre Bedeutung, Lebenszweck zu sein. Sie wird häufig aufgrund praktischer und sachlicher Überlegungen entschieden.

Die neue Gleichgültigkeit gegenüber der Ehe wird auch durch das Bewußtsein gestärkt, daß dieser Entscheidung keine lebensgeschichtliche Endgültigkeit mehr zukommen muß. Sie ist längst nicht mehr unwiderruflich. Je mehr Scheidung und Wiederverheiratung zum Normalfall werden, je mehr sich in den Köpfen der Menschen Vorstellungen von »serieller Monogamie« festsetzen, desto geringer wird das Gewicht einer Entscheidung für die Ehe.

Aber diese neue Gleichgültigkeit kommt nicht überall in gleicher Stärke vor. Tendenzen der Indifferenz gegenüber der Ehe zeigen sich zwar in leichter Form überall, am deutlichsten jedoch bei den Akademikern in Berlin und den hochqualifizierten technischen Angestellten in München-Waldberg.

Renate Hornstein, die 34jährige medizinisch-technische Assistentin aus München-Waldberg, die trotz eines Kindes bisher nicht geheiratet hat, hätte zehn Jahre früher gerne einen Mann für die Ehe kennengelernt (»Ich hatte eine Art Torschlußpanik«), sagt aber heute: »Und – ach, je länger wir zusammen sind, desto weniger stellt sich eigentlich für mich die Frage, ob wir heiraten sollen. Ich weiß ehrlich gesagt gar nicht, warum. Es gibt für mich keine Vor- und keine Nachteile. Und für ihn auch nicht. Ich wüßte wirklich nicht, warum ich heiraten sollte.«

Wenn die Frage ihre symbolische Bedeutung verloren hat, dann ist es naheliegend, daß »Vor- und Nachteile«, ja sogar: »Kosten und Nutzen« gegeneinander abgewogen werden. Die Entscheidung für oder gegen die Ehe kann dann ganz praktisch begründet werden. Zumindest vordergründig werden heute viele Ehen »nur noch« aus äußeren Gründen geschlossen: steuerliche Erleichterungen, soziale und rechtliche Absicherung des nicht erwerbstätigen Partners, leichtere Regelung der Besitzverhältnisse. Selbst viele der früheren Ehegegner haben ihre Abneigung verloren und entscheiden sich nach Gesichtspunkten der Zweckmäßigkeit oder Nützlichkeit. Es ist auch vorstellbar, daß jemand sagt: »Eigentlich sehe ich immer noch nicht ein, warum ich heiraten sollte. Aber wenn meine Freundin unbedingt heiraten will, dann werde ich deswegen nicht mit ihr streiten, sondern einwilligen. Man muß die

Sache heute einfach gelassener sehen.« In der Tat meinten einige unserer Gesprächspartner, sie würden heiraten, wenn der Partner den Wunsch danach hätte; ihnen selber sei es ziemlich egal.

Brigitte Rade, eine 44jährige Dozentin, die in Berlin in dritter Ehe lebt, hat geheiratet, um die Bedenken ihres Freundes zu zerstreuen, der sich darüber ärgerte, daß sie zwar mit zwei früheren Freunden verheiratet gewesen war, mit ihm jedoch nicht. »Und da habe ich ihm gern den Gefallen gemacht und wir haben geheiratet.«

Auch Sabine Dodrich (48, unverheiratet, Pressereferentin, Berlin) ist keine strikte Ehegegnerin mehr. Zwar lebte sie noch nie mit einem Mann zusammen und führt mit ihrem Freund seit über zehn Jahren getrennte Haushalte; auch erlebt sie gegenwärtig mit, wie die langjährigen Ehen in ihrem Freundeskreis in die Brüche gehen. Aber das ist kein Grund, gegen die Ehe anzukämpfen: »Ich hab' nichts gegen die Ehe; ich werde das auch meiner Tochter nicht ausreden, wenn sie später meinen sollte, daß sie das braucht. Vielleicht heiraten wir sogar später noch mal – wegen der Rente.«

Die Entscheidung zur Ehe entspringt in all diesen Fällen nicht einem unabweisbaren Bedürfnis, sondern hat ihren Grund in (vermuteten oder tatsächlichen) finanziellen oder rechtlichen Vorteilen. Eine Veränderung der Qualität der Beziehung durch den Wechsel in eine förmliche Ehe wird hier von niemandem erwartet.

Brigitte Rade erzählt von ihren Freundinnen, »alle so um die vierzig: Die eine, die hat noch nie geheiratet«. Die andere, die hat, »nachdem sie dreizehn Jahre mit ihrem Freund zusammengelebt hat, den geheiratet. Einige sind schon recht lange verheiratet und haben Kinder, einige haben keine Kinder. Das ist 'ne bunte Mischung... da sind alle Formen vorhanden. Und da ist es eigentlich so, daß Ehe nie ein Thema ist. Selbst wenn sie verheiratet sind, aber man betont es nicht so, ja. Es ist ja eher so'n bißchen was Unangenehmes (belustigt) – muß man ja nicht wissen. Also es ist nicht die Norm, so in unserem Bekanntenkreis, daß man heiratet. Also damals, als ich den Horst geheiratet hab und mein Studium gemacht hab, dieses Diplom, da war ich ja verrufen, daß ich geheiratet habe und daß ich verheiratet war, und nachher noch mit 'nem Professor, das war ja ganz schlimm. Und daß ich nicht nur Jeans und T-Shirt trug, sondern – eben auch mal 'n Rock mit 'ner Bluse oder so, ja? Damals waren ja immer ganz feste Normen, und in dem Kreis, in dem ich mich bewegte, hatte ich ja fast 'n Verrat getan. Also das war durchaus nicht 'ne übliche Form. Und jetzt ist es normaler geworden, daß man auch verheiratet ist, aber es ist überhaupt nichts Unnormales, wenn man nicht verheiratet ist. Und die haben also – dann als ich mit Friedhelm zusammengelebt hab, haben die immer gefragt, ob wir denn nicht heiraten wollen. Da hab ich immer gesagt, können wir doch gar nicht, ich bin doch verheiratet. Da haben die gesagt: Ach so!«

Die gewachsene Gleichgültigkeit gegenüber der Heirat kann sich manchmal auch auf das gemeinsame Wohnen beziehen, obwohl wir ja gesehen haben, daß die Entscheidung, einen gemeinsamen Haushalt zu gründen, fast schon als tiefgreifender empfunden wird als die Entscheidung zur Ehe. Aber weil das Zusammenwohnen ohne Trauschein allmählich seine Symbolkraft des Außergewöhnlichen verloren hat und nicht mehr Gegenstand moralischer Abwertungsurteile ist, bietet es sich für die Betroffenen eher an, nach den Vorteilen des Zusammenlebens zu fragen und die Entscheidung darüber aus praktischen Erwägungen zu treffen. Es kann billiger sein, einen gemeinsamen Haushalt zu führen. Es kann auch bequemer sein.

Wenn seine Freundin eine eigene Wohnung gehabt hätte, sagt Horst Aschert (27, unverheiratet, Informatiker, München-Waldberg), wären sie vielleicht noch nicht gleich zusammengezogen. Er jedenfalls wollte unbedingt aus seiner Studentenbude raus und hat zunächst für sich allein gesucht, ohne ein Wort darüber zu verlieren, daß man zusammenziehen könnte. »Sie hat dann gesagt: Laß uns doch zusammen was suchen! Und so hat es sich dann ergeben.«

Christine Wolf

Christine ist eine 39jährige Studienrätin, die an einem Gymnasium in Berlin arbeitet. Sie absolvierte ein Lehramtsstudium in Germanistik und Geschichte und bekam relativ bald nach dem Abschluß eine Stelle als Lehrerin. Seit vier Jahren macht sie eine Zusatzausbildung zur psychoanalytischen Kindertherapeutin.

Sie ist ledig und kinderlos und wohnt allein in einer ruhigen Dreizimmerwohnung in der Berliner Innenstadt, im Hinterhaus. Die Zimmer sind durch Zwischentüren miteinander verbunden, und die Wohnung wirkt insgesamt sehr geräumig. Sie ist individuell und geschmackvoll eingerichtet, ohne aufwendig und gestylt zu sein.

Christine lernte mit 15 Jahren ihren ersten Freund kennen, mit dem sie dann 14 Jahre lang fest zusammen war. In erotischer Hinsicht war diese Beziehung aber nicht ganz befriedigend. Daneben hatte sie eine ausschließlich sexuelle Beziehung zu einem Mann, den sie selten sah – manchmal nur einmal im Jahr. Als sie 29 war, lösten sich beide Beziehungen fast zur gleichen Zeit. Ohne lange allein zu sein, ging sie ein Verhältnis ein, für das sie aber von vornherein keine Zukunftsperpektive sah. Nach einem Jahr lernte sie Werner kennen, ihren gegenwärtigen Freund, mit dem sie aber nie zusammenwohnte. Diese Beziehung dauert bereits über neun Jahre. Werner ist ebenfalls als Studienrat tätig, an einer Schule, die nicht weit von ihrer liegt. Er ist 42 Jahre alt und lebt, wie sie, allein, ist ledig und kinderlos.

Christine stammt aus einer aus Schlesien vertriebenen Familie, wuchs in der Pfalz auf. Ihr Vater, ursprünglich Gutsverwalter, arbeitete im Westen als Vertreter, ihre Mutter hatte mittlere Reife, übte ihren Beruf als Sportlehrerin aber wegen der beiden Kinder nicht aus. Beide Mädchen (ihre Schwester ist vier Jahre jünger) sollten – insbesondere auf Drängen der Mutter – studieren, sollten in gewisser Weise das verwirklichen, was der Mutter versagt geblieben war. Das Studium der Töchter sollte nicht allein den Zweck einer soliden und hochqualifizierten Berufsausbildung haben, sondern eher noch den, Ehemänner zu finden, die Karriere machen würden.

Schon ihr erster fester Freund, den sie als 15jährige kennenlernte, hatte den Wunsch, sie später mal zu heiraten und Kinder zu bekommen, aber sie wollte überhaupt nie heiraten und auch von ihm keine Kinder. Sie war nicht grundsätzlich gegen Kinder – »aber erst später«. Sie fühlte sich von ihrem Freund beengt und hielt ihn auf Distanz, worunter er immer litt. Sie wohnten in dieser Zeit nur vorübergehend zusammen, häufig waren sie auch für längere Zeit räumlich weit voneinander entfernt (sie in Berlin, er in Südfrankreich).

Natürlich gab es auch in der Beziehung zu Werner gelegentlich Probleme. Aber eine Trennung liegt nicht in der Luft. Sie haben schon seit langem eine »kleine Sicherung in ihre Beziehung eingebaut«: Sie kauften mit zwei weiteren Paaren in Westdeutschland ein Haus, das anteilmäßig allen gehört und in dem sie und Werner zwei Zimmer haben, die sie, »ohne nachzudenken«, gemeinsam bewohnen, also ein gemeinsames Schlafzimmer und ein gemeinsamens Wohnzimmer.

Gelegentlich taucht schon mal die Überlegung auf, eventuell zusammenzuziehen. Sie sagt, das sei »vielleicht ein Wunsch, den ich bei mir aufkommen lassen könnte«. Doch das dürfe sich nicht so vollziehen, daß einer mit in die Wohnung des anderen zieht. Sie müßten sich schon etwas Neues, Gemeinsames suchen, oder umgekehrt: Sie müßten dann schon beide das gleiche aufgeben.

Welche Bedeutung hat für Christine Wolf die Ehe? Warum will sie nicht heiraten?

»Heiraten? Das hat für mich überhaupt keine Bedeutung. Also – das Heiraten war für mich überhaupt nie irgendein Wert. Manchmal phantasiere ich so, dann denk ich: Also, wie wär' das, wenn wir jetzt hergehen würden und würden sagen, also wir ziehen zusammen, oder wir heiraten. Nach so einer langen Beziehung sozusagen als Neuanfang. Wo man so ein Zeichen setzt, auch nach außen hin. Oder auch nicht nur nach außen. Sondern auch für uns. Etwa sagt: Jetzt ist 'ne Entscheidung gefallen, und das daran irgendwie festmacht, ja. Also deshalb – ich hab früher gesagt, ich heirate nie, ich bin doch nicht blöd. Das würde ich heute auch nicht mehr sagen. Heute ist es mir aber einfach egal. Wenn sich jemand aus meinem Bekannntenkreis verheiratet hat, habe ich denjenigen nie beneidet, aber es auch nicht irgendwie abgelehnt.«

Es gab eine Zeit, in der sie ausdrücklich dagegen war, aber das ist vorbei. Heiraten hat für sie keine klar benennbare Bedeutung, so daß auch keine Gründe mehr dagegen sprechen. Sie brauchte sich die Frage nur bei ihrem ersten Freund zu stellen, und da war die Beziehung zu unklar, und vor allem wollte sie von ihm keine Kinder. Da ihr Kinderwunsch heute immer noch nicht besonders drängend ist, fällt auch dieser mögliche Heiratsgrund weg. Es gibt, immerhin, einen Gedanken, über den sie manchmal »phantasiert«: Einen neuen Anfang machen, »ein Zeichen setzen«. Aber diese Restbestände der alten Ehesymbolik, sie scheinen kaum stark genug, um die Entscheidung zur Ehe herbeizuführen.

Christine ist etabliert, hat einen soliden Beruf. Schwer vorstellbar, daß eine Frau ihrer beruflichen Stellung (Studienrätin) zwei Generationen früher in ihrem Alter (an der Schwelle zum vierzigsten Lebensjahr) noch unverheiratet gewesen wäre und allein gelebt hätte – ohne als alte Jungfer abgestempelt worden zu sein.

Wir wissen aus ihrer Partnergeschichte, daß sie alles andere als eine Männerverächterin ist. Und sie hat schon früh Männerbekanntschaften gehabt, auch wenn sie als Teenager sich noch auf Petting beschränkte. 1968 war sie zwanzig Jahre alt, und es mag uns heute im Rückblick so vorkommen, als sei es damals schon völlig selbstverständlich gewesen, daß junge Frauen vielfältige sexuelle Erfahrungen hatten und selbstverständlich die Pille nahmen. Zweifellos ist unser Blick in diese jüngere Vergangenheit aber getrübt. Wenn man sich die Geschichte der Verbreitung der Pille und der »sexuellen Revolution« genauer betrachtet, wird klar, daß der eigentliche Durchbruch erst in den siebziger Jahren erfolgte.

Ihr erster Freund wollte heiraten und eine Familie gründen, sie wollte das damals nicht: »Für mich war Heiraten überhaupt kein Thema. Also da bin ich richtig vor weggerannt, wenn der das gesagt hat.« Sie lebte damals unverheiratet mit ihm zusammen, und für ihn war das damals noch so etwas wie eine Schande (»das sei ihm richtig peinlich«, habe er gesagt). Sie ist sich im Rückblick nicht sicher, ob ihre Abneigung gegen die Ehe damals prinzipieller Natur war. Sie weiß aber, daß sie *diesen* Mann nicht heiraten wollte, und auch, daß sie mit ihm keine Kinder haben wollte – zumal sie damals überhaupt noch nicht an Kinder dachte.

Als sie dann Werner kennengelernt hatte, gab es anfangs wohl »theoretische Diskussionen« über Ehe und Familiengründung, aber sie hätten sich, sagt sie, damals so wohl gefühlt, daß sie nicht ernsthaft darüber nachdachten. In einer späteren Phase hätten sie dann versucht, ein Kind zu bekommen – aber sie meint rückblikkend, sie habe keins bekommen, weil sie nicht wirklich wollte. Und später, als sie eine relativ aufwendige Zusatzausbildung als Therapeutin begann, sei auch äußerlich deutlich gemacht worden, daß Familiengründung (und damit Eheschließung) »auf lange Zeit wirklich nicht drin« wäre.

Wir können festhalten, daß sich eine gewisse Gleichgültigkeit gegenüber der Frage, ob man verheiratet ist oder nicht, gerade daran zeigt, daß die Frage nach den Gründen für das eine (Ehe) oder das andere (unverheiratet zu bleiben) oft nicht klar benannt werden können – auch nicht von denen, die noch vor zehn Jahren keine Probleme gehabt hätten, aus dem Stegreif einen kleinen Vortrag gegen die Ehe zu halten. So wie früher viele Leute – und in unserer Untersuchung auch heute noch manche aus dem südbadischen Dorf und aus dem Ruhrgebiet – oft nicht sagen konnten, warum sie denn eigentlich heiraten wollten (es war zu selbstverständlich, als daß man darüber etwas sagen konnte), so ist es heute in manchen Milieus zunehmend umgekehrt: Sie können nicht begründen, warum sie *nicht* heiraten, weil diese Frage so sehr an Bedeutung verloren hat. An die Stelle von Gegnerschaft und Ablehnung ist heute, wie gesagt, eine gewisse Gleichgültigkeit getreten.

9. Fortsetzungsehen

Die Entwicklung der Scheidungszahlen hat uns auf eine der wichtigsten Veränderungen der letzten Jahrzehnte aufmerksam gemacht: Die Erwartung ist verlorengegangen, eine Beziehung müsse prinzipiell ein Leben lang Bestand haben. Paare, die heute zusammenleben, ob sie verheiratet sind oder nicht, betrachten ihre Zukunft nüchtern bis realistisch: Sie gehen zwar nicht von vornherein davon aus, daß sie sich einmal trennen werden, doch sie wissen, daß die Trennung eine realistische Möglichkeit ist. Sie werden, wenn es tatsächlich dazu kommt, eine Trennung nicht gelassen hinnehmen – ganz im Gegenteil. Aber sie werden andererseits, wenn es soweit ist, keinen sinnlosen Kampf für den Weiterbestand einer zerbrochenen Beziehung führen; sie werden das Ende akzeptieren (wenn auch oft nur mit Schmerzen) und werden sich darauf einrichten, ihr weiteres Leben ohne den bisherigen Partner zu verbringen. Je weiter sich diese Haltung durchsetzt und normalisiert, desto mehr entwickeln die Menschen in der Gegenwart und in der Zukunft die Einstellung: »Ich bin ich, das ist mein Leben, das muß ich mir selbst gestalten. Ich möchte nicht alleine leben, ich brauche eine Beziehung. Aber ich rechne mit der Möglichkeit, daß mich ein Partner nicht das ganze Leben, sondern nur eine gewisse Wegstrecke davon begleitet. Dann wird ein anderer kommen. Mein Leben ist ein Strang in der Zeit. Dieser Strang wird da und dort mit anderen Lebenssträngen verschmolzen; aber nach einer gewissen Zeit- und Lebensstrecke können sich diese Bänder wieder lösen.«

Diese Einstellung ist besonders für Frauen eine ziemlich revolutionäre Neuerung, war doch bis vor wenigen Jahrzehnten für eine durchschnittliche Frau das eigene Leben ganz wesentlich dadurch geprägt, daß sie die Frau ihres Mannes war, daß sie sein Leben begleitete, seine Weggefährtin war, daß sie ihre Selbstverwirklichung zurückstellte zu seinen und ihrer gemeinsamen Kinder Gunsten. Sie hatte in gewisser Weise kein eigenes Leben. Aber in weniger krasser Form galt das auch für die Männer. Die überwiegende Zahl der Leute lebte nicht in erster Linie als Individuum, sondern als Paar – und vor allem für die Familie. Das ganze Leben war, wenn wir an jene denken, die mit zwanzig heirateten und mit siebzig oder achtzig ohne allzu großen Zeitabstand starben, an anderen ausgerichtet. Es war ein Leben als Paar im Rahmen der Familie. Heute löst sich diese lebenszeitliche Ausrichtung am Partner auf, weil die Perspektive der dauerhaften Ehe verloren geht, weil der Erwartungshorizont lebensgeschichtlicher Stabilität zurückweicht.

So setzt sich, in der technischen Sprache der Demographen ausgedrückt, gegenüber dem herkömmlichen »Lebens- und Familienzyklus« mit seinem wohlgeordneten Rhythmus allmählich das biographische Muster von Paarbeziehungsfolgen durch. Anders gesagt: In einem normalen Leben war es bisher so, daß man die eigene Herkunftsfamilie verließ und irgendwann eine eigene »Zeugungs«-Familie gründete. Das war alles. Geburt, Heirat, Tod: Das waren die drei Fixpunkte des Lebens. Heute kann es sein, daß man schon zwei Abstammungsfamilien hat (wenn die Eltern früh geschieden wurden) und später auch zwei oder drei eigene Familien gründet (und wieder auflöst). Abgesehen von Eheschließung und Familiengründung: Es ist heute schon sehr ungewöhnlich, wenn jemand in seinem ganzen Leben nur eine einzige länger dauernde Beziehung hatte.

Dieses Lebensmuster kann man besonders gut in den USA beobachten, wo die Zunahme der Scheidungszahlen rasanter war als in Europa. Gerade das Beispiel USA kann zeigen, daß die hohen Scheidungszahlen keine Abkehr von der Ehe darstellen, sofern die Leute sich mit einem neuen Partner wieder vermählen.

Aber auch die Wiederverheiratungsquoten allein genügen noch nicht, wenn man zuverlässige Aussagen über lebenszeitliche Muster machen will. Man müßte genauer untersuchen, wie lebenszeitliche Verläufe aussehen und wie häufig diese verschiedenen Verläufe vorkommen. Jemand kann zum Beispiel mit zwanzig heiraten, mit fünfundzwanzig sich scheiden lassen, zwei Jahre allein leben, zwei Jahre mit einem neuen Partner unverheiratet zusammenleben, sich wieder trennen, ein Jahr allein leben, erneut ein Jahr mit einem neuen Partner zusammenleben, ein Kind bekommen, anschließend zum zweitenmal heiraten (er oder sie ist inzwischen etwa 32 Jahre alt). Möglicherweise endet auch diese Ehe, sagen wir: nach fünfzehn Jahren, in einer Scheidung. Vielleicht heiratet diese Person mit 50 ein drittes Mal, vielleicht auch erst mit

60, um den Lebensabend gesicherter verbringen zu können, vielleicht verzichtet sie aber auch auf eine weitere Eheschließung und lebt mit dem letzten Partner bis zum Tod in »wilder Ehe« zusammen (je nach Lage der Dinge kann es für die Höhe der Rentenzahlung günstiger sein, nicht wieder zu heiraten).

Bisher gibt es nur wenige Untersuchungen, die Lebensverläufe dieser Art beobachten. Einer der Pioniere dieser Forschungen ist Frank Furstenberg, ein Familiensoziologe aus Philadelphia. Er hat in mehreren Studien ausführlich beschrieben, welche Konsequenzen es für die einzelnen Menschen, ihre Partner, ihre Kinder, ihre Verwandten hat, wenn eine Ehe nicht die einzige im Leben ist, wenn also sozusagen immer mehr normale Amerikaner sich am »Vorbild« Hollywoods ausrichten, wo es fast zum guten Ton (der Klatschspalten) gehört, mehrfach verheiratet gewesen zu sein. Er hat auch die Begriffe für diese neuen Lebensverlaufsmuster geprägt. »Conjugal succession« nennt er es, also eine Aufeinanderfolge von ehelichen Beziehungen; im Deutschen spricht man deshalb auch von »sukzessiven Ehen«. Manche sprechen lieber von »serieller Monogamie«, obwohl es übertrieben ist, die Aufeinanderfolge von Beziehungen in einem Leben mit einem »seriellen« Vorgang zu vergleichen, wo sich ständig und in rascher Folge das gleiche wiederholt.

Aber der Ausdruck macht immerhin deutlich, daß nicht die Monogamie in Frage gestellt ist, nicht die exklusive Zweierbeziehung abgelehnt wird. Obwohl die »sexuelle Revolution« der sechziger Jahre unseren Alltag und unsere Einstellung zu Sexualität, Intimität, Treue und zu vielen anderen Fragen maßgeblich verändert hat, konnte der Anspruch auf befriedigende Zweierbeziehungen mit Ausschließlichkeitsanspruch nicht ernsthaft angegriffen werden. Treusein ist zwar keine rigorose Forderung mehr, und wer sich wegen eines Seitensprungs des Partners sofort von diesem trennen würde, hätte gewisse Probleme, auf Verständnis zu stoßen. Gleichwohl hat sich Promiskuität nicht durchgesetzt. Die überwältigende Mehrheit der Menschen lebt, soweit dies zuverlässig bekannt ist, in exklusiven Zweierbeziehungen. Der springende Punkt jedoch ist, daß die lebensgeschichtliche Stabilität dieser Zweierbeziehungen nicht mehr vorausgesetzt werden kann. Man lebt also zwar eine Zeitlang treu und brav zusammen; aber es ist wahrscheinlich, daß dieser Zustand nicht von Dauer ist. Nach einer vielleicht turbulenten Phase des Fremdgehens und des aufreibenden Lebens im »Beziehungsdreieck«, nach Trennung, Scheidung und vorübergehendem Alleinleben, bildet sich irgendwann wieder eine solide, monogame Zweierbeziehung. Und dieser Zyklus kann in einem durchschnittlichen Leben heute drei- oder viermal – und in Einzelfällen weitaus häufiger – zu beobachten sein. Genau das ist mit »serieller Monogamie« gemeint.

Man darf vermuten, daß sich dieses Lebensmuster in Form der sukzessiven *Ehe* in Europa vor allem in Ländern wie Schweden oder den Niederlanden weniger durchsetzen wird als in den USA, weil »Ehe« in diesen Ländern noch stärker den Charakter einer dauerhaften, lebenslangen Monogamie hat. Hier sind die Wiederverheiratungsquoten relativ niedrig; dafür sind die Anteile von unverheiratet Zusammenlebenden vergleichsweise hoch. Die Europäer verhalten sich eher wie »gebrannte Kinder«: Wenn die erste Ehe gescheitert ist, dann muß man vorsichtig sein. Lieber erst mal »so« zusammenleben. Die Durchsetzung der sukzessiven Monogamie als neuer Lebensform ist in Europa daher eher in Form der nichtehelichen Lebensgemeinschaften vorstellbar. Für die Amerikaner dagegen sieht es eher so aus, daß sie es beim zweitenmal unbedingt besser machen wollen. Nicht die Ehe war das Problem, sondern der Partner. Also sucht man sich für die zweite Ehe einen besseren oder besser passenden Partner. Furstenberg führt die wachsende Bedeutung dieses biographischen Musters in den USA darauf zurück, daß dort die individuellen Glücksansprüche an die Ehe immer besonders hoch waren und gleichzeitig die Möglichkeit der Scheidung von Anfang an institutionalisiert war. Das konnte eine biographische »Strategie« begünstigen, die nicht so sehr auf die Erfüllung eines für das ganze Leben gegebenen Eheversprechens ausgerichtet ist als vielmehr darauf, das individuelle Glück, wenn es beim erstenmal nicht klappt, in einer zweiten oder dritten Ehe zu suchen.

Furstenberg und andere haben mit diesen Forschungen auch darauf aufmerksam gemacht, daß das Problem der »Scheidungskinder« mit dem Begriff der »Verwaisung« nur unzureichend erfaßt wird. Für viele Kinder besteht das Problem nicht nur darin, dauerhaft vom Vater (oder seltener: von der Mutter) getrennt zu leben, sondern auch darin, nach einer gewissen Zeit einen neuen (Stief-) Vater akzeptieren zu müssen. Mit der Zunahme von

Zweit- und Drittehen verändern sich die Verwandtschaftsbeziehungen grundlegend. Man wird mit jeder Eheschließung mit neuen Verwandten konfrontiert, wenn auch diese Bindungen flexibler und lockerer sein mögen und alte Bindungen gelöst werden. Die Biographien individualisieren sich also auch in diesem Sinn: Je nach individuellem Lebens- und Liebesverlauf hat man seine ganz persönliche Schar von Verwandten. Es gibt immer weniger Gewißheit und biographische Stabilität im Sinne der Zugehörigkeit zu *einer* Familie. Man kann sich selbst aussuchen, ob man nach der Scheidung von der ersten Frau trotzdem mit dem ehemaligen Schwager weiterhin Tennis spielen geht und ob man zur zweiten Schwiegermutter nur lockere Kontakte pflegt.

Vielleicht rümpft mancher Leser nicht nur die Nase über den Begriff »seriell«, sondern findet überdies, daß damit eine unverantwortliche Lebenshaltung verbunden sei. Es könne doch nicht angehen, daß man seine Partner alle paar Jahre wechselt, so wie man alle paar Jahre ein neues Auto kauft. Wie immer man das beurteilt: Vielfach ist es so, daß zwei Menschen, die zusammensind, sich verändern und weiterentwickeln, und diese Prozesse können manchmal in sehr unterschiedliche Richtungen verlaufen. Ist es da nicht ein Zeichen von Vernunft, wenn man diesen Richtungswechsel des Partners akzeptieren lernt?

In der Regel hatten unsere Interviewpartner, sofern sie um die dreißig oder etwas älter waren, wenigstens zwei oder drei längerdauernde Beziehungen hinter sich. Und da wir ja besonders nach unverheirateten Personen gesucht hatten, fanden wir auch viele, für die das Lebensmuster der »seriellen Monogamie« zutraf, auch wenn sie noch nicht verheiratet waren. Sie hatten also eine Abfolge von monogamen Beziehungen hinter sich, wobei jede einzelne Beziehung sich kaum von dem unterschied, was eine monogame Beziehung, bei der man zusammenwohnt, ausmacht, abgesehen von der Dauerhaftigkeit. Wir haben zum Beispiel gesehen, wie Mary White-Vogel zwei klar unterscheidbare Lebensphasen durchlief. Der erste Freund, ein Schauspieler, der nur halbherzig bereit war, sie zu heiraten, paßte genau in ihre Phase, in der sie möglichst unabhängig sein und ihre berufliche Karriere aufbauen und stabilisieren wollte. Später dann war sie zur Ehe und zu einem anderen Leben (mit größerer Bindungsbereitschaft) fähig und fand auch »den Richtigen«. Auch Christine Wolf hat, wie wir sahen, ihrem Leben mit etwa dreißig eine Wende gegeben, indem sie gleich beide bisherigen Sexual- und Lebenspartner aufgab und einen Neuanfang wagte. Doch nur wenige unserer Interviewpartner waren mehrfach verheiratet.

Brigitte Rade

Brigitte ist 44 Jahre alt und in dritter Ehe verheiratet. Nach einem Lehrerstudium an einer Pädagogischen Hochschule machte sie noch ein Hochschuldiplom in Pädagogik. Sie geht verschiedenen pädagogischen Tätigkeiten nach, arbeitet als Dozentin, Supervisorin, Sozial- und Familienbetreuerin. Ihr Ehemann, der als Ausbildungsleiter in der Versicherungsbranche arbeitet, verdient etwas mehr als sie, zusammen verfügen sie ungefähr über 10000 DM monatlich. Für ihren Mann, der nach einer Banklehre ein pädagogisches Studium absolvierte, ist es die erste Ehe, er ist 35. Das Paar hat keine Kinder und lebt in Berlin in einer großzügigen 5-Zimmerwohnung.

Bevor wir auf Einzelheiten übergehen, ist ein kurzer Überblick angebracht. Sie war fünfzehn, als sie ihren ersten »richtigen« Freund kennenlernte, mit dem sie auch erste sexuelle Erfahrungen machte. Mit siebzehn machte sie die Bekanntschaft eines vier Jahre älteren Ingenieurstudenten, den sie knapp drei Jahre später heiratete. Diese Ehe hielt ein halbes Jahrzehnt. Während der unruhigen Jahre der Studentenbewegung, in der sie stark engagiert war, lernte sie einen Assistenten kennen, den sie bald darauf heiratete – sie war jetzt 26 – und mit dem sie dann fünfzehn Jahre verheiratet war. Allerdings lebte sie nur etwa die erste Hälfte dieser Zeit auch mit ihm zusammen, denn als sie 32 war, entwickelte sich allmählich eine Beziehung zu einem ihrer früheren Studenten, der acht Jahre jünger war als sie. Sie trennte sich bald von ihrem Mann und lebte mit dem neuen Freund erst einige Jahre unverheiratet zusammen, bevor sie ihn auf seinen Wunsch heiratete, nachdem die Scheidung vom zweiten Mann, die sich ziemlich lange hingezogen hatte, endlich durch war.

Brigitte ist beruflich stark engagiert, und ihre verschiedenen Tätigkeiten nehmen sie zeitlich sehr in Anspruch. Darüber hinaus ist sie auch noch parteipolitisch aktiv. Sie sagt, das Wichtige an ihrer Arbeit sei, daß sie daraus »Zufriedenheit und Kraft« ziehe. Deshalb würde sie ihre berufliche und politische Arbeit auch für keine Beziehung aufgeben.

Sie wuchs als Einzelkind auf, jedoch zusammen mit Eltern, Großeltern und einer Cousine ihrer Mutter. Ihr Vater war Polizeibeamter: Er »verkörperte Autorität«. Ihre Mutter ist gelernte Verkäuferin, hat diesen Beruf aber nie ausgeübt, sondern ist immer Hausfrau gewesen. Sie hatte ihren Mann mit 17 Jahren kennengelernt und bald danach geheiratet. Für Brigittes Entwicklung war ihr Großvater sehr wichtig, der als »Tagelöhner« aus Schlesien nach Berlin gekommen war und dort als Liebknechtanhänger an den politischen Kämpfen der Weimarer Republik teilnahm. Besonders beeindruckt war sie, wenn er von den Straßenkämpfen erzählte. »Der hat mich politisiert, wie man so schön sagt«.

»Ja, mein Vater, der versuchte zwar immer – spielte die Autorität im Haus, aber ich muß sagen, bei mir hatte das nicht so viel Wirkung. Letztendlich hab ich ziemlich früh die Rolle übernommen, Konflikte zu lösen zwischen Eltern und Großeltern. War so'n verwöhntes Einzelkind, von den Eltern und Großeltern. Und immer, wenn ich was wollte, bin ich im Haus hin- und hergependelt und hab gesagt: Die andern wollen nicht! – und so. Also ich war da schon 'n ganz schönes Biest, um das auszuspielen, denk ich mir einfach, untereinander.«

Ihre Mutter und auch schon ihre Großmutter waren jeweils recht dominierende Frauen gewesen, die ihr nie das Gefühl vermittelten, daß das Hausfrauen- und Mutterdasein etwas besonders Erstrebenswertes sei. Auch ihre Mutter war Einzelkind. Als junges Mädchen mußte Brigitte nie im Haushalt helfen. Später war es der Mutter immer ein Bedürfnis, ihrer Tochter einen Teil der Hausarbeit abzunehmen, und Brigitte ließ sich das auch gefallen, wie sie ironisch amüsiert »zu meiner Schande gestehen muß«. Noch heute bringt sie der Mutter die Wäsche!

Schon diese wenigen Informationen genügen, um deutlich sehen zu können, daß Brigitte niemals auf Versorgungsehe und Familienglück aus war. Sie hat keine Kinder und will auch keine, die Mutterrolle ist ihr ebenso fremd wie die klassische Hausfrauenrolle. Die allgemein vorherrschenden Heiratsgründe haben keine Bedeutung für sie. Man könnte fast vermuten, daß sie eine Ehegegnerin wäre. Warum ist sie dann bereits zum drittenmal verheiratet?

Sehen wir zunächst, wie es zur ersten Ehe kam. Relativ früh hatte Brigitte schon die Möglichkeit, dem anderen Geschlecht nahezukommen. Mit dreizehn fuhr sie in den Ferien in die Stadt, aus der ihr Vater stammte. Mit der zwei Jahre älteren Cousine wurde sie in einen Rock'n'Roll-Club mitgenommen, wo sie den ersten Jungen kennenlernte, den sie »anhimmelte« und von dem sie auch den ersten Kuß bekam. Zurück in Berlin ging sie dann zweimal in der Woche in einen Rock'n'Roll-Club. Ihre Eltern erlaubten ihr, an diesen beiden Abenden bis 22 Uhr wegzubleiben, obwohl sie erst dreizehn war (das war 1958). Dort lernte sie zwei Jahre später ihren ersten Freund kennen, mit dem sie als Siebzehnjährige ihre »ersten sexuellen Kontakte« hatte.

»Und das war für die damalige Zeit... 'ne Sache, die man mit sehr viel mehr Angst gemacht hat, mit sehr viel – ja, Angst vor Kontrolle, Angst vor Schwangerschaft, man konnte eigentlich kaum mit jemand darüber reden, außer eben mit dieser einen Freundin, aber sonst waren solche Themen eigentlich tabu... Reden war damals gar nicht möglich, weil man dann gleich unmoralisch gewesen wäre oder sonstwas. Und es gab eigentlich auch wenig Kontakt oder Gespräche mit den Eltern oder den Müttern zu dem Thema. Das war, was ich mit der besten Freundin austrug, und ansonsten redete man nicht darüber. Man tat's – viele taten's sicherlich, aber es wurde geschwiegen. Es gab also keine Entlastung im Gespräch, denk ich mir.«

Diese erste Beziehung dauerte etwa zweieinhalb Jahre. In einer Diskothek lernte Brigitte dann ihren zweiten Freund kennen, einen Fachhochschulstudenten, der vier Jahre älter war als sie. Als sie das Abitur hatte, war er gerade fertig mit seinem Ingenieurstudium, und weil er vorhatte, aus beruflichen Gründen die Stadt zu verlassen, sie aber zusammenbleiben wollten, heirateten sie, weil das damals die einzige Möglichkeit war, dem Elternhaus den Rükken zu kehren und mitzugehen. Sie war 20 Jahre alt – man wurde damals erst mit 21 Jahren volljährig.

In ihrer Selbstdarstellung ist die Sache eindeutig: Damals, 1964, gab es einen klaren Heiratsgrund: Wer sich von den Eltern lösen, sich selbständig machen und eigene Entscheidungen treffen wollte, der mußte heiraten, denn nur so konnte das Erwachsenwerden, das durch das Volljährigkeitsalter markiert wird, vorgezogen werden.

Schon während dieser Zeit in der anderen Stadt, mehr noch aber seit der Rückkehr nach Berlin (1966), merkte Brigitte allmählich immer deutlicher, daß ihre Lebensvorstellungen und die ihres Mannes wenig übereinstimmten. Sie geriet bald in den Sog der Studentenbewegung und erlebte zunehmend eine Diskrepanz zwischen ihrer Ehe-Welt zuhause (»Schrankwand«, Ordnung) und den SDS-Demos. Sie vertrug sich auch überhaupt nicht mehr mit den Freunden und Bekannten ihres Mannes. Und seine technische, konservative Welt gefiel ihr immer weniger. 1969 machte sie dann Examen und wurde Lehrerin in Kreuzberg.

»Und dann hab ich mich 1970 – und mein Problem ist schon, ich trenn mich eigentlich immer erst richtig, wenn ich den nächsten Partner habe. Der war dann schon da. Das heißt, das war nicht der Partner, mit dem ich zusammengeblieben bin, aber es war einer da, der mir das Gefühl der Anerkennung gegeben hat...

...dann hab ich ziemlich schnell auch den Horst kennengelernt, und höchstwahrscheinlich brauchte ich das, das war dann die total andere Welt. Ich war nun schon sehr politisiert.«

Der neue Freund, Assistent an einer Universität, war das genaue Gegenteil ihres Ehemannes und paßte genau in ihr neues Weltbild. Statt Schrankwand und Wohnlandschaft – leere Zimmer und weiße Wände, der Fußboden als Stuhl und Tisch zugleich. Statt ordentlicher und geregelter Arbeit – das chaotische Leben eines »Achtundsechzigers«, bei dem Politik, Arbeit und Privatleben untrennbar verschmolzen waren.

Brigitte gefiel an ihm, daß er »so eminent politisch« war. Schwierig war die Beziehung für sie, weil man neben ihm eigentlich immer nur die »Zweite« sein konnte. Er war in der Lage, druckreif zu schreiben und zu diktieren, er beherrschte Steno und Schreibmaschine, er hatte als Musiker öffentliche Auftritte, er konnte vom Zehnmeterturm springen, Tennisspielen und Skilaufen – so daß sie sich fragte: »Du meine Güte, was kann der eigentlich nicht?« Das einzige, was er nicht so gut konnte, war, den Kontakt zu Menschen halten. Sie galten damals als »das ideale Paar«, weil sie viele Gemeinsamkeiten hatten und sich »intensiv austauschten«, dabei aber immer ihren jeweils eigenen Freundeskreis hatten.

Warum heiratete sie diesen Mann ein halbes Jahr, nachdem sie ihn kennengelernt hatte? Ein wichtiger Grund war, finanziell abgesichert zu sein, ihren »Beamtenjob schmeißen« und ihr zweites Studium beginnen zu können. »Nicht, daß ich ihn als Versorgungsinstitution erlebt habe, aber daß ich doch den Schritt (ins Studium) dann einfacher und unbeschwerter machen konnte.« Aber genauso wichtig war ihr die Heirat als »Bekenntnis« des Mannes zu ihr. Die notwendige emotionale Sicherheit, so glaubte sie damals, schien »dieser offizielle Stempel doch immer noch am besten« zu garantieren (und das, so bemerken wir heute mit Erstaunen, im Jahr drei der »68er-Revolution«).

Ihren dritten Ehemann kannte Brigitte schon lange, bevor sich zwischen ihnen eine Beziehung entwickelte. Er ist acht Jahre jünger als sie und war einer ihrer Studenten an der Fachhochschule, wo sie inzwischen Dozentin geworden war. Schon damals hatte er versucht, ihr näherzukommen, was sie zunächst zurückwies. Auch nach seinem Studium blieben sie über ihr politisches Engagement weiterhin auf Tuchfühlung, und er befreundete sich auch mit ihrem Mann, den er interessant und anregend fand. Zwischen den beiden Männern bestanden deutliche Status-Unterschiede – zwar weniger nach außen im Lebenstil demonstriert, aber von ihrer faktischen Situation her: Friedhelm hatte nur seine 800 DM Studentengeld, während Horst inzwischen ein Professorengehalt bezog und auch Brigitte ganz gut verdiente. (»Wir hatten ein Schweinegeld«, sagt sie – und sie ging auf eine ziemlich nachlässige Weise damit um. Zum Beispiel reichte sie ihre Arztrechnungen, nachdem sie bezahlt waren, weder bei der Privatkasse noch bei der Beihilfestelle ein, warf sie einfach weg. Dabei hätte sie damals doch, wie die gewissenhafteren Staatsdiener, über die Beihilfe noch ein Geschäft aus ihren Arztrechnungen machen können!)

Brigitte fuhr mit Horst und anderen Freunden in die Ferien – Friedhelm und dessen Freundin mit dabei. Friedhelm fing an, offen mit ihr zu flirten. Als Horst von dort aus mit Studenten, zu denen auch Friedhelms Freundin gehörte, weitergefahren war, blieb Friedhelm mit ihr zurück, und sie ging ihm nicht mehr aus dem Weg. Die starke erotische Anziehung ließ sich nun nicht mehr leugnen, und sie genoß noch einmal »das studentische Lebensgefühl und die jugendliche Unbeschwertheit«. Obwohl sie vereinbart hatten, es weder Horst noch Friedhelms Freundin zu erzählen, gestand sie es doch sofort ihrem Mann. Er reagierte sehr tolerant, für sie fast schon zu tolerant, und anstatt eine Auseinandersetzung zu führen, litt er still vor sich hin. Sie verzichteten daraufhin auf eine geplante USA-Reise (ließen die Tickets einfach verfallen), weil Brigitte sich nicht mehr vorstellen konnte, mit ihm zusammen zu verreisen. Statt dessen verreiste sie mit Friedhelm. Danach wohnte sie noch eine Weile bei ihrem Mann, obwohl sie die meiste Zeit mit Friedhelm verbrachte. Irgendwann konnte sie das traurige Gesicht ihres Mannes nicht mehr aushalten und zog zu Friedhelm in dessen Wohngemeinschaft. Nach einer weiteren Zwischenstation in einer anderen Wohngemeinschaft nahmen sie sich schließlich eine Wohnung zu zweit.

Während dieser Zeit war Brigitte immer noch mit Horst verheiratet, der auch fast vier Jahre lang noch hoffte, daß sie zu ihm zurückkehren würde. Im fünften Jahr nach der Trennung lernte er dann endlich eine neue Frau kennen, die er später heiratete und mit der er jetzt ein Kind hat. Die endgültige Trennung von Horst fiel Brigitte schwer, sie lebte zwischendurch noch einmal für eine Woche bei ihm, wiederum in einer Wohngemeinschaft. Nach zwei Jahren war sie sich ihrer Entscheidung sicher. Friedhelm war zunehmend verärgert, daß sie immer noch mit seinem großen Konkurrenten verheiratet war. Durch die Tatsache, daß sie ihre beiden früheren Männer geheiratet hatte, ihn aber nicht, fühlte er sich zurückgesetzt und gekränkt. Um ihm diesen Eindruck zu nehmen, reichte Brigitte schließlich die Scheidung ein. Wegen des formalen Aufwands dauerte die ganze Prozedur vier Jahre. Wenige Monate nach der Scheidung heiratete sie Friedhelm.

Die Scheidung zog sich unter anderem deshalb so lange hin, weil Brigitte alle ihre Unterlagen zusammensuchen mußte; aber sie fand weder ihr Abiturzeugnis noch ihr Diplom, geschweige denn irgendwelche Gehalts- und Beschäftigungsnachweise. Sie ärgerte sich maßlos über den fürchterlichen Bürokratie-Aufwand. Während sie noch bei der ersten Scheidung einfach ihre »Schuld« bekannt hatte und dann rasch und problemlos geschieden wurde, gab es nun einen endlosen Papierkrieg, obwohl beide die Scheidung wollten und finanziell überhaupt keine Probleme bestanden, weder einseitige Ansprüche noch andere strittige Punkte.

Vielleicht sind es diese unangenehmen Erinnerungen an die zweite Scheidung, die Brigitte zögern lassen würden, sich dieser Tortur erneut zu unterziehen. Und es gibt eine andere eher unangenehme Erinnerung an die erste Scheidung.

»Die erste Scheidung war die schlimmste, sag ich mal. Und zwar – die Eltern und Verwandten hätten nie was gesagt oder so mir gegenüber. Aber – für mich hat das auch Folgen gehabt. Weil mein Opa, den ich ja nun sehr mochte, als der erfuhr, daß ich mich von Paul trenne, kriegte der einen Herzinfarkt, und er starb dann eine Woche später daran. Und das war was, was mir wahnsinnig Schuldgefühle gemacht hat... Es kann die Aufregung gewesen sein, und das kann sie auch nicht gewesen sein. Das kann beides sein. Es ist schlecht – mit 74. Und mein Opa war beinamputiert, und zwei Zentner...«

Die Frage der Elternschaft könnte in absehbarer Zeit ein Anlaß dafür werden, daß die Lebenswege von Brigitte und Friedhelm wieder auseinandergehen. Sie will auf keinen Fall ein Kind, er spricht jedoch von Zeit zu Zeit davon. Die Trennung schwebt deshalb, aber nicht nur deshalb, immer als Möglichkeit am Horizont. Brigitte möchte eine lebendige Beziehung, in der man sich auseinandersetzt. Langeweile, so sagt sie, sei für sie der entscheidende Trennungsgrund.

Sie würde ihre Arbeit, aus der sie Zufriedenheit, Selbstbewußtsein und Kraft schöpft, nie für einen Mann aufgeben. Friedhelm wurde von seinem Chef schon gefragt, ob er nicht, um in seiner Karriere weiterzukommen, bereit wäre, den Ort zu wechseln. Er lehnte das immer ab, weil er weiß, daß sie nicht mitkommen würde. Aber sie weiß natürlich nicht, ob er diese Angebote und Aufforderungen immer ablehnen wird. Auch das könnte ihre Beziehung beenden. Sie kann sich nicht vorstellen, ihren »Wirkungskreis« aufzugeben, und dort (in einer anderen Stadt), so glaubt sie, wäre sie »ohne Wirkung, und dann wäre ich überhaupt niemand und auch nicht mehr eine attraktive Partnerin, sondern eine ganz langweilige Frau. Durch das, was man tut, wirkt man ja auch.« Es gibt für sie im Augenblick keinen Trennungsgrund, aber wenn es soweit kommt, dann ist es eben so.

Man muß keine prophetische Begabung besitzen um zu vermuten, daß Brigittes derzeitige dritte Ehe nicht die letzte sein wird. Selbst hier, im Falle einer mehrfachen Verheiratung, kann man von einer gewissen Gleichgültigkeit der Ehe gegenüber sprechen. Es ist ihr nie besonders schwer gefallen, einen Heiratsgrund zu finden, und sie hat diese Entscheidungen gewöhnlich schnell getroffen. Das erste Mal ging es darum, das Elternhaus verlassen und zusammenwohnen zu können. Sie war noch nicht volljährig, außerdem mußte ihr damaliger Freund die Stadt wechseln, so daß eine andere Möglichkeit nicht offenstand. Natürlich war für die damals 20jährige die Ehe auch ein Symbol für emotionale Sicherheit. Das spielte auch bei der zweiten Ehe noch eine gewisse Rolle; zusätzlich waren Versorgungsmotive im Spiel. Sie löste sich aus ihrer ersten Ehe und entschied sich zugleich, wieder ein Studium anzufangen. Dazu brauchte sie einen materiellen Rahmen, den der zweite Mann ihr bieten konnte. Aus dieser Ehe heraus begann sie die Beziehung zu ihrem dritten Mann, mit dem sie zusammenwohnte, während sie noch mit dem zweiten verheiratet war. Heiratsgrund war diesmal der Wunsch ihres Freundes, der sich zurückgesetzt fühlte, weil sie ihre früheren Freunde geheiratet hatte, ihn aber bis dahin nicht. Ihr selbst war es inzwischen ziemlich egal geworden.

Hochzeiten lassen sich sehr unterschiedlich feiern. Die erste fand ganz traditionell im Familien- und Freundeskreis statt. Von der zweiten Eheschließung erzählte sie ihren Eltern erst am Tag davor, lud sie aber nicht ein. Die dritte Hochzeit war wieder etwas konventioneller, wurde aber nur im kleinen Kreis gefeiert.

Die erste Hochzeit: »Da hab ich ein Wahnsinnskleid gesehen, im KaDeWe, das war so'n Modell, von so 'ner Modenschau, das war verbilligt und hing dann da. Das war in Rosa und mit Gold und Rot, und das fand ich so schön, da hab ich gesagt, dann heirate ich auch kirchlich, und das haben wir dann auch gemacht. Also die erste Eheschließung war so ganz formal, mit allen Familienmitgliedern, mit denen von Paul, und meinen, und Freunden und Verwandten...«

Die zweite Hochzeit: »...und das zweite Mal war das aber nicht so. Da haben wir halt die Sache für uns aufgezogen. Ich hab's meiner Mutter 'n Tag vorher gesagt, die kannte den Horst aber nicht. Und Horst hat seine Eltern angerufen, und die hatten gefragt, ob's was Besonderes gibt, und dann hat er gesagt nee, er heiratet nur morgen. Und die haben wir auch nicht eingeladen, die kannten mich auch nicht. Also wir haben damals, das war so'n – bestimmt so ein Stück Rebellion, also auf der einen Seite fügst du dich der bürgerlichen Norm und heiratest, aber auf der anderen

Seite machst du daraus keine bürgerliche Feier und lädst keine Familienmitglieder ein. Und wir hatten Freunde eingeladen, aber die wußten nicht, daß wir geheiratet haben, also die kamen zu 'ner Fete. Und weil sie immer gefragt haben, gibt's was Besonderes und so, dann haben wir gesagt ja, wir heiraten heute. Wir hatten nur zwei Leute, die eben zum Standesamt kamen, und die wußten Bescheid, und sonst wußte das keiner. Bei mir spielte sicherlich auch 'ne Rolle, daß ich schon mal verheiratet war und das ganze Brimborium schon hinter mir hatte und also nicht soviel Wert darauf legte. Und der Horst, der war ja eigentlich nun auf dem ganz antibürgerlichen Trip, und nun hatte er doch geheiratet. Das lag eher noch an mir, damals.«

Die dritte Hochzeit: »Die haben wir ganz klein gefeiert, aber da waren meine Eltern und die Eltern von Friedhelm dabei. Das war dem Friedhelm wichtig, daß seine Eltern aus Bremen auch kommen, und dann hatten wir nur noch die Trauzeugen... Und sonst nur klein, zum Italiener essen gegangen. Das wollte Friedhelm schon gerne, so in dem Rahmen. Ich hätte das gar nicht gefeiert eigentlich. Ich hätte viel lieber alleine was Verrücktes gemacht. Und meine Mutter hat noch gesagt, Brigitte, wieso heirateste denn schon wieder? Du bist doch überhaupt nicht geschaffen für die Ehe. *Wieso* tust du das?«

Auch wenn Brigitte Rade eine wahrlich emanzipierte Frau ist, für die ein Leben ohne berufliche Selbstverwirklichung unvorstellbar geworden ist, entspricht sie zumindest insofern dem Hollywood-Muster der »Fortsetzungsehe«, als Treue für sie ein ziemlich hoher Wert ist. Wenn sie mit einem Mann zusammen ist, dann ist sie treu. Sie sagt: »Ich bin sehr eifersüchtig, weil ich so egozentrisch bin«. Sie möchte die Wichtigste für den anderen sein und müsse das auch immer spüren. Sie würde zwar wegen eines Seitensprungs nicht die Beziehung beenden, aber sie würde aktiv werden und erwarten, daß der Partner Konsequenzen zieht, auch wenn sie gegen sie ausfallen würden. Das riskiert sie immer. »Zwischendurchbeziehungen waren nie meine Sache«, obwohl sie über ihren Beruf immer sehr viele Männer trifft.

Aber – und das ist das Element der »seriellen Monogamie« – wenn es nicht mehr geht, wenn die Liebe erkaltet ist, die Erotik verloren geht und Langeweile sich einschleicht, dann ist die Zeit gekommen, Abschied zu nehmen, sagt sie. Doch das geht auch bei ihr nicht so »cool« und vernünftig, wie es sich anhört. Sie muß auf radikale Weise Schluß machen, will sich nicht mit dem Trennungsschmerz auseinandersetzen. Und sie trennt sich erst, wenn schon

»ein Neuer« bereitsteht. Sie braucht immer jemanden um sich. Theoretisch kann sie sich vorstellen, für eine gewisse Zeit (etwa zwei Jahre) allein zu leben, aber das hat sie noch nie praktiziert.

Was wäre ein Trennungsgrund? – »Langeweile. Langeweile wär das Schlimmste. Also, wenn von dem nichts mehr kommt. Wenn ich das Gefühl habe, ich kann mich überhaupt nicht mehr weiterentwickeln durch ihn, sondern das kann ich auch alles nur alleine machen, ich brauch gar keinen mehr. Wenn ich nicht 'n Gegenüber habe, der mich ständig fordert, dann brauch ich keinen Partner. Also ich mag zwar auch gerne Zärtlichkeit oder so, und auch so'ne Intimität, aber da muß auch dieses Fordern dabeisein. Nur die Harmonie, das wär mir zuwenig, das könnt ich nicht, das würd ich nicht aushalten, da würd ich ersticken. Also ich brauch auch die Auseinandersetzung, will auch kritisiert werden, auch wenn's weh tut.«

10. Alleinleben – Getrenntleben

Ist mit der Abkehr von der Ehe auch eine erhöhte Attraktivität des Alleinlebens einhergegangen? Der Rückgang der Heiratsneigung könnte ja zum Ausdruck bringen, daß die Existenzform des Alleinlebens (»Single«) attraktiver oder zumindest häufiger wird – zumal von den »swinging singles« eine Faszination ausgeht, die selten an Einsamkeit, dafür um so mehr an rauschende Nächte denken läßt. Zunächst hat man die sinkende Heiratslust auch in diesem Sinn interpretiert. Dem ließ sich bisher jedoch entgegenhalten, daß die zurückgehenden Heiratsziffern durch den Anstieg der Zahl nichtehelicher Paare annähernd ausgeglichen wurde. »Das ehe-ähnliche Paar hat im Verlauf der vergangenen Jahrzehnte nicht an Popularität verloren«, meint Jan Trost, der schwedische Experte für *cohabitation*. In vielen Ländern ist tatsächlich der Anteil der Menschen, die in festen Paarbeziehungen leben, trotz des Rückgangs der Eheschließungen in etwa gleich geblieben: Das paarweise Zusammenleben hat kaum an Wert verloren, wenn auch, wie gesagt, die Vorherrschaft der Ehe zunehmend schwindet.

Es gibt nun allerdings einen statistischen Hinweis, der eindeutig ist; und von daher spricht alles für einen Anstieg der Zahl Alleinlebender. Gemeint ist die Zunahme der Einpersonenhaushalte. Sie ist eine der eindrucksvollsten Veränderungen in allen Industrienationen.

In einem durchschnittlichen Haushalt um die Jahrhundertwende lebten vier bis fünf Personen. Fast die Hälfte der Haushalte umfaßte mindestens fünf, oft auch viel mehr Personen. Der Anteil der Einpersonenhaushalte lag damals bei etwa 7 % und stieg auch danach, bis zum Zweiten Weltkrieg, nur langsam an. Alleinleben war eine Sache von schrulligen Einzelgängern und Außenseitern. In den fünfziger Jahren lebte immerhin schon in etwa jedem fünften Haushalt nur eine Person. Seit den sechziger Jahren kletterte der Anteil dieser »Single-Haushalte« immer schneller, und Ende der achtziger Jahre war bereits jeder dritte Haushalt von nur einer Person bewohnt (vgl. Tabelle 8 im Anhang). Charlotte Höhn und Reiner Schulz vom Bundesinstitut für Bevölkerungsforschung in

Wiesbaden konnten eine erstaunliche Gewichtsverlagerung feststellen: »Seit 1985 ist Zahl und Anteil der vollständigen Familien kleiner als die Zahl der Einpersonenhaushalte!«

Auf den ersten Blick scheinen diese Veränderungen der Haushaltsgröße ein klares Symptom für eine Abkehr von der Monogamie und eine wachsende Bedeutung der Single-Existenz. Bevor man dieses Faktum aber im Sinne der Zunahme der *selbstgewählten Lebensform Single* interpretiert, muß man genauer hinsehen, und dann ergeben sich mehrere Probleme. Es zeigt sich bald, daß man über Singles weit weniger zuverlässige Aussagen machen kann, als aufgrund der Popularität des Themas vermutet werden könnte.

Zunächst einmal täuscht die Statistik. Die Aussage von Frau Höhn und Herrn Schulz suggeriert ja, es gäbe schon mehr Singles als Familien! Doch das ist natürlich unsinnig und von den beiden Demographen auch nicht so gemeint. Wie eine Anmerkung zur Tabelle 7 erläutert, stecken in der Kategorie »Ehepaare ohne Kinder« ein paar Millionen ältere Elternpaare, deren Kinder inzwischen den gemeinsamen Haushalt verlassen haben.

Eine zweite Täuschungsquelle könnte die Verwechslung von »Haushalt« und »Person« in solchen statistischen Aussagen darstellen. »Ein Drittel aller Haushalte (sind Einpersonenhaushalte)« heißt natürlich *nicht* »ein Drittel der Bevölkerung (lebt allein)«. Aber immerhin – dieser Anteil wächst: Zwischen 1972 und 1985 stieg der Anteil der *Personen*, die in Einpersonenhaushalten wohnen, bei den Männern von 5% auf 10%, bei den Frauen von 14% auf 19%. Mitte der achtziger Jahre lebten also jeder zehnte Mann und fast jede fünfte Frau allein.

Im übrigen wird in der Haushaltsstatistik die Zahl der Einpersonenhaushalte überschätzt, weil zum Beispiel Wohngemeinschaften oder andere Gemeinschaftshaushalte häufig nicht als ein Mehrpersonenhaushalt gezählt werden; vielmehr kann es vorkommen, daß aus vier in einer Wohnung zusammenlebenden Personen in der amtlichen Statistik vier Einpersonenhaushalte werden. Dieser Fehler kommt durch die Haushaltsdefinition des Statistischen Bundesamtes zustande, die zu Mißverständnissen geradezu einlädt: Ein Haushalt ist eine »Gemeinschaft von Personen, die zusammen wohnen und gemeinsam wirtschaften«. Bei den Volkszählungen werden die Fragebögen an die Haushalte verteilt, und die Haushaltsmitglieder entscheiden selber, ob sie sich als *ein* Haushalt definieren wollen. Die Mitglieder von studentischen Wohngemeinschaften zum Beispiel haben meist getrennte Kasse, wirtschaften also nicht gemeinsam, und so füllt jeder seinen eigenen Haushaltsbogen aus.

Doch das eigentliche Problem liegt nicht in der Statistik, denn auch nach einer entsprechenden Korrektur wäre der Anteil der Einpersonenhaushalte immer noch ziemlich hoch. Das Problem ist, daß die Zahl der Einpersonenhaushalte in der Haushaltsstatistik keineswegs direkt auf die Zahl der »Singles« schließen läßt, und zwar aus mehreren Gründen.

Es gibt einen sehr hohen Anteil von *älteren* Alleinstehenden, insbesondere Witwen. Schlüsselt man die in der Tabelle 7 genannte Zahl aller Einpersonenhaushalte nach dem Familienstand auf, zeigt sich, daß fast die Hälfte von ihnen Verwitwete sind. Das hängt mit dem »Altern der Gesellschaft« zusammen (die Alten leben länger, die Geburten nehmen ab – der Anteil der Älteren an der Gesamtbevölkerung wächst) und mit der wesentlich höheren Lebenserwartung der Frauen. Diese Witwen sind natürlich keine »Singles« in dem Sinn, wie das Wort gewöhnlich verwendet wird; daß es immer mehr von ihnen gibt, hat nichts zu tun mit einer Abwendung von Ehe und Familie (allerdings damit, daß der Generationenzusammenhalt in den Familien nicht mehr so gut funktioniert).

Es gibt also eine schon ziemlich große und ständig wachsende Gruppe von älteren, alleinlebenden Witwen. Bei den Frauen ist Alleinleben im Alter zur vorherrschenden Lebensform geworden: In der Altersgruppe der über 65jährigen stieg der Anteil der Frauen, die in Einpersonenhaushalten leben, in den Jahren zwischen 1972 und 1985 von 44,7% auf 53,7%. Jede zweite Frau in Deutschland, die über 65 ist, lebt allein! (Vgl. Tab. 9)

Wenn wir wissen wollen, wie viele Singles es in Deutschland gibt, müssen wir diesen Personenkreis ausschließen: Die »richtigen« Singles kann man wohl kaum unter den Alten suchen. Doch genauso wenig können wir Jugendliche und junge Erwachsene dazurechnen, deren Ausbildungsphasen sich verlängert haben. Das ist aber ein zweiter wichtiger Grund für die Zunahme der Einpersonenhaushalte: Es gibt immer mehr junge Leute, die nach dem Auszug aus dem Elternhaus noch in der Ausbildung sind und daher in der Regel nicht schon heiraten oder gar eine Familie gründen wollen. Es sind also oft alleinlebende Studenten und andere Auszubildende, die sich bloß *vorübergehend* in diesem Zustand des Alleinlebens befinden.

Überhaupt vergißt man zu leicht, daß die Statistik nichts darüber aussagen kann, *wie lange* ein Einpersonenhaushalt besteht. Die Statistiker zählen einfach an einem bestimmten Stichtag. Die Zahlen sagen deshalb nichts über *Alleinleben als dauerhafte Lebensform* aus, sondern nur etwas über die Wohnform zum Zeitpunkt der Zählung. Aber es kann mit guten Gründen angenommen werden, daß die überwiegende Zahl der Einpersonenhaushalte nur vorübergehend und nicht allzu lange besteht. Ein großer Teil dieser Haushalte wird durch den Tod der Person aufgelöst, ein anderer durch Paarbildung und damit der Verschmelzung von zwei Einpersonenhaushalten zu einem neuen Zweipersonenhaushalt.

Das dürfte sogar für die »richtigen« Singles gelten, also jene in der Altersgruppe zwischen 25 und 45 Jahren, die weder verheiratet sind noch mit einem Partner zusammenwohnen noch in einem Familienhaushalt leben, sondern eben allein. Für einen großen Teil von ihnen ist das nur eine Übergangslösung. Je größer die Zahl der Scheidungen und Trennungen, desto wahrscheinlicher ist die Zahl der Singles zu einem bestimmten Stichtag. Ein paar Monate später ziehen viele von ihnen mit einem neuen Partner zusammen.

Aus all diesen Gründen kommen wir – wie auch andere Beobachter – zu der Einschätzung, daß keine hinreichenden Belege dafür vorliegen, von einem bedeutsamen Anstieg der Zahl »wirklicher« Singles zu sprechen. Es ist noch nicht zu einer massenhaften Abwendung von der Lebensform Paarbeziehung zugunsten der Lebensform Single gekommen.

Trotzdem bleibt es – nach all diesen einschränkenden Erklärungen – richtig zu sagen, daß ein wachsender Teil der Bevölkerung auch im mittleren Alter für längere Zeitspannen alleine lebt. In den siebziger und achtziger Jahren stieg der Anteil der *Männer*, die in Einpersonenhaushalten lebten, in allen Altersgruppen. 1985 war erstmals die Altersgruppe 25–35 am stärksten besetzt (18%). Das heißt, fast jeder fünfte Mann in dieser Altersgruppe lebte allein. Und auch in der Altersgruppe 35–45 leben inzwischen 12% aller Männer in Einpersonenhaushalten. Etwa halb so hoch ist der Anteil der *Frauen* in diesen Altersgruppen, die alleine leben.

Neben der amtlichen Statistik gibt es nur wenige Untersuchungen, die versuchen, den Anteil der Singles an der Bevölkerung herauszufinden. Sie kommen in der Regel auf höhere Werte als die Bundesstatistiker. Allerdings sind Untersuchungen dieser Art mit einem hohen Ungenauigkeitsrisiko behaftet. Es geht ihnen meist auch nicht so sehr um eine genaue Feststellung des zahlenmäßigen Ausmaßes, sondern mehr um Aussagen über den Unterschied in der Lebensweise. Für die Bundesrepublik, so kann man erstaunlicherweise festhalten, gibt es keine Studie über Singles, die den Anspruch erheben könnte, deren Zahl zuverlässig festgestellt zu haben.

Die Frage, die wir eingangs dieses Kapitels stellten, läßt sich nun präziser beantworten. Alleinleben wird zu einer häufiger auftretenden und länger andauernden, aber doch vorübergehenden Lebensphase. Immer mehr Menschen leben zumindest *vorübergehend* allein: erstens nach dem Auszug aus dem Elternhaus und vor dem Zusammenleben in einer Paarbeziehung; zweitens nach einer ersten Ehe oder einem ersten längerdauernden Zusammenleben; und schließlich nach dem Tod des Partners. Dagegen läßt sich noch nicht eindeutig belegen, daß es immer mehr dauerhaft Alleinlebende gäbe.

In diesem Buch beschäftigt uns immer auch die Frage der sozialen Differenzierung. Unsere Vermutung ist ja, daß der Wandel von Ehe und Familie nicht in allen sozialen *Milieus* gleichermaßen wahrzunehmen ist. Für die Frage, die uns in diesem Kapitel interessiert, lautet daher die Vermutung: Singles gibt es vor allem in den Großstädten und im akademisch-intellektuellen Milieu.

Über ein Extrembeispiel konnte man vor kurzem in der »Frankfurter Rundschau« unter der Überschrift »Familien gibt es nicht mehr« von einer Studie lesen, die ein privates Planungsbüro für eine geplante »Erhaltungssatzung« des Magistrats für das Frankfurter Westend erstellt hatte. In diesem innerstädtischen Bankenviertel wurde ein Anteil von 80% Einpersonenhaushalten festgestellt. In weiteren 14% der Wohnungen lebten zwei Menschen. Fast alle Wohnungen waren also von einem oder höchstens zwei Menschen bewohnt. Kinder waren kaum vorhanden, ergo: auch keine Familien. Man muß sich das vorstellen – und kann es zum Beispiel so tun: Nehmen wir an, in jedem Haus im Frankfurter Westend gibt es zehn Wohneinheiten. In einer dieser Wohnungen leben drei, manchmal vielleicht sogar vier Leute – also vielleicht eine Familie, wahrscheinlich aber eine Wohngemeinschaft; in der zweiten Wohnung lebt ein kinderloses Paar; und in den übrigen acht Wohnungen lebt jeweils nur eine einzige Person – und das in jedem Haus!

Der Anteil der Einpersonenhaushalte ist vor allem in Städten wie Berlin überdurchschnittlich hoch (52% im ehemaligen Westteil der Stadt). Berlin ist eine intellektuelle und war zumindest bis zur Auflösung der DDR eine überalterte Stadt. Auch in München liegt seit einigen Jahren der Anteil der Einpersonenhaushalte bereits über 50%. Im Vergleich dazu »Wieslingen«: Dort ist nur jeder siebte Haushalt ein Einpersonenhaushalt.

Unsere Vermutung ist, daß der Unterschied zwischen Stadt und Land nicht kleiner wird, wie oft behauptet wurde, sondern eher größer, weil sich in den Städten zunehmend »moderne« und »postmoderne« Menschen konzentrieren, die, wie das Frankfurter Beispiel zeigt, sehr häufig in Einpersonenhaushalten leben. Wenn diese Vermutung richtig ist, müßte sich nicht nur zeigen, daß in kleineren Gemeinden wesentlich mehr Menschen in größeren Haushalten leben als in großen Städten (und in den großen Städten wesentlich mehr Menschen in Einpersonenhaushalten); sondern mehr noch: Es müßte sich zeigen, daß dieser Unterschied zugenommen hat.

Tatsächlich läßt sich eine solche Entwicklung nachweisen. Wie die Tabelle 10 im Anhang zeigt, steigt auch auf dem Land die Zahl der Ein- und Zweipersonenhaushalte, während die Zahl der kinderreichen Familien sinkt. Aber die Verlagerung hin zu den Einpersonenhaushalten ist in den Großstädten deutlicher ausgeprägt: Ihr Anteil steigt dort über die letzten zehn Jahre besonders stark an, während die Anteile aller anderen Haushaltsgrößen sinken. Man sieht zum Beispiel, daß in den kleineren Gemeinden 1985 immer noch 30% der Haushalte aus vier oder fünf Personen bestehen; in den Großstädten aber nur noch 12,5%. Umgekehrt bestehen in den Großstädten fast drei Viertel aller Haushalte aus ein oder zwei Personen, in den kleinen Gemeinden dagegen nur die

Hälfte, obwohl auch das eine Steigerung gegenüber 1975 bedeutet.

Was sind die Gründe für das Alleinleben? Man kann die Frage auch anders stellen: Handelt es sich dabei um eine eher selbst gewählte oder eher um eine durch die Lebensumstände erzwungene Lebensform?

Im ersten Fall haben wir es mit Menschen zu tun, die sehr selbständig sind, die sich nicht gern nach anderen richten, die vielleicht auch die ständige Nähe eines Partners nicht ertragen können. Sie fühlen sich im großen und ganzen sehr wohl, weil sie das Alleinsein eher genießen können, als daß sie unter Einsamkeit leiden würden. Im zweiten Fall haben wir Menschen vor uns, die gern wieder einen Partner hätten, gern mit jemand zusammenlebten, aber Probleme haben, überhaupt jemanden oder jemand passenden zu finden.

Das Bild, das uns in der Öffentlichkeit, besonders in den Publikumszeitschriften, von Singles gezeichnet wird, ist in der Tendenz das Bild des positiv eingestellten, unabhängigen, selbstbewußten Individualisten. Der »Yuppie« ist eine besondere Spezies dieses modernen unbeschwerten Einzelgängers. Auf der anderen Seite gibt es jedoch Forschungsergebnisse, die darauf verweisen, daß Alleinleben nur sehr bedingt als freigewählte und anderen überlegene Lebensform betrachtet werden kann. Viele Untersuchungen über Singles heben hervor, daß Singles eher Probleme mit der Einsamkeit haben, als daß sie ihre Freiheit genießen könnten. Die Gruppe der »wirklichen Singles« – selbstgewählt, bewußt, freiwillig usw. alleinlebend, mit klarer Ablehnung von Zusammenleben, Ehe und Familie, dürfte doch eher klein sein.

Sind Singles einsam? Das führt zu der Frage: *Sind* sie allein, oder *wohnen* sie nur allein? – Es ist ja nicht gesagt, daß man als Alleinlebende ohne festen Freund ist. Es könnte sein, daß sich immer mehr *Paare* dazu entschließen, getrennt zu wohnen: »living apart together« – getrennt wohnen, zusammengehören.

Cees Straver, ein holländischer Familienbeobachter, hat diesen Begriff geprägt, als er versuchte, verschiedene Formen von nichtehelichen Lebensgemeinschaften zu differenzieren. Eine dieser Formen war eben das Paar, das zwei getrennte Wohnungen aufrechterhält – das individualisierte Paar par excellence! Es versteht sich von selbst, daß diese Lebensform fast nur zwei Erscheinungsformen kennt: Entweder die Beziehung ist (noch) nicht intensiv genug, um an das Zusammenziehen zu denken; das hat es immer schon gegeben, ist im Grunde der Anfangszustand jeder Paarbeziehung. Das interessiert uns hier nicht weiter (Und auch die vor einer Scheidung stehenden Nochverheirateten, die aber bereits getrennt leben, meinen wir natürlich nicht). – Oder wir haben es mit zwei unabhängigen Menschen zu tun, die einen wesentlichen Teil ihrer individuellen Sphäre nicht mit jemand anderem teilen wollen, und sei dieser andere auch der Intimpartner.

Abgesehen davon, daß es etwas teurer ist, zwei Haushalte zu führen, weshalb diese Lebensform in den weniger wohlhabenden Schichten selten vorkommen dürfte, bedarf es auch eines bestimmten Grades an Autonomie, um so leben zu können.

Christine Wolf, die wir bereits aus Kapitel 6 kennen, lebte immer nur kurze Zeit mit ihrem jeweiligen Freund zusammen, mit dem gegenwärtigen, den sie immerhin schon fast zehn Jahre kennt, überhaupt noch nicht. Sie lebte nach der Trennung vom ersten Freund zunächst nicht alleine, sondern zog mit einer Freundin zusammen. Dieses Zusammenziehen mit einer Frau betrachtete sie als eine »Absicherung, daß ich nicht wieder so 'ne enge Beziehung mit 'nem Mann eingehe«. Sie hatte vorher die Erfahrung gemacht, sich – obwohl sie Heirat und Zusammenziehen ablehnte – »relativ schnell abhängig« zu machen.

Daß Christine und ihr Freund so lange getrennt wohnen und sich nie entschließen konnten, zusammenzuziehen (obwohl es natürlich manchmal den Wunsch dazu gab), liegt zum einen daran, daß beide ziemlich unabhängig und selbständig sind. Zum anderen aber auch daran, daß die Beziehung durch eine gewisse Distanz ausgezeichnet ist, der das getrennte Wohnen auch entspricht. Christine hat die Fragen Zusammenziehen, Ehe und Familiengründung (Mutterschaft) immer stark verknüpft gesehen. Da sie sich nie zu einem Kind entschließen konnte, waren auch Ehe und Zusammenwohnen keine ernsthaft erwogenen Schritte.

»Ich liebe meine Unabhängigkeit, natürlich lieb ich die, ja? Ich kann mir nicht vorstellen, von 'nem Mann finanziell abhängig zu sein. Und ich bin froh, daß das, was ich habe – daß das alles meins ist.«

Aber diese Fragen sind prinzipiell auch nie abgeschlossen. Es gibt immer mal die Vorstellung, daß die Unabhängigkeit aufgegeben werden könnte, wenn die Beziehung wichtiger würde: »Also ich hab so die Vorstellung, wenn wir wirklich uns entschließen sollten, näherzurücken, sei es jetzt in dieser Form oder anders, dann müßten wir uns was gemeinsames Neues suchen.« (Sie meint: eine neue Wohnung) »Also ich hab jedenfalls keine konkrete Vorstellung. Ich würde heute nicht mehr sagen, ich würde nie mehr mit'm Mann zusammenziehen, das würde ich heute nicht mehr sagen.«

Christine Wolf ist also weder in bezug auf die Ehe noch in bezug auf das Alleinleben ein Prototyp des »individualisierten modernen Menschen«. Die »Gleichgültigkeit« gegenüber der Ehe ist nicht ohne innere Gegentendenzen und Widersprüchlichkeiten; Christine lebt zwar aus Überzeugung allein, aber auch dies ist nicht definitiv und zweifelsfrei. Es gibt immer Tendenzen, die diese Entscheidungen in Frage stellen. Das Alleinleben muß sich immer mit der Balance zwischen Nähe und Distanz auseinandersetzen. Ständig besteht die Gefahr, daß die Distanz zu groß wird. Aber umgekehrt bewahrt das Alleinleben vor zu großer Nähe. Trotz dieser Ambivalenz: Die Selbstverwirklichung im Beruf und die Unabhängigkeit vom Mann (durch den Beruf und durch das Alleinleben) sind wichtig genug, als daß sie daran trotz gelegentlicher Zweifel etwas ändern möchte.

Sabine Dodrich

Sabine Dodrich, 48 Jahre alt, arbeitet in Berlin als Redaktionsassistentin beim Rundfunk. Sie war bereits mit 21 Jahren Chefsekretärin bei einem Regionalsender geworden, später ging sie zu einem größeren Sender. Sie ist ledig, wohnt allein (ohne Partner), ihre inzwischen erwachsene Tochter ist vor kurzem aus der Vier-Zimmer-Wohnung ausgezogen. Sie lebte nie mit einem Mann zusammen, obwohl sie ein »normales« Geschlechtsleben führt und inzwischen seit zehn Jahren mit einem Mann befreundet ist.

Mit 20 Jahren hatte sie eine erste ernsthaftere Beziehung zu einem verheirateten Mann, den sie über ihre Arbeit kennengelernt hatte. Diese Beziehung, die sie – wegen seines Familienstandes – immer verheimlichen mußte, hielt zwei Jahre. Von ihrem zweiten Freund wurde sie – ungewollt – schwanger. Sie mochte weder ihren Beruf aufgeben, noch ihren Freund heiraten, wollte deshalb das Kind auch nicht bekommen. Sie sagt, sie hätte einen Abtreibungsversuch gemacht, der jedoch gescheitert sei. Jedenfalls bekam sie das Kind und zog zunächst zu ihrer (ebenfalls alleinlebenden) Mutter. Im Verlauf der nächsten zehn Jahre hatte sie häufig wechselnde Männerbeziehungen. Mit 37 lernte sie ihren jetzigen Freund kennen. Er war damals 44 Jahre alt und hatte bis dahin ebenfalls mehrere Beziehungen gehabt, wenn auch im Durchschnitt etwas längere, war aber – ebenso wie sie – nie verheiratet. 10 Jahre dauert diese Beziehung nun schon, was sie selbst überrascht (»plötzlich wundert man sich, daß es immer weitergeht«). Ihr Freund, der ein Haus in einem Außenbezirk – im Grünen – besitzt, ist freiberuflicher Mitarbeiter in derselben Branche, statusmäßig etwas niedriger als sie eingestuft, anscheinend aber mit einem durchschnittlich höheren Einkommen.

Warum heiratet Sabine nicht, warum will sie nicht mit ihrem Freund zusammenleben? Was die Frage der Ehe betrifft, entspricht sie durchaus dem, was wir bereits mehrfach betont haben. Es gibt keinen zwingenden Grund, deshalb hat sie bis jetzt nicht geheiratet. Familiengründung, für andere häufig der einzige Heiratsgrund, kommt bei ihr nicht in Betracht, da sie bereits ein Kind hat (und damals nicht heiraten wollte, weil die Beziehung keine Zukunft hatte). Einen möglichen Heiratsgrund nennt Sabine:

»Vielleicht werden wir auch irgendwann mal heiraten, wenn's 'n Grund hat. – 'n Grund, sagen wir mal – was 'ne – Rente angeht. Hört sich jetzt eigenartig an, für'n jungen Menschen, aber ich glaube, das wäre für mich 'n Grund – zu heiraten. Nicht, um seine Rente zu kriegen, in dem Fall bin ich ja diejenige, die die Rente gibt, ich. Ich hab mein Leben lang gearbeitet, kriege von der BVA wahrscheinlich mal die Höchstrente, und kriege vom Sender 'ne Betriebsrente. Wenn Werner davon nichts abkriegen könnte, das würd ich schade finden. Wenn man solange zusammen ist, warum soll man nicht – wie andere Ehepaare, wo das selbstverständlich ist, nicht demjenigen noch einen Lebensabend mit finanzieren, also da würd' ich keine Hemmungen haben. Aber wenn ich ihn im Augenblick heiraten sollte – würd' ich auch machen, wenn er's wollte –, dann würd' ich meine Wohnung behalten und er sein Haus.«

Aus Rentengründen heiraten – eine vernünftige Lösung und eine von ihrer Seite sehr ehrenwerte, die ganz dem Gedanken des Versorgungsausgleichs im Ehe- und Scheidungsrecht entspricht. Der Partner, der vom Sozialstaat weniger gut bedacht wird, soll an der Rente des anderen teilhaben. Mit 55 ist ihr Freund durchaus in einem Alter, in dem man (manchmal) schon an die Rente denkt, zumal, wenn man als Freiberufler nicht zu denen gehört, für die Vater Staat schon frühzeitig den Alterswohlstand garantiert hat.

Warum will sie nicht mit ihm zusammenziehen? Ist es etwa so, daß sie ein ausschweifendes Sexualleben führt oder notorisch untreu ist und ein solches Leben eben nur möglich ist, wenn man entweder völlig bindungslos ist oder zumindest alleine wohnt?

Durchaus nicht. Bei aller Toleranz und gegenseitigen Freiheit gibt es doch eine gewisse Verbindlichkeit und Fairneß.

»Jeder kann *eigentlich* tun, was er will, es muß nur irgendwie fair bleiben. – Mit fair bleiben mein ich – daß ich den andern nicht ausnutze oder ihm – ich erzähl ihm, was ich mache, er weiß, was ich mache, ich weiß, was er macht.«

Zwar sagt Sabine an einer Stelle im Interview: »Ich bin meinem Freund – ich bin noch nie einem Menschen treu gewesen.« Doch bedeutet das offensichtlich nicht, daß sie ständig Abenteuer oder gar Nebenbeziehungen hätte. Im Gegenteil: Gerade Nebenbeziehungen hält sie für untragbar. Sie selbst verspürt kein Bedürfnis danach. Was sie jedoch durchaus will, ist, ab und zu eine Gelegenheit zu ergreifen, die sich zufällig ergibt, mit einem Mann für eine Nacht ins Bett zu gehen. Sie meint, viele Ehen zerbrächen daran, daß die Leute solchen Bedürfnissen nie nachgegeben haben und dafür irgendwann, wenn es sich nicht mehr unterdrücken läßt und in Form eines »zweiten Frühlings« ausbricht, auch gleich ihre Ehe (und vielleicht sogar ihr ganzes Leben) damit zerstören.

»Ich bin – *nie* darauf aus gewesen, mit jemandem ins Bett zu gehn. Nur wenn sich's ergab, wenn es so für mich richtig war, dann wie gesagt, hab ich nicht gedacht, oh Gott oh Gott, das kannste doch nicht machen, sondern hab's getan, und deswegen hab ich *überhaupt* kein Bedürfnis, einen anderen Mann kennenzulernen. Oder mich mit einem andern zu liieren. Überhaupt nicht. Ich fühle mich in meiner Beziehung eigentlich richtig.«

Diese Gelegenheiten, von denen sie spricht, die sucht sie nicht, und schon gar nicht ist das ein Grund, getrennt zu wohnen. Sabine lebt nicht alleine, um mit anderen Männern leichter ins Bett gehen zu können. Sie würde »ein Abenteuer nie so weit treiben, daß da irgend etwas in Gefahr gerät«. Wichtig ist nur, daß man die Bedürfnisse des anderen toleriert, daß jeder das tun kann, was er möchte.

Sind es am Ende nur Gründe der Bequemlichkeit – in Verbindung mit einer privilegierten Lebensweise, zu der in ihrem Fall gehört, daß er ein schönes Haus im Grünen hat, wo sie sich beide im Sommer an den Wochenenden aufhalten; sie dagegen eine gemütliche Stadtwohnung, die ihnen an den winterlichen Wochenenden als Aufenthaltsort dient, wenn es im Sommerhaus zu kalt geworden ist?

Sucht man nach lebensgeschichtlichen Hintergründen, dann ist eine Sache auffallend: Sabines Mutter lebte die meiste Zeit getrennt von ihrem Mann – Sabine wuchs weitgehend ohne Vater auf, zusammen mit Mutter und Großmutter. Und dieses Muster setzte sich in der nächsten Generation fort: Sabines Tochter wuchs ebenso ohne Vater auf. Könnte es sein, daß Sabines Erfahrung als Kind – es geht auch ohne Mann – dazu führte, daß sie auch für sich eine solche Lebensweise für praktikabel hält?

Zweifellos ist sie ein typischer Fall jener emanzipierten Frauen, die selbständig sein, ihr eigenes Leben leben wollen. Wichtig war sicherlich in diesem Zusammenhang auch ihre Entscheidung, das Kind zu kriegen, obwohl klar war, daß sie nicht mit dem Vater des Kindes rechnen konnte. Sie hat dann auch zusammen mit der Tochter Reisen unternommen, an denen er nicht teilnahm.

»Daß ich meine Reisen mit meiner Tochter gemacht hab, da hat der Werner *nie* ein Wort so drüber verloren, das waren meine Reisen. Und das war auch *selbstverständlich*, daß *ich* die mit meiner Tochter gemacht habe. Und für mich war es auch ganz klar, daß der sein Haus umbauen will, und bin auch nicht böse gewesen, daß er nun nicht mitgekommen ist, denn das Geld hätte er ja schon gehabt – vielleicht, wenn wir zu dritt gefahren wären. – Aber die Bedürfnisse, die wir hatten, die haben wir gegenseitig toleriert.«

Wichtig ist auch, daß sie beruflich nicht nur gut etabliert ist, sondern im Grunde statusmäßig über ihrem Partner steht. Es können sich dann Situationen ergeben, wo er geradezu stört, weil sie beruflich mit wichtigen Leuten zusammensitzt – etwas, was man eigentlich nur aus der traditionellen Ehe kennt, wenn auch mit genau umgedrehten Rollen.

»Wenn ich zum Beispiel Leute aus Westdeutschland hier habe, die in der Hierarchie bei uns ganz oben sind, und sitze dann auch mit diesen Leuten zusammen, und der Werner kommt zum Beispiel an und hat kein Gespür, daß er da nichts zu suchen hat. Was eigentlich ja auch 'ne *Gemeinheit* ist, dem Partner gegenüber, nicht? – wenn er sich dazusetzt, dann wird wahrscheinlich keiner von den andern Leuten das empfinden, ich aber. Weil ich denke, verdammt und zugenäht, er muß doch merken, ich bin jetzt dienstlich hier und habe mit den Leuten zu reden, und da gehört er nicht hin.«

Ist es Angst vor Bindung, Angst vor Nähe, was sie daran hindert, mit ihrem Freund zusammenzuziehen? An manchen Stellen des Interviews entsteht der Eindruck, sie wohnte im Grunde mit ihrem Freund zusammen, wenn auch in zwei verschiedenen Wohnungen und mit der ständigen Möglichkeit, sich nicht nur in das eigene Zimmer, sondern eben in die eigene Wohnung zurückzuziehen. So sagt sie zum Beispiel einmal: »Und dann bin ich wieder mit irgend was ausgezogen aus seinem Haus voller Wut – « (»mit irgend was« = sie hat irgend etwas mitgenommen, einen seiner Einrichtungsgegenstände). Sie sagt also: »ausgezogen«. Und weiter: »Das hat ja immer nicht lange gedauert, eine Stunde oder zwei, dann bin ich wieder eingezogen.« Und, als ob sie nun im Interview merkte, daß »einziehen« und »ausziehen« eigentlich nicht ganz treffende Ausdrücke sind, fährt sie fort: »Aber nur eingezogen, indem ich da draußen übernachtet habe, ich hab da nie gewohnt, ja?«

Dann habe es »natürlich« manchmal das Gefühl gegeben, man müßte es doch eigentlich schaffen, auch zusammen zu wohnen.

»Und dann hab ich mir aber ganz bewußt *sein* Leben angeguckt – der hatte auch nie lange mit 'ner Frau gelebt und – ich hatte eigentlich Angst, daß ich die gute Beziehung zu ihm riskiere, wenn ich da hinziehe.«

Und an einer anderen Stelle des Interviews sagt sie indirekt, was ihr am Alleinleben gefällt, indem sie ihr Unverständnis über die eigene Tochter zum Ausdruck bringt, die mit 22 Jahren mit ihrem Freund zusammenziehen wollte:

»Ich hab gedacht, um Gottes willen, nun auch noch in eine gemeinsame Wohnung, wo man sich nicht trennen kann, wo man sich nicht wieder aufeinander freut, jetzt machen sie sich eigentlich alles kaputt, was sie hier noch haben, daß sie sich nämlich *nicht* immer sehn, daß sie nicht immer umeinander sind, daß nicht diese Lebensgemeinschaft schon so konzentriert anfängt und sie eigentlich auch nie 'ne Zeit hatte, wo sie mal alleine war.«

Die Liebe, die Lebendigkeit der Beziehung, die Wiedersehensfreude, die kleine Aufregung vor der Wiederbegegnung, auch die Vorfreude auf ein »Stück eigenes Leben« am nächsten Abend – das alles geht verloren, wenn man ständig beieinander ist. Garantiert das »living apart together« eine unaufhörliche Liebe – »forever young«?

Anna Riese

Anna lebt allein in München in einer Eigentumswohnung. Sie ist 44 Jahre alt, geschieden. Sie hat aus ihrer ersten (und einzigen) Ehe einen inzwischen 26jährigen Sohn. Als Sachbearbeiterin mit einem wichtigen Aufgabenbereich bei einem großen Unternehmen verdient sie recht gut, obwohl sie »nur« die Handelsschule besucht hat (mittlere Reife).

Mit 18 Jahren hatte sie ihre erste »ernsthafte« Männerbekanntschaft. Sie wurde bald schwanger, und unter dem Druck der damaligen Verhältnisse, besonders auf Drängen der Familie ihres Freundes, heiratete sie diesen. Man mußte damals heiraten, sagt sie, wenn ein Kind unterwegs war. »Na, jedenfalls meine erste große Liebe war natürlich auch gleich derjenige, den ich geheiratet hab. Lediges Kind, wär ja fürchterlich gewesen, ja.« Nach sechs Jahren ging diese Ehe in die Brüche, sie ließ sich scheiden, »weil er nichts taugte«, weil er oft arbeitslos war und nicht gern arbeitete. Nach der Scheidung konzentrierte sie sich ganz auf den Beruf und hatte seither nur noch zu verheirateten oder geschiedenen Männern länger dauernde Beziehungen – zunächst fünf Jahre eine heimliche Verbindung mit einem verheirateten Mann, danach zehn Jahre mit einem anderen verheirateten, der sich nach sieben Jahren scheiden ließ. In den letzten fünf, sechs Jahren dieser Beziehung gaben sie sich »offiziell« als Paar. Seit drei Jahren nun hat sie ein festes Verhältnis zu einem geschiedenen 52jährigen Mann, der sich in diesen Jahren vergeblich bemüht hat, ihre Distanz aufzubrechen. Er besitzt ein schönes Haus im Alpenvorland, sie besucht ihn dort oft am Wochenende. In all den Jahren lebte sie immer allein.

Auch Anna gehört zu den beruflich erfolgreichen Frauen, für die Unabhängigkeit vom (Ehe-) Mann sehr wichtig ist und in gewisser Weise auch die Grundlage des beruflichen Erfolgs darstellt.

Im Unterschied zu Sabine Dodrich etwa ist sie jedoch keine »emanzipierte« Frau in dem Sinne, daß sie sich durch die räumliche Trennung zum Partner die Qualität der Beziehung erhalten will. Eher gehört sie zur Kategorie der »gebrannten Kinder«, die nach einer gescheiterten Ehe Männern gegenüber mißtrauisch und vorsichtig sind. Aber das ist aus ihrer Sicht nicht die Hauptsache. Wichtiger für sie selbst ist, daß sie weiß, sie kann für sich selbst sorgen.

Anna beginnt das Interview mit einer ziemlich unmißverständlichen Betonung ihrer Distanz zu Männern. Wir hatten ihr gesagt, daß wir besonders an der Geschichte des Verhältnisses zum anderen Geschlecht interessiert seien, dabei insbesondere an Fragen wie Zusammenleben, Heiraten und Kinderkriegen. Sie sagt deshalb:

»Ja, nun bin ich wahrscheinlich für Sie kein repräsentatives Mitglied Ihrer Studien. Denn ich hab einen ganz anderen – der Weg war bei mir eigentlich völlig klar, ab 24, nach der Scheidung, war für mich klar, ich heirate *nicht* mehr. Und dementsprechend haben sich ja sämtliche Verbindungen danach gerichtet. Die Verbindungen sind von vornherein niemals so intensiv geschlossen worden, daß man sagen konnte: ›So, wir sind jetzt zusammen.‹ Wir waren verbunden, sehr gut befreundet. Aber man hat nie so disponiert, daß man gesagt hätte, man richtet jetzt gemeinsam eine Wohnung ein beispielsweise. Also das nur vorweg. Nur damit Sie Bescheid wissen, und ob sich dann das Ganze überhaupt für Sie noch lohnt, ob's noch interessant genug ist.

Ich hab also immer diese Distanz. Das spürt natürlich auch ein Partner, aber – es ist immer eine Distanz zwischen mir und dem Partner gewesen bis jetzt, das ist auch heute noch so. Ich hab meine eigene Wohnung. – Ja man kann mich gerne besuchen, ich geh auch gerne zu Besuch. Da ist jeder gerngesehener Gast bei mir. Aber zusammenwohnen – maximal drei Wochen, das ist also das höchste der Gefühle, ja? Ich brauche sehr viel Freiraum, ich hab einen anstrengenden Beruf und sehr viel Selbständigkeit um mich herum, natürlich zwangsläufig durch all diese Jahre. Bin ja immerhin jetzt zwanzig Jahre geschieden. – Hab mir natürlich da auch etwas aufgebaut und möchte das eigentlich im Grunde genommen ungern teilen, ja, weil ich eben in der Hinsicht schlechte Erfahrungen beim Einstieg bereits gemacht hab, und dadurch baut man einen Schutz auf. Und ich muß eines gestehen, diese Herren haben sich eigentlich nie diese Arbeit gemacht, daß sie gesagt hätten: Und jetzt häng' ich mich rein, und ich will doch wissen, ob ich die nicht doch rumkrieg. Das ist dann irgendwo immer abgeklungen, ja. Und ich werde auch nicht mehr heiraten.«

Hören wir hier ein Bedauern darüber, daß »diese Herren« es nicht heftiger und hartnäckiger versucht haben? Sehnt sich Anna vielleicht manchmal nach dem großen »Aufreißer«?

Als sie darüber nachdenkt, wie ihre Zukunft – im Rentenalter – aussehen wird, sagt sie zwar: »Man kann nie wissen«. Doch sie sammelt dann geradezu die Argumente, die dafür sprechen, auch dann lieber alleine zu bleiben. Da ist zunächst einmal das Geld: Sie befürchtet, daß sie unter Umständen »dann womöglich noch teilen muß« – wo sie sich doch ihre Rentenansprüche mühsam erarbeitet hat. Sie will auch nicht – vor ihrem Übergang in den Ruhestand – mit einem Rentner zusammenleben, der tagsüber untätig zuhause sitzt, während sie arbeiten geht. Sie sieht schon heute voraus, daß sich »wahrscheinlich unsere Wege trennen« werden, wenn ihr jetziger Freund in Rente gehen wird.

Der Hauptgrund, warum sie sich nicht binden will – weder jetzt noch im Alter –, liegt offenbar in der Angst, als Ehefrau ihre Berufstätigkeit und damit ihre Selbständigkeit und Unabhängigkeit aufgeben zu müssen und dann möglicherweise nach einer Trennung mit leeren Händen dazustehen. Auf die Frage, ob sie zu einem Mann ziehen würde, wenn der ihr etwas bieten kann, sagt sie:

»*Nein!!* Weil ich doch nicht weiß, wo es endet. Dann würde ich ja mein – mein Leitbild verändern. Das ist eigentlich – das ist keine Sturheit, aber das ist reiner Selbstschutz. Denn bis jetzt ist mir etwas anderes nicht geboten worden, daß ich gesagt hätte, das reißt mich vom Hocker. Bist du wirklich abgesichert und brauchst nicht irgendwann einmal zu knapsen.«

Bis jetzt, sagt sie, ist ihr nichts »geboten worden«, was sie davon überzeugt hätte, sie könne sich auf den Mann verlassen. Sie glaubt nicht an die Möglichkeit der totalen Absicherung, wenn sie sich einem Mann sozusagen ausliefern würde. Was würde eine feste Bindung mit Zusammenwohnen denn bieten? – Sicherheit? – Nein. Sicherheit, sagt sie, bekomme man doch in erster Linie durch sich selbst. Nicht indem man sich irgendwo anlehne, sich die Probleme von anderen lösen und sich versorgen lasse, sondern dadurch, daß man eine »Selbständigkeit sich erarbeitet«. Aber auch hier klingt wieder ein wenig das Bedauern darüber an, daß »diese Herren« ihr bisher »nichts geboten« haben, was sie aus ihrer Reserve locken könnte. In ihrem Beruf sieht sie sich tagtäglich in ihrer Skepsis und Vorsicht bestätigt.

»Ich kenne durch meinen Beruf viel zu viele Fälle, wo man eben gesagt hat: Toll, jetzt hab ich endlich den Partner gefunden, und jetzt ziehen wir zusammen. Und dann hat's nach ein paar Jahren gekracht, ja? Und die Frau hat womöglich alles aufgegeben. Und dann kann sie wieder von vorne anfangen. Warum sollte man selber diese Fehler machen, die einem ja ständig präsentiert werden? In den seltensten Fällen ist da mal was gutgegangen. Ich helf ja pausenlos diesen jungen Leuten, oder den mittelalterlichen Leuten (belustigt) in Anführungszeichen, ja. Die eben wieder ankommen, eine Verbindung ist zu Ende, ich brauch 'ne Wohnung, ich brauch das und jenes. Das ist ja mein Beruf seit all diesen Jahren.«

Übrigens findet sie, daß es *für einen Mann* »für meine Begriffe absolut zuträglich sein kann«, wenn er im Alter – so mit 55 – »wieder in den Hafen der Ehe einlaufen kann«. Während eine Frau, »glaub ich, im Alleinleben flexibler ist als ein Mann. Vom Naturell her schon.«

»Es ist so, daß man bei einem ständigen Zusammenleben den Partner doch sehr stark belastet. Mit eigenen Macken beispielsweise, oder mit Ärger, den man aus dem Geschäft nach Hause bringt, den man während der Zeit, wo man nach Hause gefahren ist, noch nicht verarbeiten konnte. – Mit der Hausarbeit. – Und wenn in der Firma was anderes zurückstehen muß. Und ich meine, wenn man ständig zusammen ist, dann läßt dieses nach. Dann heißt's, ach Gott, heut tät ich lieber in der Stadt rumbummeln, aber ich muß nach Hause und muß kochen, oder ich muß bügeln, oder ich muß das machen. Und das will ich vermeiden. – Ich versuch's ja immer, jedem recht zu machen, aber ich will damit letztendlich nicht untergehen, es nur dem anderen versuchen rechtzumachen und selber dabei den kürzeren zu ziehen.«

Noch einmal beschreibt sie hier das gemeinsame Wohnen als Zwangslage – als sei das Zusammenwohnen als solches bereits gleichbedeutend mit der früheren Hausfrauenehe. Und sie befürchtet, wie sie sagt, den Partner mit den »eigenen Macken« und mit dem Ärger aus dem Büro zu belasten. Fürchtet sie nicht gerade umgekehrt, vom Partner belastet zu werden; sich nicht behaupten zu können? Ihr letzter Satz aus dem eben zitierten Abschnitt bestätigt diese Vermutung. Häufig benutzt sie Formulierungen wie »ich stehe mit dem Rücken zur Wand« oder »man muß aufpassen, daß man sich nicht mit Haut und Haaren ergibt« oder »plötzlich ist man dann drin in der Mühle«. Angst vor Nähe?

Es gibt also offenkundig eine Menge Nachteile des Zusammenlebens – und genau daraus ergeben sich die Vorteile des »living apart together«. Man kann vielem aus dem Weg gehen, kann Ärger und Konflikte vermeiden. Aber gibt es nicht auch ein paar Nachteile?

Anna weiß und nimmt in Kauf, daß mit dieser Einstellung eine Beziehung nicht so intensiv sein kann, wie auch sie sich das manchmal gerne wünscht. Und darüber hinaus nimmt sie in Kauf, daß die Männer, je älter sie werden, diese Distanz und Zurückhaltung von ihr nicht akzeptieren wollen und sich deshalb ihrerseits zurückziehen. Aber insgesamt scheinen die Nachteile nicht allzu gravierend zu sein:

»Ich hatte ja keinen Mangel dadurch.«

In gewisser Weise ist leicht erklärbar, warum sie nicht mehr geheiratet hat und nicht mehr heiraten will. Zuerst, nach der Scheidung, war sie »erstmal sehr verschreckt, jahrelang, daß ich gesagt hab, jetzt hab ich mal die Nase voll«. – Danach, so sagt sie, habe sich diese Frage gar nicht so gestellt, denn: »Die meisten Männer, an die man kommt, sind ja in erster Linie mal verheiratet.« Das ist um so richtiger, je älter man wird. Dazu kommt, daß man sich im Lauf der Jahre immer mehr an die Unabhängigkeit gewöhnt und sie immer schwerer aufgeben kann.

Es fällt ihr übrigens schwer, das richtige Wort zu finden für ihre Haltung den Partnern gegenüber. »Unverbindlich«, sagt sie, sei zu hart, »zu distanziert«.

Ein weiterer Grund für ihre Abneigung gegen das Zusammenziehen ist offensichtlich auch ihre tiefsitzende Überzeugung, daß Beziehungen niemals ewig halten können. Es ist von vornherein klar, daß es irgendwann einmal ein Ende geben wird. »Es ist alles eine Frage der Zeit.« Und wenn man das weiß, dann ist es besser, nicht nur nicht zu heiraten, sondern auch gar nicht erst zusammenzuziehen, denn die Trennung ist dann viel leichter und problemloser durchzuführen. Schon in der Bezeichnung drückt sich das aus: Sie spricht anderen gegenüber eher von ihrem »Bekannten« als von ihrem »Partner« – weil letzteres eher auf »Lebenspartner« hindeuten würde, »wo man eben gemeinsam wohnt«.

Ihre Definition von Partnerschaft ist äußerst rational. Zum Beispiel gibt es in ihren Beziehungen gewöhnlich kaum Streit. Den kann es ihrer Ansicht nach auch kaum geben, wenn man sich nicht ständig auf der Pelle hockt (das Alleinleben sorgt dafür, daß die Streitpunkte in Grenzen bleiben). Es handelt sich um zwei erwachsene, vernünftige Menschen, die sich auf eine Partnerschaft verständigt haben.

»Es wird sehr viel diskutiert. Sehr viel ausgesprochen. *Weil* jeder weiß – er steht in seinem Leben, man hat seinen Beruf, sein Ein- und Auskommen, seinen Hintergrund, seine Aufgabe, man ist Partner. Das ist für mich eine ideale Verbindung. Ich habe einen zuverlässigen Partner. Einen Mann mit Rückgrat, der mit beiden Beinen im Leben steht. Der eine Aufgabe hat, die er sehr ernst nimmt. – Und der mir den nötigen Freiraum läßt, um mich auch entsprechend entfalten zu können. Und der auch allmählich gelernt hat, mich zu akzeptieren.«

Aber wir sehen, daß hinter dieser Schale des rationalen Menschen, der eine vernünftige Partnerschaft anstrebt, auch die Angst vor der Gefühlsbindung steckt. Ist es ein Zufall, daß auch sie, als Kriegskind geboren, ihren Vater, der nur auf Fronturlaub anwesend war, bevor er 1945 vermißt gemeldet wurde, nicht kannte? Und die Parallelen zu Sabine Dodrich gehen weiter: Auch Annas Mutter, damals 28jährig, blieb allein, hat nicht mehr geheiratet. Sie wartete lange Zeit vergeblich auf seine Rückkehr, wurde »verbittert« und fand keinen Weg zu einer neuen Partnerschaft. Es gab keinen Mann, der für Anna die Vaterposition einnahm. Ihre Mutter sorgte dafür, daß sie eine ordentliche Schulbildung bekam und eine Ausbildung machen konnte; mit 17 ist sie »in den Beruf eingestiegen«. Alleinleben: auf der Suche nach dem verlorenen Vater? Anna sagt selbst, daß ihre Bekanntschaften »eigentlich alles mehr oder weniger in erster Linie Vaterfiguren« gewesen seien. Ihre Lebensform versteht Anna nicht als Vorbild für alle andern, sondern eher als Lösung ihres besonderen Problems. Zum Schluß des Interviews, als die Rede auf die Leute kommt, die auch heute noch »ganz normal« heiraten und zusammenbleiben, sagt sie:

»Und ich muß gestehen, vor diesen Leuten geh ich vor Ehrfurcht in die Knie. Daß die es geschafft haben, in unserer widrigen Zeit, 25 Jahre gemeinsam durchzuhalten. Denn das ist wirklich eine – eine Durchhaltephase ist das. Auch mit Durststrecken verbunden undsoweiter. Und – daß diese beiden Menschen dann noch zusammen sind. Jetzt mal die Gründe Vermögen und so – beiseite gelassen. Oder Krankheit beiseite gelassen. Unter völlig normalen Voraussetzungen. Wo jeder die Möglichkeit gehabt hätte, aus der Ehe rauszugehen, und die dennoch beisammen geblieben sind. Bin ich ehrfürchtig, sag ich Ihnen ganz ehrlich. Denn *ich* trau mir sowas nicht zu.«

11. Kinderlosigkeit

Die Bundesrepublik hatte seit 1970 die niedrigste Geburtenrate der Welt, ist inzwischen aber erstaunlicherweise von Italien und Spanien überholt worden – auch der Papst hat das nicht verhindern können. 1984 wurde ein Tiefststand erreicht, der sich in einer »Geburtenziffer« von 1,3 ausdrücken läßt. Das bedeutet, daß jede Frau im Durchschnitt 1,3 Kinder zur Welt bringt. Soll die Bevölkerungszahl eines Landes – abgesehen von Aus- und Einwanderungen – langfristig konstant bleiben, wären aber etwas mehr als zwei Kinder pro Frau notwendig. Das erklärt sich damit, daß annähernd die Hälfte aller Neugeborenen weiblich sind (eine erstaunliche Gerechtigkeit der Natur). Und natürlich kann nur *diese* Hälfte in der nächsten Generation erneut Kinder bekommen. Eine Frau muß also immer mindestens ein Mädchen in die Welt setzen; wenn das über mehrere Generationen hinweg der Fall ist, bleibt die Bevölkerungszahl konstant. »Etwas mehr als zwei« müssen es sein, weil ein gewisser Teil der Mädchen und Frauen stirbt, bevor sie die Möglichkeit haben, ihre beiden »Sollkinder« zu bekommen. Man kann es auch so ausdrücken: Die »Nettoreproduktionsrate«, ein kompliziertes Maß, in das Geburten- und Sterbeverhältnisse eingehen, muß genau den Wert 1.0 annehmen, damit eine Bevölkerungszahl konstant bleibt. Sie lag bei uns im Jahre 1983 aber bei 0.62. Das bedeutet: Es werden 38% Mädchen zu wenig geboren – »zu wenig«, wenn die Konstanthaltung der Bevölkerungszahl der Maßstab ist.

Übrigens ist es ein weitverbreitetes Vorurteil, daß die Ausländer in Deutschland im Gegensatz zu den Deutschen viel mehr Kinder bekämen. Das galt immer nur für einen kurzen Zeitraum nach der Einwanderung. Bereits in der Generation der Frauen, die hier aufgewachsen sind, paßte sich das Geburtenniveau dem der deutschen Frauen an. Bei manchen Ausländergruppen liegt die Geburtenrate sogar unter jener der Deutschen. Etwaige Befürchtungen in dieser Hinsicht, wie man sie ja manchmal hören kann (»Überfremdung«), sind also völlig unbegründet (abgesehen davon, daß es bedenklich ist – angesichts unserer nationalen Vergangenheit, aber auch angesichts anderer Länder wie etwa den USA, wo Einwanderung und »Rassen«-Verschmelzung immer der Normalfall war – hier von »Befürchtungen« zu sprechen).

In nahezu allen europäischen Ländern ist seit den sechziger Jahren (in den katholischen, südlichen Ländern etwas später) ein Geburtenrückgang zu beobachten. Und selbst in der Dritten Welt stellt man, dort aber wohl eher mit Zufriedenheit, einen leichten Rückgang der Geburtenziffern fest (nur dem Papst paßt die erfolgreiche Geburtenkontrolle nicht).

Schon zwischen 1875 und 1918 reduzierten sich die Geburtenraten in Deutschland drastisch. Man erklärt sich das heute vornehmlich damit, daß es sich um eine Anpassung der Geburten an die veränderten Sterblichkeitsverhältnisse handelte (den sogenannten »demographische Übergang«). Durch verbesserte hygienische Maßnahmen war vor allem die Säuglings- und Kindersterblichkeit so stark zurückgegangen, daß jetzt nicht mehr, wie früher, nur die Hälfte der geborenen Kinder ins Erwachsenenalter kam, sondern die meisten. Damit aber wären viele Familien zu groß geworden. Je weniger Kinder starben, desto weniger mußten geboren werden, um die Versorgung der alten durch die junge Generation zu gewährleisten – was vor der Einführung der staatlichen Altersrente der eigentliche Zweck von Kindern war.

Ausgehend von der durchschnittlichen Geburtenhäufigkeit von sechs Kindern pro Ehe im 19. Jahrhundert, von denen allerdings in der Regel nur vier das Erwachsenenalter erreichten, setzte mit den um 1880 geschlossenen Ehen ein massiver Rückgang der Geburtenhäufigkeit ein – bei den um 1900 geschlossenen Ehen auf etwa vier Kinder. Bis nach dem Ersten Weltkrieg setzte sich der Rückgang fort; danach gab es bis zum Beginn der sechziger Jahre gewisse Schwankungen, aber im großen und ganzen blieben die jährlichen Geburtenzahlen etwa gleich. Für die zwischen 1925 und 1955 geschlossenen Ehen läßt sich eine ziemlich konstante durchschnittliche Geburtenzahl pro Ehe von etwas über zwei Kindern feststellen. Immer mehr wurde die Zwei-Kind-Familie zur Norm.

Der Nachholbedarf nach dem Zweiten Weltkrieg und die zunehmend verbesserte wirtschaftliche Lage führten zu einem Geburtenanstieg, der im sogenannten »Baby-Boom« des Jahres 1964 gipfelte. Ab 1965 aber sank die Zahl der jährlichen Geburten dann beständig ab bis zu einem historischen Tiefstand Ende der siebziger, Anfang der achtziger Jahre.

Seit Mitte der achtziger Jahre scheint dieser eindeutige Abwärtstrend vorläufig gestoppt zu sein. Manche sprachen sogar schon von einem neuen Baby-Boom – etwas voreilig, wie eine genauere Betrachtung zeigt. Zwar steigen tatsächlich seit 1985 die jährliche Zahl der Geburten und die gebräuchlichen Maßzahlen (vgl. Tabelle 3 im Anhang), doch dieser Anstieg ist nichts weiter als eine logische Folge des »Baby-Booms« der frühen sechziger Jahre. Weil damals besonders viele Kinder geboren wurden, waren gegen Ende der achtziger Jahre besonders viele Frauen im sogenannten »gebärfähigen Alter« (das durchschnittliche Alter der Mütter bei der Geburt des ersten Kindes liegt heute bei etwa 26 Jahren). Viele dieser Frauen – mehr als in früheren Generationen – werden aber nicht mehr als ein Kind bekommen. Vergleicht man die einzelnen Geburtsjahrgänge der Frauen miteinander, zeigt sich deutlich, daß von Geburtsjahrgang zu Geburtsjahrgang die Zahl der Kinder sinkt, die eine Frau in ihrem Leben insgesamt bekommt. Und wenn erst einmal die schwach besetzten Jahrgänge, die Ende der sechziger Jahre geboren wurden, ins »gebärfähige Alter« kommen, wird sich schnell zeigen, daß von einem neuen Baby-Boom nicht die Rede sein kann. Alle Vorhersagen gehen übereinstimmend davon aus, daß der Geburtenrückgang noch nicht abgeschlossen ist – wenn man sich auch über das Ausmaß streitet. Die Zahl der jährlichen Geburten soll nach einer Prognose für das Gebiet der alten Bundesrepublik von jetzt noch etwa 600000 auf unter 350000 im Jahr 2030 fallen. Entsprechend würde die Bevölkerungszahl der (alten) Bundesrepublik bis zum Jahr 2030 auf 43 Millionen fallen (von etwa 60 Millionen 1990). Allerdings beruht diese Prognose noch auf den Gegebenheiten vor dem Einsetzen der starken Zuwanderung aus dem Osten und der deutschen Vereinigung. Das Geburtenniveau lag in der ehemaligen DDR etwas höher als im westlichen Teil Deutschlands, aber die Unsicherheiten nach der »Wende« und der Vereinigung lassen kurzfristig einen stärkeren Rückgang im Osten erwarten. Die neue Situation in Deutschland macht Vorhersagen zur Zeit unsicher.

Die Gründe des Geburtenrückgangs sind in Familienforschung und Demographie breit diskutiert worden. Allgemein läßt sich sagen, daß Kinder immer weniger notwendig für die wirtschaftliche Zukunftssicherung (früher nutzte man ihre – wenn auch noch so geringe und labile – Arbeitskraft) und für die familienbezogene Altersversorgung geworden sind. Das gilt insbesondere für die ersten Wellen des Geburtenrückgangs, also Ende des 19. und Anfang des 20. Jahrhunderts, für die, wie schon erwähnt, auch der Rückgang der Säuglings- und Kindersterblichkeit eine wichtige Rolle spielte. Weiterhin ist zu berücksichtigen, daß Kinder zu haben zunehmend »teurer« geworden ist. Das betrifft nicht einmal so sehr die tatsächlichen (»direkten«), sondern mehr noch die sogenannten »indirekten« Kosten. Damit meinen die Ökonomen das, was einem an Gewinn oder Nutzen entgeht, wenn man Kinder hat – also den Verzicht, den man zu leisten hat. Für viele Eltern, in der Regel aber immer noch hauptsächlich für Frauen, heißt das heute, berufliche Einschränkungen in Kauf nehmen zu müssen, wenn sie Kinder haben wollen. Es ist keine Frage, daß die Emanzipationsbewegung der Frauen insofern maßgeblich zum Geburtenrückgang beigetragen hat. Denn es sind besonders die gut ausgebildeten Frauen mit beruflichen Ambitionen, für die ein Kind »teuer« wird, weil sie damit auf einen Teil ihrer Berufsansprüche verzichten müssen. Und begreiflicherweise sind die Männer nicht von heute auf morgen bereit, ihrerseits zugunsten der Familie auf beruflichen Erfolg zu verzichten. Als Folge davon gibt es immer häufiger kinderlose Paare mit hoher Karriere-Orientierung beider Partner. Viele beruflich engagierte Paare halten es für schwierig, berufliche Karriere von Mann *und* Frau mit Elternschaft zu vereinbaren.

Sigmund Freud hat einmal gesagt, er sei froh darüber, eine Tochter zu haben, denn in ihr könne er auch nach seinem Tod weiterleben. Diese fast religiöse Art der Sinnstiftung durch Kinder mag heute an Bedeutung verloren haben. Aber man kann immer noch sagen, ein Kind bringe ja auch Glück (oder Lebenssinn) im Diesseits: Es macht Freude, ein Kind aufwachsen zu sehen, man kann ihm soviel beibringen und mitgeben, kann sich über die Erfolge der erzieherischen Bemühungen freuen. Nicht zuletzt kann man noch einmal den Träumen der Kindheit nachgehen, kann sich mit dem eigenen Kind zusammen noch einmal die Welt erobern. (Die Ökonomen sagen zu all dem nur trocken: Ein Kind bringt »Nutzen« oder »Gewinn«.) Doch diesen Vorstellungen überquellenden Glücks kann man (bzw. frau) auch manches entgegenhalten. Die Ansprüche an eine gute Erziehung sind so sehr gestiegen, daß die Entscheidung für ein Kind mit sehr viel mehr Einschränkungen verbunden ist als jemals zuvor. Dem Kind muß so viel Aufmerksamkeit und Geduld, Fürsorge und Liebe, Verständnis und Wohlwollen entgegengebracht werden, daß viele Eltern sich heute schon mit einem einzigen Kind überfordert fühlen. Für ein zweites Kind reicht dann oft die Kraft nicht, obwohl dadurch – jedenfalls nach zwei, drei Jahren – manches auch wieder leichter würde als mit einem »verwöhnten« Einzelkind. Darüber hinaus resignieren viele Paare gegenüber der Anforderung einer rationalen Entscheidungsfindung für oder gegen ein Kind in einer Welt mit ungewisser Zukunft.

Ein weiterer Punkt kommt hinzu, der mit zum Geburtenrückgang beigetragen hat. Besonders Frauen, die sich in gehobenen Berufspositionen etablieren wollen, geraten in die Gefahr, den Zeitpunkt einer möglichen Mutterschaft zu versäumen. Frauen wollen heute überwiegend erst einmal eine Ausbildung und einen Beruf. Die Realisierung des Kinderwunsches, der sicher noch »ausreichend« vorhanden ist, wird dadurch häufig aufgeschoben, bis es entweder zu spät ist oder allenfalls gerade noch für ein Kind reicht. So kommt es immer häufiger, wenn überhaupt, zur zunächst aufgeschobenen und dann mehr oder weniger zufälligen Geburt eines Kindes, das dann, weil man bereits das dreißigste Lebensjahr überschritten hat und weil das eine schon fast zuviel ist, auch das einzige bleibt. Ein von Anfang an gewollter und geplanter Verzicht auf Kinder (im Sinne von »Kinderwunsch nicht vorhanden«) scheint dagegen immer noch sehr selten zu sein, wenn auch Kinderlosigkeit von den Frauen selbst wie auch im sozialen Umfeld zunehmend akzeptiert wird. Der zunehmende Aufschub der Geburten zeigt sich deutlich am steigenden Heiratsalter und am steigenden Alter der Mütter bei der Geburt des ersten Kindes. Das durchschnittliche Alter der Mütter bei ihrer ersten Geburt betrug 1970 etwa 24 Jahre; inzwischen ist es auf über 26 gestiegen. Die gegenüber früher höheren Anteile kinderloser Frauen unter den Höherqualifizierten bestätigen diese Tendenzen.

Nicht zu vergessen, wenn man den Geburtenrückgang besonders in den sechziger Jahren verstehen will, sind die historisch einzigartige Durchsetzung einer wirksamen Geburtenkontrolle (»Pille«) und die Legalisierung des Schwangerschaftsabbruches.

Wir möchten diese technischen und rechtlichen Erleichterungen zur Reduzierung der Kinderzahl allerdings nicht überbewerten (zumal der Geburtenrückgang schon längst begonnen hatte, bevor die Pille massenwirksam durchgesetzt war). Wichtiger sind, gerade bei der existentiell so grundlegenden Frage der Elternschaft, die grundsätzlichen Einstellungen der Frauen, der Männer, der Paare.

Der Geburtenrückgang hat verschiedene Ursachen, er kann sich aber auch in verschiedenen Formen ausdrücken. Das führt uns zur Zahl der Kinder, die eine Frau ingesamt bekommt, und damit auch zur Frage der Kinderlosigkeit. Zunächst einmal sagen die verschiedenen Maßzahlen ja nur, daß die Zahl der Geburten *insgesamt* zurückgegangen ist. Der Geburtenrückgang kann sich aber aus verschiedenen Entwicklungen zusammensetzen. Es kann zum Beispiel sein, daß ein Teil der Frauen nach wie vor genau so viele Kinder bekommt wie ihre Mütter, daß aber ein anderer Teil weitaus weniger Kinder bekommt. Es ist möglich, daß alle Frauen gleichmäßig am Rückgang beteiligt sind – sagen wir: ein Kind weniger bekommen als ihre Mütter. Es kann sein, daß es kaum noch Frauen gibt, die mehr als zwei Kinder bekommen. Und schließlich kann die Zahl der Frauen stark ansteigen (im Vergleich zur Müttergeneration), die überhaupt keine Kinder mehr bekommen, die also ihr ganzes Leben lang kinderlos bleiben.

In der Tat sind es genau diese beiden letztgenannten Entwicklungen, aus denen sich der Geburtenrückgang zusammensetzt: Zum einen gibt es nur noch wenige Frauen, die mehr als zwei, und kaum noch Frauen, die vier oder gar fünf Kinder bekommen – es gibt kaum noch kinderreiche Familien. Zum andern ist vor allem in den letzten zwei Jahrzehnten die Zahl der kinderlos bleibenden Frauen stark angestiegen. Alle die oben genannten Veränderungen haben dazu geführt, daß viele Leute überhaupt keine Kinder mehr bekommen; daß ihnen ein Kind schon genug zu schaffen macht; daß sich fast niemand mehr in der Lage sieht, mehr als zwei oder gar drei Kinder seinen Ansprüchen entsprechend großzuziehen. In quantitativer Hinsicht wirkt sich der Rückgang der Mehr-Kinder-Familien am deutlichsten aus: Von den Ehen, die kurz nach der Jahrhundertwende geschlossen wurden, hatte fast die Hälfte noch vier oder mehr Kinder. Doch schon unter den Ehen, die in den zwanziger Jahren geschlossen wurden, waren es nur noch 20 %. Und inzwischen ist der Anteil dieser kinderreichen Familien unter 5 % gesunken. Umgekehrt stiegen im Verlauf des 20. Jahrhunderts (bis zu den Ehen, die in den siebziger Jahren geschlossen wurden) der Anteil der kinderlosen Ehen, der Ehen mit einem Kind und der Anteil der Ehen, die zwei Kinder hervorbrachten, beträchtlich an (vgl. Tabelle 4 im Anhang).

Wir haben schon zu verstehen gegeben, daß wir den Geburtenrückgang nicht für ein besonders gravierendes Problem ansehen. Die deutsche Vereinigung hat hier ohnehin eine Verschiebung der öffentlichen Aufmerksamkeit bewirkt. Seit dem Sommer 1989 hat sich niemand mehr ernsthaft mit der Frage beschäftigt, »ob die Deutschen aussterben«. Im Gegenteil. Man hat die Folgen des Bevölkerungszuwachses in den alten Bundesländern und die Folgen der Vereinigung diskutiert. Aber auch sonst müßte man sich allmählich mit dem Gedanken vertraut machen, daß wir längst ein Einwanderungsland geworden sind. Im Weltmaßstab gesehen ist ja nicht der Geburtenrückgang, sondern immer noch das Bevölkerungswachstum das Hauptproblem.

Aus diesen Gründen halten wir die Frage, ob mit familien- und sozialpolitischen Maßnahmen Einfluß auf die Geburtenentwicklung genommen werden kann, nicht für besonders dringlich. Eine zusammenfassende Bemerkung wollen wir dazu trotzdem machen. Insgesamt gesehen kann man sagen, daß die Wirksamkeit bevölkerungspolitischer Maßnahmen langfristig gesehen eher gering ist. Es gibt einige praktische Beispiele, an denen man die Frage prüfen kann, vor allem in Osteuropa (vor dem Umbruch), weil dort die kollektive Bindungskraft politischer Maßnahmen ohnehin größer war als im stärker individualistischen Westen. Das eine Beispiel ist die Einführung der Fristenregelung in der DDR. Unmittelbar danach ging die Geburtenzahl zurück – eine direkte Folge dieser rechtlichen Veränderung. Ein noch drastischeres Beispiel ist aus Rumänien bekannt. Dort war vor Jahren ein striktes Abtreibungsverbot unangekündigt eingeführt worden. Das Ergebnis war ein starker unmittelbarer Anstieg der Geburten. Doch in beiden Fällen hielt die Wirkung nicht lange an.

Auch im Westen hat es solche Kurzzeiteffekte gegeben. Beispielsweise in Österreich: Als bekannt wurde, daß die Familienbeihilfe (die bei der Eheschließung gezahlt wurde) gestrichen werden sollte, heirateten besonders viele Leute, die das sonst erst später getan hätten, noch vor Jahresfrist. Und viele bekamen bald danach ihr erstes Kind (obwohl es in Österreich nicht unüblich ist, zuerst »unehelich« ein Kind zu bekommen und dann ein Jahr später zu heiraten, weil dadurch die finanziellen Vergünstigungen, die einer ledigen Mutter zustehen, noch mitgenommen werden können).

Insgesamt gesehen ist es unwahrscheinlich, daß durch finanzielle Anreize des Kinderkriegens die Kinderzahl wesentlich nach oben gehen würde (es sei denn, diese Anreize bewegten sich in Größenordnungen, die den Sozialstaat überfordern würden). Die Entscheidung für oder gegen ein Kind wird aus den schon genannten Gründen (»Kosten«, Einschränkungen, Erziehungsansprüche, Überforderung, berufliche Ambitionen) kaum durch geringfügige finanzielle Anreize beeinflußt werden. Wollte der Staat wirklich dafür sorgen, daß die jährliche Zahl der Geburten wieder deutlich steigt, müßte er gewaltige Anstrengungen unternehmen: für eine kindgerechte Umwelt, für einen kinderfreundlichen Lebensrhythmus, für wirksame Betreuungsmöglichkeiten, die für die Eltern auch akzeptabel wären. Es sieht nicht danach aus, daß hier in absehbarer Zeit ein grundlegender Wandel eintritt.

Wenn wir von der wachsenden Gleichgültigkeit gegenüber der Ehe gesprochen und dies als Ausdruck und zugleich Grund für die zunehmende Zahl unehelicher Paare betrachtet haben, dann dürfen wir keinesfalls in eine entsprechende Analogie hinsichtlich der Elternschaft verfallen. Von einer wachsenden Gleichgültigkeit gegenüber Kindern kann nicht gesprochen werden. Im Gegenteil: Die modernen Erziehungsansprüche haben das einzelne Kind stärker in den Mittelpunkt der Familien gerückt, und dies um so mehr, je kleiner diese Familien werden. Anders als die Ehe hat Elternschaft also nicht an Wertschätzung verloren. Gleichwohl ist sie mit der Veränderung der Geschlechtsrollen und der Aufwertung der Erziehungsverantwortung zunehmend problematisch geworden. Das Problem liegt weniger darin, daß der »Kinderwunsch« zurückginge, als darin, daß seine Erfüllung nicht mehr selbstverständlich ist und in Konflikt mit einem anderen Lebensziel gerät, das für Frauen bedeutend an Wert gewonnen hat, nämlich dem Beruf. Das zentrale Problem ist heute also die Vereinbarkeit von Elternschaft und Beruf, besonders bei hochqualifizierten Frauen. Da auch aus anderen Gründen (Möglichkeiten der

Schwangerschaftsverhütung und -unterbrechung) die Selbstverständlichkeit der Mutterschaft zurückgegangen ist, wird Elternschaft immer mehr zum Ergebnis eines Konflikts zwischen rivalisierenden Wertorientierungen.

Aus unseren Interviews lassen sich drei Konstellationen herausschälen, wie die Frauen und die Paare mit diesem Wertkonflikt zwischen Elternschaft und Beruf umgehen. Die erste ist die »Lösung« des Konflikts durch Kinderlosigkeit, die zweite sucht nach Möglichkeiten der Vereinbarkeit, bei der dritten steht die Familienorientierung im Vordergrund. Diese drei Umgangsweisen variieren je nach Milieu. In diesem Kapitel befassen wir uns mit der »Lösung« Kinderlosigkeit, im nächsten mit der Vereinbarkeitsproblematik. Die drittgenannte Lösung (Vorherrschaft des Familiensinns) wurde bereits im 5. Kapitel erörtert.

Im Akademikermilieu in Berlin fanden wir – ganz im Gegensatz zu »Wieslingen« – niemanden, für den Elternschaft völlig selbstverständlich ist. Selbst wenn ein »Kinderwunsch« »schon immer« da ist, gibt es doch zunächst einmal wichtigere und vordringlichere Lebensentscheidungen zu fällen. Die Entscheidung für Kinderlosigkeit oder für Elternschaft wird in vielen Fällen auf der Grundlage einer Abwägung von beruflichen und familiären Werten gefällt. Aber nicht immer ist die Entscheidungsgrundlage so klar, daß es eine leichte Wahl wäre. Nicht unerheblich für die Entscheidung ist das Herkunftsmilieu: Wer aus einem akademischen Elternhaus kommt und vielleicht selbst Einzelkind war, steht einer eigenen Kinderlosigkeit wesentlich offener gegenüber als jemand aus einem Milieu, in dem »Familie« noch immer ein wesentlicher Lebenswert ist. Viele der von uns Interviewten, die aus einem akademischen Elternhaus kommen, bekamen von zu Hause eher die Orientierung auf eine erfolgreiche Berufsorientierung mit als die auf baldige Familiengründung.

Christine Wolf (39, Studienrätin) bekam von ihrer Mutter vorrangig den Eindruck vermittelt, daß Kinder für die Mutter viel Arbeit bedeuten. Sie erzählt, daß ihre Mutter nicht nach Enkeln Ausschau halte, sondern eher in ihrem Bekanntenkreis damit kokettiere, ihre beiden Töchter seien beruflich zu engagiert, um Kinder haben zu können. Christine hatte nie einen besonders ausgeprägten Kinderwunsch – auch nicht in der Zeit, als sie noch mit ihrem ersten Freund zusammen war und anfangs alles den Anschein hatte, als ob ihr Leben in ganz normalen Bahnen verlaufen würde. Auch später verspürte sie keine Neigung, Mutter zu werden, obwohl sie sagt, daß sich kaum ein zweiter Beruf so gut zur Mutterschaft eigne wie der ihre.

Ebenso hätte Brigitte Rade (44, verheiratet, Dozentin) aus beruflichen Gründen auf ein eigenes Kind nicht verzichten müssen. Zum einen war sie materiell immer durch ihre Männer gut abgesichert, und zum anderen ist sie freiberuflich tätig, könnte sich also die Termine z. T. selbst einteilen und auch gegebenenfalls für eine gewisse Zeit weniger Aufträge annehmen. Auch bei Brigitte spielt eine wesentliche Rolle, daß sie vom Elternhaus nicht auf Familie hin orientiert wurde:

»Ich hatte nie den Wunsch, Kinder zu haben. Ich hatte den weder als Jugendliche, so mit sechzehn, siebzehn, wo man sowas erzählt, das kann nur damit zu tun haben, daß meine Mutter auch nie 'n Kind wollte, meine Oma auch nicht. Meine Mutter hat mir auch nie sowas vermittelt, daß das was ganz Wichtiges wär für 'ne Frau, obwohl sie Hausfrau und Mutter dann war.«

Ihre Identität findet sie im Beruf, und im übrigen mag sie keine Kleinkinder:

»...so Dreizehn- Vierzehnjährige könnte ich sehr gut um mich rum haben. Aber diese erste Phase – denk ich mir, hab ich das Gefühl, ich krieg zuwenig zurück und muß unheimlich viel geben. Da bin ich sicherlich auch 'n Stück Egoist, das, was ich da geben kann – hab ich immer so das Gefühl –, das ist auch nicht das, was ich wirklich kann, was die da von mir abfordern. Und ich war auch sicherlich nicht bereit, auf bestimmte Sachen, die mir wichtig sind, zu verzichten, so Zeiteinteilung, frei entscheiden zu können, wann ich wo was mache, das ist für mich auch wichtig.«

»Ich hatte nicht den Wunsch. Selbst nicht, als 'ne Freundin von mir – die kriegten ja alle relativ spät die Kinder, erst über dreißig. Wo du dann ja eigentlich auch denkst, na wenn, dann müßteste jetzt. Aber das war bei mir nicht. Und als ich Friedhelm kennenlernte, hab ich ihm gleich gesagt, wenn er Kinder möchte, dann bin ich sicherlich nicht die richtige Partnerin. Und ich kann das verstehen, wenn er solche Wünsche hat, und ich kann auch verstehn, daß er sich dann 'ner anderen Partnerin zuwenden muß, ganz einfach.«

»Ich denke mir, wenn Frauen selber einen ganz starken Wunsch haben, auch Karriere zu machen, dann lassen sie entweder den Wunsch nach Kindern nicht entstehen, oder sie haben Glück, daß er nie so vorherrschend war, auch früher in der Erziehung nicht vorherrschend war, oder sie müssen ihn unterdrücken. Ich denke mir, daß es immer noch verdammt schwer ist, beides zu vereinbaren, und ich muß ja sagen, ich kenne auch kaum Frauen, die das geschafft haben.«

Horst Vogel (36, verheiratet, zweite Ehe, keine Kinder, selbständiger Mathematiker) sagt, er beschäftige sich sehr viel mit sich selbst und seiner Beziehung. Und – »das mag fürchterlich egoistisch klingen – aber ich weiß, wenn ich Kinder hätte, dann würde ich mich auch unglaublich damit auseinandersetzen und müßte Zeit haben dafür, und ich wüßte nicht, wie ich das machen sollte, ich wüßte es ehrlich nicht – also – ich werde wahrscheinlich überhaupt nicht zu Kindern kommen«. Kinder zu haben »wäre für mich maßlos anstrengend, weil ich weiß, ich müßte dann aufpassen, daß ich nicht irgendwo was falsch mache. – Es würde mich einfach einengen – ich würde zwar, wenn Kinder da wären, hundertprozentig die Aufgabe übernehmen und mich damit auseinandersetzen, es ist ja nicht so, daß ich Kinder nicht mag oder so – meine jüngere Schwester hat drei Kinder, und da komm ich einigermaßen gut zurecht. Aber die Kinder brauchen einfach eine ganze Menge Schutz, den man ihnen *bieten muß*, einfach weil sie sonst von allen möglichen Dingen wirklich stark bedroht sind, und das ist mir, ehrlich gesagt, zuviel.«

Manchmal sind die Rollen fast schon vertauscht. Kinderlosigkeit wird von den Frauen häufig als unvermeidliche Konsequenz der Entwicklung akzeptiert, die zu einer stärkeren Berufsorientierung geführt hat. Das kann für den Mann zur Folge haben, daß er entgegen seinen Wünschen in der traditionellen männlichen Berufsorientierung festgehalten wird, weil er nicht Vater werden kann.

Im Unterschied zu ihr selbst wollte Christine Wolfs Freund Kinder haben. Zunächst, so erzählt sie, hätte sie der Familienplanung zugestimmt. Doch als sich nach einiger Zeit der Erfolg nicht einstellen wollte, gaben sie das Vorhaben wieder auf, »ohne ärztliche Hilfe einzuholen«. Daraus folgert sie, daß sie sich »eigentlich« keine Kinder wünscht. Ihr Freund kompensiert nun seine »Familienlosigkeit« durch verstärktes Engagement im Beruf.

Mary White-Vogel

Mary, 48, ist seit fünf Jahren in erster Ehe verheiratet. Davor war sie fast zwanzig Jahre lang mit Paul, einem Schauspieler, befreundet und lebte die Hälfte dieser Zeit auch mit ihm zusammen. Sie ist Hochschul-Dozentin (in Dauerstellung). Wir sind bereits im 7. Kapitel auf ihren Fall eingegangen – unter dem Gesichtspunkt, warum sie und Paul nicht geheiratet hatten.

Es sei noch einmal daran erinnert: Als junge Frau kam sie nach Europa, lernte bald Paul kennen, mit dem sie 19 Jahre lang zusammen war. Nachdem sie sich getrennt hatten, kam Horst, ihr jetziger Ehemann, ein Akademiker mit einer vielleicht schwabing-typischen leicht skurrilen Mischung aus kalkulierter Zielstrebigkeit und chaotischer Lebensfreude.

Auch bei ihr hat die eigene familiäre Vergangenheit dazu beigetragen, daß sie keinen starken Familiensinn entwickelt hat. Die Ehe ihrer Eltern war »schrecklich«. Erst nach der Trennung von Paul, ihrem langjährigen Freund, als beruflich alles, was sie angestrebt hatte, erreicht war, stellte sie den Beruf allmählich etwas zugunsten des Privatlebens (»Selbstverwirklichung«) zurück. Sie arbeitet jetzt nicht mehr, wie früher, abends und an den Wochenenden. Sie hätte jetzt Zeit für ein Kind, so könnte man sagen, wenn es nicht schon zu spät wäre (sie selbst nennt aber nicht das Alter als Grund).

Mary wollte während ihrer College-Zeit keinen Mann fürs Leben kennenlernen – die Vorstellung einer Familiengründung erschien ihr geradezu als »Horrorvision«, sie wollte keine Kinder und auf jeden Fall erst ihre Ausbildung fertigmachen. Um das zu schaffen, mußte man damals – vor der Pille – sehr vorsichtig und zurückhaltend sein.

»Für mich war ziemlich klar, daß man entweder das eine oder das andere, aber nicht beides zugleich machen kann: Karriere und Kinder.« – »Und nicht nur die Ausbildung, ich wollte halt die Welt sehen.« Außerdem wollte ihr Freund, der Schauspieler, keine Kinder. Klar war immer: wenn ein Kind kommt, dann wird geheiratet. Aber so weit kam es nicht.

Mary hatte ursprünglich nicht unbedingt an eine akademische Karriere gedacht, aber als sich die Möglichkeit eröffnete, hat sie nicht gezögert:

»Da habe ich mich entschlossen, die Universitätslaufbahn zu machen, aber dazu gehört natürlich auch, daß man sich habilitiert, und nachher auch forscht. Und für mich ist das ziemlich ausschließlich gewesen, daß man entweder das macht oder Kinder kriegt – und nur so irgendwie auf halbem Gleis arbeitet. Und das war von Anfang an in meinem Leben eigentlich nie eine Idee von mir, daß ich nur auf halbem Gleis irgendwo arbeite. Und ich hab's andererseits nicht gelernt, von zu Hause aus, also

Hausarbeit oder sonstige Dinge gut zu machen, und effizient zu machen, so daß ich immer damit praktisch auch sehr im Hintertreffen war. Und ich hatte nie das Gefühl gehabt, ich könnte das alles schaffen.«

Zum Zeitpunkt ihrer Eheschließung – Mary war immerhin schon 43 – kamen Kinder nicht mehr in Betracht. »Wir haben uns überlegt, daß wir zusammensein wollen, einfach weil wir selber dabei waren, uns selber zu entwickeln, sehr stark. Und hatten nicht das Interesse – jeder hat für sich beschlossen, man möchte sich nicht die Zeit nehmen, sich jemand anders zu widmen, sondern wir wollten uns mit uns selbst auseinandersetzen.«

Man kann die Sachlage sehr einfach beschreiben: Als Mary jung war, wollte sie sich für einen Beruf qualifizieren und außerdem die Welt sehen. Sie bekam die Chance, Karriere zu machen, und widmete ihre »besten Jahre« dem Aufbau und der Stabilisierung dieser Karriere. Das ließ weder Platz für eine feste und verbindliche Ehe-Beziehung (die Distanz-Beziehung zu Paul war dafür genau die richtige) noch gar für eine Familie. Mary war inzwischen 40 geworden, und allmählich wurde es zu spät für ein Kind. So kam es schließlich gerade recht, daß sie jemanden fand, mit dem zusammen sie sich auf ihre persönliche Weiterentwicklung (»Selbstfindung«) konzentrieren konnte.

Andreas Mühlberg

Andreas ist 41 Jahre alt, promovierter Entwicklungsingenieur, mit einer 35jährigen Sonderschullehrerin verheiratet. Das Ehepaar ist kinderlos und lebt in einer großen, für Münchner Verhältnisse relativ billigen Altbauwohnung. Die Wohnung ist so eingeteilt, daß jeder sein eigenes Zimmer hat, dazu ein gemeinsames Schlafzimmer und zwei Abstellkammern.

Andreas stammt aus einer mittelständischen ländlichen Familie, hat einen älteren Bruder und zwei jüngere Schwestern. Er machte nach der Volksschule eine Lehre als Elektroinstallateur, besuchte dann die Technikerschule, anschließend war er berufstätig. Nebenbei hat er sich weitergebildet, ging abends zur Berufsaufbauschule, dann zur Fachhochschule und schließlich zur Technischen Universität. Nach seinem Studienabschluß bekam er eine Assistentenstelle zur Promotion. Seit zwei Jahren ist er als Entwicklungsingenieur in der Industrie tätig.

Seine Ehefrau ist auch seine Jugendliebe: Er kennt sie bereits seit 20 Jahren, verheiratet sind sie seit zehn Jahren. So lange wohnen sie auch zusammen. Davor wohnten sie getrennt in München in geschlechtsgetrennten konfessionellen Studentenheimen, später hatte sie eine Stelle außerhalb Bayerns, so daß sie eine Wochenendbeziehung führen mußten. Er hat nie mit einer Frau unverheiratet zusammengelebt.

»Und diese Wochenendbeziehung, die wollten wir halt dann auch beenden. Und wir haben uns vorher eigentlich schon recht gut gekannt, und dann haben wir eigentlich schon gedacht, daß wir zusammen wohnen können und daß wir irgendwo auch eine ähnliche Einstellung haben. Ja gut, und dann haben wir halt den Schritt erwogen, zu heiraten. Und dadurch war's dann auch möglich mit der Versetzung meiner Frau nach München. Das war eigentlich der äußere Anlaß. Sonst hätt' ich wahrscheinlich nicht geheiratet. Weil ich auch nicht vorgehabt hätte, Kinder zu haben. Aber – sagen wir mal, mir wär das egal gewesen, ob ich verheiratet bin oder nicht. Und ich glaube nicht, auch wenn ich Kinder hätte – man muß nicht unbedingt heiraten, das ist – also es ist heutzutage kein Schutz mehr, für die Frau und für den Mann, ja. Wenn beide arbeiten – wenn beide selbständig einen Beruf haben. Also 'ne schlechte Beziehung kann man damit nicht länger aufrechterhalten. Außer man hat eine Horde Kinder, aber dann ist es meistens so, daß die Frau in einem Abhängigkeitsverhältnis ist, ja? Aber, sagen wir mal so, das Leben, was wir führen – da wär's problemlos, also wir könnten uns jederzeit trennen.«

Wir kennen sie nun schon zur Genüge, die neue Gleichgültigkeit. Andreas und seine Frau sind dafür nicht untypisch: kinderlos, beide beruflich gut abgesichert. Warum hat er keine Kinder?

Grund Nr. 1: Die Überbevölkerung und Überlastung des Planeten

»Ja – wieso keine Kinder? Ich bin eben der Meinung, es gibt schon genügend Kinder auf der Welt und – eigentlich zuviele, glaub ich – daß zu viele Menschen die Welt bevölkern. Dadurch haben wir auch Probleme mit der Umwelt undsoweiter. Das ist für mich ein Grund.«

Grund Nr. 2: Keine Aufopferungs- und Erziehungsbereitschaft

»Der andere Grund ist bei uns sicher auch, daß wir – daß eigentlich niemand bereit ist, für Kinder fünf, sechs, sieben, acht Jahre zu opfern. Zu Haus zu bleiben, ja? Und das ist wahrscheinlich schon der Hauptgrund.

Man kann sich ja heute echt überlegen, will man Kinder, oder will man keine. Die bringt ja nicht mehr der Storch, in dem Sinne. Und wenn, dann muß man auch *ja* sagen können und muß dahinterstehen und muß dann sicher auch einiges opfern, nicht? Und dazu sind wir einfach nicht bereit. Die Hauptperspektive ist sicherlich die, daß von uns niemand bereit ist, das Kind zu erziehen – und sich dann jemand zu suchen, der das Kind praktisch hochzieht, das ist also für mich auch nichts. Aber ich könnte nicht zu Hause sein und die Kinder hier beaufsichtigen oder sonstwas. Da würde mir einfach was abgehen, da wär ich so isoliert. Und meine Frau könnte das auch nicht. Weil – in dem Moment ist sie total von mir irgendwo abhängig, nicht?«

Grund Nr. 3: Es entgeht einem nicht so viel, wenn man keine Kinder hat.

»Auf der anderen Seite – man muß ja auch sehen, was hat man von Kindern? Ich mein, klar, es geht einem sicher 'ne Erfahrung verloren. Vor allen Dingen für 'ne Frau, Kinder zu kriegen ist doch bestimmt 'ne Erfahrung, nicht? Wobei die Erfahrung meines Erachtens nicht so toll ist, weil sonst hätten die Leute mehr Kinder als eins, die hören meistens nach dem ersten Kind wieder auf, weil sie eigentlich genug haben, ja? Aber gut, das ist ein bißchen ironisch jetzt.«

Grund Nr. 4: Man kann auch ohne eigenen Nachwuchs etwas für Kinder tun.

»Auf der anderen Seite muß ich sagen, hab ich sechs Neffen und Nichten – von meinen Geschwistern –, also da kann ich sehr viel für die Kinder auch tun. Und das machen wir auch ab und zu, daß wir die mal mit auf die Hütte nehmen oder sonstwas machen. Also von daher – und ich mag Kinder auch ganz gern.«

Fazit: Es muß nicht sein, daß man selbst Kinder hat. Es gibt objektive und subjektive Hindernisse, und das eigene Lebensglück hängt nicht unabdingbar von der Elternschaft ab.

»Gut, ich mein', wenn meine Frau – sagen wir mal – sich ein Kind gewünscht hätte oder gesagt hätte, ja okay, das macht mir Spaß oder so, dann hätt's vielleicht auch wieder anders ausgeschaut, ist klar. Aber – in dem Fall, also in unserem Fall, da bringt das eigentlich nichts, Kinder zu haben, nicht?«

Andreas Mühlberg und Horst Vogel: Beide betonen, daß sie Kinder eigentlich mögen, daß sie auch gern gelegentlich die Kinder ihrer Geschwister mit auf eine Bergtour nehmen oder mal beaufsichtigen. Aber eigene Kinder wären ihnen zu anstrengend und hinderten sie daran, ihr Leben zu genießen und ihre beruflichen Ambitionen zu erfüllen.

Auch das Zusammenleben ist ganz so geregelt, wie man es sich für moderne, individualisierte Paare vorstellt, die keine Kinder haben. Jeder hat sein eigenes Zimmer, das gemeinsame Wohnzimmer hat sich als entbehrlich erwiesen.

»Wir haben eigentlich kein Wohnzimmer, sondern wir haben eben zwei Zimmer. Also sie hat ihr Zimmer, und ich hab mein Zimmer. Anfangs hatten wir's so eingerichtet, daß wir ein Wohnzimmer hatten, das war das hier. Und drüben das Arbeitszimmer für beide. Aber das hat sich eigentlich rausgestellt, daß das nicht übermäßig günstig ist. Vor allen Dingen, wenn zwei in einem Raum arbeiten, das ist nicht ganz gut. Also das hat man zwar am Anfang gemacht, aber es hat sich rausgestellt, daß das so nicht richtig hinhaut. Und da haben wir halt gesagt, okay – lösen wir das Wohnzimmer auf und macht jeder sein eigenes Zimmer, wie er will. Und – das hat sich eigentlich bewährt. Wenn wir jetzt noch einen Raum dazu hätten, den würden wir wahrscheinlich ganz minimal einrichten. Vielleicht mit zwei so ganz bequemen Liegen, aber kein Schrank und nichts drin. Die Anlage noch mit dazu, einfach so als Relax-Raum. Aber zwei Arbeitszimmer, glaub ich, ist notwendig, wenn beide arbeiten. Vor allen Dingen, ich hör dann Musik, meine Frau auch – aber nicht unbedingt immer zur selben Zeit. So daß wir da – man hat mehr Freiheit, und man kann sich's irgendwo besser einteilen, nicht?«

»Wenn man zu zweit in einem Zimmer ist, hat man immer das Bedürfnis zu kommunizieren, auch wenn's nicht paßt. Und so ist das wirklich gut, da steh ich auf und sag dann – du, wann hast du Zeit – können wir drüber reden, oder was weiß ich. Ist viel besser geregelt so, das Ganze.«

Gibt es einen größeren Gegensatz zum Familialismus? Dabei handelt es sich hier ja keineswegs um Alternative oder »Achtundsechziger«, sondern ganz im Gegenteil um eher biedere, einfache, ganz normale Leute. Ihr Leben zu zweit scheint völlig rational und vernünftig durchorganisiert. Die Reibungsflächen sind auf ein Minimum reduziert. Gemeinsamkeit ist damit leichter möglich – aber immer auf der Grundlage der jeweiligen individuellen Selbstverwirklichung. Beruf und Freizeitvergnügen stehen ganz im Vordergrund. Kein Platz für Familie, nicht einmal Platz für eine eheliche Wohnzimmerlandschaft. Und dort, wo andere die Flurgarderobe haben, läßt Andreas Mühlberg sein Surfbrett überwintern.

12. Kind und Karriere

Unter den vielen gesellschaftlichen Umwälzungen des 20. Jahrhunderts ist es sicher nicht die unwichtigste, daß die Frauen es zunehmend geschafft haben, ihren Anspruch auf ein Leben durchzusetzen, zu dem ein Beruf genau so gehört wie zum Leben eines Mannes (»ein Stück eigenes Leben«, wie Elisabeth Beck-Gernsheim es ausdrückt). Die Aufteilung der Aufgabengebiete in eine männlich-beruflich-öffentliche und eine weiblich-mütterlich-häusliche Sphäre – und damit die sozusagen »natürliche Ergänzung« von Mann und Frau – ist fragwürdig geworden und wird zunehmend aufgeweicht. In manchen Theorien und Ideologien ist sie inzwischen bereits aufgehoben – nur noch Radikalkonservative fordern offen und uneingeschränkt die alten Differenzen zurück.

In vielen Bereichen ist eine Annäherung der Geschlechtsrollen feststellbar, wenn auch offen ist, wer sich wem stärker anpaßt und mehr vom andern übernimmt. Es gibt genügend Tendenzen der Übernahme von männlichen Lebensformen und -vorstellungen durch Frauen, vor allem im beruflichen und öffentlichen Bereich. Wenn eine Frau eine öffentliche Führungsposition übernimmt, dann vor allem deshalb, weil sie manche »männlichen« Eigenschaften besser beherrscht als deren Erfinder. Aber es gibt umgekehrt auch Erscheinungen der »Verweiblichung« des Mannes und der bisher männlich dominierten öffentlichen Sphäre (»Feminisierung der Kultur«). Männer dürfen, im Prinzip, heute Gefühle zeigen – auch in der Öffentlichkeit. Sie dürfen und sollen weinen, wenn ihnen danach zumute ist. Sie dürfen selbstverständlich Babys wickeln, und längst wäre es befremdlich, einen kinderwagenschiebenden Mann lächerlich zu finden.

Bei aller Verwischung der Geschlechtsunterschiede hat sich in einer Sache »natürlich« nichts geändert: Nach wie vor sind es ausschließlich die Frauen, die Kinder gebären. Und manche sehen darin den entscheidenden Grund für das Problem, daß Beruf, Mutterschaft und Partnerschaft nicht oder nur äußerst schwer vereinbart werden können.

Dieses Argument hat sich jedoch längst als fadenscheinig erwiesen. Das unbezweifelbare Faktum, daß nur Frauen Kinder bekommen können, kann nicht der Grund dafür sein, daß Frauen über Jahre hinweg durch die Doppelbelastung gehandicapt sind und die gleichzeitige Ausübung einer anspruchsvollen Berufstätigkeit und einer verantwortungsvollen Mutterschaft kaum möglich ist. Wichtiger für das Problem der Vereinbarkeit sind die Eigenheiten der Arbeitswelt und der bei uns üblichen Formen der Kinderbetreuung. Sie sind in der Tendenz zweifellos nicht »kindgerecht«, sind oft geradezu kinderfeindlich. Elternschaft »kostet« viel und bringt immer Nachteile im Berufsleben. Eine mehrjährige Abwesenheit für Mütter aus einer Führungsposition oder einer Tätigkeit, die ständige Weiterbildung erfordert, ist, auch wenn sie gesetzlich abgesichert würde, nur schwer vorstellbar. Die Konkurrenzfähigkeit im Beruf würde zwangsläufig nachlassen. Ein weiterer Grund für das Vereinbarkeitsproblem kommt hinzu, der nur scheinbar mit dem biologischen Unterschied zu tun hat: Es ist einfach so, daß die alten Klischees und Vorstellungen darüber, wer besser mit Kleinkindern umgehen kann, noch lange nicht verschwunden sind – auch bei den Frauen, wo sie unter dem Stichwort der »neuen Mütterlichkeit« neu auferstehen.

Wie kann das Vereinbarkeitsproblem gelöst werden? Auf der Ebene arbeitsmarkt- und gesellschaftspolitischer Maßnahmen sind eine Vielzahl von Modellen vorstellbar: bessere Möglichkeiten zur Teilzeitarbeit, Job-Sharing, längere Elternurlaubszeiten mit Arbeitsplatzgarantie, bessere Kinderbetreuungsmöglichkeiten mit räumlicher Nähe zum Arbeitsplatz und vieles mehr. Aber das ist ein anderes Thema. Uns geht es hier um die Ebene der individuellen und partnerschaftlichen Lösungsversuche.

Eine erster Versuch dieser Art besteht darin, das Problem gar nicht erst aufkommen zu lassen: Verzicht auf Mutterschaft, »freiwillige« Kinderlosigkeit [vgl. Kapitel 11]. In diesem Kapitel geht es um jene Frauen aus dem Bereich akademischer und qualifizierter Berufe, für die der Beruf zwar wichtig ist, die jedoch ihre Familienorientierung nicht aufgeben: Sie wollen ein Kind, und sie wollen berufstätig sein.

Eine noch utopische Lösung, deren Konturen sich freilich schon abzeichnen, ist die technisch mögliche Entkoppelung von biologischer und sozialer Mutterschaft (»Leihmutterschaft«), die es erlaubt, die Belastungen sowohl von biologischer als auch von sozialer Mutterschaft teilweise abzuwälzen.

Eine andere ist die soziale Teilung der Mutterschaft bzw. der Elternschaft: den Mann zu aktiver Vaterschaft und zur Mitarbeit im Haushalt zu verpflichten (was besonders gut bei den Alternativen klappt); nach Unterstützung für die Kinderbetreuung bei Verwandten zu suchen (was häufig an der räumlichen Distanz scheitert); private Dienstleistungen oder kollektive Kinderbetreuung in Anspruch zu nehmen.

Sabine Dodrich, die sich zunächst kein Kind gewünscht hatte, bekam bereits Ende der sechziger Jahre die Gelegenheit, ihre Tochter zu einer Tagesmutter geben zu können. Später übernahm ihre Mutter die Betreuung während Sabines Arbeitszeit, dann kam das Kind in den Kindergarten. Noch während der Kindergartenzeit und die ganze Schulzeit hindurch konnte sie ihre Tochter zu einer Freundin geben, die nicht berufstätig war und eine gleichaltrige Tochter hatte, mit der sich ihre Tochter angefreundet hatte.

Renate Hornstein bemühte sich frühzeitig um einen Platz in einer Kinderkrippe, und schon vorher spannte sie ihren Freund bei der Pflege und Betreuung des Kindes ein. Verwandtschaftliche Unterstützung konnte sie dagegen nicht in Anspruch nehmen.

Für die Angehörigen des Alternativmilieus ist der Versuch, die traditionale geschlechtsspezifische Arbeitsteilung in allen drei Bereichen – Arbeit, Hausarbeit und Elternschaft – aufzuheben, ein wichtiges Anliegen, bei dessen Realisierung man aber grundsätzlich auf die gleichen Schwierigkeiten trifft, wie wir sie bereits für die Akademikerinnen und andere gut qualifizierte Frauen beschrieben haben. Zusätzlich wird die Entscheidung für die eigene Elternschaft oftmals durch die offene und ungesicherte Situation in Beruf und Partnerschaft erschwert.

Martina Fuhrmann, die 32jährige arbeitslose Sozialwissenschaftlerin, erinnert sich, daß sie etwa seit dem 16. Lebensjahr den Wunsch hatte, später einmal Mutter zu werden. Sie führte immer sehr offene Beziehungen, die auch ernsthaftere Nebenbeziehungen nicht ausschlossen, und im Laufe der Jahre hatte sie fünf Schwangerschaften von verschiedenen Männern. Aber aufgrund ihrer »bewegten« Verhältnisse, ihrer Schwierigkeiten, eine adäquate Arbeit zu finden, und der daraus resultierenden Geldknappheit waren für sie nicht die Voraussetzungen erfüllt, unter denen sie sich eine Mutterschaft vorgestellt hatte. Vor zwei Jahren lernte sie ihren neuen Freund kennen, mit dem sie jetzt in ausschließlicher Treue lebt. Sie hatte nicht geplant, von ihm ein Kind zu bekommen, aber als sie erneut schwanger wurde, entschied sie sich für das Kind. Sie weiß, daß sie damit ihre ohnehin schwierige berufliche Lage noch komplizierter macht, und befürchtet, nur unterhalb ihres Qualifikationsniveaus Arbeit zu finden. Aber ganz zu Hause bleiben könnte sie auch nicht – selbst wenn sie wollte –, weil ihr Freund weder bereit ist, die materielle Versorung für die Familie allein zu übernehmen noch auf die anteilige Betreuung des Kindes zu verzichten. Sie glaubt, daß der Begriff »die neuen Väter« nicht nur ein Schlagwort ist, sondern in dieser Vätergeneration sich wirklich etwas verändert hat, und sie sieht darin für die Männer eine Chance, auch ihre emotionalen und zärtlichen Anteile leben zu können. Das beobachtet sie auch bei ihrem Freund.

Gerade bei den Alternativen ist das gleichberechtigte Partnerschaftsmodell schon weitgehend realisiert: Die Frauen haben meist im außerfamiliären Bereich (Kollektiv, Schule, Studium) Erfahrungen gesammelt und in diesem Kontext ihr Selbstbewußtsein und ihr Selbstbild geformt und wollen in diesen Bereich auch wieder zurück. Umgekehrt sind die Männer häufig an Vaterschaft interessiert: Wenn es die »neuen Väter« gibt, dann wohl vorwiegend in diesem Milieu.

Sehr deutlich wird die Berufsorientierung auch bei Monika Troes, einer 30jährigen sozialpädagogischen Einzelfallhelferin. Sie hat früh nach einer Betreuung für ihren einjährigen Sohn gesucht, um ihre Ausbildung fortsetzen zu können. Obwohl sie es für ihren Sohn wichtig fände, Geschwister zu haben, hat sie sich doch gegen ein weiteres Kind entschieden, weil sie diese Überlegung nicht mit ihren eigenen Interessen in Einklang bringen kann – und das, obwohl durch ihre eigenen Betreuungserfahrungen die Mutter- und Hausfrauenarbeit in ihren Augen im Ansehen sehr gestiegen ist und sie die Frauen bewundert, die die Kraft haben, sich über mehrere Jahre ganz ihren Kindern zu widmen.

Im Alternativmilieu melden die Männer ein eigenes Interesse an der Kinderbetreuung an. Sie sind häufig nicht bereit, auf ihre Zeit mit dem Kind zu verzichten. Deshalb wollen sie ihre eigene Berufsarbeit zeitlich begrenzt wissen und fordern von ihren Frauen geradezu, auch ihren Beitrag zum gemeinsamen Einkommen beizutragen. Hier sind die traditionellen Geschlechtsrollen am weitgehendsten aufgehoben, nicht nur im Sinn einer Emanzipation der Frauen, sondern auch im Sinn einer »Feminisierung der Männer«.

Es gibt noch andere Gründe für die im Vergleich zu den Akademikern größere Bereitschaft der Alternativen, auch unter widrigen Umständen Elternschaft zu übernehmen. Zum einen ist man hier seinen »Bedürfnissen« gegenüber besonders offen. Zum anderen sind – aus einer allgemeinen Kritik den Verhältnissen und Normen der Leistungsgesellschaft gegenüber – die eigenen Karriereansprüche nicht so hoch gesteckt wie bei den Akademikern. Der Gelderwerb ist nicht Selbstzweck und dient auch nicht in erster Linie der Erfüllung unzähliger Konsumbedürfnisse; er steht in einem engen Verhältnis zum politischen Engagement und zur Selbstentfaltung. Überdies ist es eine wesentliche Lebensorientierung, die traditionelle Arbeitsteilung zwischen Mann und Frau in allen drei Bereichen – Arbeit, Hausarbeit und Elternschaft – aufzuheben, wozu auch gehört, nicht von vorneherein auf einen davon zu verzichten.

Wir haben gesagt, daß sich für die Ehe heute viele Paare nur aus äußerlichen Gründen entscheiden – oder sie entscheiden sich gegen die Ehe, weil es keine zwingenden Gründe mehr für diese Institution gibt und eine gewisse Gleichgültigkeit vorherrscht. Ganz anders die Entscheidung für oder gegen Elternschaft: Sie ist tiefgreifender und folgenreicher. Die Ansprüche an die Elternschaft sind allgemein sehr hoch geworden. Dazu kommt bei Frauen der Wertkonflikt mit dem Beruf. Vielfach kann dieser Konflikt nur noch auf Kosten der Elternschaft gelöst werden. Das gilt in besonderem Maße für Akademikerpaare, wo als Konsequenz häufig Kinderlosigkeit zu erwarten ist. Im Alternativmilieu sind die Chancen größer, berufliche und familiäre Ziele zu vereinbaren. Der Konflikt zwischen Beruf und Familie taucht zwar auch schon im dörflichen und im Arbeitermilieu auf, wird dort aber in der Regel noch zugunsten der Familie entschieden.

Monika Seiler

Monika ist Mitte dreißig und lebt zusammen mit ihrer sechsjährigen Tochter und dem Vater des Kindes unverheiratet in einer Münchner Vorstadt-Reihenhaussiedlung. Sie arbeitet nach einer Ausbildung als Diplomphysikerin in der Datenverarbeitung eines großen Mikroelektronik-Unternehmens, von ihrer Tätigkeit her kann man sie als Informatik- und EDV-Spezialistin bezeichnen.

Monika stammt aus einem kleinen niederbayerischen Dorf,

dort aber aus einem der höherrangigen Haushalte, dem des Dorfschullehrers. Sie hat vier Geschwister. Ihre Mutter hatte irgendwann erkannt, zu wenig für sich selber gelebt und sich statt dessen für die Kinder aufgeopfert zu haben. Unterschwellig hat sie das den Kindern später vorgehalten, und das Verhältnis zwischen Mutter und Tochter ist dadurch stark getrübt worden. Monika hat für sich »Selbstverwirklichung« als Lebensprogramm gegen das der Mutter (»Aufopferung«) gesetzt. Der Vater erscheint als Autoritätsfigur und Respektsperson, zu dem es trotzdem eine gewisse emotionale Nähe gab und der mit seinen Sonntagsausflügen maßgeblichen Anteil daran hatte, daß ein Gefühl für Familie entstehen konnte. Umgekehrt ist es wiederum die Mutter, deren Anteil an den negativen Seiten der familiären Gemeinschaft größer ist; sie ist stärker als der Vater für das Gefühl verantwortlich, im Familienverband eingezwängt zu sein. Es gibt daher bei Monika eine Zwiespältigkeit von Geborgenheit und Enge, von familiärer Gemeinschaft und Fesselung. Ihre Ablösung von der Herkunftsfamilie ist nicht ohne Probleme verlaufen.

Monika war eine von wenigen Frauen in einem stark von Männern dominierten Studienfach (Physik). Nach einigen Monaten unverbindlicher, flüchtiger Beziehungen hat sie »die erste längere Beziehung angefangen«. Albert war Assistent in ihrem Studienfach, sie hatte ihn während einer Lehrveranstaltung kennengelernt. Er war sieben Jahre älter und kam aus Frankfurt, der Metropole der Studentenbewegung, in die Provinzstadt, hatte in Wohngemeinschaften gelebt und schon »diverse Freundinnen hinter sich«. – »Ich weiß nicht, ob man sagen kann, Glück oder Pech, war er mir natürlich da haushoch überlegen.« Es gab Konflikte, die aus unterschiedlichen politischen Einstellungen und Lebenserfahrungen (Wohngemeinschaft, Studentenbewegung), sowie unterschiedlichen Vorstellungen zu Ehe, Familie und Treue resultierten. Albert gehörte offenbar zu jenen, für die Treue und Monogamie zu überwindende bürgerliche Relikte waren. Monika dagegen war damals aktives Mitglied der Jungen Union. Die Konfrontation zweier unterschiedlicher politischer Weltbilder war eine wesentliche Reifungserfahrung für sie. Der Bewußtseinswandel erscheint nachträglich fast als Bekehrung zum richtigen Glauben: »Die ganze Truppe« (Wohngemeinschaft) habe sich zur Aufgabe gemacht, »mich da auch umzudrehen sozusagen«.

Monikas Darstellung der Beziehung zu Albert kreist um die Anfangskonflikte und die Trennungsproblematik. Obwohl die Beziehung insgesamt sechs oder sieben Jahre dauerte, entsteht der Eindruck, sie sei nur kurz und nur konflikthaft gewesen. Symptomatisch dafür ist Monikas Äußerung: »Dann war das 'ne Zeitlang eigentlich ganz gut so – und ist auch unsere Beziehung irgendwo fester geworden. Aber es hat sich dann irgendwie auseinanderentwickelt...« Konflikthaft war die Beziehung in einer sehr typischen Weise – es ging um das Spannungsverhältnis von Nähe und Distanz, Treue und Freiheit, Festhalten und Loslassen. Die innere Trennung zog sich über zwei, drei Jahre hin, in denen sie räumlich getrennt waren (Er war zwei Jahre in den USA, dann in Norddeutschland; sie weiterhin in Süddeutschland). Sie hatten vor seinem USA-Aufenthalt vereinbart, daß nun alles offen sei. Sie hatte der Verlockung mitzugehen nicht nachgegeben, sie wollte ihr Studium fertigmachen, und sie wollte selbständig sein.

Die Einführung des zweiten Freundes in Monikas Geschichte ist nüchtern. Nach der Trennung von Albert gab es eine kurze Phase des Übergangs mit flüchtigen Beziehungen. »Und dann hab ich eben den Klaus kennengelernt, also meinen jetzigen Partner.« Sie wollte damals »erstmal keine feste Beziehung, weil ich einfach mit der alten noch nicht so richtig fertig war und eigentlich auch noch nicht so richtig wußte, was ich wollte. Ja, und das ist dann einigermaßen schiefgegangen...«: Sie wurde ungewollt schwanger. Klaus seinerseits wollte zunächst von dem Kind nichts wissen, und »er hat gesagt, wenn ich das Kind haben will, dann soll ich das alleine machen. Und da haben wir uns praktisch wieder getrennt.« Gegen teilweise heftige Widerstände (»also von allen Seiten haben sie mich dann da bestürmt und bearbeitet«), das Kind auszutragen, hat sie es dann zur Welt gebracht – unter Umständen, die ihren eher traditional-familialen Vorstellungen keineswegs entsprachen. »Aber im nachhinein war das eigentlich egal.«

Nach der Geburt allerdings hat der Vater »sich plötzlich doch für seine Tochter interessiert – so 'ne typisch männliche Reaktion«. Allmählich sahen sie sich wieder häufiger. Als die Tochter ein Jahr alt war, wurde ihr die Wohnung zu eng, sie suchte sich eine größere. Klaus, dem ein halbes Jahr später seine Wohnung gekündigt wurde, tat – wie sie sagt – »das naheliegendste« und zog zu ihr. Das sei zunächst mit der Einschränkung geschehen, daß er bald wieder ausziehen wolle. Und »irgendwie« sind dann aber inzwischen sechs Jahre des Zusammenlebens daraus geworden. Etwa drei Jahre nach seinem Einzug bei ihr kaufte er ein Haus außerhalb Münchens, wo sie jetzt seit zwei Jahren leben. Sie hat inzwischen nur noch wenig Hoffnung, daß die Beziehung zu Klaus besser wird; sie rechnet früher oder später mit der Trennung.

In früheren Zeiten war klar: Die Frau wird Mutter, weil es »die Natur« oder »das Schicksal« so bestimmt; weil die kulturelle Tradition und die sozialen Normen so beschaffen sind, daß die volle weibliche Identität nur als Mutter erlebbar ist. Der Individualisierungstrend hat dazu geführt, daß die Frage der Elternschaft heute nicht mehr »vom Schicksal«, sondern von den Frauen (und ihren Männern) entschieden wird. Mutterschaft »passiert« nicht einfach, sie ist planbar geworden und immer mehr das Ergebnis einer bewußten Entscheidung. Das bedeutet, daß eine Frau erst dann Mutter wird, wenn sie sich mit den möglichen Folgen dieser Entscheidung auseinandergesetzt hat, insbesondere »Kosten« und »Nutzen« der Mutterschaft gegeneinander abgewogen hat.

Aber läßt sich die Frage der Elternschaft denn wie ein Planspiel oder wie eine Kaufentscheidung auf dem Markt entscheiden? Wohl kaum! Zunächst einmal verfügt man gewöhnlich nicht über die notwendigen Informationen, um »Kosten« und »Nutzen« von Kindern in einem solchen Maß bestimmen zu können, wie es für eine rationale Entscheidung erforderlich wäre. Aber selbst wenn das ginge, ist es unwahrscheinlich, daß sich »Kosten« und »Nutzen« überhaupt gegeneinander aufrechnen lassen, weil hinter beiden Posten der Kalkulation Wertvorstellungen stehen, die so stark sind, daß nicht »Ersatz« des einen durch das andere, sondern Vereinbarkeit angestrebt wird. Also: die Frau *will* ein Kind, *und* sie *will* einen Beruf.

Monikas Beispiel gibt uns Gelegenheit, diese schwierige Situation, in der eine bewußte Entscheidung fast unmöglich wird, nachzuvollziehen.

Monika war in eine neue Lebensphase eingetreten. Ihr Studium war beendet, sie hatte ihre erste berufliche Stellung, war von der kleinen Provinzstadt nach München gezogen. Doch statt nun die Zeit zu finden, ihr weiteres Leben »aktiv« zu planen und ihre Ziele herauszufinden, wurde Monika schwanger. Ein Kind paßte jetzt natürlich überhaupt nicht – in einer Phase, wo sie Zeit gebraucht hätte, ihr Leben zu ordnen. Die Schwangerschaft »passierte«, als sie es ablehnte, die »Pille« zu nehmen, während sie mit ihrem neuen Freund »schon ziemlich intensiv zusammen« war, wo sie »jedes Wochenende zusammen verbracht haben«. Man muß sich fragen, warum sie dieses offensichtliche Risiko einer Schwangerschaft einging.

»Es war so, daß ich halt versucht hab, mit der Temperaturmethode das Ganze zu überwachen, und ich hatte dann aber eben 'ne Grippe, und dadurch hat sich das Ganze irgendwie verfälscht. Und das hab ich aber nicht so mit einberechnet, irgendwie. Also, ich konnte mich halt sonst recht gut eigentlich drauf verlassen. Aber da ist es halt schiefgegangen. Das war – war Pech«, sagt sie lachend. »Da kann man nichts anderes sagen. Es war wirklich nicht beabsichtigt. Also ganz im Gegenteil.«

Es ging ihr nicht gut, als sie erfuhr, schwanger zu sein. Sie wollte ja im Beruf vorwärtskommen, wollte frei und ungebunden leben und tun, was Spaß macht. Monika hat den Gedanken an eine Abtreibung nicht ernsthaft erwogen, sie hat sich weder dafür noch dagegen entschieden, hat alles laufen lassen.

Wie kommt es dazu, daß einer aufgeklärten, akademisch gebildeten, durch Wohngemeinschafts- und »Achtundsechziger«-Erfahrungen sensibilisierten Frau eine ungewollte Schwangerschaft passiert und sie sich dann hartnäckig auf das Schicksal beruft?

Sicher ist für ihre »Entscheidung«, Mutter zu werden, ihr ausgeprägtes »Gefühl für Familie«, ihr Familiensinn, verantwortlich. Sie will keine kinderlose Karrierefrau werden. Aber sie hat eine Karriere begonnen, deshalb müßte sie eine Entscheidung treffen. Da sie dies in ihrer Lage nicht kann, manövriert sie sich in eine Zwangslage, läßt es darauf ankommen, überläßt die Entscheidung schließlich dem Schicksal. Monika war zweifellos überfordert. Es geht ja nicht nur um die prinzipielle Entscheidung, sondern auch um die Entscheidung für den richtigen Zeitpunkt im Leben. Angesichts der Unmöglichkeit, vernünftig zu entscheiden, überlassen sich heute vielleicht wieder mehr Paare dem Schicksal. Monika jedenfalls trifft keine wirkliche Entscheidung.

Die Frage des richtigen biographischen Zeitpunktes wird heute immer wichtiger. Das gilt gerade für Akademikerinnen mit ausgeprägter familiärer Orientierung, die auf Kinder nicht verzichten wollen. Die Frau kann das Kind nicht zu einem beliebigen Zeitpunkt bekommen, wenn sie ihre Ausbildung und ihren Berufseinstieg nicht gefährden will. Früher bekamen Akademikerinnen ihr erstes Kind häufig nach Abschluß des Studiums. Das hieß freilich auch oft Verzicht auf den Beruf (und dafür Unterstützung des Ehemannes). Ein anderer möglicher Zeitpunkt wäre nach der Konsolidierung der beruflichen Tätigkeit. Irgendwann ist es freilich zu spät, oder es scheint jedenfalls so. Das sind wohl weniger biologische Grenzen als soziale Normierungen: Als Vierzigjährige soll man noch ein Baby bekommen? Eine andere Lösung ist, besonders früh Mutter zu werden (etwa nach dem Abitur oder in der Anfangsphase des Studiums) und sich auf den Studienabschluß und den Berufseinstieg erst dann zu konzentrieren, wenn das Kind (oder die Kinder) ins schulpflichtige Alter kommen.

Es gibt, so können wir resümieren, für die »individualisierte weibliche Biographie« (für die moderne, selbstbewußte Frau) also einen besonders günstigen (einen lebensgeschichtlich »optimalen«) Zeitpunkt für die Mutterschaft. Und zwar hängt dieser Zeitpunkt nur von ihr selber und ihrer Lebens- und Ausbildungsgeschichte ab und nicht davon, ob sie gerade mit »dem Richtigen« zusammen ist. Frauen mit starker Berufsorientierung können die Entscheidung zur Mutterschaft nicht mehr in erster Linie von der Existenz einer befriedigenden Beziehung abhängig machen, sondern müssen den für sie selbst richtigen biographischen Zeitpunkt finden, der sich aus den Zwängen und Erfordernissen der Berufsbiographie und dem biologischen und sozialen Alter ergibt, in dem Mutterschaft möglich ist.

Im Extremfall kann das sogar heißen: Es ist der Frau ziemlich egal, mit wem sie ein Kind bekommt; wichtiger ist, daß sie es zum biographisch richtigen Zeitpunkt bekommt. Ist sie dabei gleichzeitig mit dem Mann fürs Leben zusammen: um so besser. Aber sie wartet nicht auf ihn.

Bei Monika Seiler liegt dieses Modell sicher nicht zugrunde – jedenfalls nicht als rationales Kalkül. Aber es ist möglich, daß sie »spürte«, daß der richtige Zeitpunkt gekommen war – unabhängig vom »richtigen« Partner (der »richtige« hatte sich ja schon verabschiedet). Insgesamt entsteht bei Monika der deutliche Eindruck: Die Paarbeziehung, der Partner, tritt hinter Mutterschaft und Beruf zurück. Aber sie braucht ihn: Die Tochter soll das Gefühl von

Familie haben können. Sie hat, als sie die Hoffnung aufgegeben hat, die Beziehung könne noch gut werden, sich wieder mehr auf den Beruf konzentriert.

Den Anspruch auf »glückliche Familie« und »Familienleben« (unabhängig vom Trauschein) hat Monika nicht aufgegeben, aber in den letzten zwei, drei Jahren zumindest mit diesem Partner zurückgestellt. Gleichwohl betont sie, daß »meine Tochter also schon das Gefühl von Familie haben soll, also das heißt, daß es eben – daß sie eben einen Vater hat... Und das stell ich – eigentlich dann – hinter meinen Ansprüchen erst mal zurück.« Dafür will sie auch weiterhin »Zugeständnisse« machen. Die Resignation in bezug auf den Partner läßt die verstärkte Konzentration auf Beruf und Tochter zu. Die »Energie«, die durch die nicht mehr geleistete »Arbeit an der Beziehung« frei wird, kann auf diese beiden Schwerpunkte des Lebens verlagert werden.

Zu diesem Muster passen auch andere Erscheinungen; die zunehmende Zahl alleinerziehender Frauen, die durchaus nicht »sitzengelassen« wurden, sondern trotz der großen Schwierigkeiten lieber ohne Mann leben, als mit einem ungeliebten Versorger oder einem verbohrten Chauvi zusammenzubleiben. (Im Fall der Alleinerziehenden tritt die Partnerschaft soweit zurück, daß sich die Mutterschaft ganz von einem festen Partner löst. Allerdings ist es dann in der Regel auch schwieriger, den Beruf weiterhin problemlos auszuüben. Vielleicht braucht Monika Seiler gerade deshalb einen Mann.) Aber selbst in »normalen« Familien ist beobachtet worden, daß die Männer häufig an den Rand gedrängt werden. »Minderung des Eigenwerts der Paarbeziehung« und »Randständigkeit des Vaters« in der »kindzentrierten Familie« sind die Stichworte der Familiensoziologin Yvonne Schütze für dieses Phänomen.

Auch bei Renate Hornstein [vgl. Kap. 6] ist deutlich geworden, daß sie mit ihrem Kind in einer gewissen Weise selbständig ist und es notfalls auch alleine durchbringen könnte. Sie will sich nicht abhängig fühlen durch eine Heirat mit ihrem Freund und Vater des Kindes. In beiden Fällen ist das Nichtheiraten somit auch eine Entscheidung für das Kind und für die eigene Selbständigkeit. Die Beziehung zum Mann rückt in ihrer Wichtigkeit deutlich hinter die Berufskarriere, die individuelle Selbständigkeit und die Beziehung zum Kind. Beide Frauen legen aber doch Wert darauf, daß ein Mann als eine Art »Familienvater« da ist. Dagegen ist der Aspekt der Absicherung durch Heirat völlig unwichtig.

Renate Hornstein hat ihren Freund unter Druck gesetzt und gesagt: »Also hör zu, ich will jetzt ein Kind, wenn du das nicht willst, sind wir getrennt. Ansonsten werden wir zusammenziehen und ein Kind haben.« – Und er hat sich diesem Druck gebeugt. Monika Seiler hat ihr Kind zwar nicht gewünscht, aber sie hat sich dann doch dafür entschieden, als sie schwanger war. Nachdem ihr Freund das Kind zunächst nicht akzeptieren wollte, ist ihr die Beziehung zu ihm unwichtiger geworden.

Durch die starke Bedeutung, die die Berufstätigkeit für diese Frauen angenommen hat, wird zugleich die traditionelle Fixierung auf den Mann zurückgeschraubt. Vor allem dann, wenn die Entscheidung für Kinderlosigkeit getroffen ist, wird es schwierig zu sagen, was für die Frauen wichtiger ist: ihr Partner oder ihr selbständiger Bezug zur Außenwelt.

13. Individualismus und Familiensinn im Konflikt

Der scheinbare Modernismus des Alleinlebens oder die fröhliche Unbeschwertheit der Kinderlosigkeit – so haben wir gesehen – verdecken oft nur einen Konflikt, eine Kampffront, an der noch lange nichts entschieden ist. Gerade im anscheinend besonders progressiven Alternativmilieu und unter modernen Akademikern zeigt sich oft, wie unter der Oberfläche der demonstrierten Selbstsicherheit der Singles und der kinderlosen Karrieristen die Sehnsucht nach Familie und Kind gärt.

Wir haben deutlich gemacht, daß es oberflächlich und voreilig ist, den Geburtenrückgang auf einen abgeschwächten Kinderwunsch zurückzuführen oder gar von einer Abneigung gegen Kinder und einem »hemmungslosen Egoismus« zu reden, von Bequemlichkeit und Konsumorientierung, die die jungen Leute dazu bringe, keine Kinder mehr in die Welt zu setzen. Es sind nicht Egoismus und Hedonismus, es sind die Bedingungen, unter denen Kinder heute aufwachsen müssen, es sind die veränderten Lebensziele in einer modernen Welt, und es ist die Bürde einer jahrelangen Belastung und Verantwortung.

Das Bedürfnis nach Kindern ist heute vielleicht größer denn je – sind es doch gerade Kinder, die in einer Welt ohne feste Bindungen noch am ehesten die Hoffnung vermitteln können, ein Leben lang mit jemandem emotional verbunden zu sein. Manche Forscher sprechen deshalb schon von einer »neuen Matrilinearität«. Dieser Begriff, aus der Ethnologie und der kulturvergleichenden Anthropologie entlehnt, steht für Verwandtschafts-, Abstammungs- und Bindungsverhältnisse, in denen die wichtigste Bindungslinie nicht mehr die zwischen den Eheleuten oder die zwischen Großvater, Vater und Sohn ist, sondern die zwischen der Mutter und ihren Kindern. In einer Welt, in der die Väter unwichtiger geworden sind (Alexander Mitscherlich sprach schon vor Jahren von der »vaterlosen Gesellschaft«) und sich immer häufiger von ihren Kindern trennen (müssen), weil sie sich von den Müttern ihrer Kinder trennen, verliert in der Tat die Vater-Kind-Beziehung wieder an Bedeutung – nachdem gerade erst in einem mühsamen, jahrzehntelangen Entwicklungsverlauf die Bedeutung des Vaters für die Entwicklung des Kleinkindes erkannt und anerkannt wurde. Was oft allein übrigbleibt von einer Familiengründung, ist die ein Leben lang andauernde Bindung der Kinder zur Mutter.

Kinderlosigkeit ist sicher nicht der Leitwert der jungen Generation. Wer heute kinderlos bleibt, ist dabei selten wunschlos glücklich. Immer mehr Leute leben deshalb in einem inneren Konflikt. Sie müssen den Kinderwunsch »verdrängen«, weil sie keine Zeit dafür haben oder nicht den richtigen Partner oder weil sie sich der Aufgabe nicht gewachsen fühlen. Sie müssen ihren Familiensinn verleugnen, weil sie in einer Zeit aufgewachsen sind, in der für die Jugendlichen die Rebellion gegen die Väter und gegen den Stumpfsinn des Familienlebens angesagt war.

Viele unserer Berliner Interviewpartner waren vor zehn oder fünfzehn Jahren noch radikale Verfechter einer alternativen Lebensform, aber geben jetzt allmählich ihren Widerstand gegen die Ehe auf. Damals war es noch notwendig, sich offensiv gegen die Ehe zu wenden; heute hat sie ihre Verbindlichkeit so sehr eingebüßt, daß dies nicht mehr in gleicher Weise nötig ist. Einiges mag mit dem Alter unserer Gesprächspartner zusammenhängen, könnte eine Folge der Erfahrung und der Dauer von Beziehungen sein. Wahrscheinlich aber handelt es sich dabei um eine allgemeine Zeiterscheinung, die mit der »konservativen Wende« in den achtziger Jahren bestens harmoniert.

Wenn man mit sich widersprechenden gesellschaftlichen Erwartungen konfrontiert wird, kann das zum Konflikt führen, dessen innerer Ausdruck eine ambivalente, eine zwiespältige Einstellung ist. Man will und will zugleich auch nicht; will das eine und zugleich das andere, obwohl sich beides ausschließt. Eine klare Entscheidung fällt schwer. In unserem Fall handelt es sich darum, daß man die Institution der Ehe (als »Gefängnis«) ablehnt und einen inneren Widerstand gegen die Familie aufgebaut hat. Das trifft für viele zu, die zwischen 1945 und 1955 geboren wurden. Sie waren Ende der sechziger Jahre schon alt genug, um ihre Eltern und die falsche Familienidylle der fünfziger Jahre als abschreckendes Beispiel erlebt zu haben – aber auch jung genug, um sich noch ändern und andere Lebensvorstellungen entwickeln zu können. Diese Generation war es, die den Anfang gemacht hat mit vorehelicher

Sexualität, mit neuen Formen der Liebe, mit Wohngemeinschaften und Kommunen, mit Ehelosigkeit und Familienferne.

Aber – und daraus resultiert die innere Zerissenheit: Sie waren eben doch bei ihren Eltern aufgewachsen, sie hatten die Familienidylle nicht nur als »falsch« erlebt (das war ihnen ohnehin erst im Rückblick möglich), sondern auch als kindliche Geborgenheit und als Gemeinschaft, als Zusammengehörigkeitsgefühl und Füreinanderdasein. Familiensinn und Kinderwunsch, Eheglück und ewige Treue waren eben nicht nur »falsche Werte«, sondern durchaus verinnerlicht – und später verdrängt – und als heimliche Wünsche in den Tiefen der Seele gespeichert.

Das Ergebnis ist, daß eine ehemals heftige Ablehnung von Ehe und Familie nun allmählich aufgeweicht wird, begünstigt von der allgemeinen Entwicklung. Das läßt die alten, vergessenen und verdrängten Wünsche und Empfindungen der Kindheit wieder auferstehen. Der Familiensinn regt sich wieder, beginnt, mit dem Antifamilialismus zu kämpfen.

Jakob Lesko (39, ein Kind, Politologe) lehnt einerseits die öffentlich anerkannte Form der Ehe für sich definitiv ab, weil er der Kirche und dem Staat die moralische Legitimation dafür abspricht, in seine privaten Beziehungen einzugreifen. Andererseits könnte er sich aber vorstellen, im Rahmen seines Freundeskreises, mit dem ihn seine politische Arbeit und religiöse Haltung verbindet, eine Zeremonie zu zelebrieren, in der er und seine Freundin sich die Ehe öffentlich versprechen, die als lebenslange Verbindlichkeit aufgefaßt wird.

Wenn die Einstellung gegenüber der Ehe zwiespältig und die Heiratsabsicht daher unklar ist, besteht eher die Möglichkeit, daß die Frage durch äußere Bedingungen entschieden wird. So kann es sein, daß eine gewisse Abneigung gegen die Ehe dennoch in die Bereitschaft zur Heirat umgewandelt wird, wenn man von außen gedrängt wird. Verdeckter oder auch offener Druck der Verwandtschaft oder der Gesellschaft im allgemeinen kann dann zum Heiratsgrund werden.

Von den Gefühlen her ändert sich durch Heirat wenig. Es ist einfach so, daß man sagen kann: »Das ist jetzt meine Familie, meine Frau.« Es ist eine »schwammige Situation«, die manchmal sehr belastend sein kann, wenn man trotz eines Kindes nicht verheiratet ist. Auch wenn man vorgestellt wird als »nicht verheiratet«, kann das persönlich belastend sein, meint Horst Aschert (ledig, 27, Informatiker, München-Waldberg).

Sein Kollege Heinz Hopf, 25, ebenfalls Informatiker und in München-Waldberg mit seiner Freundin unverheiratet zusammenlebend, hat deutliche Reserven gegenüber der Ehe. Vorläufig wollen sie weder heiraten noch Kinder bekommen. Irgendwann später ist beides eher wahrscheinlich. Er sträubt sich aber gegen den Zwang, den die Gesellschaft ausübt, weil nichteheliches Zusammenleben immer noch mit Schwierigkeiten verbunden sei. Er sagt, sein Motiv, an der Studie teilzunehmen, sei auch, dazu beizutragen, daß das nichteheliche Zusammenleben in der Öffentlichkeit besser akzeptiert werde. »Eigentlich sind wir auch so glücklich«, sagt er. Es hat keinen Sinn, sich durch das Heiraten binden zu wollen. »Wir finden's toll, daß wir einfach so zusammenbleiben.« Und dennoch: »Vor einem halben Jahr kam der Gedanke auf, einfach so: Sollten wir nicht doch heiraten?« Er erwähnt das Steuerrecht und vor allem die Vorteile, die man als Verheirateter hat, wenn man eine Wohnung kaufen will. Man wird in die Richtung gedrängt zu heiraten, heiraten wäre ein Zugeständnis an diese Situation, an diesen gesellschaftlichen Druck. Es wären also nur äußere Gründe, warum man heiratet.

Mary White-Vogel begründet ihr (späteres) Heiraten u.a. damit, daß sie nach ihrer ersten Beziehung (mit dem Schauspieler) eine Phase der Bewußtseinserweiterung durchgemacht habe, aber auch damit, daß mit zunehmendem Älterwerden der Status einer unverheirateten Frau immer mehr zu einer psychischen Belastung werde.

Martina Fuhrmann (32) lehnt den Staat ab und will nicht, daß er ihr ihre intimste Beziehung absegne, aber sie hat als ledige Mutter schon sehr viele erniedrigende Erfahrungen machen müssen, selbst in einer Stadt wie Berlin. Das Hauptproblem ist für sie die Sorge um ihr Kind. »Dadurch, daß er nicht der legitime Vater ist, würde er ja das Kind nicht bekommen, wenn mir mal was passieren sollte. Das würden ja eher meine Eltern bekommen, oder es käm' sogar ins Heim. Wir würden dann praktisch standesamtlich, also ›staatlich‹, heiraten, um den Staat in einer noch entscheidenderen Sache herauszuhalten.«

Wenn wir daran denken, wie Renate Hornstein das Problem der Rechtlosigkeit des unehelichen Kindesvaters gelöst hat, dann muß diese Haltung Martinas erstaunen: Sie sagt, sie würde heiraten (also den Staat in ihr Leben eingreifen lassen), um einen noch schwerwiegenderen Eingriff des Staates (sich zum Vormund ihres Kindes zu machen) zu verhindern. Aber würde das Kind wirklich in ein Heim kommen statt zu seinem Vater? Vielleicht liegt der Heiratsgrund doch auf einer tieferen Ebene ihrer Persönlichkeitsstruktur.

Martina gehört zu einer Generation, bei der in der Auseinandersetzung mit den Eltern alte und neue Wertvorstellungen aufeinanderprallen. Als einen solchen Konflikt kann man ansehen, daß sie schon fünf Abtreibungen hinter sich hat. Gleichzeitig verspürte sie seit ihrem 16. Lebensjahr einen deutlichen Kinderwunsch. Auch ihr Sohn war nicht geplant, und sie hatte überhaupt keine sozialen Voraussetzungen dafür, ein Kind zu versorgen. Ihre finanzielle Lage war katastrophal, ihr Freund noch jung und beruflich ungesichert. Als sie wußte, daß sie wieder schwanger war, war sie die ersten drei Tage völlig verzweifelt und wußte überhaupt nicht, was sie tun sollte. Immerhin war sie schon über dreißig und wünschte sich auch schon lange ein Kind. Dann hat sie »die Herausforderung angenommen«, und das bedeutet für sie ein Leben, in dem das Kind Vorrang hat und sie auf viel verzichten muß. Aber sie hat sich gesagt, daß das Leben mit einem Kind ja auch viele schöne Seiten verspricht, was ihr dann die Kraft dazu gegeben hat. Alle Kinder in ihrem Bekanntenkreis waren vom Zeitpunkt her gesehen letztlich »Zufallskinder«.

Torsten Klein (39, verheiratet, ein Kind) sagt, er habe kein Verhältnis zur Ehe, aber er meint, »wenn der Staat schon so viel Wert darauf legt, meine Erziehungsberechtigung und solche Dinge davon abhängig macht... Wir haben nicht von uns aus den Entschluß zur Heirat gefaßt, aber dann dachten wir: wenn schon, dann richtig – und haben ein ganz großes Fest organisiert! Wir haben natürlich auch kirchlich geheiratet, mit einem großen Umzug in die Kirche und mit meinem Vater vorneweg, der uns auch getraut hat. Wenn schon, dann liegt uns das noch näher als das Standesamt.«

Der Vater vorneweg, »der uns getraut hat«. So gesehen verwundert es nicht, daß die kirchliche Trauung ihm näher lag als das Standesamt (um das er freilich nicht herumgekommen sein dürfte). Dieser Fall erscheint ganz symptomatisch: Eigentlich wollten wir nicht heiraten, wir haben den Entschluß nicht von uns aus gefaßt – aber wenn schon, dann richtig!

Auch im nächsten Beispiel heißt es: »Eigentlich wollte ich nie heiraten.« Wie immer, wenn äußere Zwänge angeführt werden, ist zumindest der Verdacht naheliegend, daß es auch »innere Zwänge« oder besser: ein inneres Bedürfnis nach einer Verehelichung gab, und sei dieses auch noch so versteckt gewesen.

Claudia Goten (26, verheiratet, Ruhrgebiet) wollte eigentlich nie heiraten, aber als sie dann überraschend ein Kind bekam, blieb ihr nichts anderes übrig; sie war arbeitslos und auf die Absicherung durch ihren Freund angewiesen. Sie haben dann die Hochzeitsfeier »zufällig« mit der Geburtstagsfeier ihres Freundes zusammenfallen lassen. »Eigentlich wollte ich ja nicht heiraten, aber wegen der Finanzen haben wir es dann doch gemacht.«

Deutlich ist im Dorf noch der Druck der Verwandtschaft zu spüren.

In gewisser Weise wurde geheiratet, um die Verwandtschaft nicht zu verstimmen. Man heiratet vielleicht nur wegen der Leute. Auf Wunsch seiner Frau wurde eine richtige, große, natürlich auch: kirchliche (»weiße«) Hochzeit gefeiert, sagt Walter Frühwirth (25, Wieslingen).

Ähnliche Begründungen finden sich auch bei Ingrid Buchwald (35, Wieslingen): Sie hat (vor vielen Jahren) geheiratet, weil es damals im Dorf kaum vorstellbar war, unverheiratet zusammenzuleben; weil die Heirat von Eltern, Schwiegereltern, Verwandten und Vereinskollegen ganz selbstverständlich erwartet wurde. Und sie hat, auch wenn sie selbst am liebsten ohne Aufsehen geheiratet hätte, eine große Hochzeit veranstaltet, mit Turnverein, mit Musik, mit Schulkameraden. Es wäre im Dorf damals anders nicht gegangen.

Roland Mickler

Der 35jährige Roland, der unverheiratet mit seiner Freundin Francesca zusammenlebt, hat nach dem Abitur ein Studium an einer Pädagogischen Hochschule begonnen, das er aber bald wieder abbrach, da er sich nicht vorstellen konnte, Lehrer zu sein. Danach machte er eine Ausbildung zum Krankenpfleger. Eine Zeitlang übte er diesen Beruf aus, begann dann ein Studium der Soziologie; zum Zeitpunkt des Interviews war er in der Abschlußprüfung.

Mit seiner Freundin, deren Eltern aus Italien stammen, wohnt er in einer kleinen Zweizimmerwohnung in Berlin-Charlottenburg. In seinem Zimmer steht ein Schreibtisch, eine kleine Sitzgarnitur, ein großes Bett und ein kleines Tonstudio.

Seine Familie kam nach dem Krieg aus dem Osten nach Bremen, lebte dort zunächst in einer Arbeitergegend. Der Vater, der ursprünglich Seemann werden wollte, wurde dann im Schnellverfahren Lehrer, und die Familie zog in eine bessere Gegend um. Er hat einen älteren Bruder, eine Schwester und noch einen Nachzügler-Bruder. Er hatte ein gutes (»anhängliches«) Verhältnis zur Mutter. »Die nähere und emotionale Beziehung war eben zu meiner Mutter«, sie war »die gefühlsbetonte Person in der Familie«, zum Vater war das Verhältnis »mehr distanziert«.

Mit 16 hatte Roland seine erste Freundin (aus seiner Schulklasse), mit der er bis zum Abitur zusammen war; er wohnte damals bei den Eltern. Mit etwa 18 Jahren konnte er gegenüber seinen Eltern durchsetzen, daß er mit der Freundin ungestört im Zimmer sein konnte. Danach ging er allein auf Reisen, dann nach Berlin, lernte während seiner Ausbildung eine Schwesternschülerin kennen, mit der er etwa drei Jahre zusammen blieb. Sie hatten beide ihr eigenes Apartment im Schulgebäude, hielten sich aber häufig zusammen in einem von beiden auf. Es gab sexuelle Probleme, die letztlich zur Trennung führten: Sie »hatte Angst davor, sich fallen und gehen zu lassen«, meint er. Danach wohnte er in verschiedenen Wohngemeinschaften und hatte während dieser Zeit eine weitere Beziehung zu einer Erzieherin, die etwa drei Jahre dauerte. Kurzfristig lebte er mit ihr zusammen. Und nach einer neuerlichen Phase des Alleinseins lernte er seine Freundin kennen, mit der er nun seit fünf Jahren zusammen ist.

Wir können aus Rolands Geschichte mehrere Grundsätze ableiten, die für ihn früher bestimmend waren (oder schienen), heute aber aufgeweicht sind. Er ist sich darüber durchaus im klaren, auch ihm entgeht nicht, wie sich im Lauf seiner Entwicklung der Familiensinn allmählich an die Oberfläche vorarbeitet.

Erster Grundsatz: »Denke immer daran, daß eine Beziehung nicht ewig dauert.«

Er hat zahlreiche Erfahrungen mit Nebenbeziehungen gemacht, und es bestand stillschweigend Konsens darüber, daß man nicht ewig zusammensein würde.

»... also daß so 'ne Einstellung entstanden ist – ja, eine Verbindlichkeit der Beziehung auch – aber nicht bis daß der Tod uns scheidet. Beziehung eben solange, wie man erstens nicht dran irgendwie kaputtgeht – und wie man auch noch Chancen sieht, die Probleme, die da sind, zu bewältigen und miteinander sich zu entwickeln über diese Probleme.«

Er spricht über die Beziehung zu Anna, der Krankenschwester. Er stand unmittelbar vor einer weiteren größeren Reise, für welche die umfangreichen Planungen bereits abgeschlossen waren. Doch er trat die Reise nicht an:

»Weil ich mich so wahnsinnig verliebt hatte, daß ich dann nicht mehr konnte – ja und zu dieser Frau ist 'ne sehr intensive und verbindliche Beziehung entstanden, die so drei, vier Jahre auch ging – wir haben aber in der ganzen Zeit nicht miteinander in 'ner eigenen Wohnung gelebt. Und es war auch klar, also heiraten – das ist kein Thema für uns. Und eigentlich waren wir uns auch darüber einig, daß wir nicht ewig zusammen sind, sondern nur so lange, wie wir uns gut verstehen. Wir haben da nie darüber geredet – es sind so Sachen, die unausgesprochen sind und irgendwie nicht so diskutiert werden. Also es war eigentlich beides möglich: sowohl lange zusammen sein, vielleicht auch ewig – oder auch auseinandergehen, wenn's nicht mehr geht. Es war schon unausgesprochen da, daß das nicht ewig dauert, weil es sowohl in ihrem als auch in meinem Leben bisher so gelaufen ist – und weil man es eben auch bei Freunden und Freundinnen so gesehen hat, daß man immer wieder an Punkten anlangt, wo's nicht mehr geht – wo man sich sagt dann: Also es ist besser, auseinanderzugehen – oder wo man jemand anderen kennenlernt und das nicht miteinander vereinbaren kann – was weiß ich: ein Dreiecksverhältnis leben zu lassen.«

Zweiter Grundsatz: »Hüte dich vor der Gefahr, in die Zweisamkeit abzudriften.«

Früher hatte Roland die Vorstellung, daß man nicht in fester und enger Zweisamkeit leben sollte, sondern alternative Lebensformen suchen müsse. Es war »die Zeit der Wohngemeinschaften«, wo man davon geprägt war, »daß man – was weiß ich – Ehe, Eheglück und das Glück in der Zeierbeziehung und der Zweisamkeit irgendwie ablehnte und andere Formen des Zusammenlebens gesucht hat, also die Gemeinschaft mehr gesucht hat.« Es bestand, so glaubte man damals, »immer die Gefahr, sich nur auf uns zu beziehen... und in diese Zweisamkeit abzudriften«.

Neben der Möglichkeit, diese Gefahr durch das Leben in einer Wohngemeinschaft zu bannen, gibt es auch die Möglichkeit, sich überhaupt nicht zu binden:

»Also es hat auch Zeiten bei mir gegeben, wo ich sehr stark vertreten habe, daß 'ne Beziehung, die über Jahre dauert, nur irgendwie bürgerlicher Scheiß wäre – und nur 'ne Behinderung fürs Leben und daß das wahre Leben darin besteht, daß man sich nicht bindet und daß man seine sexuellen Bedürfnisse frei entfalten kann...«

Dritter Grundsatz: »Heirate nicht – es gibt keinen vernünftigen Grund dafür.«

Roland sagt, weder er noch Anna, mit der er vor Francesca zusammen war, hätten damals ans Heiraten gedacht.

»Also zu dem Zeitpunkt war das auch schon relativ gefestigt bei mir – nie heiraten zu wollen – das Allerletzte – also ich denke, daß meine Ablehnung gegenüber Heirat auch schon sehr geprägt worden ist durch diese Diskussionen über Sexualität – Unterdrückung von Sexualität als 'ne Herrschaftsform – und als 'ne Politik auch zur Anpassung an jeweilige Herrschaftsstrukturen, und das hab ich damals emotional stark empfunden und – je älter ich wurde, dann auch um so stärker reflektiert. Und das ist eben auch meine Einstellung dazu: Ja, wozu brauch ich da den Trauschein? Wozu soll ich da den Staat – also Kirche sowieso nicht, bin eh atheistisch eingestellt – jedenfalls gegenüber der christlichen Kultur – also warum Kirche und Staat da irgendwie noch sich einmischen lassen in so 'ne private Sache?«

Trotzdem, auch damals schon war es wichtig, daß eine gewisse Verbindlichkeit da ist, auch wenn man sich nicht ewig bindet.

»Verbindlich« heißt: sich aufeinander einlassen, Nähe herstellen, »zu wissen, da ist jetzt ein Partner, auf den bezieh ich mich – wir können uns aufeinander beziehen, da ist ein Vertrauensverhältnis. Und der gehört zu meinem Leben – der ist ein Stück davon. Und wir brauchen uns gegenseitig – so daß wir da die Nähe haben. Und daß da jemand ist, wo man sich geborgen fühlt und der erreichbar ist. Und wo man weiß, diese Beziehung ist stabil, und erstmal gibt's dort eigentlich keine Störfaktoren – ja, das meine ich so mit Verbindlichkeit.«

Und Roland merkte, daß er nach einem »festen Bezugspunkt im Leben« suchte und »nach einer Partnerin, mit der ich alles mögliche teile – nicht alles, wohlgemerkt, sondern eben den emotionalen Teil des Lebens und die Sexualität, die Erotik und – ja die geistige Auseinandersetzung – und daß ich jemand brauche in meinem Leben, auf den ich mich beziehen kann und auch fest beziehen kann«.

Er machte die Erfahrung, daß die monogame Form der Zweierbeziehung immer noch am meisten an emotionaler Geborgenheit und an verbindlicher Partnerschaft bietet. Die Experimente haben nicht funktioniert. Das Leben in Wohngemeinschaften sollte eine Alternative darstellen. Doch stellte sich heraus, daß es nicht möglich war, in Wohngemeinschaften befriedigende emotionalsexuelle Kontakte herzustellen. Sie entpuppten sich eher als Familienersatz.

Nun, mit Francesca, stehen Ehe und Familie am Horizont der Möglichkeiten. Zunächst sagt er, das sei nun nicht nur »die längste Beziehung«, sondern auch »die stabilste«, eine Beziehung »mit einer mehr auch in die Zukunft gerichteten Perspektive. Da sind mehr Verbindlichkeiten da«.

Dies sagt Roland gerade auch vor dem Hintergrund einer unmittelbar vor dem Interview überstandenen Krise, wo beide, Francesa und er, eine Nebenbeziehung hatten. Das sei nun überstanden, und »gestern ist es passiert, daß wir zusammen einen neuen Mietvertrag unterschrieben haben«.

Also: Mehr Verbindlichkeiten, eine erfolgreich gemeisterte Krise und nun eine neue Wohnung. Da drängt sich der Gedanke an die Ehe doch geradezu auf. Aber noch ist Roland zurückhaltend. Nicht er ist es, der an die Ehe denkt:

»Von Francesca kommt jetzt auch stärker der Gedanke, heiraten zu wollen – das Thema Heiraten ist für mich ein rotes Tuch beziehungsweise, ich kann damit nichts anfangen. – Also für mich ist es so, daß damit keine größere Verbindung oder Verbindlichkeit da wäre – vielleicht würden dann die Eltern noch so ein bißchen mehr drinhängen. Das wäre für mich die einzige Überlegung und die Entscheidung, sowas überhaupt zu machen. Also mehr vielleicht ein Wunsch von Francesca, sie fühlt sich da auch noch stärker mit verbunden – auch emotionaler – mit der Frage Heirat und Ehe – und also quasi ihr zuliebe das zu machen – und den Eltern das vielleicht auch einfacher zu machen, weil die immer irgendwie ein Problem haben damit: Wie sollen sie jetzt eigentlich Francesca einordnen? Weil die, wenn ich verheiratet wäre, damit einfacher umgehen könnten.«

Für ihn sei das Thema immer noch ein »rotes Tuch«, sagt Roland. Doch er zeigt eine große Bereitschaft, auf Francescas Heiratswünsche einzugehen. Das mag verständlich sein. Aber erstaunlich ist doch, daß ihn die Probleme seiner Eltern im Umgang mit dem nichtverheirateten Paar, mit der ledigen Quasi-Schwiegertochter, so sehr beschäftigen, daß er sich vorstellen kann, deshalb einer Heirat zuzustimmen. Achten wir einmal darauf, wie er diesen Punkt zuerst einführt. Er sagt: »Vielleicht würden dann die Eltern noch so ein bißchen mehr drinhängen.« Wenn man das hört, weiß man nicht recht, ob das nun gut oder schlecht ist. Von seiner Vergangenheit her würde man eher vermuten: Es ist nicht gut, wenn die Eltern so »drinhängen« (in seiner Beziehung). Doch diese Vermutung ist falsch, der nächste Satz lautet: »Das wäre also für mich die einzige Überlegung und die Entscheidung, sowas überhaupt zu machen.«

Nun nähern wir uns der entscheidenden Frage, und dabei, so scheint es, unterscheidet sich Roland kaum noch von den Leuten aus dem Ruhrgebiet und dem südbadischen Dorf – abgesehen von der problematisierenden Ausdrucksweise: Elternschaft und Familie.

»Und mit Heiraten hängt auch noch die Frage des Kinderkriegens zusammen. Das ist ja auch noch ein ziemliches Problem, weil: Ich würde schon gerne Kinder haben, – ja, seit wann das ist, kann ich gar nicht sagen – aber so war das immer irgendwie in meinem Kopf: Irgendwann hast du auch so 'nen Balg – aber nie jetzt in dem Zusammenhang, damit auch Ehe zu haben, sondern – ja, mit der Partnerin, mit der ich zusammen bin, auch ein Kind aufzuziehen oder zwei oder so. Bloß, bisher hat das in mein Leben nicht reingepaßt, so ein Kind, weil das ja auch 'ne ganz schöne Umstellung ist...«

Und er führt die Stichworte an, die wir nun schon hinlänglich kennen: finanzielle Probleme, »der frei verfügbare Raum für berufliche Interessen, Freizeit – Bildungsinteressen – Beziehungsgestaltung – man würde damit ja total eingeschränkt werden mit so ›nem Kind...« Wenn dies aber alles geklärt wäre, insbesondere wenn die finanzielle Seite gesichert und eine gemeinsame Aufteilung von Berufsarbeit *und* Kindererziehung zwischen ihm und Francesca möglich wäre, dann »würde ich eigentlich gerne ein Kind haben wollen mit Francesca zusammen«.

Neben diesen »rationalen Abwägungen«, sagt Roland, gibt es jedoch noch etwas anderes: »Daß ich sage: Na gut, wenn ein Kind jetzt kommt, also wenn Francesca schwanger werden würde – dann würde ich eher sagen: Mensch – laß das Kind kommen – wir müssen uns damit arrangieren, und irgendwie geht das – irgendwie kommen wir auch mit der Situation klar. Aber wenn ich das jetzt plane, dann möchte ich auch bessere Voraussetzungen haben. Auf der anderen Seite ist natürlich auch so was da: die Frage des Alters – Francesca ist dreißig, ich bin fünfunddreißig – eigentlich so'n Alter, wo man schon längst verheiratet ist oder mehrmals schon verheiratet war – und dann eher wieder alleine lebt.« – Das sei eigentlich der Normalfall »für unsere Generation«.

Seine Generation, sagt er, ist »in so 'ne Zeit hineingewachsen, in der wir diese Vorbilder oder diese Institutionen Ehe und Familie abgelehnt und neue Lebensformen gesucht haben – und die nicht gefunden haben früher... Und zu sehen: eigentlich funktioniert das gar nicht – zu sehen, daß auch diese Form der Beziehung – also der Zweierbeziehung – immer noch am meisten bietet an emotionaler Geborgenheit – an verbindlicher Partnerschaft.«

Francesca wird im Grunde auch jetzt schon von seinen Eltern als Quasi-Schwiegertochter akzeptiert. Sie fahren häufiger zusammen zu seinen Eltern, und überhaupt hat er guten Kontakt zu ihnen. Die Eltern führen nach wie vor eine harmonische Ehe. Und auch zu seinen jüngeren Geschwistern ist sein Verhältnis gut.

Rolands Familiensinn hat seine unübersehbaren Wurzeln. Der innere Konflikt ist bei ihm größer als etwa bei Sabine Dodrich oder Christine Wolf, deren eigene Kindheit und Familienerinnerungen weniger zufriedenstellend waren. Eine glückliche Kindheit und eine »Achtundsechziger-Sozialisation« – das ist der Hintergrund des schwelenden Kampfes zwischen Familienorientierung und Individualismus.

Roland erwähnte, daß eher seine Freundin als er selbst Familie wolle. Und »ihr zuliebe« würde er mitmachen. Wir wissen bereits, daß ihre Eltern aus einem südeuropäischen Land kommen, wo der Familiensinn noch stärker verankert ist. Sehen wir uns deshalb an, wie Francesca die Sache sieht.

Francesca Fellani

Francesca ist 30 Jahre alt und hat – nach einigen anderen Tätigkeiten – Soziologie in Berlin studiert. Dabei lernte sie Roland Mickler kennen. Nach erfolgreichem Abschluß des Studiums ist sie als Soziologin in einem Forschungsprojekt tätig. Sie beabsichtigt zu promovieren und weiterhin berufstätig zu sein. In den Jahren nach dem Auszug aus dem Elternhaus hatte sie wechselnde Paarbeziehungen von meist ein- bis zweijähriger Dauer.

Der Vater ist Arbeiter, der sich mit verschiedenen Jobs durchschlägt. Francesca hat drei Geschwister, die alle eine Berufsausbildung gemacht haben. Aufgewachsen ist sie im Ruhrgebiet, wo sie gegen den Willen des Vaters das Gymnasium besuchte. Die Eltern sind inzwischen geschieden.

Die Familie war von Anfang an in die deutsche Umgebung integriert (sie hatten deutsche Bekannte). Die Eltern halten aber in gewisser Weise an der Tradition ihres Herkunftslandes fest. Für die Kindererziehung ist die Mutter zuständig, der Vater greift nur ab und zu einmal ein. Gespräche über Probleme waren mit dem Vater überhaupt nicht möglich, mit der Mutter anfangs auch nicht und später nur bedingt. Den überlieferten Geschlechterrollen entsprechend sollten die Mädchen nach ihrer Berufsausbildung einen Mann heiraten, Kinder bekommen und ganz für die Familie da sein. Von daher konnte er dann auch Francescas Wünsche – aufs Gymnasium zu gehen, zu studieren, männliche Bekanntschaften zu haben und sie mit nach Hause zu bringen – nicht tolerieren. Der ältere Bruder unterstützte Francesca bei ihrem Versuch, selbständig zu werden.

Mit siebzehn hatte sie ihren ersten Sexualpartner, dann, während der Schulzeit, mehrere Freunde, die sie natürlich nicht mit nach Hause bringen konnte. Diese Männer waren meistens wesentlich älter. Nach dem Abitur zog sie von zu Hause aus und ging nach München. Sie hatte noch einige Beziehungen, u. a. zu einem geschiedenen Mann mit Kind, bevor sie dann Roland Mickler kennenlernte. Es sieht so aus, als sei es Francesca fast gelungen, sich von den väterlichen Vorstellungen und Erwartungen zu befreien (»Ich hab also gesagt: Du kannst dich auf den Kopf stellen, ich geh aufs Gymnasium, und was du dann willst, ist mir egal.«).

Ihr Leben unterscheidet sich im Überblick nicht von dem vieler anderer junger Frauen mit Hochschulabschluß. Mag sein, daß die große Zahl an Liebesbeziehungen ebenso eine Kampfreaktion gegen den väterlichen Willen war wie der Umstand, daß sie häufig mit älteren, »väterlichen« Männern zusammen war: Sie erzählt von Markus, Leonhard, Gerhard, Gregor, Max und Karlheinz. Mit zwanzig konnte sie sich überhaupt nicht vorstellen zu heiraten, wohl aus Trotz gegen die Eltern, aus dem Bedürfnis der Selbstbehauptung, des Freischwimmens vom Elternhaus.

»Ich wollte ja auch nicht meinen Eltern entsprechen, indem ich nun heirate – weil sie ja gesagt haben: Also das Studium ist ja eh umsonst, du heiratest ja eh, und was sollen die Frauen mit dem Studium?«

Dazu kam die Angst, sich zu binden, das Gefühl, ihre Freiheiten nicht ausleben zu können. Das hat sich allmählich geändert. Heute kann sich Francesca eine Heirat vorstellen, wünscht sich das im Grunde. Gegenüber Karlheinz artikulierte sie diesen Wunsch zum erstenmal und tarierte für sich die Stärke dieses Wunsches aus.

»Es war ja nicht der Wunsch da, daß ich den Karlheinz gleich heirate oder gleich mit ihm ein Kind in die Welt setze, sondern es wäre einfach so'n Schritt aufeinander zu gewesen – ich denke auch, daß ich oftmals irgendwie damit kokettiert hab, daß ich gesagt hab: Ich möchte dich heiraten. Und auf der einen Seite hab ich mir selber nicht geglaubt, weil ich wirklich eine Verfechterin der Ehelosigkeit und gegen Kinder und gegen Angebundensein war. Ich glaub nicht, daß wenn ich dann gesagt hätte: du, ich will dich heiraten, daß ich das dann tatsächlich umgesetzt hätte, unbedingt – aber so die Wünsche, die sind eigentlich dagewesen, und die sind eigentlich immer noch da.«

Jetzt mit Roland steht die Entscheidung an. Es scheint, daß durch die Krise mit den Außenbeziehungen, insbesondere mit der von Roland, ein Entscheidungsdruck entstanden sei: Will man nun diese Beziehung oder will man sie nicht? Wenn man sie will, dann wird es ernst: Dann muß man sich eben gegen die Nebenbeziehung entscheiden und für das Heiraten letztlich auch und damit auch für Familiengründung.

Francesca sagt, sie hätte ihm sozusagen eine »Testfrage« gestellt; »na ja, Druck hab ich nicht ausgeübt – also ich hab nicht gesagt: Du, morgen geh ich zum Standesamt und stell das Aufgebot auf oder so – sondern ich hab dann einfach versucht, ihn nach so 'ner langen Zeit mal wieder zu fragen, wie's denn ist mit Heirat, weil er ja so'n Verfechter ist, der keinen Sinn in der Heirat sieht...«

Sie sagt, er reagiere jetzt, nach der überstandenen Krise, tatsächlich anders als früher. »Er sagt: ja – ich würde dich heiraten, wenn du das Aufgebot bestellst, ja, er würde tatsächlich dann auch mir zuliebe heiraten, ja, das würd er dann also mir zuliebe tun, und ich geh mal davon aus, daß er dann also wirklich – daß er mich dann also wirklich mag und wirklich mich will und so – aber er sieht da keinen Sinn drin irgendwie.«

Heiraten ist für Francesca ein Beweis dafür, daß man es mit dem andern ernst meint, die Entscheidung trifft: Mit dem möchte ich leben – auch wenn sie froh darüber ist, daß dies nicht mehr so wie früher eine Entscheidung für alle Zeiten sein muß.

»Ich bin also sehr froh, daß dieses ›bis daß der Tod euch scheidet‹ nicht mehr so wie so'n Damoklesschwert über der heutigen Zeit schwebt – also diesem Druck, dem unsere Eltern oder die noch früher noch ausgesetzt waren – dem sind wir heute nicht mehr ausgesetzt, so seh ich das.«

»Ich leg mich fest, wenn ich 'ne Beziehung habe – ich leg mich auch fest, wenn ich verheiratet bin. Wenn ich 'ne Beziehung habe, und ich bin nicht verheiratet, dann muß ich sogar noch mehr Kraft oder Aktivitäten aufbringen, um 'ne Verbindlichkeit an den Tag zu legen, als wenn ich verheiratet bin. Wenn ich nicht verheiratet bin, dann kann ich nicht so tun, als ob ich irgendwie unverbindlicher miteinander lebe, nur weil ich keinen Trauschein habe, also da braucht man sich nichts vormachen – und da braucht sich auch Roland nichts vormachen oder alle andern, die meinen, durch 'ne Nicht-Heirat sei man irgendwie nicht gebunden.«

Hier ist das Thema der Gleichgültigkeit gegenüber der Ehe sozusagen umgedreht. Die Frage ist nicht mehr: Wozu denn überhaupt heiraten? Die Frage ist jetzt: Warum denn eigentlich nicht heiraten? Und die Begründung klingt einleuchtend: Die Verbindlichkeit, die jede Beziehung nötig hat, kriegt man nicht mit dem Trauschein, und alle, die glauben, sie könnten sich aus der Verantwortung davonstehlen, indem sie nicht heiraten, machen sich gehörige Illusionen. Das ist natürlich in erster Linie gegen den wackeren Freund gemünzt, dessen Widerstand gegen die Ehe gebrochen werden muß.

Selbstverständlich gibt es bei Francesca kulturelle Wurzeln des Familiensinns, auch wenn sie selbst in Deutschland geboren und aufgewachsen ist: »Du siehst das bei deinen Verwandten, bei deinen Cousinen, die sind da ganz glücklich« (als verheiratete Frauen).

Sie fragt sich selbst – ohne eine Antwort zu finden –, warum sie heiraten will.

»... aber irgendwie ist da was mit dem Heiraten. Und da kann ich mich nicht davon freimachen. Also das ist nicht so, daß ich im Gegensatz zu früher jetzt mit fliegenden Fahnen unbedingt heiraten will, aber ich bin jetzt auch dreißig geworden und – naja – irgendwie hab ich beruflich das geschafft, was ich eigentlich schaffen wollte.

Mittlerweile würde mir das nicht mehr so viel Angst machen zu heiraten. Früher hat's mir Angst gemacht irgendwie, dieses Angekettetsein und so – das würd mir keine Angst mehr machen, da würd ich mich nicht mehr oder weniger angekettet fühlen, als wenn ich in 'ner Beziehung lebe, wo ich halt nicht verheiratet bin.»

»Sowas steckt dann einfach in 'ner gewissen Weise in einem drin, so vorm Standesamt zu stehen und vielleicht ein schönes Kleid anzuhaben oder so – und die weinende Mutter im Hintergrund...« erzählt Francesca lachend.

Und entgegen allen kritischen Äußerungen – ein Gefühl, daß die Ehe eine größere Sicherheit gewährleistet als eine Beziehung ohne staatliches Dokument, ist einfach da:

»Man ist nachher nicht anders – vielleicht hätt ich das Gefühl, er wär mir sicherer oder so – aber das stimmt gar nicht – das stimmt gar nicht...«

Für ein Kind ist es Francesca allerdings noch zu früh. Es würde ihre beruflichen Pläne durchkreuzen. »Also, wenn ich jetzt ein Kind kriegen würde, dann käm ich ganz schön in die Bredouille. Das würde mir 'nen Strich durch die Rechnung machen erstmal.« Aber sie läßt auch durchblicken, daß es passieren könnte. Sie stellt sich den Fall der ungeplanten Schwangerschaft vor und sagt dann, sie hätte vor dem Eingriff einer Abtreibung mehr Angst als vor einer Geburt (Abtreibung aus moralischen Gründen sei nicht das Problem). Wie Roland spricht sie dann auch davon, daß die finanziellen Bedingungen soweit in Ordnung sein sollten, daß ein Kind von dieser Seite her keine Schwierigkeiten mehr macht. Und wie er spricht sie auch vom Alter: So ab dreißig wird's allmählich Zeit. Nach ihrer Dissertation oder wenn sie sich selbst beruflich abgesichert hätte, so mit fünfunddreißig, sechsunddreißig, könnte sie sich schon vorstellen, ein Kind zu bekommen und sich dem Kind zu widmen. Sie möchte dann auch kurzfristig den Beruf aufgeben, und ihre eigenen Wünsche zurückstecken. Sie will das Kind nicht nach einem halben Jahr gleich in eine Krippe geben.

»Ich bin zu arbeitswütig, um dann nur mit Leib und Seele Mutter zu sein, das würd ich dann nicht wollen. Ich würd schon auch wieder weiter in den Beruf gehen – weiß aber auch, wie schwierig es ist, nach 'ner ganzen Zeit dann wieder in einen Beruf zu gehen, und von daher wär's mir also dann ganz lieb, in so 'ne Position zu gelangen, wo ich mir Mutterschaft erlauben könnte – und wo man sich dann auch das Kind irgendwie teilt – ja wo man auch arbeitsteilig Geld verdient. Und das war auch das Argument, was ich Roland entgegenbrachte: Du bräuchtest nicht die ganze Zeit buckeln –

ich will doch selber wieder arbeiten, und du kannst dann auch mit dem Kind wieder zu Hause sein, wie du willst und wenn du willst – das würd ich dir zugestehn, und ich möchte doch auch arbeiten. Ich möchte da nicht nur im Haus sein, das würde mich wahnsinnig machen.«

Man sieht hier noch einmal die Bestrebungen, die besonders ausgeprägt im alternativ-akademischen Milieu in Berlin zu beobachten waren: Die Frau möchte beides, Mutterschaft und Beruf. Und (jedenfalls in der Planung) könnte das klappen, weil auch der Mann nicht nur Geld verdienen, sondern auch seine Vaterschaft aktiv praktizieren will.

Zum Schluß zeigt sich bei Francesca noch einmal, wie stark die Träume und Sehnsüchte von einer glücklichen Familienidylle immer noch wirken. Sie spricht über ihre Zukunft. Abgesehen von der Vorstellung, mit Roland ein Kind zu haben und mit ihm alt zu werden, gibt es auch gewagtere Träume. Sie spricht davon, daß sie gerne ein halbes Jahr hier in Deutschland leben würde und ein halbes Jahr in Italien, sich dort, wie die Verwandten, ein Häuschen zu bauen, »in der Sonne zu sitzen und teilzunehmen an der lockeren Art zu leben«.

»... und dann hab ich sogar die Vision gehabt, also letztens, vielleicht lerne ich ja irgendwie jemand kennen in Italien«, fügt sie lachend hinzu, »der mich auch noch heiraten will und der auch noch ein bißchen Geld hat; und das sind so Vorstellungen, wo meine Mutter dann wirklich aus mir redet – die mir gesagt hat: Ja, und wenn du dann an die Uni gehst, dann lernste vielleicht einen reichen Professor kennen – also zu sowas kann das Studium ja nun auch noch gut sein ...«

14. Partnerschaftlichkeit und Arbeitsteilung

Die Definition der Geschlechtsrollen ist in Bewegung geraten. Emanzipation der Frau heißt für manche Beobachter »Vermännlichung«. Dieses Wort sollte jedoch nicht mißverstanden werden. Gemeint ist nicht das, was im Hochleistungssport schon an Auswüchsen bemerkbar war. Gemeint ist, daß Frauen Eigenschaften erwerben (oder weiterentwickeln) müssen, die bisher als »männlich« galten, wenn sie in der traditionellen Domäne des Mannes, der Berufswelt, erfolgreich sein wollen. Also: Durchsetzungsvermögen, Leistungswille, Härte, Unbarmherzigkeit, Erfolgsorientierung, Emotionslosigkeit.

Aber auch umgekehrt ist nicht mehr alles so, wie es einmal war: Die »neuen Männer« zeigen Gefühle und bügeln ihre Hemden selber, die »neuen Väter« interessieren sich für ihre Kinder nicht erst, wenn sie mit ihnen Fußballspielen können, sondern erkennen ihre Bedeutung für die »präödipale Phase«. (Bekanntlich tritt in der klassischen Psychoanalyse Sigmund Freuds der Vater erst mit dem Ödipuskonflikt auf die Bühne des kindlichen Lebens.) Von einer »Feminisierung der Kultur« ist bereits die Rede und von einer »Feminisierung der Liebe«.

Wer eher von der Unvereinbarkeit des männlichen und des weiblichen Prinzips ausgeht, von einer quasi-natürlichen Zweiteilung des Menschengeschlechts, der wird eine Epoche des harten Geschlechterkampfes erwarten. Andere, nicht zuletzt auch innerhalb des Feminismus, sehen Tendenzen der Annäherung der Geschlechter, der Einebnung von Geschlechtsunterschieden: »Androgynität« (Zweigeschlechtlichkeit) ist das gelehrte Stichwort. In den USA, sagt zum Beispiel Francesca M. Cancian, herrsche eine weibliche und damit unvollständige Vorstellung von Liebe vor; man vernachlässige die »männlichen«, die aktiv-leistungsorientierten Gehalte von Liebe, die genauso dazugehörten wie die emotional-erotisch-weiblichen. Und sie plädiert für eine Vereinigung dieser beiden Aspekte der Liebe.

Frauen sollen also dieselben Lebensziele haben können wie die Männer. Manche sehen darin allerdings auch eine Gefahr für die Frauen; sie treten deshalb für eine »neue Weiblichkeit« ein.

Wir konnten diese schwierige und weit verzweigte Problematik in unseren Interviews natürlich nicht ausführlich behandeln, wollten aber zumindest einige der damit zusammenhängenden Fragen anschneiden. Dazu gehört zunächst der Komplex des Verhältnisses von Berufsarbeit und Hausarbeit, der Auskunft über die Veränderungen der Geschlechtsrollen in der alltäglichen Lebenspraxis zu geben verspricht. Einen Aspekt davon, nämlich die Frage der weiblichen Erwerbsarbeit nach der Geburt eines Kindes, haben wir in den letzten Kapiteln bereits behandelt. Wir fragen nun, wie die Hausarbeit und die alltägliche Arbeitsteilung in der Paarbeziehung organisiert ist.

In einem weiteren Aspekt gehen wir auf das Verhältnis von Individualität und Partnerschaft ein. Welche Zeiten verbringt man gemeinsam, welche getrennt? Hat man in der Beziehung individuelle Rückzugsmöglichkeiten und abgegrenzte Individualbereiche – wie es sich zum Beispiel in der Zimmeraufteilung der Wohnung zeigen könnte; oder in der Verwaltung des gemeinsamen Geldes? Gibt es Möglichkeiten zur Selbstverwirklichung, oder wirkt die Beziehung eher einengend?

Beginnen wir mit der Frage: Wie ist die Arbeitsteilung im Haushalt organisiert? – Im allgemeinen fanden wir eine erstaunlich hohe Bereitschaft der Männer, im Haushalt dieselbe Arbeit und zu gleichen Anteilen zu machen wie die Partnerin. Das überrascht, weil eine Reihe von Studien in den letzten Jahren gezeigt hat, daß die überkommene Arbeitsteilung zwischen Mann und Frau bisher kaum abgebaut ist. Selbst bei den unverheirateten Paaren hält sie sich noch durch – wenn auch weniger stark ausgeprägt. Besonders bei den jüngeren unverheirateten Paaren und bei den kinderlosen Paaren, wo die Frau erwerbstätig ist, gibt es erste Anzeichen einer Veränderung.

Für unsere Berliner Interviewpartner ist typisch, daß keine Frau ausschließlich auf Hausarbeit ausgerichtet ist: Männer *und* Frauen sind berufstätig oder mit einem Studium beschäftigt. Beide gehen dabei in der Regel gleichwertigen Berufen nach, als Lehrerin und Lehrer, als Juristen, als Mediziner oder als Kunststudenten. Christine Wolf zum Beispiel ist Studienrätin und wird sogar in absehbarer Zeit eine zweite akademische Ausbildung zur Kindertherapeutin absolviert haben, und der Beruf von Sabine Dodrich als Pressereferentin einer Sendeanstalt hat ein höheres

Sozialprestige als der ihres Freundes, der in der technischen Abteilung arbeitet.

Bei den Paaren, die wir in München-Waldberg interviewten, war nur in einem Fall die Frau nicht erwerbstätig. In zwei Fällen gingen die Partner denselben Berufen nach (Informatiker bzw. Physiker in der Industrie), und in zwei Fällen hatte die Frau einen relativ höheren beruflichen Status als der Mann. Die Berufstätigkeit der Frau steht im qualifiziert-technischen Milieu ebenso außer Frage wie bei Akademikerpaaren. Und deshalb, so scheint es, ist die Mitarbeit des Mannes im Haushalt ziemlich selbstverständlich. Das behaupten nicht nur die Männer von sich, das sagen auch fast alle Frauen, die wir interviewten (wenn sie auch häufig glauben, eine Ausnahme darzustellen). Hausarbeit fällt hier allerdings nur in einem vergleichsweise geringen Umfang an, da Essen im Restaurant und die Beschäftigung von Haushaltshilfen verbreitet sind.

Die 44jährige Brigitte Rade, die in dritter Ehe verheiratet ist, mußte die Hausfrauenrolle zu Hause nicht lernen, wurde als Einzelkind eher verwöhnt. Ihre Männer haben diese Rolle auch nie von ihr erwartet, und die Diskussion um die Veränderung der Geschlechtsrollen ist ihr dabei sehr entgegengekommen: So wohnte sie einmal in einer Wohngemeinschaft mit drei Männern, die sie schon deshalb nicht zur Hausarbeit aufforderten, weil sie fürchteten, als Chauvinisten verurteilt zu werden. In ihrer ersten Ehe wohnte sie in direkter Nachbarschaft zu ihren Eltern, und die Mutter machte ihr praktisch den Haushalt mit. In der zweiten Ehe waren beide Partner gleichermaßen chaotisch. Sie hatten eine große Fünfzimmerwohnung, und statt aufzuräumen, sind sie lieber von Zimmer zu Zimmer gezogen, bis es gar nicht mehr ging. In Brigittes dritter Ehe war von Anfang an klar, daß der Mann für die Ordnung in seinem Bereich selber sorgen muß, und da er ein sehr ordentlicher Typ ist, läuft es darauf hinaus, daß er ihr vieles nachräumt. Einmal in der Woche kommt eine Putzfrau: »... das reicht mir an Ordentlichkeit«. Bis heute wäscht ihr die Mutter ihre Wäsche. Kochen hat sie inzwischen gelernt, wenn sie es auch selten tut. In der Woche essen sie beide meistens außer Haus; wenn sie sich mit Freunden oder Bekannten treffen, dann oft zum Essen. Für's Wochenende kauft sie ein, das Kochen übernimmt aber meistens ihr Mann, weil er es gern tut.

Sabine Dodrich (48), die unverheiratet ist und alleine lebt, meint, ihr Freund sei das, »was man einen Pascha nennt, aber ein ganz besonders hinterhältiger«, weil er sie immer so sehr lobt, wenn sie kocht, aufräumt oder abwäscht, wobei er ihr doch, statt sie zu loben, helfen könnte. Sie kann ihn aber nicht unter Druck setzen, weil er sich einfach ein Brot macht oder vorschlägt, Essen zu gehen, wenn sie nicht kocht. Wenn sie Gäste haben, helfen ihr die Frauen ganz selbstverständlich, genauso selbstverständlich lassen sich die Männer bedienen. Sabines Erfahrung ist, »daß sich die Männer bis zuletzt sträuben, Land aufzugeben, ob beruflich oder privat«. Das sei bei ihrer Generation um die fünfzig nun mal so, auch wenn die Männer ganz genau wissen, wie es läuft. Aber er habe auch weniger Ansprüche in bezug auf Sauberkeit, und sie gleicht Bad und Küche in der Zeit, in der sie sich in seinem Haus aufhält, ihren Ansprüchen an.

Renate Hornstein (34, unverheiratet) sagt, in ihrer Beziehung sei die Arbeit (Haushalt und Kind) genau aufgeteilt. Jeder mache ungefähr die Hälfte. Sie putzt, er saugt. Er bügelt seine Hemden selber. Er kocht etwas häufiger. »Da weiß ich wirklich, was ich an meinem Partner habe. So einen findet man so schnell nicht wieder.« – Das ist der Punkt, den sie ganz deutlich hervorhebt; dagegen ist »Liebe« sekundär.

Auch Mary White-Vogel, die 48jährige Hochschuldozentin, hebt hervor: »Jetzt, mit meinem Mann, ist es anders: Wir machen alles zusammen. Er kann sogar nähen und bügeln.«

Ähnlich Horst Aschert, der 27jährige, unverheiratete Informatiker: »Wir teilen uns alles. Wer halt gerade Zeit hat, der sortiert die Wäsche – das mach ich oft.« Er kocht häufiger, sie bügelt eher. Er macht den Rest: Staubsaugen, Staubwischen, Fensterputzen und alles Handwerkliche. Ab und zu ärgert er sich über sie, wenn er gerade das Bad geputzt hat und kurz darauf einen Make-up-Fleck findet. Niemand aus dem Freundeskreis findet es komisch, daß er diese Hausarbeiten macht: Die machen das ja auch so. Für die Freunde ist das selbstverständlich. Von den Nachbarn ist er eher bestaunt worden: Wie gut der das doch kann!

Von »ungerechter« Arbeitsteilung ist nur in einem Fall die Rede, in dem auch manches andere in der Beziehung nicht stimmt, so daß diese »Zurückhaltung« des Mannes eher auf der Ebene von Beziehungsdynamik als auf der Ebene von Rollenverständnis zu erklären sein dürfte:

Monika Seiler (35) macht fast die ganze Hausarbeit, auch die Betreuung des Kindes liegt hauptsächlich in ihren Händen (obwohl sie denselben Beruf und eine vergleichbare berufliche Belastung hat wie ihr Partner).

Im Alternativmilieu wird die Forderung nach einer gleichgewichtigen Verteilung der Hausarbeit, aber auch der Berufsarbeit, am stärksten erhoben, und sie ist dort auch schon weitgehend realisiert: Als persönlich wünschenswert und politisch erforderlich wird von einigen die Halbierung der Vierzigstundenwoche und die Einrichtung von Teilzeitarbeitsplätzen empfunden.

Martina Fuhrmann (32) hat mit ihrem Freund die Vereinbarung getroffen, sich alle Arbeiten zu teilen, sowohl das Geldverdienen als auch die Hausarbeit und die Betreuung des Kindes. Sie hat während der Stillzeit des Kindes nicht gearbeitet, sondern sich das Geld zusammengeliehen, vom Erziehungsgeld und teilweise von seinen Einkünften gelebt. Jetzt, nach dem Abschluß ihres Studiums, sucht sie dringend wieder Arbeit. Ihr Freund wäre nicht bereit, eine Vierzig-Stunden-Stelle anzunehmen, weil er dann weder dazu käme, seine Musik zu machen, noch Zeit für das Kind hätte – beides ist ihm wichtiger als eine sichere Berufsposition.

Die Auseinandersetzungen mit ihren früheren Freunden sieht Monika Troes (30, verheiratet, Einzelfallhelferin, ein Kind) heute weniger als eine Auseinandersetzung zwischen den Geschlechtern, sondern mehr als Teil des Prozesses, erwachsen zu werden. In ihrer jetzigen Ehe geht es ausgeglichen zu, und die Aufgaben sind locker, nach individuellen Fähigkeiten und Vorlieben, aufgeteilt: Seit die Stillphase vorüber ist, ist sie für das Kind »zu 60 Prozent«, ihr Mann »zu 40 Prozent« zuständig. Vor allem in den Phasen, in denen er sich auf Prüfungen vorbereiten muß, betreut sie das Kind häufiger. Im Haushalt ist er für die »Lebensmittelbeschaffung« zuständig, vom Einkaufen bis zum Kochen. Das hat sich einfach so ergeben, sie kocht nicht so gern, nur gelegentlich, dafür wäscht sie immer die Wäsche. Er hat einmal drei Maschinen hintereinander verdorben, seitdem lasse sie ihn nicht mehr dran, obwohl das auch kein Prinzip sei.

Aus der Erfahrung aus dem Elternhaus, wo die Rollen zwischen Mann und Frau zum Leidwesen seiner Mutter ganz klassisch verteilt waren, hat sich Torsten Klein (39) eine solche Rollenaufteilung für sich selbst nie vorstellen können. Gleichberechtigung war für ihn immer wichtig, von der ersten Beziehung an. Er will neben anderen Interessen selbst Zeit für seine Freunde und die Kinder haben, und auch der Berufs- und Arbeitswunsch der Frauen ist ihm selbstverständlich. Er hat seine jetzige Frau darin bestärkt, erst ihr Schulprojekt in Gang zu setzen, bevor sie sich ihren gemeinsamen Kinderwunsch erfüllten. In seinem Wohnkollektiv sind alle Aufgaben (Kochen, Putzen, Kinder, Arbeit) geschlechtsunabhängig verteilt: Jeder ist an allem beteiligt.

Ein wenig anders stellt sich die Situation im Arbeitermilieu des Ruhrgebiets und im ländlichen Milieu in Südbaden dar. Im Arbeitermilieu wird noch weitgehend an die traditionelle Rollenaufteilung angeknüpft: Die Frau ist in der Regel für den Haushalt zuständig und erst recht für die Betreuung der Kinder. Diese Zuständigkeit ist nicht Ergebnis einer Absprache, sondern ist den Frauen gleichermaßen wie den Männern selbstverständlich. Die Versorgung des Haushalts wird von den Frauen als »Pflicht« aufgefaßt, unabhängig davon, ob die Frau auch (ganztägig) arbeitet oder nicht.

Entsprechend geht der Mann der Erwerbstätigkeit nach, und zwar auch, wenn beide keine abgeschlossene Lehre haben. Selbst dann, wenn die Frau eine Ausbildung gemacht hat, der Mann aber nicht, bleibt diese Aufteilung erhalten. Oft genug hat der Mann jedoch die Ausbildung abgeschlossen oder verdient mehr Geld, was diese Rollenaufteilung rechtfertigt.

Hans-Wilhelm Sander (30, unverheiratet) ist Chemiefacharbeiter und verdient mehr als seine Freundin, die sich im Abschlußjahr der Ausbildung zur Krankenschwester befindet. Daraus ergibt es sich von selbst, daß er im Falle der geplanten Elternschaft weiterhin arbeiten würde, während sie die Kinder beaufsichtigt, wenn er daraus »auch kein Argument machen« möchte und hinzufügt, daß die bloße Tatsache, ein Mann zu sein, im Konfliktfall kein Privileg zur Erwerbsarbeit legitimiert.

Georg Bruns (45, geschieden) verdient als Elektriker in einer mittleren Position ziemlich gut, seine neue Partnerin beteiligt sich gegenwärtig am Aufbau einer kleinen gemeinsamen Firma: Während er das im Bewußtsein tut, seine – und damit auch ihre – Zukunft abzusichern, ist ihre Beteiligung auf einige Stunden in der Woche begrenzt und steht primär unter dem Vorzeichen der Persönlichkeitsentwicklung zu mehr Selbständigkeit.

Dennoch ist Hausarbeit für die jüngeren Männer dieses Milieus nichts mehr, mit dem sie prinzipiell nichts zu tun haben, sie stehen den im Haushalt anfallenden Arbeiten keineswegs hilflos gegenüber und können in der Regel auch kochen, aber ihre Unterstützung geschieht auf rein freiwilliger Basis. Auf diesen Freiwilligkeitsstatus wird nicht nur von den Männern, sondern auch von seiten der Frauen Wert gelegt. Das gilt bei einigen auch, wenn die Frau selbst ebenfalls ganztägig beschäftigt ist.

Wenn Gertrud Simon (33, verheiratet, ungelernte Arbeiterin) sonntags lange schläft, macht ihr Mann oft das Frühstück, aber nur wenn er Lust dazu hat. »Er muß das nicht tun, das wollte ich auch nicht«, während sie dafür die Verantwortung trägt und es auch im Zweifelsfall tun »muß«.

Wenn der Mann deutlich mehr arbeiten muß, gilt die Zuständigkeit der Frau für die Hausarbeit als selbstverständlich und wird von beiden als gerechtes Arrangement aufgefaßt. Mit der Belastung der Frau durch eigene Erwerbsarbeit steigt für die Männer der Druck, sich regelmäßig an der Hausarbeit zu beteiligen.

In den meisten Fällen der von uns interviewten Paare im ländlichen Milieu Wieslingens ging die Frau einer beruflichen Tätigkeit nach, die manchmal der des Mannes hinsichtlich des Qualifikationsniveaus und Berufsprestiges nicht nachstand. Gleichwohl gehen einige der Männer mit nahezu ungebrochener traditioneller Selbstverständlichkeit davon aus, daß die Frauen nach der Geburt des ersten Kindes zumindest für einige Jahre nicht mehr arbeiten – obwohl es sich um durchweg junge Paare handelt. Die Frauen akzeptieren diesen Anspruch in der Regel, auch wenn sie betonen, daß sie nicht für immer ihre Berufstätigkeit aufgeben wollen. Und wenn wir berücksichtigen, daß unsere Interviewpartner im Dorf eher zu den aufgeschlossenen Personen gehören, können wir annehmen, daß auf dem Land noch manches übrig ist aus den alten Zeiten, wo für Männer und Frauen die Bereiche klar und unantastbar abgegrenzt waren.

Wie gesagt: Unsere Interviewpartner gehören zu den jüngeren und eher aufgeschlossenen Leuten (sonst hätten sie sich wohl kaum zu einem Interview mit einem Berliner Soziologen, der sich für ihr Privatleben interessierte, bereitgefunden). Es mag deshalb nicht besonders überraschen, daß wir eine hohe Bereitschaft der Männer vorfanden, im Haushalt dieselbe Arbeit und zu gleichen Anteilen zu machen wie die Partnerin, wenn auch manchmal erst ein Lernprozeß zum Wandel der alten Vorstellungen führte. Partnerschaftlichkeit und innerhäusliche Arbeitsteilung sind auch für junge Paare in Wieslingen keine exotischen oder revolutionären Vokabeln mehr. Drei Aspekte waren dennoch auffällig. Zum einen wird in vielen Fällen die Freiwilligkeit männlicher Mithilfe betont, und dies wird von den Frauen in der Regel auch akzeptiert. Zum zweiten gibt es dort, wo ein Haus oder ein Garten vorhanden ist, eine klare Arbeitsteilung zwischen Frau (im Haus) und Mann (um das Haus herum). Schließlich gibt es Hausarbeiten, die eine der Männlichkeit völlig widersprechende Tätigkeit zu sein scheinen; das hervorstechende Beispiel ist das Bügeln (was mit den Ergebnissen der »Brigitte«-Studie übereinstimmt).

Ilona Förster (21, unverheiratet, Verkäuferin) sagt lachend: »Bügeln ist mein Job. Es ist eigentlich auch logisch – ich mein, er bügelt, wenn es sein muß, aber das ist eine Notlösung. Meiner Meinung nach stellen sich die Männer da ein wenig untalentiert an. Gern macht das wahrscheinlich keine Frau, ich glaube, das ist einfach – von klein auf wird man halt – als Mädchen bügelt man, und dann ist das irgendwo drin, aber wenn ein Herr anfangen muß zu bügeln, dann hat er echte Probleme. Dann ist einmal der Hemdkragen schwarz und die Knopfleiste krumm und so weiter. Ich finde, bügeln ist auch echt kein Job für'n Mann. Abstauben und Waschen und Geschirrwaschen – finde ich alles ok, aber bügeln, finde ich wirklich, das ist halt Frauensache, zwar unangenehm, aber -«. Ansonsten ist sie mit ihm zufrieden: »Wir machen's gemeinsam, ich bügle, und er räumt halt ein wenig auf. Kochen tun wir auch zusammen und abwaschen genauso. Das ist überhaupt kein Problem. Ich hab den perfekten Hausmann« sagt sie belustigt. »Er wäscht genauso Wäsche – sagt nicht: Also nee, das mach ich nicht. Aber Bügeln ist mein Job...«

Thomas Stein (26, unverheiratet, KfZ-Mechaniker) sagt: »Abwaschen, Putzen, Aufräumen und so – das hat anfangs große Probleme gemacht.« Er sträubte sich dagegen, mitzuhelfen. Jetzt ist es organisiert, und er beteiligt sich. »So langsam kriegen wir's in' Griff.« Er war bei seiner Mutter immer bedient worden und hatte große Umstellungsprobleme. Was er auch nach seinem Lernprozeß noch nicht macht ist Bügeln und Staubwischen. Er sagt, bei den verheirateten Paaren, die er kenne, sei die Arbeitsteilung häufig nach traditionellem Muster: »Was allerdings damit zusammenhängt, daß sie meist ein Haus besitzen und es deshalb entsprechende Arbeiten ums Haus herum gibt, die eher der Mann erledigt.«

Manche Äußerungen von Männern legen freilich auch die Vermutung nahe, daß die Erklärungen über gerechte Arbeitsteilung vielleicht nicht ganz ernst zu nehmen sind.

»Hausarbeit wird geteilt«, sagt Volker Schwarz (26, unverheiratet, Techniker). »Wäsche teilen wir uns auch gut«, lacht er. »Da ich Techniker bin, schalte ich die Waschmaschine ein und mache die Wäsche in den Trockner; und sie bügelt dann.«

Welchen Grad von Unabhängigkeit hat der einzelne – wie groß ist der Spielraum individueller Entfaltung im Rahmen einer Paarbeziehung? Zweifellos ist dieser individuelle Handlungsspielraum für Frauen in allen Milieus heute größer als früher. Dennoch zeigen sich deutliche Unterschiede. Im Akademikermilieu werden Konflikte eher individualistisch gelöst, und im Zweifelsfall werden lieber die Gemeinsamkeiten geopfert.

Christine Wolf (39, unverheiratet, Studienrätin) hat mit ihrem Freund nie zusammen in einem Haushalt gelebt, aber auch in den Stunden des Alltags, die sie miteinander teilen, gibt es ihrer Ansicht nach die »alte geschlechtsspezifische Rollenverteilung eigentlich nicht; es kann schon mal vorkommen, daß er mir eine Lampe repariert, wie ich ihm auch gelegentlich zur Hand gehe«. Ihre beruflichen Entscheidungen trifft Christine allein und setzt ihren Freund vor vollendete Tatsachen. Sie wollte kein Kind. Für ihren Freund, der gerne Vater geworden wäre, hatte das die Konsequenz, sich wieder stärker in außerfamilialen Bereichen zu engagieren. Über seine Beschäftigung im Theaterbereich hat er auch eine neue Freundin kennengelernt. Durch diese Entwicklung sehen sie sich jetzt noch seltener, und sie kann sich vorstellen, daß die Beziehung einmal »zu dünn« wird und auseinandergeht.

Auch für Andreas Menz (34, unverheiratet, Arzt) sind seine Freiheit und sein Freiheitsgefühl unabdingbare Voraussetzungen für die Bindung. Er sagt, er nehme seiner Freundin keine Entscheidungen ab, helfe ihr aber gelegentlich bei praktischen Problemen.

Im Alternativmilieu ist Gemeinsamkeit erklärtes Ziel: allerdings auf dem Hintergrund eines klaren Bewußtseins für eigene Interessen und Selbständigkeit. Der einzelne soll in der Gemeinschaft zu seinem Recht kommen:

Im Wohnkollektiv von Torsten Klein (39, verheiratet, ein Kind) sind alle Aufgaben gleich verteilt, und die Gruppe ist der Ort, wo sich alle miteinander austauschen und viele Dinge gemeinsam planen und ausführen können: Gemeinschaft wird um ihrer selbst willen gelebt. Gleichzeitig legte Torsten großen Wert darauf, daß seine Freundin, bevor sie sich ihren gemeinsamen Kinderwunsch erfüllten, ihr Schulprojekt aufbaute.

Da sich für Monika Troes (30) und ihren Mann beruflich nicht so viel Überschneidungen ergeben, können sie sich auf diesem Feld nach eigenen Entscheidungen und individuellem Rhythmus entwickeln, ohne miteinander zu konkurrieren. Es ist für sie gerade das Besondere ihres Verhältnisses, daß sie sich gegenseitig in jeder Hinsicht Freiheiten gewähren.

Die Abgrenzung der eigenen Person kommt auch in den Wohnverhältnissen und im Umgang mit dem Geld zum Ausdruck. Die größte räumliche Separierung liegt bei den Akademikern vor, besonders dann, wenn man in getrennten Haushalten lebt. Aber auch bei den Alternativen hat in der Regel jeder ein eigenes Zimmer.

Der Freund von Sabine Dodrich (48, unverheiratet, Redaktionsassistentin) bewohnt im Süden Berlins seit vielen Jahren allein ein geräumiges Einfamilienhaus. Sabine hat früher einmal mit dem Gedanken gespielt, die obere Etage zu beziehen, konnte sich dann aber doch nicht dazu entschließen, und auch Freunde haben ihnen beiden geraten, diesen »Fehler« doch nicht zu begehen, sie hätten doch eine so gute Beziehung. Inzwischen spielt diese Überlegung keine Rolle mehr: Weder den Auszug ihrer Tochter nimmt sie zum Anlaß, mit ihm in einen gemeinsamen Haushalt zu ziehen, noch plant sie einen solchen Schritt, wenn sie ihn später einmal aus Rentengründen heiraten sollte.

Aber auch bei den Paaren, die eine gemeinsame Wohnung haben, ist diese meist so geräumig, daß jeder mindestens einen eigenen Raum hat. Nur Andreas Menz (34, unverheiratet, Arzt) bewohnt mit seiner Freundin eine Dreizimmerwohnung, in der sich keine individuellen Zimmer einrichten lassen, weil es sich um Durchgangszimmer handelt. Diese Situation wird aber als unangenehm empfunden: Besonders wenn man sich gestritten habe, könne man sich nur schlecht aus dem Wege gehen.

Auch in finanzieller Hinsicht sind besonders im Akademikermilieu die Partner in einer Beziehung eigenständig. Männer und Frauen verfügen jeweils über ausreichende Einkünfte. Der besser verdienende Teil läßt den weniger gut verdienenden an dem Mehrverdienst teilhaben, ohne daß die gesamten Einkünfte in eine gemeinsame Kasse kämen und man kein Gefühl mehr hätte für »das eigene Geld« – während im Ruhrgebiet zum Beispiel junge kinderlose unverheiratete Paare, die über zwei Gehälter verfügen, ihr Geld gemeinsam ausgeben und darauf achten, daß beide annähernd gleichviel individuell konsumieren können. Bei den Akademikern entnimmt man das Geld für die gemeinsame Haushaltsführung dem jeweils individuellen Portemonnaie und versteht den nicht unerheblichen verbleibenden Teil als individuellen Besitz. Die Perspektive ist umgekehrt: Man bezahlt aus der »eigenen Geldtasche« ebenso gemeinsame Kosten, während man im Arbeitermilieu aus einem »gemeinsamen Topf« auch für die je individuellen Belange Geld entnimmt.

Andreas Menz hat als Arzt wesentlich mehr Geld zur Verfügung als seine Freundin, die noch studiert. Dennoch übernimmt er nicht die ganze Miete, sondern »nur« den überwiegenden Teil, und auch die nötigen Anschaffungen, die meistens er finanziert, bleiben in seinem Besitz. Dennoch ist hier die »Individualisierung« anscheinend nicht so weit getrieben, daß man streng auf Gütertrennung achten würde, sondern auch hier ist der Besitz ein Feld, das zur Symbolisierung der Zusammengehörigkeit dient.

Auch die Alternativen orientieren sich in vielen Punkten an individueller Selbständigkeit, aber in gewisser Weise wird hier eine Mittellage zwischen Arbeitermilieu und Akademikermilieu gehalten: Man legt sehr viel Wert darauf, daß das Einkommen von beiden Partnern erwirtschaftet wird oder jeder doch seinen Möglichkeiten entsprechend seinen Teil dazu beiträgt. Beide Partner können daher auf eigenen Füßen stehen und mit dem entsprechenden Selbstbewußtsein in der Beziehung auftreten, aber das dann vorhandene Geld wird eher gemeinsam ausgegeben. Oft kommt man wegen der geringeren Mittel nicht umhin – vor allem, wenn Kinder zu versorgen sind –, daß der besser verdienende Teil den anderen mit unterstützt. Im Idealfall haben Mann und Frau über ihre Erwerbsarbeit gleichen Zugang zu finanziellen Mitteln und werden auch zu gleichen Teilen an der Finanzierung des Haushalts beteiligt.

»Ideal« ist es im Wohnkollektiv von Torsten Klein organisiert. Dort arbeiten Männer und Frauen für die gleiche Entlohnung jeweils zwanzig Stunden in der Woche und finanzieren auch zu gleichen Teilen alle gemeinsamen Lebenshaltungskosten.

Bei Jakob Lesko (39, unverheiratet) hat sich die Verbindung beider Einkommen zu einer gemeinsamen Kasse eher naturwüchsig ergeben. Sie haben schon früher nicht besonders darauf geachtet, wer wieviel in den gemeinsamen Haushalt investiert, und seit sie das Kind haben, wissen sie erst recht nicht mehr, was von wem bezahlt wurde. Sie verdienen annähernd gleichviel, und sie kommen mit dieser Regelung sehr gut zurecht.

Im Arbeitermilieu des Ruhrgebiets fällt auf, daß die Paare ihre freie Zeit ganz überwiegend gemeinsam verbringen, sei es in der Familie oder sei es, daß sie gemeinsam Einladungen annehmen. Vielfach lehnen die Frauen es ausdrücklich ab, oder sie sagen, daß es ihnen kein Vergnügen bereite, ohne ihren Partner auszugehen, während den Männern ein gelegentlicher Besuch »in der Wirtschaft« (im Gasthaus) zugebilligt wird. Wenn auch nicht alle so ausführlich und deutlich wurden wie Gabi Wille, waren sich doch die Äußerungen im Tenor ähnlich:

Während Gabi Wille (45, unverheiratet, Arbeiterin) sich innerhalb der Wohnung die Aufweichungen der krassen Arbeitsteilung gern gefallen läßt und auch nach der Hochzeit ihren Arbeitsplatz nicht aufgeben will, hat sie sehr strenge Vorstellungen von der Rolle der Frau in der Öffentlichkeit. Sie hat z. B. kein Verständnis dafür, daß verheiratete Frauen allein ausgehen und womöglich noch mit einem anderen Mann, während ihr eigener Mann arbeiten muß (Schichtarbeit zum Beispiel), und auch nicht, wenn ledige Frauen ohne Begleitung eines Bekannten oder besser noch einer Freundin tanzen gehen; allerdings will sie die Frauen nicht verurteilen, die allein sind und Kummer haben und sich dann allein in ein Gasthaus setzen.

Die Situation von Barbara Volk (34, unverheiratet, Hausfrau) scheint dagegen das übliche zu überschreiten: Ihr fehlt Zeit nur für sich selbst und die Freiheit, ohne Absprache und auch überhaupt einmal allein wegzugehen. Ihr Partner geht raus, wann er will, und sie muß es akzeptieren; er hingegen läßt sie nicht. Ginge sie trotzdem, würde er die Wohnung auch verlassen, ohne Rücksicht auf das Kind. Oft verspätet er sich und läßt sie warten, obwohl er weiß, daß sie sich Sorgen macht. Seit neuerem unternimmt sie manchmal etwas allein, zum Beispiel zu den Nachbarn Kartenspielen gehen. Normalerweise mußte sie immer, auch wenn sie nur einkaufen ging, einen Zettel schreiben, wo sie sich gerade aufhielt. Diese neuen Freiheiten nimmt sie sich jedoch erst heraus, seit die Trennung für sie beschlossene Sache ist.

Im Dorf ist es im Unterschied zum akademisch-alternativen Milieu ganz klar, daß man einen Teil seiner nach außen demonstrierten Individualität aufgibt, wenn man – nach einer gewissen Zeit des Ausprobierens – eine feste Bindung eingegangen ist. Das heißt jedoch keinesfalls, daß man in der Öffentlichkeit nur noch als Paar auftreten würde. Im Gegenteil – es ist durchaus üblich, daß Mann und Frau in verschiedenen Vereinen oder vereinsähnlichen Gruppen »aktiv« sind, wie es heißt, und daß sie deshalb in der Öffentlichkeit relativ selten zusammen gesehen werden. Entscheidend ist aber, daß »alle Welt« (im Dorf) weiß, wer zu wem gehört.

15. Treue und Trennungsgründe

Wer die Karteikästen von Universitätsbibliotheken nach dem Stichwort »Treue« durchsieht, macht die merkwürdige Erfahrung, dabei häufig auf staats- und arbeitsrechtliche Texte oder Literatur zur Herren- und Vasallentreue zu stoßen, selten dagegen auf familiensoziologische oder psychologische Abhandlungen zur Treue in Paarbeziehungen. Das ist verständlich, wenn man weiß, daß der Treuebegriff in seiner historischen Entwicklung zunächst fast ausschließlich auf das Verhältnis zu Gott (»Treu und Glauben« ist die entsprechende Formel) und das zwischen Herr und Untertan gemünzt war. Bewegt man sich erst einmal in diesen Denkpfaden, fallen einem schnell weitere Dimensionen ein: Betriebstreue, Treue zum Grundgesetz, Staatstreue, Vaterlandstreue, ideologische Treue, Prinzipientreue – Erich Honecker begann seine Abschieds- und Rücktrittsrede (an die man sich heute genauso wie an ihn kaum noch erinnert) am 18.10.1989 mit den Worten: »Liebe Genossen! Mein ganzes bewußtes Leben habe ich in unverrückbarer Treue zur revolutionären Sache der Arbeiterklasse und zu unserer marxistisch-leninistischen Weltanschauung der Errichtung des Sozialismus auf deutschem Boden gewidmet.« In unverrückbarer Treue! – Wissenschaftler haben es vielleicht mit der Treue zu ihrem Fach, fast alle mit der Treue zur Wahrheit. Und als Alexander Mitscherlich Anfang der siebziger Jahre in seiner Sendereihe »Hauptworte – Hauptsachen« neben »Heimat/Nation«, »Eigentum und Gewalt« auch über »Treue und Familie« diskutieren ließ, ging es zunächst um die Treue des Hundes, Treue zur Sache oder zum Ideal, Treue zu Gott, Glaubenstreue, deutsche Treue (zum Führer).

Bei den Gebrüdern Grimm heißt es: »Seit dem Reformationszeitalter ist die Treue zur eigentlichen Nationaltugend des deutschen Volkes erhoben.« Als sie dies schrieben, konnten sie nicht wissen, daß später auf den Koppelschlössern der Waffen-SS zu lesen sein würde: »Unsere Ehre heißt Treue«. Die ethische Dimension und Problematik erhält der Treuebegriff offensichtlich erst durch das Dativobjekt: Wem oder was bin ich treu? Horst Krüger sprach von der Nazizeit als Fall, an dem man sehe, »...

wohin Treue führen kann: Ein ganzes Volk ist in den Abgrund geführt worden.« Und Alexander Mitscherlich meinte: »Die Dummheit ist ein großes Hilfsinstrument gewesen, um Treue zu erzeugen.« – Treue kann eben auch irrational und gefährlich werden.

War die Treue zum Ehegatten jemals ethisch fraglich? Haben die »Achtundsechziger« die eheliche Treue moralisch prinzipiell in Frage gestellt – oder fanden sie lediglich, daß dieser Wert, weil er so vielen neuen und wiederentdeckten Bedürfnissen im Weg steht, antiquiert sei? – Oder meinten sie gar (in Übereinstimmung mit manchen Psychotherapeuten), Treue sei im Grunde bloß die Unfähigkeit, Untreue auszuhalten – die Eifersucht als Angst vor der Freiheit? Treue sei nur eine neurotische Forderung von Leuten, die nicht gelernt hätten, sich als freie Menschen gegenüberzutreten, dem anderen Freiheiten zu gestatten, den anderen nicht an sich zu ketten.

Wenn Juristen sich mit dem Thema »Treue« beschäftigen, dann geht es häufig um Vertragstreue im Geschäftsleben. Untreue ist dabei ein Vermögensdelikt, definiert als Mißbrauch der Verfügung über fremdes Vermögen; als Bruch des Vertrauens gegenüber einem anvertrauten fremden Vermögen. Beispiele für Vergehen, die unter das Delikt »Untreue« (bzw. »Veruntreuung«) fallen, sind das Nichtabführen von Lohnbestandteilen durch den Arbeitgeber; Computerkriminalität; Mißbrauch von Scheck- und Kreditkarten; unerlaubte Kreditvergabe; Amtsuntreue.

Genug der Abschweifungen. Konzentrieren wir uns auf das Thema Treue zwischen Mann und Frau. Versuchen wir zunächst eine Definition. Treue und ihr Gegenteil – Untreue, Treulosigkeit, Verrat, Betrug – haben etwas zu tun mit Vertrauen, Verläßlichkeit, Zuverlässigkeit und Vertrauenswürdigkeit: Wer treu und verläßlich ist, von dem kann man annehmen, daß er seinen Verpflichtungen nachkommt, daß er sich an Vereinbarungen hält – man kann ihm vertrauen, er ist vertrauenswürdig. Auch Mutter- und Elternliebe enthält wie jede Liebe ein Element von Treue im Sinne: Zu Dir halte ich, dich beschütze ich, dich warne ich vor Gefahren, zu dir halte ich auch dann, wenn du im Unrecht bist oder wenn du etwas Böses getan hast.

Unsere Definition umfaßt drei Punkte:

1. Treue ist eine aus besonderer Wertschätzung, Achtung, so-

wie Vertrauen, letztlich: aus Liebe, erwachsende *Folge- und Hilfsbereitschaft (»Loyalität«)* gegenüber einer Person; eine Bereitschaft zur Unterstützung in jeglicher Hinsicht, auch wenn dies »unvernünftig« wäre, eine Bereitschaft zur Toleranz auch unmoralischer Eigenschaften und Handlungen. Treue kann »bedingungslos«, »blind« und »irrational« sein, weil nicht Machtausübung oder ein Vertrag, sondern Liebe ihre Quelle ist.

2. Das gilt zunächst ganz allgemein. Bezogen auf persönliche Beziehungen folgt daraus die *Exklusivität* der Person: Sie allein hat privilegierten und ausschließlichen Anspruch auf Treue. Diese Ausschließlichkeit bezieht sich nicht nur auf das Sexuelle. Treue ist zwar stets mit dem sexuellen Erleben verknüpft, reicht jedoch darüber hinaus: Es wäre für den Partner unerträglich, daß man über längere Zeit hinweg zwar sexuell treu wäre, jedoch in anderen Beziehungsbereichen (etwa abends ausgehen, Alltagssorgen besprechen, die Wohnungseinrichtung umgestalten, den Kindergarten aussuchen) an anderen Partnern orientiert wäre. Es geht in der übersexuellen Dimension von Treue, der symbolischen Ebene, die auf »Liebe« verweist, nicht nur um Ausschließlichkeit (wie bei der Sexualität), sondern um Bevorzugung, um Vorrechte und Prioritäten, die der Partner, dem man treu ist, beanspruchen kann. Von »Untreue« wird in der Regel jedoch immer nur gesprochen, wenn es um das Sexuelle geht.

3. Bei »Treue« denkt man schließlich auch an Beständigkeit und Kontinuität: *Dauerhaftigkeit*. Treue ist im Prinzip zeitlos und unbefristet: »Ewige Treue«.

Treue bedeutet also Folgebereitschaft mit exklusivem Charakter auf Dauer: »Du sollst in allen Lebenslagen zu mir stehen und zu mir halten; du sollst keinen anderen außer mir haben; du sollst mich ewig lieben«.

Bis vor wenigen Jahrzehnten stand der Anspruch auf Treue für Ehepartner nicht zur Debatte: Mit der Eheschließung – ob ausgesprochen oder nicht – war auch ein gegenseitiges Treue-Gelöbnis verbunden, »Ehebruch« war zweifellos ein schweres Vergehen, das bekundet schon das harte Wort. Die Ehescheidung konnte eine gerechte Strafe dafür sein. Heute ist die Selbstverständlichkeit dieser Norm verlorengegangen, der Treue-Anspruch ist – wenigstens zum Teil – eine Frage des Aushandelns zwischen den Partnern.

Wie kann der Anspruch auf Treue begründet werden? Treue kann moralisches Prinzip sein und somit zu Recht – und ohne weitere Begründung – vom Partner erwartet werden. Die Bereitschaft zur Treue ist dann in der Regel verinnerlicht: Man will treu sein.

Treue kann aber auch als Prinzip der Zweckmäßigkeit verstanden werden. Sie sollte dann im Interesse der Aufrechterhaltung einer Beziehung aufgrund der mit Untreue verbundenen Probleme oder aus anderen »vernünftigen« Gründen vereinbart werden (und aus Rücksicht auf den Partner und weil sie ziemlich anstrengend ist, wird entweder auf Untreue verzichtet, oder sie wird dem Partner verheimlicht). Untreue ist dann nicht Vertrauensbruch in einem moralischen Sinn, sondern Vertragsbruch. Sie ist nicht unmoralisch, man anerkennt ein Bedürfnis danach als menschlich – es muß aber kontrolliert werden, im Interesse der Partnerschaft.

Was hat sich seit den Umwälzungen der sechziger Jahre geändert? Hat sich der Treue-Anspruch gelockert; hat das Ausmaß an untreuem Verhalten zugenommen?

Die Anwort auf die letzte Frage scheint klar: Zahllos sind die Texte, die seit fünfundzwanzig Jahren erschienen sind, in denen die Auflockerung oder die Zerstörung des Treue-Gebots und das Ende der Monogamie und der ehelichen Treue gefordert oder begrüßt wurden: Vom »Ehe-Gefängnis« war die Rede und von der »Monotonie der Monogamie«. »Die Zweierbeziehung unserer Tage ist das Unheil, das durch dieses törichte Ideal der Liebesehe heraufbeschworen wurde«, schrieben die beiden jungen Franzosen Pascal Bruckner und Alain Finkielkraut. Und die österreichischen Zeitgeist-Seismographinnen Cheryl Benard und Edit Schlaffer meinen, Treue und Eifersucht seien damals als Ausdruck einer unreifen Haltung abgelehnt worden, und »ausschließliche Zweierbeziehungen« seien »verpöntes Beweisstück« eines rückständigen Bewußtseins gewesen. »Biederkeit, Besitzdenken und Kleinbürgerlichkeit bewies man, wenn man treu war, sonst nichts.«

Man muß sich einmal vor Augen führen, was die »Achtundsechziger« damals so dachten. Das folgende Zitat stammt aus dem »Kursbuch 17«, das 1969 erschien.

»Die Monogamie hat nichts mit Eros zu tun, sondern ist eine ökonomische Zwangsveranstaltung... Treue ist also keine Eigenschaft, sondern eine einseitige Gewaltverzichterklärung, eine erniedrigende Verhaltensvorschrift für lebenden Besitz... Die Ehe ist schlechthin das Instrument, die gesellschaftliche Unmündigkeit des Menschen zu erhalten... Sie ist eine Zwangsverpflichtung... Sie hat nichts mit Liebe, Eros oder Sexualität zu tun, sondern ist deren Vernichtung, insofern Ehe für alle Beteiligten eine Negation von Autonomie, Freiheit und Selbstverfügung bedeutet...«

1974 schrieb Peter Schneider im »Kursbuch 35« (»Verkehrsformen 1«) schon wesentlich realistischer:

»Dabei ist es nicht so, daß der Ablehnung der Ehe und der Kleinfamilie schon eine praktische Alternative gegenüberstünde. Diejenigen, die sich eine Zeitlang nur auf die sogenannten ›lockeren Sexualbeziehungen‹ einlassen, entdecken regelmäßig früher oder später, daß sie im Grunde doch nach einer festen Beziehung suchen. Wenn sie das aber Freunden, die in einer festen Beziehung leben, endlich eingestehen, stellen sie häufig fest, daß der eine oder der andere Teil sie um diese sexuelle Freiheit die ganze Zeit beneidet hat...«

Und zehn Jahre später (1984) sagte Barbara Sichtermann in einem Interview mit der Frankfurter Studentenzeitung »Diskus«:

»Mit der Parole ›Zerschlagt die Kleinfamilie‹ wurde der Mund ein bißchen zu voll genommen. So einfach geht das nicht. Ich habe es auch einmal gedacht, daß an der Familie kaum etwas wäre, was sich zu erhalten lohnte. Aber in dem Moment, in dem Kinder da sind, sieht man das anders... In Liebesbeziehungen gibt es zwei Grundtendenzen und Prinzipien: Das eine ist das dem Kinderbereich zugehörige Gebot der Treue, des Zusammenhalts in guten und in schlechten Tagen. All das verlangt sehr viel Kultivierung, Erziehung des Herzens und der Gefühle, Toleranz und Einfühlung und all das. Das Gegenprinzip ist die Leidenschaft, die nur sich selber kennt und keine Gründe außerhalb von sich selber gelten läßt und natürlich auch so etwas wie moralische Gebote wie Treue und ›man muß auch an andere denken‹ und Kinder usw. lächerlich findet und sich darüber hinwegsetzt, alle Normen verletzt, wenn es sein muß... Du kannst das nicht vereinbaren. Die Ehe ist insofern furchtbar, als sie tut, als ginge das zusammen.«

Die Zitate zeigen einen klaren Wandel von einer heute etwas albern wirkenden Kapitalismus- und Ehe-Kritik mit strikter Ablehnung der Treue zu einer pragmatischeren Auffassung, bei der Treue und Eifersucht sozusagen als kaum auslöschbar – als notwendiges Übel, wenn man nicht auf befriedigende Beziehungen verzichten will – akzeptiert werden. Aber das sind vielleicht nur die öffentlichen Bekenntnisse einzelner. Was hat sich wirklich geändert?

Eheberater und Therapeuten haben zum Beispiel nicht den Eindruck, daß die Paare heute die Eifersucht besser im Griff hätten oder sie gar nicht erst aufkommen ließen. »Wir wollten ehrlicher leben«, hatte es früher geheißen. »Wenn es – mindestens in der Phantasie – so was wie Treue nicht gibt, warum dann so tun, als gäbe es sie...« Doch, so berichtet die Eheberaterin Baumgart, heute kämen immer häufiger Paare, die beim Versuch gescheitert sind, eine Nebenbeziehung zu ertragen.

Immerhin gibt es Anzeichen einer wachsenden Toleranz gegenüber Ehebruch: Von 1963 auf 1976, so wird aus dem Allensbacher Umfrageinstitut berichtet, sank der Anteil derjenigen verheirateten Männer, die Treue als Voraussetzung für ein glückliches Eheleben ansahen, von 84% auf 68%, umgekehrt stieg der Anteil jener, die die Alternative (sich mit Untreue abzufinden) ankreuzten, von 7% auf 17%.

Doch es gibt auch Gegenstimmen. Annette Lawson, eine bekannte britische Untreue-Forscherin, sagt, daß die öffentliche Mißbilligung von ehelicher Untreue immer noch sehr hoch sei, quer durch alle sozialen Schichten, wie alle neueren Studien zeigten. »Sogar im liberalen Norden Kaliforniens, ergab jüngst eine Studie, meinten 80% der Befragten, außereheliche sexuelle Beziehungen seien ›nicht richtig‹.«

Das sind Meinungsäußerungen. Wie sieht es aber mit dem feststellbaren Ausmaß ehelicher Untreue und dessen Veränderungen in den letzten drei Jahrzehnten aus?

Es ist schwer, ein genaues Bild zu bekommen, weil es kaum repräsentative Studien gibt, die das Ausmaß von ehelicher Untreue zuverlässig erfassen. In vielen dieser Untersuchungen sind Personen überrepräsentiert, die Erfahrungen mit Untreue und Ehebruch gemacht haben. Die »braven« Eheleute sind in diesen Studien in geringerem Ausmaß vertreten als in Wirklichkeit. Und es gibt immer eine Schere zwischen Einstellung und Verhalten. Das heißt, wenn Leute von Sexualforschern gefragt werden, erwecken sie den Eindruck einer größeren Toleranz gegenüber der möglichen Untreue ihres Partners und den Eindruck eines ausschweifenderen Sexuallebens, als es tatsächlich der Fall ist. Wer sagt schon gern einem Sexualforscher (wenn er überhaupt etwas sagt), bei ihm spiele sich außerhalb der Ehe nicht das geringste ab?

Carol Botwin gibt in ihrem Buch »Männer, die nicht treu sein können« einen guten Überblick. Es sind, so stellt sie fest, immer noch wesentlich häufiger die Männer, die fremdgehen. »Treue« ist ein Wert, der mit »Männlichkeit« nicht gut zusammenpaßt. Außereheliche Beziehungen erhöhen immer noch das Prestige von Männern bei ihren Geschlechtsgenossen (»Untreue = Verrat«, so folgert sie, sei eine weibliche Formel). In ihrer Zusammenstellung von Faktoren, die sexuelle Untreue begünstigen, finden sich viele Punkte, die darauf hindeuten, daß sexuelle Untreue zugenommen hat – und auch, daß dies immer weniger als moralische Verfehlung angesehen wird. Auch andere Studien aus verschiedenen Ländern kommen zu dem Ergebnis, daß Frauen immer noch »treuer« seien als Männer. Doch sie hätten in den letzten Jahrzehnten »aufgeholt«.

Experten schätzen, daß die Veränderung seit den berühmten Kinsey-Reports (in denen behauptet wurde, daß ein Viertel der verheirateten Frauen und etwa die Hälfte der verheirateten Männer im Alter von 40 Jahren mindestens eine außereheliche Beziehung gehabt hätten) so aussehen: bei den Frauen eine Zunahme von etwa einem Drittel, bei den Männern keine wesentliche Veränderung.

Kommen wir zur Frage, wie sich die Bedeutung von Treue in den letzten Jahrzehnten gewandelt hat. Manche sagen, die entscheidende Entwicklung sei die Verschiebung von einer moralischen zu einer psychologischen Debatte über Sexualität. Das soll heißen: Nicht mehr die Frage »Verboten oder erlaubt?« bestimmt das Reden über Nebenbeziehungen, sondern die Frage: Ist das, was man tut, emotional befriedigend, befreit es das Selbst, entspricht es den wahren Bedürfnissen, verletzt es den Partner?

Faßt man die Entwicklung seit den sechziger Jahren zusammen, läßt sich sagen: Zuerst erlebten wir die »sexuelle Revolution«, verbunden mit einer Technisierung der Sexualität, ihrer teilweisen

Loslösung von der Ehe, vor allem aber auch eine Trennung von Sexualität und romantischer Liebe. Sexualität *only for fun*, genußorientiert und ausdrucksstark, war das Motto.

Dann kam eine konservative Renaissance, in den USA bereits Mitte der siebziger Jahre, teilweise mit der Wiederbelebung des ehrwürdigen Treue-Anspruchs. Und auf der Seite der »Linken«, bei den verschiedenen Nachfolgern der Studenten- und Frauenbewegung, gab es verschiedene Tendenzen. Zum einen eine Art »Vernunftmoral« der Treue. Das soll heißen: Das Treue-Gebot ist kein absolutes moralisches Prinzip, dessen Verletzung eine schwere Sünde wäre, sondern ein Prinzip der Vernunft: Es hat doch keinen Sinn, die Treue über Bord zu werfen, man kommt damit in einer partnerschaftlichen Beziehung nicht klar. Man erkauft sich letztlich mehr Nachteile als Vorteile, wenn man untreu ist.

Daneben gibt es noch eine zweite Tendenz, in der Treue wieder stärker moralisch verstanden wird. Doch ist dabei nicht in erster Linie die sexuelle Treue gemeint, sondern eher das, was »Treue« im ursprünglichen, ganzheitlichen Sinn meint: den Anspruch auf Offenheit, Aufrichtigkeit, Vertrauen und gegenseitige Achtung.

In allgemeiner Hinsicht hat sich also manches geändert: Frauen haben jetzt auch – wie schon immer die Männer – artikulierte Bedürfnisse nach Abwechslung und können die Beziehung von sich aus beenden. Sicherheits- und Versorgungsaspekte haben stark an Bedeutung verloren. Treue ist jetzt nicht mehr – oder wenigstens nicht mehr so stark – mit Doppelmoral verbunden. Das Recht der Männer auf Seitensprünge ist eingeschränkt, das entsprechende Recht der Frauen dagegen ist ausgeweitet worden, so daß auch hier die Geschlechtsunterschiede nicht mehr so groß sind. Allgemein hat sich die Toleranz gegenüber Seitensprüngen erhöht, gemessen an öffentlichen Sanktionen. Der Partner mag zwar genauso mit Eifersucht zu kämpfen haben wie vor zwanzig Jahren, und er wird es genauso wenig wie damals für erträglich halten. Aber die öffentliche Mißbilligung ist schwächer geworden.

Gelegentliche sexuelle Untreue scheint zwar tolerierter als noch vor zwanzig Jahren – aber: Sie gefährdet im Grunde die Beziehungen stärker als früher, weil diese anspruchsvoller geworden sind. Es gibt zwar keinen rein formalen Treue-Anspruch mehr, niemand kann seinen Partner einfach ohne Diskussion wegen eines einmaligen Seitensprung verlassen (jedenfalls würden das die meisten Zeitgenossen nicht verstehen). Dafür gibt es aber Ansprüche auf Offenheit, Vertrauen, Wahrhaftigkeit, Rücksichtnahme, Gleichwertigkeit, Kommunikation usw. Das bedeutet, daß heutige Beziehungen einzelne Vorfälle von Untreue relativ leicht aushalten können, daß jedoch der Treue-Anspruch im Grunde gestiegen ist, weil er eingebunden wurde in einen Wertkomplex von Aufrichtigkeit, Offenheit, Vertrauen und Partnerschaftlichkeit.

Manches spricht also dafür, daß »Treue« im umfassenden Sinn noch an Wert gewonnen hat. Man begnügt sich heute ja nicht mehr mit einer äußerlich guten Ehe. Wenn schon Zweierbeziehung (Monogamie), dann soll sie auch richtig und »authentisch« und ehrlich sein. Da kann es zwar sein, daß man sich auf die Erlaubnis von Seitensprüngen einigt, aber viel häufiger wird man zu der gemeinsamen Erkenntnis kommen, daß Untreue immer eine schwere Belastung für die Beziehung ist, daß andererseits Heimlichkeit von Übel ist. Untreue könnte zwar nicht prinzipiell verboten werden – es wäre schwer, das Verbot zu rechtfertigen. Noch weniger jedoch wäre Heimlichkeit und Verheimlichung gerechtfertigt. Gefordert wäre dann Offenheit von Untreue. Aber die Belastung ist damit vorprogrammiert.

Eine Frage beschäftigt uns heute natürlich alle: Hat die Geißel AIDS wieder mehr Treue in die Beziehungen gebracht? Ja und nein, so kann man heute sagen. Sicher verzichtet mancher (oder manche Frau) auf eine günstige Gelegenheit, die ihm oder ihr ohnehin nicht so viel bedeutet hätte. Aber wenn es ernst wird mit dem Seitensprung, dann gibt es keine Zurückhaltung mehr. Schließlich gibt es Kondome (der Papst steht hier hilflos gegen eine breite Front von staatlichen Kampagnen) und *safer sex*. Ein Wiederaufleben alter Moralvorstellungen hat AIDS bisher nicht gebracht.

Im Rahmen unserer Untersuchung haben wir auch nach Vorstellungen zur Treue, Erfahrungen mit Untreue sowie möglichen Trennungsgründen gefragt. Wiederum ergaben sich charakteristische Unterschiede zwischen den Milieus.

Experimente mit der Treue: Sexuelle Treue und Monogamie waren im *Alternativmilieu* in den vergangenen Jahrzehnten nicht mehr als Wert vertreten, sondern eher als fragwürdige, beengende Regel kritisiert worden. Man war auf der Suche nach neuen Formen des Zusammenlebens und des Treueverständnisses. Unsere Interviewpartner im Alternativmilieu berichteten durchweg von zurückliegenden biographischen Phasen, in denen sie Experimente mit Treue und Erfahrungen mit Untreue gemacht hatten. Es kam darauf an, den eigenen Bedürfnissen zu entsprechen, Widersprüche auszuleben und Konflikte zu wagen.

Martina Fuhrmann (32, unverheiratet, Sozialwissenschaftlerin) brachte zum Beispiel einen neuen Bekannten mit in die Wohngemeinschaft, in der auch Stefan, ihr Freund, wohnte, und verbrachte mit ihm die Nacht. Natürlich gab es Krach – aber niemand aus der Wohngemeinschaft verurteilte Martinas Verhalten, und Stefans einzige Chance, die Angelegenheit würdevoll zu überstehen, bestand darin, selbst eine andere Frau mitzubringen. Ihr Lebensmodell sah sie in dem Film »Pourquoi pas?« dargestellt, der 1977 eine Welle einleitete, alternative Lebensformen (in diesem Fall eine Dreiecksbeziehung) nicht mehr kämpferisch und bierernst zu vertreten, sondern locker-lässig; in jeglicher Hinsicht auf die hergebrachten Strukturen zu pfeifen, im Privaten und in der Arbeitswelt.

Zur ideologischen Ablehnung von Treue gehörte auch, daß den »Betrogenen« nur geringe moralische Mittel zur Verfügung standen, das Verhalten des Partners zu verurteilen. Eine strikte Treue-Forderung war nicht akzeptabel, schon gar nicht mit dem Hinweis auf die eigenen Eifersuchtsprobleme.

Monika Troes (30, verheiratet, ein Kind, Einzelfallhelferin) hat sich allmählich mit den Seitensprüngen des Ehemanns abgefunden: Das »Recht« ist auf seiten des »Untreuen«, dessen also, der seinen spontanen Regungen nachgibt, während sie ihre Eifersucht als »ihr« Problem begriff und sich bemühte, damit – für sie selbst – erträglich umzugehen.

Doch inzwischen, nach diesen oft leidvollen Erfahrungen mit einer Lebenspraxis, in der kein Platz für Treue war, sind viele der von uns Interviewten zu einem pragmatischeren Umgang mit dem Problem übergegangen, bei dem das ideologische – und damit auch das moralische – Element an Bedeutung verloren hat. Die »offene Beziehung« wird heute nicht mehr als zukunftsweisendes Konzept propagiert, und für viele ist es unter der Hand selbstverständlich geworden, auf beziehungsbelastende Extravaganzen zu verzichten.

Martina Fuhrmann lebt seit vier Jahren in einer ganz »treuen« Beziehung, was sie sehr genießt, nachdem sie fast zehn Jahre lang mit ständig wechselnden Nebenbeziehungen experimentiert hat.

Torsten Klein (39, verheiratet, ein Kind) lebt und arbeitet nach einem abgebrochenen Studium in einem alternativen Wohn- und Arbeitskollektiv. Früher hatten er und seine Frau »sehr bewußt ein sehr freies Verhältnis« geführt, dann aber allmählich »kapitulierten wir vor den Strapazen der Auseinandersetzung«. Und so sei es auch vielen anderen ergangen.

Treue mit Vorbehalt: Deutlicher als im Alternativmilieu wurde bei den *Akademikern* am Modell der monogamen Paarbeziehung im Prinzip immer festgehalten, wenn es auch als Modell wahrgenommen wurde, das sich flexibel handhaben läßt. Die Monogamie ist aufgeweicht, insbesondere in zeitlicher Hinsicht – sie dauert nicht mehr ewig. Sich »auf die ausschließliche Zweierbeziehung einzulassen«, scheiterte bei unseren Akademikern nicht – wie bei den Alternativen – aus ideologischen Gründen. Doch »ewige Treue« schwörte man sich hier ebenso wenig.

Bei Brigitte Rade (44, verheiratet in dritter Ehe, Dozentin) kann man geradezu von »serieller Monogamie« sprechen. Sie sagt, sie sei sehr eifersüchtig und egozentrisch. Sie möchte die Wichtigste für den anderen sein und müsse das auch immer spüren. Sie würde zwar wegen eines Seitensprungs nicht die Beziehung beenden, aber sie würde aktiv werden und erwarten, daß der Partner Konsequenzen ziehe, auch wenn diese gegen sie ausfallen würden. Das riskiert sie immer. An »Zwischendurchbeziehungen« hatte sie nie ein besonderes Interesse, obwohl sie über ihren Beruf sehr viel Kontakt mit Männern hat. Als sie ihren zweiten Ehemann kennenlernte, entschied sie sich bald, ihren ersten zu verlassen. Sie lebt ihre jeweilige Beziehung (auch in sexueller Hinsicht) sehr intensiv und ausschließlich. Aber wenn es nicht mehr geht, hat es für sie keinen Sinn, daran festhalten zu wollen. Brigitte ist beruflich stark engagiert, und ihre verschiedenen Tätigkeiten nehmen sie zeitlich sehr in Anspruch. Darüber hinaus ist sie auch noch parteipolitisch aktiv. Sie sagt, das Wichtige in ihrer Arbeit sei, daß sie daraus »Zufriedenheit und Kraft« ziehe. Deshalb würde sie ihre berufliche und politische Arbeit auch für keine Beziehung aufgeben.

Eine Ehe oder Partnerschaft ist eine Bindung auf Zeit; sie wird aufgegeben, wenn es »nicht mehr stimmt«, wenn die Liebe nicht mehr als tragfähig empfunden wird; aber unter Umständen auch, wenn dadurch berufliche Pläne geopfert werden müßten. Die berufliche Karriere ist im Zweifelsfall wichtiger als ein abwechslungsreiches Liebesleben.

Auch hinsichtlich des Ausschließlichkeitsanspruchs ist die Zweierbeziehung aufgeweicht. Aber es sieht so aus, als sei der Offenheitsanspruch in dem Maße zurückgenommen worden, wie Treue als Wert wieder gewonnen hat. Man verschweigt die (mehr oder weniger häufigen) Seitensprünge, um die alte Beziehung nicht unnötig zu gefährden, solange sie wichtiger ist als eine neue.

Jakob Lesko (39, unverheiratet, ein Kind, Politologe) verheimlicht die (mehr oder weniger sporadischen) Nebenbeziehungen wieder, weil es einfach zu anstrengend und zu zeitaufwendig war, die dabei entstehenden komplizierten Probleme der Dreiecksbeziehung mit der jeweiligen Partnerin zu diskutieren (»Ich sah mich nur noch auf dem Fahrrad zwischen den beiden Frauen hin- und herfahren«). Im übrigen habe Treue für ihn nichts mit »sexuellen Scheuklappen« zu tun, sondern bedeute zum Beispiel, in jeder Hinsicht für den anderen Partei zu ergreifen, selbst wenn man nicht seine Meinung teile.

Sabine Dodrich (48, unverheiratet, alleinlebend, ein Kind, Pressereferentin) ist »noch nie treu gewesen«, auch gegenüber ihrem jetzigen Freund ist sie es nicht. Aber sie hält ihre Affären geheim, weil sie ihren Freund nicht belasten möchte, und möchte auch selbst nicht wissen, wenn er fremdgehen sollte, obwohl sie eher annimmt, daß er das nicht tut. Heute findet sie die Richtigkeit ihres Verhaltens bestätigt darin, daß die Ehen der mit ihr befreundeten Ehepaare zu Bruch gehen, da diese sich aus falscher Rücksicht keine Seitensprünge erlaubten und nun glauben, viel versäumt zu haben, und vor der tödlichen Langeweile ihrer Ehe fliehen. Sie steht zu ihrem Verhalten, weil sie glaubt, daß zu große Enge und Verzicht auf außerhalb liegende Wünsche nur die Ausbruchsgefahren aus der Beziehung heraufbeschwören und die Beziehung, die man mit dem Verzicht zu schützen glaubte, zerstören. Sie sucht nicht gezielt nach Abenteuern, nicht alle guten Kontakte enden im Bett, aber sie weicht den Möglichkeiten auch nicht aus, sondern nimmt sie ohne schlechtes Gewissen wahr. »Komischerweise bin ich dabei nicht besonders moralisch.« Sie würde aber nie eine Affäre so weit treiben, daß sie ihre eigene Partnerschaft gefährden könnte.

Treue aus Vernunft: Die meisten der von uns Interviewten aus dem *technischen Milieu* sind von den radikalen Ideologien der Studentenbewegung relativ unbeeinflußt geblieben, d.h. ein radikales Infragestellen der »bürgerlichen« Treue-Konzeption – wie bei den »Achtundsechzigern« und den Alternativen – findet man kaum; eine stärkere Toleranz gegenüber einmaligen Seitensprüngen hat sich aber eingestellt – wohl als indirektes Ergebnis der allgemeinen sexuellen Liberalisierung.

Treue gehört einfach dazu, wenn man sich als Paar begreift; das zeigt sich gerade auch bei denen, die es früher mit Partnern zu tun hatten, die mit Offenheit und Untreue experimentierten. Treue ist ein Prinzip, das man im Interesse der Beziehungsdauer über die Erfüllung spontaner sexueller Bedürfnisse stellen muß.

Wilhelm Berger (31, unverheiratet, Software-Anlagenberater) lebte einige Jahre lang mit seiner früheren Freundin zusammen, und dabei gab es auch häufiger mal Seitensprünge von beiden, die immer ziemlich viel Aufruhr in die Beziehung gebracht haben. Man wollte sich nicht mit Treue-Vorschriften einengen, aber man hat es auch nicht ausgehalten, wenn der andere fremdging. Mit seiner neuen Freundin lebt er noch nicht zusammen und will das in absehbarer Zeit auch nicht tun. Das heißt für ihn zwar, ungebundener und weniger eingeengt zu sein, jedoch nicht, allen möglichen spontanen Neigungen nachzugeben oder jede Gelegenheit wahrzunehmen, denn Treue sei ein wesentliches Element für die Qualität einer Beziehung, und er findet, daß alles andere nicht praktikabel ist und im Grunde auch von niemand wirklich gewollt werde.

Untreue wird im technischen Milieu auf verschiedene Weise erlebt: Einmal ist es ein Krisensymptom, ein Zeichen und Signal dafür, daß etwas nicht in Ordnung ist und das den Partner alarmieren soll – man muß neue Anstrengungen unternehmen, die Krise zu lösen.

Untreue bedeutet, »daß etwas in der Beziehung krank ist. Aber daraus ergibt sich nicht unbedingt, daß die Beziehung kaputt ist oder daß man sagen könnte: Ich fühle mich in meiner Ehre gekränkt. Aber man muß das Problem dann bearbeiten«, meint Horst Vogel (36, verheiratet, Mathematiker).

Zum anderen sieht man in der Untreue einen Vertrauensbruch. Im Sinne eines über das Sexuelle hinausgehenden Treueverständnisses ist der kritische Punkt dann aber nicht so sehr der einzelne Seitensprung, sondern die Heimlichkeit, die Verheimlichung eines solchen Verhaltens: Das wäre ein tiefer Vertrauensbruch und ein ernsthafter Trennungsgrund.

Die Verheimlichung eines Seitensprungs kann ganz unterschiedliche Bedeutung haben: Sie kann auf der einen Seite als Vertrauensbruch gewertet werden, auf der anderen Seite als Schutz vor psychischem Leiden akzeptiert sein. Im ersten Fall, wo noch ein starker Anspruch auf Treue besteht, wäre die Verheimlichung ein zusätzlicher Entzug von Vertrauen. Wenn schon eine solche Verfehlung vorkommt, dann muß sie wenigstens gebeichtet werden. Untreue ist schon schlecht genug – wenn dann noch Heimlichkeit dazukommt, ist das der Gipfel. Im zweiten Fall, wo absolute Treue als fragwürdige Einschränkung gilt, hat man gesehen, daß der Anspruch auf völlige Offenheit nicht praktikabel ist, weil das zu viele Qualen und endlose Diskussionen erzeugt.

»Es gibt bis zu einem gewissen Punkt eine Toleranz. Flirten – okay. Ein geheimes Techtelmechtel aber wäre Untreue. Das wäre unerträglich.« Und auch bei einmaligem Fremdgehen: »Wenn es geheimgehalten würde, dann wäre es aus!« sagt Horst Aschert (27, unverheiratet, Informatiker).

Insgesamt aber gibt es einen pragmatischen Umgang mit dem Treueproblem. Weil die psychischen »Kosten« der Eifersucht zu hoch sind, verzichtet man entweder auf »sexuelle Freiheit« oder verheimlicht den Seitensprung, wenn er vorkommt.

Für jemanden wie Andreas Mühlberg (41, verheiratet, keine Kinder, Entwicklungsingenieur) ist es ganz selbstverständlich, daß man vom Partner Treue verlangen kann. Es ist für ihn ganz undenkbar, die Bereitschaft aufzubringen, die notwendig wäre, um die psychischen Leiden einer auch nur kurzfristigen Nebenbeziehung auszuhalten. Dagegen gibt es bei ihm keine Hinweise auf moralische Schlechtigkeit von Untreue.

Die »pragmatische Wende« im Bedeutungswandel von Treue läßt sich besonders deutlich im technischen Milieu ablesen. Man könnte hier geradezu von »Treue aus Vernunft – Treue als zweckmäßigem Verhalten« sprechen. Zwar gibt es keine wortreiche und komplizierte Auseinandersetzung mit der möglichen Richtigkeit von Untreue (wie bei den »linken« Akademikern), aber auch kein moralisches Dogma. Treue kann vom Partner vor allem deshalb verlangt werden, weil es keinen »vernünftigen Grund« dafür gibt, Untreue zuzulassen: Zum einen kann man erwarten, daß ein einsichtiger Mensch nicht jeder spontanen Regung nachgibt, die seine Partnerschaft gefährden könnte. Zum andern ist auch nicht einzusehen, warum man bereit sein soll, die Leiden von Eifersucht und Kränkung auf sich zu nehmen, weil der Partner sich in diesem Sinn unvernünftig zeigt oder gar, weil es irgendwie konservativ sein sollte, auf monogamer Exklusivität zu bestehen. »Vernunft« ist aber kein Selbstzweck, sondern es gibt einfach andere Lebensziele – Beruf, Freizeit und eine geordnetes Privatleben –, die man nicht so leicht realisieren kann, wenn man sich ständig mit Folgeproblemen von Untreue und überhaupt mit Beziehungsproblemen befassen muß. Treue ist hier also ein sinnvoller Bestandteil eines Lebensplans, in dem anderes wichtiger genommen wird als Selbstverwirklichung durch sexuell vielfältige Erfahrungen.

»Ungebrochene« Treueforderung: Noch ziemlich uneingeschränkt stellt sich uns das alte Treueverständnis im *Arbeitermilieu* des Ruhrgebiets dar. Mit »Treue« wird hier eine starke Ausschließlichkeitsnorm verbunden, die normalerweise nicht mehr als einmal verletzt werden darf und meist auch dies nur unter der entschuldigenden Bedingung des Verlustes der Selbstkontrolle (hier wird in der Regel Alkoholkonsum genannt). Einmal würde man es verzeihen (müssen), einen Fehler könne jeder machen, aber schon beim zweitenmal hätte man kein Vertrauen mehr in die Erneuerbarkeit der Beziehung. Im Unterschied zu den großstädtischen Milieus wird das Thema Treue fast nur als möglicher Seitensprung des Partners angesprochen, aber kaum als Möglichkeit, für sich selbst eigene neue Erfahrungen zu machen. Es geht immer um die eventuellen Sünden des Partners, kaum um die süßen Früchte, die man selber einmal naschen möchte. Der Seitensprung ist nicht, wie bei den Technikern und Akademikern, ein Warnsignal für eine kommende Krise – er ist bereits die Krise. Sie gilt als überwunden, wenn man sicher sein kann, daß sich das böse Spiel nicht mehr wiederholt.

Vielleicht sind heimliche Wünsche nach einer aufregenden Abwechslung da – doch sie werden, weil sie unerlaubt sind, lieber schnell verdrängt. Der Wunsch, treu zu sein, wird als Gefühlsgewißheit über die eigene Liebe erlebt, »treu sein« ist gleichbedeutend mit »Liebe«, und Liebe ist gerade hier immer noch das wesentliche Fundament der Ehe.

Für Gertrud Simon (32, verheiratet, keine Kinder, ungelernte Arbeiterin) ist Treue »sehr wichtig«. Einen Flirt (des Mannes) müsse man wohl aushalten können. Auch einen einmaligen Seitensprung könne man »eventuell verzeihen, wenn er zum Beispiel Alkohol getrunken hätte und nicht mehr so zurechnungsfähig wäre«.

Barbara Volk (34, Hausfrau), die getrennt von ihrem Ehemann lebt, findet, daß es sich einfach nicht gehört, einer anderen Frau den Mann wegzunehmen, es gäbe schließlich genug Männer, die frei seien. Ihr selbst falle es nicht schwer, treu zu sein, weil sie nicht so starke sexuelle Wünsche habe wie ihr Freund.

Für Gerhild Wille (45, ungelernte Arbeiterin, geschieden) bedeutet Treue, daß man alles zusammen macht, daß man sich bei Konflikten ausspricht, daß man »sich gegenseitig lieb hat, daß man einander versteht und daß man nicht fremdgeht«; daß man weitgehend alles zusammen unternimmt, daß man füreinander Verständnis hat und gemeinsam Konflikte löst. Einen erstmaligen und einmaligen Seitensprung ihres Mannes würde sie wohl hinnehmen, man müßte sich dann aussprechen. Aber beim zweitenmal, so glaubt sie, würde sie ihn verlassen, weil sie kein Zutrauen mehr hätte.

Obwohl Treue auch für die von uns interviewten *männlichen* Arbeiter im Ruhrgebiet eine wichtige Sache war, gab es doch Unterschiede zu den Frauen. Zum Teil sprachen diese Männer häufiger als die Frauen über eigene Seitensprünge, denen sie weniger Bedeutung zumaßen. Zum Teil fanden sie, daß man die Ehe wegen eines kurzfristigen Vergnügens nicht unnötig gefährden sollte.

Hans-Wilhelm Sander (30, Chemiefacharbeiter) lebt unverheiratet mit seiner Freundin zusammen. Er sagt, es sei völlig normal, daß jede Beziehung einmal abflacht. Auch eine Frau, die man zuerst »unheimlich gut« finde, erweise sich nach einer gewissen Zeit als »ganz normal«. Deshalb könne er darauf verzichten, eine solche verlockende Gelegenheit wahrzunehmen und damit seine Ehe aufs Spiel zu setzen.

Reste von »Doppelmoral«: Auch im *ländlichen Milieu* des südbadischen Dorfes gibt es inzwischen Anzeichen einer »modernen« Toleranz gegenüber Fremdgehen, wobei im übrigen zu bedenken ist, daß sich auf dem Land die strengen bürgerlichen Treuevorstellungen nie völlig durchgesetzt hatten. Das heißt, Seitensprünge waren auf dem Land immer schon ein Thema, das man aus der Perspektive der Öffentlichkeit weniger moralisch als vielmehr »sportlich« betrachtete: Fremdgehen schadete dem eigenen Ruf weniger als die Tatsache oder das Gerücht, daß man hintergangen wurde (»Hörner aufgesetzt bekam«), ohne es bemerkt zu haben. Es ist nicht so sehr der untreue Ehemann, der mit moralischer Verurteilung rechnen muß – eher muß der betrogene Ehemann mit Häme rechnen. Selbstredend gilt das alles in erster Linie für die männliche Perspektive (eine untreue Ehefrau kommt weniger gut weg).

Das heißt aber auch nicht, daß man hier besonders häufig untreu wäre – es heißt lediglich, daß Treue nicht ganz so stark moralisch besetzt ist, sondern eher eine Selbstverständlichkeit, eine Regel, die im Interesse aller das Zusammenleben erleichtert. Treue ist im Dorf daher eher ein Prinzip der Vereinbarung. Untreue kann leicht (spontan) passieren und muß deshalb, im Interesse der Aufrechterhaltung der Beziehung bzw. des Zusammenhalts der Familie, möglichst vermieden werden. Treue ist eine gegenseitige Vereinbarung, weil man um die Schwächen des Partners weiß; man kann ihn deswegen nicht verurteilen, sondern muß ihn sozusagen davor schützen.

Für Walter Frühwirth (25, verheiratet, Zahntechniker) ist Treue wichtig, aber man muß auch tolerant sein; wenn ein Seitensprung einmal vorkommt, wäre das nicht gleich ein Trennungsgrund. »Denn so etwas entsteht ja meist aus einer spontanen Stimmung heraus, und nachher schlägt man sich oft an den Kopf und denkt: Das hättest du auch bleiben lassen können, das war ein ziemlicher Blödsinn.«

Es gibt im südbadischen Dorf keine Anzeichen dafür, daß Treue eine veraltete und zu überwindende Norm sei, eine einengende Vorschrift, welche die Selbstverwirklichung verhindert und die man deshalb bekämpfen müßte. In einigen Fällen findet sich auch das moralische Prinzip der Treue. Bei manchen bestehen noch mehr oder weniger deutliche Reste von Doppelmoral – also von einer Treuevorstellung, die von der Frau eine höhere Treuebereitschaft fordert und vom Mann eher harte Konsequenzen verlangt, wenn ihm die Frau untreu ist.

Volker Schwarz (26) zum Beispiel sagt, daß man es der Frau nicht verzeihen könne, wenn sie fremdginge. Das wäre für ihn ein Trennungsgrund. »Das würde ich nicht verzeihen. Wenn sie das nötig hat, da würde ich sagen: Nee!« – Peter Sandrock (26) glaubt, die »Moral der Frauen« habe nachgelassen. – Und gleichzeitig lassen die beiden deutlich erkennen, daß sie als Männer ihrerseits nicht in gleicher Weise dem strengen Treue-Gebot unterlägen.

Auch Lothar Schaumann (27) erzählt eher genüßlich davon, wie er neben seiner (früheren) Freundin eine Zeitlang noch eine zweite hatte, was ihm ein »Organisationsproblem« bereitet hätte – während er immer noch ziemlich ärgerlich darüber ist, später auch von ihr hintergangen worden zu sein.

Insgesamt herrscht aber auch hier ein pragmatisches Prinzip vor, das allerdings weniger stark als bei den Technikern in München auf die »Vernunft/Einsicht« des Menschen setzt. Eher im Gegenteil: Man weiß um die Schwächen und die Bedürfnisse des Partners nach sexueller Abwechslung. Treue ist dazu da, diese »Schwächen« im Interesse der Aufrechterhaltung der Partnerschaft zu kontrollieren.

Man kann also nicht einfach sagen, daß die Leute im Dorf konservativer seien oder traditionaler im Sinne alter (bürgerlicher) Moralvorstellungen. Da sie gar nicht so sehr von der bürgerlichen Treue-Konzeption und deren moralischem Kern beeinflußt waren, gab es für sie auch nicht die Notwendigkeit der experimentierenden Phase, in der die Möglichkeit von systematischer Untreue erprobt wurde. Gleichzeitig ist der »Individualisierungsbedarf« hier auch nicht so hoch, weil man im Dorf darauf angewiesen ist, im kollektiven Verband zurechtzukommen. In der dörflichen Umgebung muß man sich stärker in die familiären Zusammenhänge einfügen. Das heißt auch, daß die Wichtigkeit von Treue hier nicht so sehr auf »Liebe« bezogen ist, sondern auf den Familienerhalt und den guten Ruf.

Durchgängig (in allen Milieus) zeigte sich, daß sexuelle Treue im engeren Sinn keine allgemeine Regel mehr ist, d.h.: Die Möglichkeit sexueller Untreue muß bis zu einem gewissen Grad in Kauf genommen werden. Längerfristige Nebenbeziehungen dagegen sind nicht akzeptabel. Treue in diesem umfassenden Sinn, die in allen Milieus gefordert ist, bedeutet also nicht, keine Seitensprünge machen zu dürfen, sondern ist gleichbedeutend mit der Forderung nach Ausschließlichkeit und Verbindlichkeit. Wenn ich mich auf den anderen verlassen kann, wenn ich ihm vertrauen kann, ist ein Seitensprung eher tolerabel.

Daraus ergibt sich für heutige Beziehungen aber auch ein neues Konfliktpotential. Man hat den absoluten Treue-Anspruch nicht mehr bedingungslos verinnerlicht, läßt Wünsche zu, deren Erfüllung Untreue bedeuten. Gleichzeitig billigt man andererseits dem Partner die Erfüllung solcher Wünsche nicht zu. Da eine solche Doppelmoral heute aber nicht mehr zu rechtfertigen wäre, einigt man sich entweder auf Treue – und hat Probleme mit dem Verzicht – oder akzeptiert »im Kopf« die Möglichkeit von Untreue – leidet aber darunter.

Erinnern wir uns noch einmal an die drei Punkte unserer Definition. Was hat sich in diesem Sinne geändert? Der Anspruch auf *Exklusivität* ist auf der sexuellen Ebene zwar zurückgegangen, doch der Anspruch auf umfassende *Loyalität* (Folge- und Hilfsbereitschaft) ist in den letzten zwanzig Jahren eher gestiegen. Treue in diesem umfassenden Sinn, die in allen Milieus gefordert ist, bedeutet also nicht, grundsätzlich keine Seitensprünge machen zu dürfen, sondern ist gleichbedeutend mit der Forderung nach Verbindlichkeit, Intensität und Vertrauen in der Beziehung. Wer Treue verlangt, meint damit nicht in erster Linie sexuelle Ausschließlichkeit, sondern eher Unterstützung, Beistand, Verständnis. Oder wie es Jakob Lesko ausdrückte: Für den anderen Partei ergreifen, auch wenn man nicht seine Meinung teilt. Wenn ich mich auf den anderen verlassen kann, wenn ich ihm vertrauen kann, ist ein Seitensprung eher tolerabel.

Der Anspruch auf *Zeitlosigkeit* (»ewige Treue«) ist mehr oder weniger aufgegeben worden, am deutlichsten im Akademiker- und im Alternativmilieu, wo realistischerweise niemand erwartet, mit der ersten Eheschließung sei das Sexualleben für immer festgelegt. Deshalb ist für die Zukunft das biographische Muster der

»seriellen Monogamie« eher zu erwarten als die Durchsetzung der »offenen Beziehung«. Allerdings fanden wir im südbadischen Dorf und unter den Arbeiterinnen und Arbeitern im Ruhrgebiet noch eine vergleichsweise starke Erwartung ehelicher Einmaligkeit.

Der (sexuelle) Treue-Anspruch wird heute insgesamt eher *pragmatisch begründet* und ist bis zu einem gewissen Grad eine Frage des Aushandelns zwischen gleichberechtigten Partnern. Eheliche Untreue und Promiskuität lassen sich heute kaum noch in die Kategorie der moralischen Verfehlungen einordnen; wer treu ist, folgt eher einer Zweckmäßigkeitsregel. Dieses vernunftorientierte Treue-Verständnis zeigte sich in allen Milieus in unterschiedlicher Form und Ausprägung – am deutlichsten bei den Münchner Technikern und den Berliner Akademikern; in einer anderen Variante aber auch im südbadischen Dorf und bei den männlichen Arbeitern im Ruhrgebiet.

Die Berliner Alternativen waren die einzigen im Rahmen unserer Studie, die versucht hatten, »Untreue als Lebensmodell« zu praktizieren. Die »Rückkehr« der Alternativen zu einer strikteren Treue-Vorstellung ist keine Rückkehr zu alten Moralvorstellungen, sondern: Auch hier hat man festgestellt, daß die radikale Auflösung der bürgerlichen Treue-Konzeption zu problematisch, zu anstrengend, letztlich also nicht praktizierbar ist. Das heißt, Untreue wird heute nicht mehr als unmoralisch angesehen, sondern eher als »Vertragsbruch« – eine Wende zur »Rationalität« auch hier.

Die Alternativen haben Erfahrungswerte aus einer Experimentierphase mit Untreue, deren Unzweckmäßigkeit sich inzwischen herausgestellt hat. In den übrigen Milieus gab es dieses positiv bewertete Modell von Untreue nicht. Seitensprünge waren dort immer moralisch bedenkliche Erfahrungen, aber inzwischen stärker noch: Erfahrungen, deren persönlicher Gewinn sich als fragwürdig erweist, wenn man ihn den Kosten für die Partnerschaft gegenüberstellt.

Mögliche Unterschiede zwischen Mann und Frau ergeben sich vor allem hinsichtlich der alten Doppelmoral. Wir vermuten, daß sie in den Köpfen vieler Männer, zumindest im mittleren Alter, noch nicht ganz verschwunden ist. Deutlich feststellen konnten wir diese Abweichung von der Regel, daß Mann und Frau das gleiche Recht auf einen Seitensprung haben, noch im ländlichen Milieu Südbadens und teilweise unter männlichen Arbeitern. Im Ruhrgebiet sind es vor allem Frauen, die häufiger die Treue des Partners thematisieren, während Männer häufiger die eigene Treue ansprechen. Das kann drei Gründe haben: Entweder ist die faktische Untreue bei Männern häufiger oder ihr Bedürfnis nach »Abwechslung« größer, oder die moralische Verwerflichkeit von Untreue wird bei Frauen immer noch höher gewertet.

Verliert der Wert der Treue an Bedeutung in einer sich individualisierenden Welt? Lockert sich die Bindung an Treue, so wie sich die Bindungen an Geburtsort, Kirche, Herkunftsfamilie – oder gar: das Geschlecht – lockern? Einige der Ergebnisse aus der Forschung, insbesondere diejenigen über den Rückgang ehelicher Treue, aber auch die eigenen über das Alternativmilieu, sprechen teilweise dafür. Individualisierung heißt unter anderem, daß die Planung der eigenen Biographie Vorrang vor der Bindung an einen Partner bekommt; daß von einem Zerfall der Verbindlichkeit und einem Verlust biographischer Stabilität in Paarbeziehungen gesprochen werden kann; daß Vereinsamung und Vereinzelung zunehmen könnten. Das alles würde dafür sprechen, daß Treue als Wert mehr und mehr zerfällt.

Aber, so meinen wir, es spricht mehr dagegen als dafür. Einmal unsere eigenen Ergebnisse, nach denen selbst für das Alternativmilieu eine Stabilisierung des Treue-Prinzips festzustellen ist. Und auch ein theoretisches Argument spricht dagegen, daß Treue an Bedeutung verliert: Gerade in der individualisierten Welt wird die Paarbeziehung wichtiger, weil sie sich immer mehr zum einzigen Hort der Intimität entwickelt. Damit steigen die Ansprüche an den Partner, und Untreue wird zu einem gravierenderen Problem für die Paarbeziehung.

Darüber hinaus ist Individualisierung kein geradliniger, reibungsloser und universeller Trend. Er läuft in verschiedenen Milieus mit unterschiedlicher Geschwindigkeit ab, und daher ist eher eine Polarisierung zwischen Familiensinn und Individualismus zu erwarten – und damit zwischen einem rigiden und einem flexiblen Treue-Prinzip. Selbst wenn der Individualisierungsprozeß zu einem Bedeutungsverlust von Treue führen würde, müßte man davon ausgehen, daß dies nur für spezifische Milieus gilt. Die »ungebrochene Treue«, wie wir sie im Arbeitermilieu (besonders bei den Frauen) fanden, ist noch am deutlichsten dem alten Moral-Modell verhaftet, weil dort der Wert von Liebesehe und Familie bisher noch am wenigsten von Individualisierungsprozessen angegriffen wurde.

Was sich aber im Verlauf des Individualisierungsprozesses ändert, ist die Bedeutung von Treue. Treue verliert an moralischer Kraft. Die Diskussion über Treue, Untreue und Eifersucht ist »psychologisiert« worden. Man fragt nicht mehr: Ist es moralisch richtig oder falsch? – Sondern: Tut es mir gut, tut es der Beziehung gut? Teilweise ist die Diskussion auch stärker vernunftorientiert, an Zweckmäßigkeitsüberlegungen ausgerichtet: Schadet es der Beziehung? Was bringt es? Ist der persönliche »Gewinn« durch einen Seitensprung wirklich so groß, daß er sich lohnt – oder ist der Schaden größer, den er anrichtet?

Werfen wir noch kurz einen Blick auf ein eng verwandtes Thema. Was wären für Sie, so fragten wir abschließend unsere Gesprächspartner, mögliche Trennungsgründe?

Untreue, jedenfalls dann, wenn ihre Ausmaße eine gewisse Stärke erreicht haben, ist immer noch der wichtigste Trennungsgrund. Das gilt für alle Milieus. Zusätzlich spielt im Akademikermilieu das Auseinanderlaufen der »Lebensentwürfe« eine wichtige Rolle. Hier herrscht eben eher die »individualisierte« Lebensauffassung vor, wonach »man« (meistens war das bisher die Frau) sich nicht mehr bedingungslos den Vorstellungen und Lebensplänen des Partners anpaßt (oder gar unterwirft), sondern seine eigenen Pläne und Vorstellungen hat. Und wenn die nicht mehr mit denen des Partners zusammenpassen, wird eben eine Trennung in Kauf genommen. Wir sahen das zum Beispiel bei Sabine Dodrich oder Brigitte Rade, die »Verständnis« dafür hätte, daß sich ihr jetziger Mann von ihr trennen würde, wenn er Vater werden wollte – sie will auf keinen Fall noch Mutter werden.

In partnerschaftlichen Beziehungen, wie sie vor allem bei einigen der akademischen Techniker in München-Waldberg geführt werden, liegen – in ähnlicher Weise wie bei traditionellen, nicht ausschließlich auf »Liebe« gegründeten Beziehungen – mögliche Trennungsgründe nicht nur im Bereich von Untreue und mangelnder Liebe, sondern auch im Bereich der Verletzung partnerschaftlicher Abmachungen: Man mag sich noch so sehr lieben – wenn der Partner nie den Abwasch erledigt, ist das für den andern auf die Dauer schwer erträglich. Wichtig ist, neben der selbstverständlich auch geforderten Übereinstimmung im sexuellen und emotionalen Bereich, die gelingende Organisation der alltäglichen kleinen Probleme und die Einhaltung von Vereinbarungen. In partnerschaftlichen Beziehungen ist die Toleranz gegenüber »spleenigen« Extravaganzen geringer als in »reinen« Liebesbeziehungen. Bei der Sachehe wie bei der Partnerschaft können also Pflichtverletzungen oder die Nichteinhaltung von quasi vertraglichen Regeln eher zur Trennung führen als dort, wo die Dauer der Beziehung unmittelbar von der Dauer und Intensität der »Liebe« abhängig ist.

Im Alternativmilieu finden sich im wesentlichen alle die Gründe, die auch für die Akademiker gelten. Einmal ist die Attraktion durch einen anderen Partner ein wichtiger Grund, sich eine Trennung als Möglichkeit vorzustellen. Die Notwendigkeit, daß »immer ein roter Faden beide verbindet« (Monika Troes), erhöht die Trennungsgefahr beim Auseinanderlaufen der Lebensperspektiven.

Bei den Alternativen wird die Veränderbarkeit nicht nur als individueller Prozeß verstanden, sondern zugleich mit einer möglichen Veränderung der Lebensform überhaupt verbunden. Gerade die Betonung des spontanen Erlebens und des subjektiven Gestaltungswillens begünstigt hier eine Trennung, ebenso wie die Forderung nach Erlebnisintensität auch innerhalb der Beziehung. Soziale Umstände und langfristige Planungsperspektiven werden hier gerade nicht als Argumente für eine kontinuierliche Bindung anerkannt. Vielmehr hofft man, daß man stark genug sein werde, sich z. B. nicht hinter der Sorgepflicht gegenüber gemeinsamen Kindern als Vorwand zu verstecken, wenn die Beziehung ihre Tragfähigkeit eingebüßt haben sollte.

Auch im Arbeitermilieu des Ruhrgebiets ist das Fremdgehen der am häufigsten genannte Trennungsgrund, vor allem von Frauen. Dabei ist die Tat selbst das, was die Bindung gefährdet und im Wiederholungsfall bereits verspielt. Von einigen Frauen wurde auch Gewalt und »tyrannisiert werden« als Trennungsgrund angegeben. Auch Alkoholismus wurde genannt, aber weniger als eigenständiger Trennungsgrund, sondern als die Voraussetzung für die mit unkontrolliertem Alkoholgenuß eher einhergehenden seelischen Verletzungen und Tyranneien.

Für das südbadische Dorf ist ebenso Untreue das vorherrschende Thema, wenn man über mögliche Trennungsgründe nachdenkt. »Fremdgehen« ist, wenn es über den flüchtigen »Seitensprung« hinausgeht, ein ernsthafter Krisenindikator, der zur Trennung führen kann. Allerdings werden in den Beziehungen im Dorf – eher als im Alternativmilieu – sozusagen praktische Sperren eingebaut. Man sieht die »Liebe« nicht als etwas Absolutes an und trennt sich nicht gleich, wenn mal etwas passiert ist. Man muß eine Zeitlang abwarten, ob es wirklich nicht mehr geht.

»Man muß dem Partner natürlich schon eine Chance geben«, meint Walter Frühwirth (25, verheiratet, Zahntechniker). »Hals über Kopf wird man sich dann also nicht trennen.« Aber wenn man feststellt, daß einem die andere einfach besser zusagt, dann wird man sich wohl trennen müssen. Und wenn der Partner kommt und sagt: »Du, ich hab mich verliebt, wir treffen uns schon seit einiger Zeit«, dann wird man das nicht lange aushalten und eben Schluß machen (ob verheiratet oder nicht, spielt dabei keine Rolle). Einmal in zehn Jahren etwa kann man vielleicht auch mal eine etwas ernsthaftere Nebenbeziehung, für eine gewisse Zeit wenigstens, ertragen. Aber wenn es zum »Dauerzustand wird oder eben ein kleines Hobby wird oder eben wirklich Liebe wird mit dem anderen – dann sollte man wohl sagen: Nein danke, es reicht.«

Manche Männer nehmen einen relativ harten Standpunkt in dieser Frage ein und sagen: Einmal ist schon zuviel (zum Beispiel Volker Schwarz). Andere sind etwas weniger rigide und räumen ein, daß man nicht wisse, wie man im Ernstfall wirklich reagieren würde (im allgemeinen blicken sie in diesem Punkt nicht auf große Erfahrungen zurück).

Es läßt sich für alle modernen Paarbeziehungen zusammenfassend sagen, daß man zusammenbleibt, solange man sich »liebt«. Man trennt sich, wenn die Liebe eine bestimmte Mindestschwelle unterschreitet. Diese Mindestschwelle wird allerdings in verschiedenen Paarformen und in den verschiedenen Milieus unterschiedlich hoch oder tief angesetzt. So konnte etwa in der traditionellen Ehe die »Liebe« bis gegen einen imaginären Nullpunkt sinken, ohne daß dies zur Trennung führte (solange sich der eigentliche Zweck der Ehe erfüllte). Dagegen ist diese Schwelle in anspruchsvollen modernen Liebesbeziehungen ohne Dauerhaftigkeitsanspruch ziemlich hoch – eine Trennung entsprechend wahrscheinlicher. Unabhängig von der Stärke der Liebe ist es für alle Beziehungen – wie beim Treue-Thema gesehen – ein hochgradiges Krisensymptom, das leicht zur Trennung führen kann, wenn sich einer von beiden »ernsthaft« verliebt oder in eine längerdauernde Beziehung zu einer dritten Person einläßt.

In allen Beziehungen, die nicht vorrangig auf »Liebe« gegründet sind – also etwa die aristokratische oder die bäuerliche Ehe –, liegen die möglichen Trennungsgründe in jenen Bereichen, die den Zweck der Verbindung definieren. Farah Diba mußte einst gehen, als sich zeigte, daß sie dem Schah keinen Thronfolger schenken konnte. Die Bauersfrau wurde früher oder später vom Hof gejagt, wenn sie sich als unfähig erwies, den Stallgeruch zu ertragen. Und die alternative Tischlerin, die in ihrem eigenen Kleinbetrieb ums wirtschaftliche Überleben kämpft, wird ihrem Freund den Bankrott der Beziehung androhen, wenn er weiterhin nichts anderes tut, als Castaneda und Michael Ende zu lesen.

16. Der Milieu-Vergleich: Die Vielfalt der Wege in die Zukunft

Der amerikanische Soziologe Edward Shorter hat in einem berühmt gewordenen Buch mit dem Titel »Die Geburt der modernen Familie« eine Unterscheidung eingeführt, die inzwischen in vielfachen Bezügen ganz selbstverständlich Verwendung findet. Er untersuchte die Entwicklung der Bauernfamilie in Frankreich im 19. Jahrhundert, aber mehr noch: Er erhob den Anspruch, die Entwicklung der modernen Familie insgesamt nachzuzeichnen. Seine wesentliche und provozierende Aussage, die vielfachen Widerspruch hervorgerufen hat: Der Übergang von der traditionalen zur modernen Familie sei unter anderem gekennzeichnet durch die Entstehung und Entwicklung einer intensiven Gefühlskultur. Nicht nur die Liebe zwischen den Ehegatten sei früher kaum zu finden gewesen; auch die Mutterliebe, in ihrer Intensität, wie wir sie kennen, sei eine historisch junge Erscheinung, die erst im Übergang zur modernen Familie (um die Mitte des 19. Jahrhunderts) aufgekommen sei – begünstigt durch den drastischen Rückgang der Kinder- und Säuglingssterblichkeit. Inzwischen nun, seit etwa zwei Jahrzehnten – also seit die Entwicklungen eingesetzt haben, die uns in diesem Buch beschäftigen –, befänden wir uns erneut in einem Übergangsstadium: von der modernen zur postmodernen Familie. Und weil der Begriff der Postmoderne so schillernd ist, daß er mehr im Dunkeln läßt als klärt, wird er viel und gern gebraucht. Klar ist dabei in der Regel nur, daß die Epoche der Moderne (und entsprechend der modernen Familie) zu Ende gehe. Doch was danach kommen soll, ist gewöhnlich offen.

Neil Postman, ein amerikanischer Kulturkritiker, der auch bei uns hohe Auflagen erzielt, hat eine ähnliche Dreiteilung hinsichtlich der Welt der Kindheit vorgenommen. Früher lebten die Kinder in der Welt der Erwachsenen und lernten durch Zusehen und Mitmachen. In der modernen Zeit, der bürgerlichen Epoche, als es allmählich üblich wurde, öffentliche Schulen zu besuchen, lernten die Kinder in erster Linie durch das Lesen. Und heute, im Übergang zur Postmoderne, so Postman, verlören die Kinder allmählich auch die Fähigkeit des Lesens, seit das Fernsehen in die Kinderstuben eingezogen ist und dort sein Unheil anrichtet.

Diese Dreiteilung der geschichtlichen Entwicklung ist in mancherlei Hinsicht und für einen groben historischen Überblick sinnvoll und brauchbar. Was dabei jedoch verlorengeht, ist genau die Differenzierung, die wir in diesem Buch immer wieder hervorgehoben haben: die Differenzierung zwischen verschiedenen sozialen Schichten, Lebensstilen, Lebensverhältnissen, eben: Milieus. Und das gilt für die geschichtliche Entwicklung genauso wie für unsere Gegenwart. So läßt sich zum Beispiel für die Phasen Shorters zeigen, daß kein einheitlicher Übergang von der traditionalen zur modernen Familie stattgefunden hat. In mancher Hinsicht wurde davon zunächst der Adel erfaßt (etwa bezüglich der individuellen Erziehung der Kinder), dann das Bürgertum (welches die Liebesehe geprägt hat), dann erst Arbeiter, und zuletzt die Bauern (von denen viele sich heute noch in einer Übergangsphase zur Moderne befinden, was Partnerwahl und Ehe betrifft).

Diese Ungleichzeitigkeiten im historischen Verlauf lassen sich auch für die Unterscheidung nach Milieus in der Gegenwart zeigen. Wir sind heute keineswegs unisono im Übergang zur Postmoderne, wie manchmal behauptet wird. Diese Epoche ist in gewisser Weise im Alternativ- und Akademikermilieu schon erreicht. Doch in anderen Milieus können wir diese Entwicklungsetappe noch nicht beobachten, und es ist gar nicht ausgemacht, daß es dort überhaupt so weit kommen wird. Was zum Beispiel die Fernsehkritik Postmans betrifft und sein Verdikt, die Kinder verlernten allmählich das Lesen, muß man doch nachdrücklich an die Ergebnisse der Jugend- und Freizeitforschung erinnern, wonach es neben der zweifellos bedeutsamen Gruppe der modernen »Analphabeten«, die das Fernsehen erzeugt, eine doch auch bedeutsame Gruppe von Jugendlichen gibt, für die der Umgang mit der »höheren« Kultur des Lesens völlig selbstverständlich ist. Es kommt hier immer noch sehr auf die Eltern an – und darauf, in welchem Milieu die Familie lebt.

Halten wir zunächst noch einmal fest, welche allgemeinen Veränderungen sich vollzogen haben, bevor wir uns den Milieu-Unterschieden zuwenden. Ein Hauptergebnis unserer Untersuchung ist eine zunehmende Gleichgültigkeit gegenüber der Ehe, die man bei früheren Eheverächtern ebenso finden kann wie bei jenen, für die Heiraten einmal das Selbstverständlichste der Welt war. Mit dieser Gleichgültigkeit, die sich erst in den letzten zwanzig Jahren ausgebreitet hat, geht eine Aufwertung des nichtehelichen Zusammenlebens einher und eine allmähliche Verwischung des Unterschieds zwischen beiden Lebensformen. Die wesentliche und wohl zu überlegende Entscheidung für Paare ist die, ob sie zusammen in einer Wohnung leben wollen. Die Frage der Eheschließung tritt demgegenüber in den Hintergrund.

Diese Gleichgültigkeit konnte sich im Wissen darum entwikkeln, daß die lebenszeitliche Tragweite einer solchen Entscheidung nicht mehr endgültig, nicht mehr unwiderruflich ist. Wenn Scheidung und Wiederverheiratung zur Alltäglichkeit werden, wenn Vorstellungen von »serieller Monogamie« ins Alltagsbewußtsein eindringen, wird das Gewicht einer Entscheidung für die Ehe immer geringer. Es ist durchaus möglich, daß deshalb die Heiratsziffern wieder klettern – warum sollte man nicht heiraten? Keine Angst – du bist nicht auf ewig angekettet.

Wir haben ausführlich begründet, wie es zu dieser Entwicklung gekommen ist. Eine ganze Reihe kultureller Selbstverständlichkeiten lösten sich in den letzten zwanzig Jahren mit rapidem Tempo auf. Mit der Studentenbewegung der sechziger Jahre, der »sexuellen Revolution« und den damit verbundenen Liberalisierungsprozessen wurde auf vielen Gebieten der Boden für diesen »Wertewandel« vorbereitet, der zu einer erstaunlich schnellen Akzeptanz des Zusammenlebens ohne Trauschein geführt hat. Kritik an der Ehe hatte es schon lange gegeben. Aber erst in den sechziger Jahren, begünstigt durch technische Entwicklungen (»Pille«), das erreichte Maß an Wohlstand und die Abwendung der neuen Jugendgeneration von den Wertvorstellungen der Nachkriegsaufbauphase, konnten sich alternative Lebensformen durchsetzen. Das Ergebnis war, daß zwei traditionelle Eheschließungsgründe verschwanden: Sowohl das Bedürfnis nach sexuellen Beziehungen als auch der Wunsch, das Elternhaus zu verlassen, konnten jetzt problemlos außerhalb der Ehe befriedigt werden.

Die Abkehr von der Ehe hängt darüber hinaus mit einer schon längerfristig wirksamen Entwicklung zusammen, die in den siebziger Jahren voll durchgeschlagen hat, der Emanzipation der Frau. Sie zeigte sich nicht nur in der Zunahme der Frauenerwerbs- und Bildungsbeteiligung, sondern vergrößerte auch die Unabhängigkeit und Selbständigkeit der Frauen, die zunehmend auch ohne Ehe gut und zufriedenstellend leben können. Auch die verminderte Neigung zur Elternschaft ist ein Ergebnis dieser grundlegenden Veränderungen, doch die Entscheidung für oder gegen Kinder ist natürlich folgenreicher als jene für oder gegen die Ehe. Wir meinen daher nicht, daß der Geburtenrückgang der letzten Jahrzehnte das Zeichen eines nachlassenden Familienwunsches ist. Elternschaft hat als Wert sogar noch gewonnen – man denke nur an die erhöhte Aufmerksamkeit für das einzelne Kind sowie an die gewachsenen Ansprüche an eine gute Erziehung und die elterliche Verantwortung. Wenn also die Bereitschaft zur Familiengründung nachgelassen hat, dann zeigt das nicht den Zerfall familialer Werte, sondern ist Ausdruck eines Konfliktes zwischen rivalisierenden Wertvorstellungen. Viele Paare halten es für schwierig, Elternschaft *und* berufliche Karriere von Mann *und* Frau zu vereinbaren.

Diese Entwicklungen lassen sich als Signale des fortschreitenden Individualisierungsprozesses deuten, den wir im 2. Kapitel beschrieben haben. Das bedeutet zunächst, daß der Entscheidungsbedarf für die einzelnen Menschen gewachsen ist. Wo früher kulturelle Selbstverständlichkeiten wirksam waren, über die man nicht nachgedacht hat, sind heute individuelle Überlegungen, Planungen und Entscheidungen notwendig. Allein schon der Übergang vom Elternhaus in einen eigenen Familienhaushalt hat sich zeitlich ausgedehnt und ist in zahlreiche Schritte zerlegt, die jeweils für sich entschieden werden müssen: Auszug aus dem Elternhaus, Beendigung oder Fortführung der Ausbildung, Zusammenwohnen, Eheschließung, Elternschaft. Waren bis vor wenigen Jahrzehnten nur die Männer vom Individualisierungstrend betroffen, so sind es nun immer mehr auch die Frauen; auch sie müssen jetzt planen und entscheiden. Das schafft eine komplizierte Entscheidungskonstellation, in der zwei unterschiedliche individuelle Lebensentwürfe koordiniert und nach Möglichkeit in Übereinstimmung gebracht werden müssen.

Schließlich können auch die verschiedenen Formen und Aspekte der Auflockerung traditioneller Paarbeziehungen, wie Verlust der Dauerhaftigkeit (Liebespaar auf Zeit), wachsende Toleranz gegenüber sexueller Untreue, der Verzicht auf eine gemeinsame Wohnung (»living apart together«), die Lebensweise als Single sowie die große Zahl von Alleinerziehenden als Zeichen fortschreitender Individualisierung gesehen werden.

Das ist das Bild, das uns in den Medien häufig vor Augen geführt wird, als ob es nichts anderes gäbe. Dem ist aber nicht so. Diese Beschreibungen passen nicht für jeden Winkel unseres Landes. Die Entwicklungen verlaufen, wie wir gesehen haben, in verschiedenen Milieus mit unterschiedlicher Geschwindigkeit und Intensität ab. Besser gesagt: Diese Beschreibung hebt Züge hervor, die in bestimmten Milieus ausgeprägt sind, und tut so, als sei dies die allgemeine Wirklichkeit.

Wir wollen damit auch sagen: Das Bild, das in der Öffentlichkeit über die Ehe und die Familie vorherrscht, ist ein verzerrtes Bild, weil es von denen gezeichnet wird, die in den großstädtischen Zentren sitzen und den besten Zugang zu den Medien haben; und im Milieu, in dem sie leben, gibt es mehr Probleme mit der Ehe und der Familie, einen ausgeprägteren Individualismus, eine stärkere Orientierung an der beruflichen Selbstverwirklichung. Weil sie sich häufig zu Wort melden (während das die anderen nicht tun), sieht es manchmal so aus, als sei ihre besondere Welt die ganze.

Der deutlichste Unterschied in der Lebensführung ergibt sich zwischen der Bevölkerung in ländlichen Gebieten und in den Arbeitervierteln, die keine weiterführende Bildung besitzen, auf der einen Seite, und jenen großstädtischen Bevölkerungsgruppen, die im Umkreis von Universitäten, Medien-, Kommunikations- und Kulturzentren sowie der »alternativen Szene« leben und arbeiten, auf der anderen Seite.

Das nichteheliche Zusammenleben kommt im ländlichen Milieu immer noch relativ selten vor, und wo es vorkommt, hat es fast ausschließlich die Bedeutung einer Art Probe-Ehe, einer Vorstufe zur Ehe; im Arbeitermilieu hat es manchmal den Charakter einer Ersatzlösung (»verhinderte Ehe«). Die spätere Heirat steht praktisch nirgends ernsthaft in Frage. Ganz anders im großstädtisch-alternativen Milieu: Hier kann das nichteheliche Zusammenleben durchaus den Charakter einer Alternative zur Ehe für die 30- und 40jährigen haben.

Das hängt auch damit zusammen, daß die Gleichgültigkeit gegenüber der Ehe sich in deutlichster Weise bei den Akademikern und Alternativen zeigt; und abgelehnt wird die Ehe, wenn überhaupt, nur hier. Im ländlichen Milieu und im Ruhrgebiet ist die Ehe noch weitgehend selbstverständlich und hat immer noch die symbolische Bedeutung, den ernsthaften und auf Dauerhaftigkeit angelegten Charakter der Beziehung zu dokumentieren.

Tiefgreifender und für die gesamte Lebensweise folgenreicher sind die Milieu-Unterschiede hinsichtlich der Frage der Elternschaft, weil damit unterschiedliche Lösungen des Konfliktes zwischen familialer und beruflicher Orientierung verbunden sind. Eher auf Kosten der Elternschaft wird der Konflikt im Akademikermilieu gelöst, eher auf Kosten der Berufstätigkeit der Frau im ländlichen Milieu. Dazwischen gibt es freilich vielfältige Formen der Konfliktlösung, angefangen von der nur zeitweisen Unterbrechung der weiblichen Erwerbstätigkeit, über die Kinderbetreuung durch fremdes Personal oder Kollektive, die Vernachlässigung der Partnerschaft zugunsten der Elternschaft, bis hin zu den vor allem im Alternativmilieu praktizierten Versuchen, Berufsarbeit und Kinderbetreuung zwischen Müttern und Vätern gleichgewichtig aufzuteilen. Je nachdem, wie mit diesem Grundkonflikt unserer Zeit umgegangen wird, entwickeln sich die Konsequenzen für die Frauen und für das Verhältnis zwischen den Geschlechtspartnern.

Im Akademiker- und Alternativmilieu sind Heiraten, Kinderkriegen und Familie nur untergeordnete Werte. Viel wichtiger ist hier – in der Regel für beide Partner in einer Beziehung – die berufliche Selbstverwirklichung. Kinderlosigkeit, späte Heirat, späte erste Elternschaft, das ist hier weit verbreitet. Auch Scheidungen sind hier häufiger. Im ländlichen Milieu ist die Welt der Familie – im großen und ganzen – noch intakt.

Der Hintergrund für diese starken Unterschiede zwischen Großstadt und Land, zwischen Akademikern und Arbeitern, zwischen Alternativen und Kleinbürgern, liegen nicht zuletzt darin begründet, daß die alten Vorstellungen von den Geschlechtsrollen – also das, was einer Frau gemäß ist im Unterschied zu dem, was einen richtigen Mann ausmacht – noch längst nicht ausgestorben sind. Sie sind auf dem Land und in der nicht akademisch oder alternativ beeinflußten Bevölkerung noch weitaus wirksamer, als man glauben mag, wenn man die einschlägigen Artikel zu diesem Thema liest, deren Autoren meist die großstädtisch-feministische Diskussion oder spektakuläre Erscheinungen des Großstadtmilieus vor Augen haben, ohne sich mit den Unterschieden in der gesellschaftlichen Wirklichkeit (und der langweiligen Normalität) zu befassen.

Sehen wir uns jetzt diese Unterschiede zwischen den Milieus noch etwas genauer an. Unsere Vorgehensweise orientiert sich dabei an der Methode der Typenbildung. Das heißt, wir beschreiben zuerst zusammenfassend die verschiedenen Milieus und ordnen ihnen dann »Modelle« von Paarbeziehung zu. Diese Modelle sind keine genauen Beschreibungen der vielfältigen Realität, sondern überzeichnen bewußt und streichen wesentliche Züge der Milieus besonders heraus. Sie dienen dazu, Unterschiede zu betonen, die bei einer detailgenauen Beschreibung nicht so klar zum Vorschein kommen würden. Ein »Modell von Paarbeziehungen« greift also über das jeweilige Milieu hinaus, doch hat es nach unserer Ansicht die größten Chancen der Verwirklichung in jenem Milieu, dem wir es zuordnen.

Das Arbeiter-Familien-Milieu

Auch wenn es im einzelnen noch Unterschiede gibt zwischen unseren Gesprächspartnern in den südbadischen Dörfern und jenen im Ruhrgebiet – für die Zwecke der folgenden Zusammenfassung können wir diese Unterschiede getrost vernachlässigen. Um keine Verwirrung zu stiften, konzentrieren wir uns auf das Arbeitermilieu (Die Situation in Wieslingen haben wir außerdem bereits im 5. Kapitel dargestellt). In bezug auf Ehe und Familie sind die Unterschiede zwischen Dorf und Arbeitersiedlung nicht gravierend.

Das Familienleben der Arbeiterschaft zu Anfang dieses Jahrhunderts war überschattet von extrem beengten räumlichen Verhältnissen. Während die Kinder klein waren und nichts zum Unterhalt beitragen konnten, waren viele Familien noch zusätzlich gezwungen, Schlafgänger aufzunehmen. Dabei war nicht nur die einzelne Ein- bis Zweizimmer-Wohnung für die kinderreichen Familien viel zu klein, sondern durch die Bauweise der großstädtischen Mietskasernen herrschte im Haus, besonders wenn Wasserstelle und Toilette im Hinterhof gemeinsam benutzt werden mußten, erstickende Enge. Von einer privaten Abgeschlossenheit der Familien konnte nicht die Rede sein: Der ständige Kontakt zu Nachbarn und die Flucht aus der Wohnung auf die Flure und auf die Straße verband sich übergangslos mit den Familienkontakten. Der Aufenthalt zu Hause reduzierte sich auf das Schlafen, das gemeinsame Essen und wenige Stunden intensiver Hausarbeit für die Frauen. Wenn mehrere Familienmitglieder im Wechselschichtdienst arbeiten mußten, waren auch diese bescheidenen Gemeinsamkeiten nicht mehr möglich. Hinzu kam, daß für viele eine ständige Bedrohung darin lag, die Wohnung aufgeben zu müssen, sei es, weil Entlassung und Arbeitssuche zum Ortswechsel zwangen, sei es, weil die Miete nicht mehr aufgebracht werden konnte. Die Frauen mußten auch als »Nur-Hausfrauen« unermüdlich arbeiten und stellten angesichts der ständig drohenden Wechselfälle des Lebens die einzige kontinuierliche Bezugsperson für die Kinder dar. Der Vater war zu dieser Zeit oft nur eine schattenhafte Hintergrundfigur; neben der langen Arbeitszeit und/oder häufigen Arbeitssuche verbrachte er in manchen Fällen seine Freizeit mindestens so häufig in der Kneipe und bei politischen Vereinigungen wie in der Familie.

Ab den fünfziger Jahren verbesserte sich die ökonomische und damit auch die soziale Situation der Arbeiter entscheidend. Die als Reaktion auf die Kriegsjahre damals allgemein verbreitete Konzentration auf die Familie erlaubte erstmals auch den Arbeitern, unter günstigeren Umständen ihren Nachholbedarf zu befriedigen. Angesichts der geschilderten Verhältnisse ist es kein Wunder, daß gerade in der Arbeiterschicht der Familiensinn besonders schnelle Verbreitung fand und hier die alten (bürgerlichen) Vorstellungen von der Liebesehe eine Renaissance erfuhren.

Man kann die Lebensbedingungen unter den heutigen Bewohnern dieses »klassischen« Arbeiter-Reviers schematisch so beschreiben: Für die erste »richtige Beziehung«, im Alter von siebzehn oder achtzehn, ist hier immer noch der Gedanke an eine mögliche Heirat bereits gegenwärtig. Wenn man den Wunsch hat, zusammenzwohnen, vor allem aber wenn sich eine Schwangerschaft eingestellt hat, wird geheiratet. Für ein durchschnittliches Paar ist es selbstverständlich, daß die Ehe die einzig akzeptable Form des Zusammenlebens ist. Die Ehe wird immer noch als prinzipiell lebenslange Verbindung eingegangen, auch wenn sie nicht als unverbrüchlicher Schutz vor einer Trennung angesehen wird. Sie wird in Erwartung einer Familiengründung geschlossen und gilt als Versorgungsinstitution: Die Frau wird Mutter werden, der Mann wird das Geld verdienen, um Mutter und Kind zu ernähren.

Für die Paarbeziehung selbst wird die Existenz gemeinsamer

Kinder als wichtig angesehen, sie erhält erst in der gemeinsamen Elternschaft ihren eigentlichen Sinn. Der Kinderwunsch gehört zur Lebensperspektive der Frauen, mit denen wir sprachen. Sie wollten »schon immer« Kinder haben, »so weit sie überhaupt zurückdenken können«, oder haben noch nie darüber nachgedacht, warum man sich keine Kinder wünschen könnte. Der Kinderwunsch kann auf unterschiedliche Weise realisiert werden. Da gibt es zum Beispiel solche Frauen, die den Dingen ihren Lauf lassen. Eine unserer Interviewpartnerinnen »wurde geheiratet« im klassischen Sinne, und auch ihre sofortige Schwangerschaft war primär der Wunsch ihres Mannes. Eine andere sah in der eigenen Familiengründung die einzige Möglichkeit, ihre autoritäre Herkunftsfamilie verlassen zu können. Eine nicht geplante voreheliche Schwangerschaft kam ihr wie gerufen als zwingender Grund, einen von ihren Eltern nicht akzeptierten Mann heiraten zu können.

Für alle stellen die eigenen Kinder einen ganz zentralen Lebensinhalt dar. So wird die Elternschaft von allen bejaht und ist mit Glücksempfindungen verbunden. Diese positive Einstellung zu den Kindern besteht auch unabhängig davon, ob die Lebensumstände günstig oder weniger günstig sind. Man fühlt sich verantwortlich dafür, daß die Kinder materiell keinen Mangel leiden, und die Befriedigung der Bedürfnisse der Kinder hat Vorrang vor den eigenen. In keinem Fall führten die Erfahrungen mit dem ersten Kind dazu, sich gegen weitere Kinder zu entscheiden (wie das beispielsweise im Akademikermilieu anklingt).

Durchgängig wollen die Frauen die Betreuung ihrer Kinder selbst übernehmen und während der Kleinkindphase aus dem Beruf ausscheiden, wie sich die Männer auch im Prinzip als Familienernährer verstehen. Aber selbst wenn die Männer sich zur Betreuung anbieten, wollen die Frauen diese Aufgaben nicht abgeben, sondern sehen darin – selbst wenn sie im Beruf erfolgreich sind – eine angenehme Abwechslung.

Wenn also eine junge Frau im Arbeitermilieu ihr Leben vor sich sieht, so denkt sie nicht daran, daß sie einen Beruf ergreifen wird, der ihr Leben ausfüllt. Erwerbsarbeit ist auf die Zeit vor der Familiengründung, der Geburt des ersten Kindes, beschränkt. Der Verdienst der Frau ist Teil der Vorbereitungsphase: Möglichst schnell sollen der gemeinsame Hausstand aufgebaut und finanzielle Rücklagen für die Familie gebildet werden.

Diese alte Vorstellung von der Bestimmung einer Frau kann so weit gehen (wie in einem Fall geschehen), daß sie sogar zu arbeiten aufhören möchte, wenn sie – wie zu befürchten steht – aus gesundheitlichen Gründen keine Kinder bekommen kann. Sie kann sich nicht vorstellen, ihr ganzes Leben zu arbeiten, zum einen, weil ihre Tätigkeit als ungelernte Arbeiterin in einer Schuhfabrik dazu nicht attraktiv genug ist und sie sich auf lange Sicht nicht der Doppelbelastung von Erwerbsarbeit und Hausarbeit aussetzen möchte, zum anderen, weil die Entlastung der Frau von der Erwerbsarbeit immer noch ein Zeichen für die ausreichende Versorgung durch den Mann und damit ein Symbol für Wohlstand ist. Sie könnte ruhiger leben, hätte trotzdem einen besser gepflegten Haushalt, und auch ihr Mann, den sie dann stärker umsorgen könnte, würde davon profitieren. Genau das war die Vorstellung der bürgerlichen Frauen im 19. Jahrhundert, die später allmählich ins Arbeitermilieu eingedrungen ist.

Es ist allerdings klar, daß für die jüngeren Frauen auch im Arbeitermilieu die Berufsarbeit wichtiger geworden ist, besonders dann, wenn sie eine gute Ausbildung erworben haben. Sie wollen später wieder in den Beruf zurückkehren, wenn die Kinder größer geworden sind. Doch auch sie legen Wert darauf, nicht arbeiten gehen zu müssen, solange die Kinder noch klein sind, »es nicht nötig zu haben«. Erst wenn die Versorgung der Familienmitglieder gewährleistet ist, haben die Frauen »das Recht«, arbeiten zu gehen. Von der Berufstätigkeit junger Mütter wird oft auf eine Vernachlässigung der Kinder und einen nicht ausreichenden Verdienst des Mannes geschlossen.

Welche große Wertschätzung Ehe und Familie bei den Arbeiterinnen und Arbeitern genießen, zeigt sich besonders dort, wo beide bisher nur »mit Reibungsverlusten« (etwa die zweite Ehe nach einer Scheidung) oder überhaupt noch nicht realisiert werden konnten. Wer in zweiter Ehe verheiratet ist, sieht die erste als »Fehler«, der nun korrigiert wurde. Wer trotz eines Kindes unverheiratet ist, empfindet dies als unbefriedigend und unvollkommen. Das nichteheliche Zusammenleben erscheint hier fast immer als Behelfslösung und als minderwertiger Ersatz für eine richtige Ehe. Ehelosigkeit ist für die Arbeiterinnen im Ruhrgebiet immer noch mit sozialer Randständigkeit verbunden.

Wir haben also ein Milieu, einen Lebensraum, ein System von

Lebensbedingungen vor uns, in dem die Familie noch eine zentrale Stellung genießt. Wenn wir nun diese Szenen aus dem Familienleben der Arbeiterpaare verallgemeinern und berücksichtigen, daß es das »klassische« Revier nicht mehr gibt, aber Millionen von Arbeiter- und Angestelltenfamilien in den Dörfern, Kleinstädten und in den entsprechenden Vierteln der größeren Städte, dann erhalten wir ein *allgemeines Modell der Familienehe* – mit den beiden Ausprägungen »Versorgungsehe« und »Liebesehe«, die wir unterscheiden, weil sie erst in jüngster Zeit allmählich zu einem einheitlichen Modell verschmelzen – durch das langsame Verschwinden der Versorgungsehe.

Die Versorgungsehe früherer Zeiten hatte den Sinn, den Frauen, die gewöhnlich keine Berufsausbildung hatten, eine sinnvolle Lebensmöglichkeit, Sicherheit und gesellschaftlichen Status zu bieten, die sie als Alleinstehende oder im Kreis der Abstammungsfamilie nicht gehabt hätten – und gleichzeitig dem Mann eine Arbeitskraft zur Verfügung zu stellen, die ihm die Hausarbeit machte, die Kinder versorgte und, wenn möglich, auch bei der beruflichen Arbeit half. Erst mit der Trennung von Familienhaushalt und Arbeitsbereich im Zuge der Industrialisierung fiel der dritte Bereich – die Mitarbeit der Frau bei der Arbeit des Mannes – immer häufiger weg. Nun mußte die Frau entweder ebenfalls erwerbstätig werden, oder sie konnte sich auf Heim und Herd beschränken – die modernere Form der Versorgungsehe: Sie versorgte den Mann mit Essen, Liebe, seelischen Beistand und einem behaglichen Heim; er versorgte sie mit der notwendigen finanziellen Ausstattung.

Die alte Form ist auch heute noch bei bestimmten Bevölkerungsgruppen wie Bauern, Handwerkern und anderen Selbständigen verbreitet. Hier kommt es immer noch darauf an, daß die Frau dem Mann einen Rahmen der Grundversorgung bereitstellt, aber auch mithelfen kann, wenn »Not am Mann« ist. Auch bei Frauen ohne qualifizierte Ausbildung spielen Restbestände der Versorgungsehe heute noch eine gewisse Rolle, da sie ihre Lebensversorgung nicht ohne weiteres mit eigener Erwerbsarbeit sichern können.

Dennoch hat die klassische Versorgungsehe heute nur noch eine untergeordnete Bedeutung. Sie ist auch im dörflichen Milieu

Südbadens und im Arbeitermilieu des Ruhrgebiets für die Jugend kein erstrebenswertes Ideal mehr. Allerdings bleibt im Arbeitermilieu und auf dem Lande die Versorgung der Familie eindeutig die Aufgabe des Mannes, und für die etwas älteren Arbeiterinnen ohne Fachausbildung ist der Versorgungscharakter der Ehe nach wie vor wichtig.

Für die jungen Dorfbewohner in Südbaden ist am Modell der Versorgungsehe in erster Linie das Element der gesellschaftlichen Integration wichtig. Sie sind erst durch eine Ehe vollwertige Mitglieder der Dorföffentlichkeit. In der relativ abgegrenzten und überschaubaren dörflichen Gemeinschaft, in der Alleinbleiben immer noch ein Makel ist, finden schließlich auch noch jene Partner zueinander, denen die Natur oder ihre Herkunft und Erziehung keine günstige Startposition in der Konkurrenz um die Gunst des anderen Geschlechts beschert haben. In Wieslingen bleibt kaum jemand ledig. Irgendwann, so stellt der Abgewanderte, der nach einigen Jahren seine Heimat wieder besucht, mit Erstaunen fest, hat auch »der dümmste Bauer« und »das häßlichste Entlein« sein Pendant gefunden.

Die Liebesehe war eine Erfindung des frühen Bürgertums gegen Ende des 18. Jahrhunderts. Davor, so kann man im großen und ganzen sagen, heirateten die meisten Leute nicht aus Liebe, sondern aus wirtschaftlichen und anderen Gründen. Das frühbürgerliche Eheideal, also das Ideal der Eheschließung *allein* aus »Liebe«, ist im Verlauf des 19. Jahrhunderts allmählich zur vorherrschenden Konzeption für junge Paare geworden. Die Liebesehe setzt sich prinzipiell immer dann durch, wenn es keine oder nur schwache wirtschaftliche, soziale oder politische Gründe für die Ehepartnerwahl gibt. Das war der Fall beim frühen, noch vergleichsweise besitzarmen Bürgertum. Später, als wirtschaftliche Interessen der Familien mit zunehmendem Aufstieg des Bürgertums wieder stärker mitspielten, war es die Arbeiterfamilie, in der sich die »Liebe« zum einzigen Motiv der Eheschließung entwickeln konnte.

»Liebe« ist natürlich in allen unseren Milieus ein entscheidender Grund zur Paarbildung und dafür, eine begonnene Beziehung aufrechtzuerhalten. Doch eine ungebrochen enge Verknüpfung von Liebe und Ehe findet sich nur bei den Arbeiterinnen und Arbeitern im Ruhrgebiet, insbesondere bei den etwas älteren. Für Alternative und Akademiker ist die Skepsis oder die Gleichgültigkeit gegenüber der Ehe viel zu groß, als daß für sie die Liebesheirat noch das vorherrschende Orientierungsmuster sein könnte.

Die Liebesehe ist auf Familiengründung angelegt. »Liebe« ist Voraussetzung der Ehe, und Elternschaft ist ihr Zweck. Eine zunehmend möglich werdende Vorstufe des nichtehelichen Zusammenlebens ändert daran nichts. Die typische Form der Paarbeziehung im Arbeiter- und im ländlichen Milieu ist heute eine Verschmelzung von Versorgungs- und Liebesmodell. Wir können dieses Modell als *Familienehe* bezeichnen. Es ist die Ehe, die aus Liebe *und* zum Zweck der Familienbildung geschlossen wird und in der die Rollenverteilung zwischen Mann und Frau noch weitgehend dem klassischen Muster entspricht, daß der Mann (in erster Linie) die Versorgung der Familie mit materiellen Gütern übernimmt, die Frau (in erster Linie) für die Versorgung der Kinder und der ganzen Familie mit Gefühl und Liebe zuständig ist.

Das Milieu der »technischen Vernunft«

Mit der Einbeziehung des Milieus der technischen Angestellten und der »technischen Intelligenz« wollten wir herausfinden, ob sich neue Trends im Bereich von Paarbeziehungen und Familie auch unter dem Einfluß moderner Technik durchsetzen. Vielleicht ändern sich mit dem Einzug des Computers in die Privatsphäre auch die Einstellungen der Menschen zum andern Geschlecht und ihre Beziehungen zueinander. Wir konzentrierten uns auf Techniker mittlerer und höherer Bildungsgrade – um eine Kontrastfolie gegenüber den Berliner Akademikern zu haben, die (in der Tradition der linken Bewegungen) eher dem Experimentierfeld alternativer Lebensformen nahestehen. Von den naturwissenschaftlich ausgebildeten Technikern sollte man eine eher traditionale Einstellung erwarten können. Die technischen Angestellten stellen heute innerhalb der Arbeiter- und Angestelltenschichten eine privilegierte Gruppe dar. In der Industriesoziologie werden sie auch als »Rationalisierungsgewinner« bezeichnet.

In der regionalen Wirtschaftsstruktur der Bundesrepublik haben die langfristigen strukturellen Veränderungen der Industriegesellschaft zu einem »Süd-Nord-Gefälle« geführt (das nach der deutschen Vereinigung gegenüber dem viel ausgeprägteren West-Ost-Gefälle aus dem öffentlichen Bewußtsein verdrängt wurde). Im Norden und Westen sind vorwiegend die alten, absterbenden Industrien angesiedelt (Werften, Kohle, Stahl – aus Gründen, die es seiner besonderen Lage verdankte, hatte bisher auch die einstige Insel Berlin-West eine veraltete Industriestruktur). In der Mitte, vor allem im Raum Frankfurt, überwiegen die Dienstleistungen und das Finanzkapital (Banken, Versicherungen), und im Süden, um Stuttgart und München, sind immer mehr moderne Industrien und Dienstleistungszentren entstanden. Allein zwischen 1976 und 1983 zeigt sich eine starke Auseinanderentwicklung zwischen den städtischen Ballungsgebieten im Norden und im Süden, die sich am Beispiel der Veränderung der Zahlen sozialversicherungspflichtig Beschäftigter demonstrieren läßt. Während die Räume Bremen, Hannover, Ruhr und Rhein Verluste zwischen 2% und 3% hinnehmen mußten, stiegen die Zahlen in Nürnberg, Rhein/Main, Rhein/Neckar und Karlsruhe zwischen 2% und 3%, in Stuttgart um 5% und in München sogar um 7%. Dabei fällt der Zuwachs der Randgebiete (außerhalb der Kernstädte) bei München mit 10% besonders hoch aus – genau dort ist unser *technisches Milieu* angesiedelt. Unser Ort »München-Waldberg« liegt am Stadtrand der bayrischen Metropole und beherbergt einen außerordentlich hohen Anteil an EDV-Experten, Physikern, Informatikern, EDV-kompetenten Sachbearbeitern, Ingenieuren und sonstigen Technikern. Sie arbeiten vor allem in einigen Großbetrieben der Mikroelektronik, der Flugzeugbau- und der Rüstungsindustrie.

Wie sieht ein typischer Lebensverlauf im technischen Milieu aus? Zunächst stößt man auf das naheliegende Muster des naturwissenschaftlichen männlichen Technikers, zum Beispiel des Ingenieurs. Er lernt im Studium seine künftige Ehefrau kennen, die ebenfalls studiert oder zumindest das Abitur hat. Nach dem erfolgreichem Eintritt in den Beruf kann ans Heiraten gedacht werden. Die Frau sollte allerdings vorher ihre Berufsausbildung abgeschlossen haben, damit sie für den Fall einer Trennung sozial abgesichert ist.

Das Zusammenleben dient dazu, die Beziehung zu intensivieren und stellt deshalb häufig auch eine Vorstufe zur Ehe dar. Die Ehe erscheint dabei zwar nicht als völlig unhinterfragte Selbstverständlichkeit, es gibt aber auch keine deutlichen Argumente dagegen. Eine gewisse Gleichgültigkeit und eher praktische Gründe liegen der Eheschließung häufig zugrunde. Es sieht so aus, als sei es insgesamt gesehen für die Karriere und den Lebensstil eines Technikers eher zweckmäßig, verheiratet zu sein. Wäre es das nicht, würde er auch leicht auf die Vermählung verzichten können. Daß man letztlich doch heiratet, hängt auch damit zusammen, daß das nichteheliche Zusammenleben zwar keine ernsthaften Akzeptanz-Probleme mehr aufwirft, in der sozialen Umwelt aber doch gelegentlich zu Irritationen führen kann. Es wird in der relativ anonymen Atmosphäre der Trabantenstadt und der technischen Großbetriebe toleriert; Anerkennung in gleichem Maß wie die Ehe oder gar Vorbildcharakter kann es aber nicht beanspruchen.

Prototyp ist der verheiratete, kinderlose Techniker, der zudem ein ausgesprochener Sport- und Freizeitfan ist. Das ist in der Region München ja auch kein Wunder, und es scheint eine glückliche Kombination zu sein: in München zu leben, kinderlos, als Techniker, der einen zweckgerichteten (man könnte sagen: einen zielsicheren) Lebensstil pflegt und sportbegeistert ist. Eine gesicherte berufliche Karriere, die genug Raum für Freizeit läßt, mit relativ hohem Einkommen, in einer zukunftssicheren Branche und einem Milieu von »High Tech«-Atmosphäre, bildet den Rahmen für intensive individualisierte Freizeitgestaltung. In dieser Lebensperspektive ist kaum Platz für ein Kind.

Überhaupt sticht in diesem Milieu eine vergleichsweise zweckorientierte Lebenshaltung hervor. Man ist zum Beispiel nicht so sehr aus moralischen Gründen treu, sondern eher deshalb, weil man nicht gewillt ist, sich mit den psychischen und anderen Folgeproblemen von Untreue herumzuschlagen, die einen nur davon abhalten, die Vorzüge eines geregelten Lebens mit gesicherter Berufskarriere, stabilem Freundeskreis und einer zufriedenstellenden Paarbeziehung zu genießen. Der Treue-Anspruch wird aufrechterhalten, weil es vernünftig ist, treu zu sein. Im Regelfall hatte man bis zum fünfundzwanzigsten oder dreißigsten Lebensjahr genug Gelegenheit, sexuelle Erfahrungen zu sammeln.

Auch die partnerschaftliche Organisation der Paarbeziehungen steht ganz im Zeichen dieser pragmatischen Lebensweise. Kinderlose Doppelverdiener-Paare im technischen Milieu haben keine

Probleme, den Alltag partnerschaftlich zu organisieren. Sie haben eine genügend große Wohnung, in der jeder seine Rückzugsmöglichkeiten hat. Sie haben genug Geld, um essen zu gehen, wenn weder die Frau noch der Mann Lust hat zu kochen. Und sie verzichten entweder auf kleinbürgerliche Sauberkeit und Ordentlichkeit in der Wohnung oder haben eine Putz- und Haushaltshilfe.

Etwas anders sieht es bei den Frauen in diesem Milieu aus, das aufgrund seiner technischen Ausrichtung ein männlich beherrschtes Milieu ist. Frauen können hier erst allmählich »eindringen«. Technik ist für sie noch etwas Ungewöhnliches, und dem entspricht, daß diejenigen, die wir hier vorfanden, auch im privaten Bereich eher als die Männer noch auf der Suche nach der ihnen angemessenen Lebensform sind. Deshalb hat das Zusammenleben bei ihnen häufiger den Charakter einer Zwischenlösung und Alternative zur Ehe, jedoch auch starke Momente von Zweckmäßigkeit. Die Frauen heiraten nicht, wenn es Vorteile bringt, unverheiratet zu sein, wenn sie nicht mit dem Richtigen zusammen sind oder wenn sie schon schlechte Erfahrungen gemacht haben. Ehegegnerinnen im Sinne der alternativen Ehe-Kritik sind sie jedoch in keinem Fall.

In dieser von Männern dominierten Berufs- und Lebenswelt tritt für die beruflich qualifizierten Frauen besonders augenfällig das Problem auf, Beruf und Elternschaft zu vereinbaren. Kinderlosigkeit oder zumindest lange aufgeschobene Mutterschaft sind hier besonders naheliegende »Lösungen«. Mehr als ein Kind ist unwahrscheinlich. Die Geburt des Kindes, ob gewollt, geplant oder nur hingenommen, ändert nichts daran, daß der Beruf eine ganz wesentliche, wenn nicht die wesentlichste Lebensperspektive bleibt. Die Mutterschaft wird nach Möglichkeit auf unterschiedliche Weise der beruflichen Perspektive untergeordnet: sei es, daß die Verwandtschaft einspringen kann, sei es, daß soziale Einrichtungen zur Kinderbetreuung in Anspruch genommen werden oder der Partner in die väterliche Verantwortung gezogen wird. Der Partner muß gelegentlich zurücktreten, die Partnerschaft wird unter Umständen vernachlässigt. Alleinerziehen wäre allerdings keine Lösung für diese Frauen. Sie brauchen einen Partner, der einen familialen Rahmen zur Verfügung stellen kann, ohne den die Berufsorientierung der Frau als Mutter schwieriger wäre.

Viele Aspekte der Paarbeziehungen im technischen Milieu verweisen auf das Modell der Partnerschaft. Wir ordnen es deshalb diesem Milieu zu, obwohl seine Geltung darüber hinausreicht.

Die Partnerschaftsehe kam mit der zunehmenden Einsicht in die Unvereinbarkeit von Liebe und Dauerhaftigkeit zu Beginn unseres Jahrhunderts in den USA auf. Man sah ein, daß Liebe als Grundlage für eine dauerhafte Ehe zu wenig sei. Ein Element der Vernunft müsse dazukommen. Ein wesentlicher Anstoß kam auch aus der Frauenbewegung. Die Frauen forderten die Gleichberechtigung der Geschlechter, und dazu schien das Modell der Partnerschaft die richtige Basis. In der modernen Partnerschaft wird neben der Liebe die Übereinstimmung der Interessen und der Geister und zumindest die mögliche Gleichheit der Partner betont. Die Ehe wird dann stärker zu einem Zweckbündnis. Partnerschaftlichkeit heißt: gerechte Arbeitsteilung, Offenheit der Beziehung und gegenseitige Achtung und Rücksichtnahme auch und gerade dann, wenn »Liebe« nicht mehr das bestimmende Moment ist. Partnerschaftlichkeit in diesem Sinn betont die Regelung der Paarbeziehung nach außen und im Spannungsverhältnis von Familie und Beruf. Auch wenn die Berufsorientierung bei beiden Partnern stark ausgeprägt ist, werden Gemeinsamkeiten hoch bewertet.

Elemente der modernen Partnerschaft in diesem Sinn finden wir ansatzweise zwar in allen Milieus. So etwa bei den jungen Arbeitern und Angestellten in Südbaden, die bereit sind, individualistische Vorlieben und Bedürfnisse hinter das Gelingen der Beziehung, die in Ehe und Familie münden soll, zurückzustellen. Oder im Alternativmilieu Berlins, wo im Gegensatz zu den Akademikern die Gemeinsamkeiten betont werden. Allerdings schließt das Partnerschaftsmodell der Alternativen die Möglichkeit ein, daß die Offenheitsansprüche vergleichsweise schnell eine Situation des Geschlechterkampfes hervorbringen, die eine ernsthafte Gefahr für den Bestand der Beziehung darstellen kann.

Doch am deutlichsten realisiert sich das Modell der modernen Partnerschaft im Milieu der technischen Angestellten in München-Waldberg, wo eine vergleichsweise zweckorientierte Lebenshaltung dafür sorgt, daß eine einmal eingegangene Beziehung, mit der man zufrieden sein kann, nicht unnötig gefährdet wird – sei es durch egoistische Bedürfnisse, erotische Abenteuer oder die übermäßige Konzentration auf die berufliche Karriere. Der Lebenspartner ist für das eigene Wohlbefinden wichtig, und diese Einsicht genügt, um dem Alltag der Beziehung und dem Lebenspartner genügend Aufmerksamkeit zu schenken. Für eine Versorgungsehe sind die Frauen hier zu sehr berufsorientiert und auch nicht mehr bereit, den Haushalt alleine zu führen. Noch weniger sind sie bereit, für die Erziehung von Kindern allein verantwortlich zu sein. Auf der anderen Seite nehmen sie gegenüber »Liebe« eine nüchterne Haltung ein. Wichtig ist ihnen, daß die Beziehung eine sichere Grundlage für beruflichen Erfolg und zugleich für einen gewissen »Spaß am Leben« darstellt. Das geht nur, wenn das Geschlechterverhältnis partnerschaftlich und gleichgewichtig organisiert ist.

Das Milieu der individualisierten Akademiker

Das Milieu, in dem sich die Wege von »linken« Akademikern und »Alternativen« kreuzen (dem wir in Berlin auf der Spur waren), ist der Bereich unserer Gesellschaft, von dem wohl die meisten Einflüsse auf die Veränderungen des Mit- und Gegeneinanders der Geschlechter ausgegangen sind. Dieses Milieu steht immer wieder im Mittelpunkt des öffentlichen Interesses, und seine Angehörigen beteiligen sich auch selber aktiv und lautstark an den Diskussionen, die um neue Formen privater Lebensweisen und Paarbeziehungen geführt werden. Die »tageszeitung« ist längst zu einem einflußreichen Medienorgan dieser Szene geworden.

Bei einem Vergleich der beiden Teilgruppen (Akademiker und Alternative) scheint zunächst die Ähnlichkeit größer als die Differenz: Mitglieder beider Gruppen kritisieren unsere Gesellschaft als eine von Männern dominierte Gesellschaft, und die meisten von ihnen würden sich bei einer Befragung als »emanzipiert« einstufen. Dennoch gibt es markante Unterschiede zwischen den beiden Milieus, vor allem in der Art und Weise, wie das alte Geschlechterverhältnis umgewandelt wird.

Wenden wir uns deshalb zunächst den Akademikern zu, und zwar den »richtigen«, das heißt, den beruflich erfolgreichen; jenen, die trotz eines vielleicht noch vorhandenen links-alternativen Denkmusters sich in erster Linie auf die berufliche Karriere konzentrieren und im Beruf mehr Erfüllung (»Selbstverwirklichung«)

finden als in einer Paarbeziehung, in einem alternativen Gemeinschaftsprojekt oder in einer politischen Gruppierung.

Die von uns befragten Akademikerinnen und Akademiker gehörten zu den sozialen Trägern des kulturellen Umbruchs Ende der sechziger Jahre oder doch zu denen, die von diesen Veränderungen unmittelbar berührt wurden. Die politische Auseinandersetzung wurde damals vor allem von den »Bürgerkindern« geführt, die den Widerspruch zwischen regierungsamtlichen Demokratie- und Freiheitsbekundungen und den realen Beschränkungen außerparlamentarischer Einflußmöglichkeiten kritisierten. Aber auch die Privatsphäre kam ins Kreuzfeuer der radikalen Kritik. Die Familie wurde als Ort der Unterdrückung von Frau und Kindern angeklagt. Die politischen Interessen wurden allerdings in vielen Fällen allmählich hinter die eigenen beruflichen Ambitionen zurückgestellt.

Heute ist eines der hervorstechendsten Merkmale im Akademikermilieu die deutliche Berufsbezogenheit *beider* Geschlechter. Diese Berufsorientierung ist die Grundlage eines starken Individualismus, der auch für die Paarbeziehung bestimmend ist und sich oft schon in der Wohnform niederschlägt: Im Vergleich zum Ruhrgebiet, wo wir keine Paare finden konnten, die in getrennten Haushalten leben, war der Zugang zu solchen Leuten in Berlin sehr leicht, und auch die Paare, die einen gemeinsamen Haushalt führen, bewohnen häufig große modernisierte Altbauwohnungen, die eine individuelle Raumaufteilung erlauben.

Auch wenn das langjährige Zusammenleben ohne Trauschein eher eine Gleichgültigkeit in dieser Frage als eine deutliche Ablehnung der Ehe zum Ausdruck bringt – im Akademikermilieu ist nicht der Verzicht auf die Ehe, sondern eher die Heirat rechtfertigungsbedürftig.

Durch die langen Ausbildungszeiten und die darauf folgende berufliche Etablierungsphase wird die Familiengründung altersmäßig weit nach hinten geschoben. Aber auch der Kinderwunsch selbst tritt aufgrund dieser starken Außenorientierung für die Frauen in den Hintergrund und konkurriert mit den Leistungsanforderungen und Entfaltungsmöglichkeiten im Beruf. Der vollständige Verzicht auf eigene Kinder garantiert am besten, daß die alten Geschlechtsrollenklischees keine Chance haben. Alles andere, was sonst noch üblicherweise zum Aufgabenbereich der

Frau gehörte, fällt hier weg oder wird (durch häufige Restaurantbesuche und eine Putzfrau) auf ein Mindestmaß reduziert.

Auf diese Weise wird auch die Diskussion um Gleichberechtigung, die in diesem Milieu beheimatet ist, aus der Paarbeziehung selber stärker herausgehalten. Der Kampf der Frauen geht weniger gegen den »Pascha« im eigenen Haus, da hier der Arbeitsaufwand ohnehin in Grenzen gehalten wird. Weitaus vordringlicher ist für diese Frauen der Kampf um Anerkennung und Gleichberechtigung im beruflichen Tätigkeitsfeld.

Das Modell der individualisierten Partnerschaft entspricht auf der allgemeinen Ebene den Paarbeziehungen im Akademikermilieu am besten. Zur individualisierten Partnerschaft kommt es, wenn beide Geschlechtspartner in einer Beziehung ein bestimmtes Maß an Individualität und Entscheidungsautonomie erreicht haben und auch eine weitgehende Angleichung der Lebensentwürfe beider Partner erreicht ist: Frauen sollen prinzipiell die selben Lebensziele haben können wie Männer. Am stärksten fortgeschritten ist diese Entwicklung bei jenen Paaren, wo beide ein Hochschulstudium abgeschlossen haben und in der Lage sind, damit jeweils eigenständig nicht nur genug Geld zu verdienen, sondern auch ein über den Beruf erfülltes Leben zu führen, also etwa eine Kinderärztin und ein Gymnasiallehrer; eine Systemanalytikerin und ein Manager; oder eine Fernsehredakteurin und ein Hochschullehrer.

Der Hauptaspekt der individualisierten Partnerschaft ist die Konzentration *beider* Partner auf ihre berufliche Karriere, welcher der Vorrang vor der Familie eingeräumt wird. Das bedeutet häufig Kinderlosigkeit oder Delegation der Kinderbetreuung an Dritte. Selbst für die Partnerschaft kann nur ein begrenzter Teil der kostbaren Zeit geopfert werden, und typischerweise haben diese *Workaholics* auch selten ein völlig arbeitsfreies Wochenende, wie überhaupt Berufszeit und »Freizeit« sehr schwer zu trennen sind. Selbst im Flugzeug kann die nächste berufliche Besprechung noch problemlos vorbereitet werden – der Laptop macht's möglich, in dem alle nötigen Unterlagen auf engstem Raum gespeichert sind.

Die Normalform der individualisierten Partnerschaft ist das kinderlose Akademikerpaar, das verheiratet ist und einen gemeinsamen Haushalt führt: Beides bringt Vorteile mit sich, die auch der beruflichen Arbeit zugute kommen. Es gibt aber auch eine übersteigerte Form dieses Partnerschaftsmodells: Man kann auf die Eheschließung, vor allem aber auf das Zusammenwohnen verzichten, weil so die persönliche Sphäre noch besser individuell gestaltet und vor allzu viel Gemeinschaftlichkeit (die vielleicht viele Kompromisse erfordert) geschützt werden kann. Die Aufrechterhaltung zweier Haushalte, *living apart together* – das ist die individualisierte Partnerschaft par excellence.

Vielleicht liegt in einer solchen Beziehung gar nicht so viel Zündstoff wie in den »normalen« Beziehungen, in denen tagtäglich kleine Kämpfe stattfinden, damit keiner zu kurz kommt und trotzdem eine gemeinsame Basis bestehen bleibt; dennoch ist klar, daß die individualisierte Partnerschaft schon von ihrer Konstruktion her stark vom Bruch bedroht ist. Wenn die Berufs- und Lebenspläne von Mann und Frau zu weit auseinandergehen (etwa, wenn einer der Partner aus beruflichen Gründen die Stadt wechselt, der andere aber aus beruflichen Gründen *nicht* die Stadt wechseln *will*); wenn die gemeinsame Zeit allzu sehr reduziert wird; wenn die beruflich herbeigeführten Kontakte zum anderen Geschlecht den beruflichen Rahmen sprengen – immer dann ist eine Trennung im Bereich der Möglichkeiten.

Das alternative Milieu: Zwischen Tradition und Postmoderne

Die »Alternativen« stehen als politische Bewegung in der Tradition der linken Protestbewegung der sechziger und siebziger Jahre, aber im Unterschied zu vielen anderen Nachfolgebewegungen konzentrierte sich die Alternativszene mehr auf die Suche nach besseren privaten Lebensformen als auf die Abschaffung des Kapitalismus oder andere politische Großprojekte mit wenig Realitätsbezug.

Die Vielfalt alternativer »Projekte« und ihre gegenseitige Vernetzung haben sich in den Großstädten und besonders im Westteil Berlins (begünstigt durch dessen frühere insulare Einzigartigkeit) zu einer eigenen innerstädtischen Infrastruktur entwickelt: Teestuben, Kneipen, Kinos, Produktions-, Dienstleistungs- und Handwerkerkollektive, Frauenhäuser, Nachbarschaftshilfe und

Finanzierungsfonds stellen ein »Netzwerk« linker Selbsthilfeorganisationen und alternativer Ökonomie dar, das mit dem Ziel aufgebaut wurde, eine »autonome Gegenkultur« zur dominanten Gesellschaft zu schaffen. Durch eigene Publikationsorgane wie die »taz«, Stadtteil- und Szene-Zeitungen ist eine florierende alternative Öffentlichkeit entstanden.

Dennoch stehen die Alternativen in mancher Hinsicht zwischen Gestern und Morgen. Ihre Veränderungsbestrebungen greifen zum Teil auf »alte« Werte wie Gemeinschaft, Solidarität, Menschlichkeit zurück. Sie sind skeptisch gegenüber Leistungsdenken und Fortschrittsgläubigkeit. Sie haben damit auch viele Etablierte nachdenklich gemacht. Aber manchmal erliegen sie der Gefahr des Rückfalls in unrealistische romantische Vorstellungen. Doch auf der anderen Seite vertreten sie das, was noch kaum vorstellbar ist, sozusagen die »postmodernen« Werte, gerade in bezug auf Partnerschaftlichkeit. Männer und Frauen sollen frei und gleich sein, sie sollen sich binden, aber nicht gegenseitig fesseln. Sie können ein Paar sein, aber sie müssen deshalb nicht als Paar allein sein – der Rahmen einer Wohngemeinschaft bietet vielleicht mehr Möglichkeiten persönlicher Glückserfahrung. Sie können Kinder kriegen, aber sie müssen deshalb nicht den ausgetretenen Pfad zur isolierten Kleinfamilie beschreiten. In der Vorstellung eines »kollektiven Arbeits-, Wohn- und Lebenszusammenhangs« treffen sich gestrige und künftige Werte und lassen sich scheinbar problemlos unter einen Hut bringen.

Der Beginn einer typischen »alternativen« Beziehung unterscheidet sich von dem anderer Milieus gerade dadurch, daß häufig eine Wohngemeinschaft der »Ort der Partnerwahl« ist. Dort werden die Beziehungsprobleme diskutiert – auch die der anderen. Auseinandersetzungen werden dadurch manchmal klarer, manchmal wohl auch schwieriger. Wechselnde Bündnisse und Bindungen sind daher nicht selten. Die Frage einer gemeinsamen Zukunftsplanung oder gar einer Familiengründung spielt in dieser Zeit noch keine Rolle, man ist ganz auf sich selbst und die eigene Liebesbeziehung konzentriert. Der Wunsch nach Kindern tritt dennoch früher auf als bei den Akademikern, zumal eine klare und sichere Berufsperspektive weder angestrebt wird noch am Horizont der Lebensmöglichkeiten aufleuchtet.

Mehr als in allen anderen Milieus wird hier das Zusammenwohnen als Alternative zur Ehe erlebt, zumal es häufig im Rahmen einer größeren Gemeinschaft organisiert ist. Auch wenn man widerwillig dem Druck der Gesellschaft nachgegeben und aus Zweckmäßigkeitsgründen geheiratet hat (zum Beispiel wegen des Erziehungsrechts, das an die eheliche Vaterschaft geknüpft ist), steht man der Ehe weiterhin fremd gegenüber und hat Schwierigkeiten, dem konventionellen Sprachgebrauch folgend von »meiner Frau« bzw. »meinem Mann« zu sprechen. In dieser Haltung drückt sich eine bei den meisten vorhandene Abneigung gegen alle Institutionen (Recht, Staat, Kirche) aus, denen man wegen des ihnen zugeschriebenen Machtmißbrauchs das Recht abspricht, die persönlichen Verhältnisse zu legalisieren. Und allein schon der definitive Charakter einer Eheschließung widerspricht hier dem Selbstverständnis der Paarbeziehung, deren wichtigster Aspekt in der Zukunftsoffenheit und der Unabschließbarkeit der persönlichen Entwicklungsdynamik besteht. Parallel dazu (und scheinbar im Widerspruch) behält die Heirat oft die symbolische Bedeutungsebene eines romantischen Bindungsversprechens und bekommt jenseits des Bezugs zur staatlichen oder kirchlichen Institution manchmal eine quasi-religiöse oder spirituell-sektenhafte Bedeutung.

Man kümmert sich hier wenig um die Konvention (der Ehe), entscheidend ist die »Qualität« der Beziehung. Die muß sich sozusagen täglich neu beweisen, auch angesichts der Bereitschaft, sich auf spontane Wünsche und Bedürfnisse einzulassen. Darin liegt die im Vergleich zu anderen Milieus hervorgehobene Offenheit gegenüber Seitensprüngen und »Nebenbeziehungen« begründet. Rechtfertigungsbedürftig ist nicht der Seitensprung, sondern die empfundene Eifersucht, mit der man selbst zurechtkommen muß oder durch die man gar in den Verdacht gerät, man wolle den anderen in seiner Freiheit beschneiden. Allerdings zeigt sich, daß man auch Kompromisse eingeht zwischen dem ideell stets festgehaltenen Freiheitsanspruch einerseits und der Belastung durch die Folgeprobleme von Eifersucht und Trennungsgefahr andererseits. Dennoch hat die in allen Milieus anzutreffende Überlegung einer möglichen Trennung hier die größte Realitätsnähe und ist teilweise in praktischen Fragen permanent aktuell.

Die größere Trennungs- aber auch Bindungsbereitschaft im Alternativmilieu hängt mit der Bedeutung von Freundeskreis und

Wohngemeinschaftskreisen zusammen. Dadurch wird die einzelne Liebesbeziehung aus ihrer Abgeschlossenheit herausgenommen. Auch dies ist eine Verschmelzung von alten und neuen, gemeinschaftlichen und individualistischen, Werten.

Im Alternativmilieu hat sich die Arbeitsteilung zwischen Mann und Frau sowohl mit Blick auf den Beruf als auch den Haushalt von den traditionellen Zuständigkeiten am weitesten entfernt. Die Arbeit wird entweder zu gleichen Teilen auf beide Geschlechter verteilt oder nach individuellen Vorlieben, in denen man nur mehr Spuren der bekannten Unterschiede findet. In der Regelung der Kinderbetreuung zeigt sich Fortbestand oder Überwindung geschlechtsspezifischer Differenzen am deutlichsten, und gerade in diesem Bereich ist der Abstand der Alternativen zu den anderen Gruppen am größten. Dabei wird die Forderung nach gleichgewichtiger Verteilung der Aufgaben nicht nur von den Frauen vorgebracht, sondern genauso von den Männern, die weder bereit sind, die Last der ökonomischen Unterhaltsversorgung allein zu übernehmen, noch auf die Betreuung des Kindes und den intensiven (alltäglichen) Kontakt zu verzichten. Obwohl dieser Wunsch auch von Männern aus anderen Milieus geäußert wird, reduzieren sie jedoch sonst in keinem Milieu tatsächlich ihre Erwerbsarbeit, um die Kinderbetreuung zu übernehmen.

Entsprechend dem für Veränderungen offen gehaltenen Selbstverständnis wird auch die eigene Elternschaft nicht so geplant wie bei Akademikern. Die Entscheidung für das Kind wird prinzipiell als lebensbejahend aufgefaßt, und da die eigenen Berufsabsichten stärker unter dem Zeichen von politischem Engagement und Erfahrungsbereicherung stehen als unter statusbezogener Karriereanstrengung, kann der Gegenstand der Selbsterfahrung und -verwirklichung leichter gewechselt werden und die Entscheidung auch im Konfliktfall eher für das Kind ausfallen: Die Karriere wird hinausgeschoben oder verändert, und man ist auch bereit, in weniger abgesicherten Verhältnissen Kinder aufzuziehen. Oft müssen hier Berufswünsche, die noch eine längere Qualifikationsphase voraussetzen, zurückgestellt werden; oder aufgrund der gegenwärtigen Arbeitsmarktlage müssen Gelegenheitsarbeiten angenommen werden, die unterhalb der eigenen Berufsqualifikation liegen.

Der »Familiensinn« tritt dennoch hinter der Partnerschaft zurück. Auch mit Kindern ist man keine »Familie«, die ihren Sinn in einer Gemeinschaft hat, sondern jeder steht zu jedem in einem besonderen und schwankenden Verhältnis, und die Auffassung einer partnerschaftlichen Beziehung erstreckt sich teilweise auch auf die Kinder. Zwar wird hier wie überall in eigenen Kindern eine lange Jahre dauernde Verpflichtung für deren Versorgung gesehen, aber man steht einer möglichen Trennung von den Kindern als Folge einer möglichen Trennung von der Mutter bzw. vom Vater offener gegenüber als zum Beispiel im Arbeitermilieu, begreift sie andererseits aber auch als weniger radikal. Während wir im Arbeitermilieu Beispiele gefunden haben, in denen eine zweite Familiengründung zur völligen Trennung von der ersten Frau und deren Kindern geführt hat, glaubt man im Alternativmilieu, zum Kind auch nach einer Trennung von der Mutter (Vater) die Verbindung auf einer anderen Ebene halten zu können. Stärker noch als im Akademikermilieu wird der Kontakt zu früheren »Lebensgefährten« – ob Ehemann oder Freund – fortgesetzt und idealerweise in eine veränderte Freundschaft überführt.

Die gleichberechtigte Partnerschaft ist in verschiedenen Ausprägungen hier ebenso ein Lebensmodell wie im Akademikermilieu. Aber während bei den Akademikern beide Partner ihre Individualität und Autonomie durchzusetzen versuchen, liegt die Betonung bei den Alternativen stärker auf der gemeinsamen Lösung der Probleme. Während wir für das Akademikermilieu aufgrund der starken Berufsbezogenheit auch der Frauen von einer »Vermännlichung« der weiblichen Biographie gesprochen haben, besteht im Alternativmilieu trotz des beruflichen Engagements der Frauen eine größere Abneigung gegen übersteigerte männliche Karriereansprüche. Die traditionell weiblichen Aspekte finden eine stärkere Beachtung und werden auch von den Männern getragen, so daß man hier die umgekehrte Entwicklung hin zu einer »Feminisierung der Männer« beobachten kann. Das bedeutet, daß die alten »weiblichen« Werte hier mehr zum Zug kommen als bei den Akademikerinnen und deren Partnern. Die Männer müssen sich stärker verändern als die Frauen, wenn das Geschlechterverhältnis erneuert werden soll.

In mancherlei Hinsicht entsprechen die typischen Paarbeziehungen des Alternativmilieus dem Modell der gleichberechtigten Partnerschaft. Da wir aber besonders die Offenheit und Unabgeschlossenheit »alternativer Beziehungen« herausstreichen wollen, bietet sich ein anderes Modell an, das darüber hinaus durch einen allgemeinen Charakterzug vieler gegenwärtiger Beziehungen charakterisiert ist: Es ist das Modell der »befristeten Liebe«.

Das Liebespaar auf Zeit: In diesem Modell wird ernst gemacht mit der Unmöglichkeit, Liebe und Dauerhaftigkeit zu vereinen. Doch anders als in der Partnerschaftsehe wird deswegen nicht die Liebe über Bord geworfen, sondern das Bemühen um Beständigkeit: Liebe dauert eben nicht ewig, und wenn sie endet, endet auch die Beziehung. Ebenso werden der Vertrags- und der Versorgungsaspekt fallengelassen. Daher gibt es auch keinen zwingenden Grund zur Eheschließung mehr. Es genügt, für die Zeit der Paarbeziehung zusammenzuleben. »Liebe« ist dabei eine Verbindung romantischer und leidenschaftlicher Gefühle mit dem Ideal der weitgehenden Gleichheit der Geschlechter und dem Offenheitsprinzip der Partnerschaft. Gleichzeitig findet sich hier eine enge Verknüpfung von Leben und Arbeit.

Endet die Liebe, so wird das zeitweilige Alleinsein der Fesselung durch eine unbefriedigende Partnerschaft vorgezogen. Als Lebensmodell entwickelt sich eine Folge von zeitlich begrenzten Liebesbeziehungen mit Übergangsphasen des Alleinseins. Eine dieser Beziehungen führt unter Umständen zur Elternschaft, und zwar jene, in der man sich gerade »zufällig« befindet, wenn man das Alter erreicht hat, in dem ein Kind lebensgeschichtlich »tragbar« wird – d. h. in dem sich Kinderwunsch und das politisch-berufliche Engagement am besten vereinbaren lassen – oder in dem der Kinderwunsch nicht mehr weiter hinausgeschoben werden kann.

Es gibt wenig Anzeichen dafür, daß dieses Modell der »seriellen Monogamie« auch im ländlichen und im Arbeiter-Milieu normbildende Kraft gewinnt und zu einem festen Bestandteil des »Lebensentwurfs« wird. Eine Scheidung ist dort immer noch ein Symptom des Scheiterns. Im Alternativmilieu, wo diese Tendenzen am deutlichsten in Erscheinung treten, ist eine Trennung (oder eine Scheidung) zwar kaum weniger schmerzhaft als anderswo. Doch wird sie hier nicht als Zeichen einer gescheiterten Entwicklung interpretiert, sondern als notwendige Konsequenz einer prinzipiell unvermeidlichen inneren Auflösung einer Liebesbeziehung. Die Alternativen haben die Folgerungen aus der Paradoxie der Liebesehe und den Ansprüchen des Partnerschaftsmodells am konsequentesten gezogen: Wenn die Beziehung ihre Qualität verliert, soll sie nicht durch künstliche Bindungen (Ehe) oder aus sozialen Gründen aufrechterhalten werden.

Was wird die Zukunft bringen? Drücken sich in den Milieu-Differenzierungen, die wir hier in den Vordergrund gerückt haben, nur unterschiedliche Grade von Individualisierung aus, die sich allmählich einebnen werden? Wird, mit anderen Worten, die Familienwelt des Dorfes und des Arbeitermilieus bald der Vergangenheit angehören? Werden sich auch dort die individualistischen Lebensformen durchsetzen? Manche Beobachter zögern nicht, diese Fragen vorbehaltlos zu bejahen. Sie meinen, daß wir die Milieu-Unterschiede nur deshalb feststellen können, weil es eine Art Verzögerungseffekt gibt: Auf dem Land und in den weniger »gebildeten« Bevölkerungsgruppen dauert es eben etwas länger, bis die moderne Entwicklung sich durchgesetzt hat – aufzuhalten ist sie nicht.

Es wäre nicht das erste Mal, daß es zu einer solchen Anpassung verschiedener Milieus an den allgemeinen Modernisierungsprozeß kommt. Aber geradlinige und gleichförmige Entwicklungen sind selten. Die Vorstellung, daß alles, was zunächst in bestimmten Milieus passiert, zwanzig oder dreißig Jahre später überall anders genauso abläuft, ist unrealistisch. Wir glauben, daß die von uns gefundenen Unterschiede zwischen den Milieus dauerhafter und grundlegender sind, als daß sie in kurzer Zeit verschwinden würden; daß die Familienwelt des Dorfes und des »Reviers« widerstandsfähiger ist, als viele meinen.

An der Oberfläche kann es so aussehen, als herrsche heute überall die große Unverbindlichkeit: Alle können tun und lassen, was sie wollen – heiraten oder nicht, allein leben oder zu mehreren, Kinder in die Welt setzen oder sich auf eine Partnerschaft beschränken – die »Pluralisierung der Lebensstile«. Aber wenn wir tiefer schürfen, wendet sich dieses Bild. Wir sind davon überzeugt, daß auf dem Gebiet von Liebe, Ehe und Elternschaft keineswegs freie individuelle Wahl nach Lust und Laune vorliegt. Die soziale Lage bestimmt immer noch bis zu einem beträchtlichen Grad das Verhalten und die Einstellungen.

Es ist sicher richtig, daß der allgemeine Individualisierungstrend nicht rückgängig gemacht werden kann. Doch er wird sich selbst im individualisierten Akademikermilieu nicht beliebig und ungebremst fortsetzen. Der Konflikt zwischen individueller Selbstverwirklichung durch beruflichen Statusgewinn und der Ausrichtung des Lebens auf »Familie« wird sich dort eher noch zuspitzen. Und dieser Konflikt könnte sich auch auf gesamtgesellschaftlicher Ebene verschärfen. Das würde dazu führen, daß »Familiensinn« und »Individualismus« immer mehr in Gegensatz geraten. Das Ergebnis wäre, daß die oft behauptete »Pluralisierung« in eine »Polarisierung« zweier entgegengesetzer Lebensstile einmünden würde.

Auf der einen Seite dieses Zukunftsbildes steht der individualisierte Mensch, auf der anderen Seite die Familie. Während in Großstädten und Regionen mit hohem Akademikeranteil die Zahlen der kinderlosen und unverheirateten Paare weiterhin in die Höhe gehen werden – genauso wie jene der Alleinlebenden und Alleinerziehenden –, finden wir in ländlichen Regionen ohne großstädtischen Einzugsbereich weiterhin in großer Zahl die »Normalfamilie« mit zwei Kindern, die beide bereits geboren sind, bevor die Frau ihr dreißigstes Lebensjahr erreicht hat. In der individualisierten Welt der akademisch-städtischen Dienstleistungszentren ist die Elternschaft als Lebensinhalt stark zurückgedrängt, in der anderen Welt kann man sich ein familienloses Leben nur schwer vorstellen. Während die erforderliche berufliche und regionale »Mobilität« auf der einen Seite dazu führt, den Anspruch auf Dauerhaftigkeit mehr oder weniger resigniert aufzugeben, bleibt auf der anderen Seite, in der Welt der Familie, die Hoffnung auf lebenslange Bindung bestehen. Und diese Kluft wird eher stärker.

Den Grund für diese Entwicklung in zwei Lager sehen wir hauptsächlich in der in allen modernen Gesellschaften stark gewachsenen Bedeutung von »Bildung«. Es ist heute nicht mehr allein der wirtschaftliche oder politische Einfluß, nicht mehr allein der Besitz von Geld, Immobilien oder Aktien, der die gesellschaftlichen Unterschiede hervorbringt und zementiert. Auch wer Geld oder Anteile an Unternehmen erben kann, muß ein Studium absolvieren, um Macht und Einfluß zu erhalten und zu mehren. Auch in anderen Bereichen kommt man immer weniger ohne spezialisierte »höhere Bildung« aus, wenn man mitreden und beruflich erfolgreich sein will: Computerfachleute, Journalisten, Medien- und Kulturexperten, selbst Künstler, Schriftsteller oder Politiker – sie alle können kaum noch auf ein Studium verzichten. Einfluß und Macht sind heute stärker vom Zugang zum Wissen, von Informationen und »know-how«, altertümlich gesprochen: von »Bildung« abhängig.

Bildungsunterschiede schaffen verschiedenartige Zugänge und Möglichkeiten in Beruf, Freizeit, Kultur und der Teilnahme am öffentlichem Leben, kurz: unterschiedliche Lebenschancen und Lebensweisen. Besonders im Bereich von Partnerschaft, Ehe und Familie, so glauben wir, wirken sich diese Unterschiede aus. Wer sich im beruflichen Alltag im Dunstkreis großstädtisch-akademischer Institutionen oder der alternativen Kulturszene bewegt und dabei immer »mobil« sein muß, führt auch privat ein anderes Leben als jemand, dessen Berufswelt von überschaubaren Routinen und einem auf die Heimatregion begrenzten Arbeitsmarkt geprägt ist.

Die Familie hat eine lange Geschichte. Auch das Individuum und der Individualismus sind keine Erfindung des 20. Jahrhunderts. Beide Lebensformen haben sich in manchen Epochen und Kulturen durchaus vertragen. Berechtigt uns das zu der Hoffnung, daß dieser Konflikt auch in Zukunft gelöst werden kann?

Tabellarischer Anhang

Sämtliche Tabellen beziehen sich auf das Gebiet der Bundesrepublik Deutschland vor dem 3. Oktober 1990.

Tabelle 1: Eheschließungen

	1	2	3
1950	535708	107	73,9
1960	521445	94	83,4
1970	444510	73	80,0
1975	386681	63	75,8
1980	362408	59	74,3
1985	364661	60	71,4
1986	372112	61	71,0
1987	382564	63	71,0
1988	397738	65	70,9
1989	398608	64	70,5
1990	414048	65	70,0

1 Gesamt (Eheschließungen pro Jahr)
2 Eheschließungen je 10000 Einwohner
3 Anteil (in %) aller Eheschließungen, bei denen beide Partner vorher ledig waren (Erstehen; Rest: Wiederverheiratungen)

Quellen: *Statistische Jahrbücher* und andere Veröffentlichungen des Statistischen Bundesamtes, insbesondere *Bevölkerung gestern, heute und morgen* (Kohlhammer, Stuttgart 1985) und *Familien heute* (Metzler-Poeschel, Stuttgart 1990).

Tabelle 2: Ehescheidungen

	1	2	3	4
1950	84740	16,9	67,5	15,8
1960	48878	8,8	35,0	9,4
1970	76520	12,6	50,9	17,2
1975	106829	17,3	67,4	27,6
1980	96222	15,6	61,3	26,6
1985	128124	21,0	86,1	35,1
1986	122443	20,1	82,6	32,9
1987	129850	21,2	87,6	33,9
1988	128729	21,0	86,6	32,4
1989	126628	20,4	84,6	31,8
1990	122869	19,3	82,5	29,7

1 Gesamt (Zahl der Ehescheidungen pro Jahr)
2 Ehescheidungen je 10000 Einwohner
3 Ehescheidungen je 10000 bestehende Ehen
4 Verhältnis 100 Ehen zu Ehescheidungen
(Auf 100 Ehen kommen x Ehescheidungen)

Quellen: *Statistische Jahrbücher* und andere Veröffentlichungen des Statistischen Bundesamtes, insbesondere *Bevölkerung gestern, heute und morgen* (Kohlhammer, Stuttgart 1985) und *Familien heute* (Metzler-Poeschel, Stuttgart 1990); *Wirtschaft und Statistik* 12/1990, S. 837–840.

Tabelle 3: Geburten

	1	2	3	4	5
1950	812835	16,2	2,10	79075	9,7
1960	968629	17,4	2,36	61330	6,3
1965	1044328	17,7	2,51	48977	4,7
1970	810808	13,4	2,01	44280	5,5
1975	600512	9,7	1,45	36774	6,1
1980	620657	10,1	1,44	46923	7,6
1985	586155	9,6	1,28	55070	9,4
1986	625963	10,3	1,34	59808	9,6
1987	642010	10,5	1,37	62358	9,7
1988	677259	11,0	1,41	67929	10,0
1989	681537	11,0	1,44	69653	10,2
1990	727068	11,4	1,49	76278	10,5

1 Zahl der Lebendgeborenen
2 Allgemeine Geburtenziffer (Lebendgeborene je 1000 Einwohner)
3 Zusammengefaßte Geburtenziffer (stellt einen Durchschnittswert dafür dar, wie viele Kinder eine Frau im Leben bekommt)
4 Zahl der unehelich lebendgeborenen Kinder
5 Anteil der unehelich geborenen Kinder an allen Lebendgeborenen

Quellen: *Statistische Jahrbücher* und andere Veröffentlichungen des Statistischen Bundesamtes, insbesondere *Bevölkerung gestern, heute und morgen* (Kohlhammer, Stuttgart 1985) und *Familien heute* (Metzler-Poeschel, Stuttgart 1990); *Wirtschaft und Statistik* 1/1991, S. 28–31.

Tabelle 4: Kinderzahl pro Ehe nach Eheschließungskohorten

Heirats- jahrgänge	Von 100 Ehen hatten ... Kinder					
	0	1	2	3	4 und mehr	Durch- schnitt
1900–1904	9	12	16	15	47	3,9
1910–1912	12	17	22	17	32	2,9
1919–1921	16	23	24	15	21	2,3
1931–1935	16	22	27	17	18	2,2
1936–1940	14	25	31	17	14	2,1
1941–1945	13	25	31	17	14	2,1
1951–1955	13	25	31	17	14	2,1
1961–1965	14	24	40	16	6	1,8
1965–1969	16	29	40	12	3	1,6
1970–1974	19	29	40	10	2	1,5

Quellen: *Bevölkerungsentwicklung und nachwachsende Generation* (Schriftenreihe des Bundesministers für Jugend, Familie und Gesundheit, Band 93), Kohlhammer, Stuttgart 1980, S. 36; *Zeitschrift für Bevölkerungswissenschaft*, 1990, Heft 2, S. 169.

Tabelle 5: Studienanfänger und Studierende

	Studienanfänger		Studierende	
	1	2	3	4
1960	79,4	27,0	291,1	23,7
1970	125,7	28,8	510,5	30,7
1975	166,6	36,6	840,8	33,7
1980	195,0	40,1	1044,2	36,7
1985	206,8	39,8	1336,7	37,9
1986	211,9	40,2	1336,1	37,9
1987	228,9	40,3	1409,0	38,0
1988	245,3	40,0	1465,0	38,2
1989	252,4	39,6	1508,2	38,3
1990	278,2	39,3	1585,2	38,3

1 Studienanfänger insgesamt (alle Hochschularten) (in Tausend)
2 Anteil der Frauen an den Studienanfängern in Prozent
3 Studierende insgesamt (alle Hochschularten) (in Tausend)
4 Anteil der Frauen an allen Studierenden (aller Hochschularten) in Prozent

Quellen: *Grund- und Strukturdaten* des Bundesministers für Bildung und Wissenschaft (jährlich); *Wirtschaft und Statistik* 5/1990, S. 345–351 sowie 5/1991, S. 334–340.

Tabelle 6: Frauenerwerbsquoten

Von 100 Frauen sind als Erwerbspersonen gemeldet:

	Insg.	im Alter von ... bis unter ... Jahren							
		15–20	20–25	25–35	35–45	45–55	55–60	60–65	65 und mehr
1970	30,0	64,4	67,1	47,9	47,1	46,3	34,7	17,8	5,8
1975	30,9	50,6	68,4	53,9	50,5	49,4	38,4	16,4	4,4
1980	32,6	41,4	71,1	59,5	55,1	49,6	38,7	13,0	3,0
1985	35,9	41,9	73,8	64,4	61,8	54,0	37,8	10,9	2,1
1989	37,1	38,4	74,1	66,3	64,6	58,1	40,9	11,2	1,7
1990[1]	39,2	37,3	75,7	69,4	68,7	62,0	43,8	12,5	2,0

[1] Die Erwerbspersonenzahlen für 1990 sind gegenüber dem Vorjahr stark erhöht, weil erstmals auch Personen mit »geringfügiger Beschäftigung« erfaßt wurden. Ein Vergleich ist daher nur eingeschränkt möglich.

Quellen: *Statistische Jahrbücher* und andere Veröffentlichungen des Statistischen Bundesamtes, insbesondere *Bevölkerung gestern, heute und morgen* (Kohlhammer, Stuttgart 1985) und *Familien heute* (Metzler-Poeschel, Stuttgart 1990); *Wirtschaft und Statistik* 7/1990, S. 455

Tabelle 7: Familien und Haushalte

	1972	1985	1990	
	in %	in %	absolut	in %
Vollständige Familien (Eltern und Kinder)	39,8	31,9	8653000	30,7
Ehepaare ohne Kinder[1]	22,9	22,6	6387000	22,7
Einpersonenhaushalte	26,2	33,6	9849000	35,0
Mehrpersonenhaushalte ohne Verwandtschaftsverhältnis[2]	0,7	2,9	1021000	3,6
Alleinerziehende[3]	6,3	6,6	1741000	6,2
Sonstige Haushalte[4]	4,1	2,4	524000	1,9

[1] Einschließlich älterer Ehepaare, deren Kinder den Haushalt bereits verlassen haben
[2] Wohngemeinschaften und nichteheliche Lebensgemeinschaften
[3] Mehrpersonenhaushalte mit unvollständiger Familie
[4] Mehrgenerationenhaushalte, Haushalte mit Seitenverwandten, usw.

Quellen: *Statistische Jahrbücher* und andere Veröffentlichungen des Statistischen Bundesamtes, insbesondere die »Berichte zur demographischen Lage« in verschiedenen Nummern der *Zeitschrift für Bevölkerungswissenschaft; Wirtschaft und Statistik* 10/1989.

Tabelle 8: Durchschnittliche Personenzahl der Haushalte und Anteil der Einpersonenhaushalte

	1	2
1871	4,6	6,2
1910	4,4	7,3
1939	3,3	9,8
1950	3,0	19,4
1961	2,9	20,6
1975	2,6	27,6
1981	2,5	30,8
1985	2,3	33,6
1988	2,3	34,9
1989	2,2	35,3
1990	2,3	35,0

1 Durchschnittliche Personenzahl je Haushalt
2 Anteil der Einpersonenhaushalte an allen Haushalten in Prozent

Quellen: *Statistische Jahrbücher* und andere Veröffentlichungen des Statistischen Bundesamtes, insbesondere *Bevölkerung gestern, heute und morgen* (Kohlhammer, Stuttgart 1985) und *Familien heute* (Metzler-Poeschel, Stuttgart 1990).

Tabelle 9: Anteil der Bevölkerung in Einpersonenhaushalten nach dem Alter

Anteile (in %) der Bevölkerung der jeweiligen Altersgruppen, die in Einpersonenhaushalten leben

	insg.	unter 25	25–35	35–45	45–55	55–65	65 und mehr
Männer							
1972	5,9	2,4	10,1	6,0	4,8	6,7	13,3
1982	8,5	3,7	15,9	9,8	7,4	6,9	15,6
1990	12,1	5,5	22,2	13,7	11,9	9,7	16,2
Frauen							
1972	13,4	2,2	4,8	3,8	10,3	27,2	44,6
1982	16,9	4,5	10,0	5,2	8,4	23,7	53,1
1990	18,7	6,2	15,1	7,6	9,7	19,7	54,0

Quellen: *Statistische Jahrbücher* des Statistischen Bundesamtes.

Tabelle 10: Ortsgröße und Haushaltsgröße

Prozentuale Anteile der Haushalte mit... Personen

Personenzahl	1	2	3	4	5	(Durchschnitt)
Ortsgröße unter 5000						
1975	18,3	25,0	18,7	19,0	19,0	3,11
1985	22,4	28,1	19,3	18,0	12,0	2,76
1990	23,2	29,3	20,0	18,3	9,3	2,65
5000–20000						
1975	22,2	26,7	19,8	17,2	13,9	2,83
1985	26,6	29,2	19,4	16,4	8,3	2,54
1990	28,0	30,2	18,9	16,0	6,9	2,46
20000–100000						
1975	26,5	28,3	19,0	15,7	10,5	2,62
1985	31,9	30,5	17,9	13,7	5,9	2,33
1990	33,2	30,9	17,6	13,3	5,0	2,28
über 100000						
1975	34,5	30,7	17,0	12,0	5,8	2,27
1985	42,5	30,1	14,6	9,3	3,4	2,02
1990	44,3	30,1	13,7	8,7	3,1	1,97

Quellen: *Statistische Jahrbücher* des Statistischen Bundesamtes.

Bibliographischer Anhang

Dieses Buch beruht zum Teil auf unserem Forschungsbericht *Liebe, Ehe, Elternschaft. Eine qualitative Untersuchung über den Bedeutungswandel von Paarbeziehungen und seine demographischen Konsequenzen* (Günter Burkart, Beate Fietze und Martin Kohli [Materialien zur Bevölkerungswissenschaft, Heft 60], herausgegeben vom Bundesinstitut für Bevölkerungsforschung, Wiesbaden, 1989). Wir verzichten im folgenden bibliographischen Anhang auf die Wiedergabe der ganzen Fülle von Einzeluntersuchungen zu bestimmten Themen und verweisen die an dieser Spezialliteratur interessierten Leser auf den Forschungsbericht, der über das Bundesinstitut für Bevölkerungsforschung bezogen werden kann.

1. Ist die Familie noch zu retten?

Anmerkungen zu den S. 10–11 und allgemeine Literaturhinweise

Klagen über den Verfall oder Beschwörungen der Krise der Familie sind Legion. Der erwähnte Wilhelm Heinrich Riehl, ein angesehener Kulturhistoriker und Novellist, der von 1823 bis 1897 lebte, veröffentlichte 1855 sein Buch *Die Familie* (Cotta, Stuttgart).

Nachdem in den fünfziger Jahren mit den Arbeiten von Helmut Schelsky und René König, zweier bekannter Soziologen, die Familie eher positiv dargestellt wurde, kamen Ende der sechziger Jahre und in den frühen siebziger Jahren Bücher auf den Markt, die den Tod der Familie (David Cooper, *Der Tod der Familie*, Rowohlt, Reinbek 1972) verkündeten. Nach einigen Jahren familienkritischer Publikation erstarb das Interesse an Familie und Ehe. Dafür gab es mehr und mehr Frauenliteratur, Bücher über Sexualität und über neue Lebensformen.

Erst in den achtziger Jahren erwachte das Interesse an Ehe und Familie wieder, weil jetzt auch in den »nackten Datenreihen« der Bevölkerungswissenschaftler (Demographen) die Veränderungen deutlich sichtbar geworden waren. Eine Übersicht zum demographischen Wandel seit Mitte der sechziger Jahre (Geburtenrückgang, Rückgang der Eheschließungen, Zunahme der Scheidungen, Zunahme der Singles und Alleinerziehenden, Zunahme der nichtehelichen Lebensgemeinschaften) vermittelt zum Beispiel der Artikel »Die soziologische Bedeutung der demographischen Erschütterung in den Industrieländern der letzten zwanzig Jahre« von Louis Roussel in dem Band *Die »postmoderne« Familie*, herausgegeben von Kurt Lüscher, Franz Schultheis und Michael Wehrspaun (Universitätsverlag, Konstanz 1988); in diesem Sammelband finden sich weitere wichtige Artikel zu verschiedenen Aspekten. Auch im *Handbuch der Familienforschung*, herausgegeben von Rosemarie Nave-Herz und Manfred Markefka (Luchterhand, Neuwied 1989) gibt es zahlreiche einschlägige Artikel. Zu erwähnen ist weiterhin der Band *Wandel und Kontinuität der Familie in der Bundesrepublik Deutschland*, herausgegeben von Rosemarie Nave-Herz (Enke, Stuttgart 1988). Eine gute Übersicht bietet auch der Schweizer Demograph François Höpflinger in seinem Buch *Wandel der Familienbildung in Westeuropa* (Campus, Frankfurt 1987), das die Entwicklung der europäischen Länder vergleicht. – *Wie geht's der Familie?*, herausgegeben vom Deutschen Jugendinstitut (Kösel, München 1988) gibt in zahlreichen kurzen und illustrierten Artikeln ebenfalls einen knappen Überblick. Eine umfassende und dennoch anschauliche soziologische Synthese der Forschungsergebnisse hat Franz-Xaver Kaufmann vorgelegt (*Zukunft der Familie*, Beck, München 1990).

Die *Zeitschrift für Bevölkerungswissenschaft*, herausgegeben vom Bundesinstitut für Bevölkerungsforschung, veröffentlicht in jährlicher Folge ihre »Berichte zur demographischen Lage in der Bundesrepublik«, mit jeweils verschiedenen Schwerpunkten, so etwa 1987 zur Frauenerwerbsarbeit, 1989 zur Mobilität. In Heft 2/1990 erschien erstmals ein Vergleich von Daten der bisherigen DDR mit der alten Bundesrepublik. Darüber hinaus enthalten die einzelnen Jahrgänge dieser Zeitschrift eine Fülle von Artikeln zu Familie, Ehe, Geburtenentwicklung usw.

In der Zeitschrift *Wirtschaft und Statistik* werden in unregelmäßiger Folge Artikel zur aktuellen Entwicklung von Eheschließungen, Scheidungen, Geburten usw. veröffentlicht. Schließlich informieren die *Statistischen Jahrbücher* des Statistischen Bundesamtes jeweils im Spätsommer über die Entwicklung der letzten Jahre, allerdings nur in Form von »rohen« Tabellen. Etwas besser aufbereitet und auch kommentiert werden die Zahlen in verschiedenen Veröffentlichungen des Statistischen Bundesamtes. Zu nennen sind insbesondere: *Bevölkerung gestern, heute und morgen* (Kohlhammer, Stuttgart 1985), *Frauen in Familie, Beruf und Gesellschaft* (Kohlhammer, Stuttgart 1987) sowie *Familien heute* (Metzler-Poeschel, Stuttgart 1990).

Von den soziologischen und psychologischen Zeitschriften befassen sich ständig mit familien- und ehebezogenen Fragen die Periodika *Zeitschrift für Familienforschung* (herausgegeben vom Staatsinstitut für Frühpädagogik in München), *Familiendynamik* sowie *System Familie*. Wer sich mit der amerikanischen Literatur vertraut machen will, findet u. a. im *Journal of Marriage and the Family* oder in *Demography* ständig einschlägige Artikel.

Die neuere Diskussion wurde stark beeinflußt von den Arbeiten des Ehepaares Ulrich Beck und Elisabeth Beck-Gernsheim. In ihrem Buch *Das ganz normale Chaos der Liebe* (Suhrkamp, Frankfurt 1990) veröffentlichten sie einige ihrer wichtigsten Aufsätze noch einmal und ergänzten sie mit neuen Überlegungen. Sie vertreten besonders die sogenannte Individualisierungsthese, die wir im Kapitel 2 erläutern. Von Ulrich Beck stammen auch die Ausdrücke »individualisierte Risikogesellschaft«, »vollmobile Single-Gesellschaft« und »Verhandlungsfamilie auf Zeit« (*Risikogesellschaft*, Suhrkamp, Frankfurt 1986). Der Zürcher Soziologe Hans-Joachim Hoffmann-Nowotny hat in ähnlicher Weise in vielen Arbeiten die These vertreten, wir enwickelten uns zu einer »Gesellschaft von Einzelgängern« (z. B. in dem Artikel »Ehe und Familie in der modernen Gesellschaft«, in *Aus Politik und Zeitgeschichte – Beilage zur Wochenzeitung Das Parlament,* B 13/1988).

Anmerkungen zu den S. 12–13

Auf die Tatsache, daß der heutige Zustand (mit geringerer Stabilität von Ehe und Familie) – historisch langfristig betrachtet – eher dem »Normalzustand« entspricht als die fünfziger und sechziger Jahre (wo fast alle Leute verheiratet waren und Kinder hatten), weist u. a. Franz-Xaver Kaufmann in seinem Aufsatz »Familie und

Modernität« (im erwähnten Sammelband *Die »postmoderne« Familie*) hin. Einen guten Überblick zur geschichtlichen Entwicklung von Ehe und nichtehelichen Beziehungen gibt Herrad Schenk in ihrem Buch *Freie Liebe – wilde Ehe* (Beck, München 1987).

Folgende Arbeiten geben Auskunft über den Wandel der Einstellungen der Bevölkerung zu Ehe und Familie: Elisabeth Noelle-Neumann und Edgar Piel, *Eine Generation später. Bundesrepublik Deutschland 1953–1979* (Saur, München 1983); Wolfgang Glatzer und Hermann Herget, »Ehe, Familie und Haushalt«, in *Lebensqualität in der Bundesrepublik. Objektive Lebensbedingungen und subjektives Wohlbefinden*, herausgegeben von Wolfgang Glatzer und Wolfgang Zapf (Campus, Frankfurt 1984), S. 124–140; Renate Köcher/Institut für Demoskopie Allensbach, *Einstellungen zu Ehe und Familie im Wandel der Zeit* (Stuttgart 1985); Karl Otto Hondrich u. a., *Krise der Leistungsgesellschaft?* (Westdeutscher Verlag, Opladen 1988); Klaus Allerbeck und Wendy Hoag, *Jugend ohne Zukunft?* (Piper, München 1985); das zitierte Ergebnis von Allerbeck und Hoag findet sich auf S. 93. Zu den Allensbacher Ergebnissen siehe auch Renate Köcher, »Die deutsche Familie der Nachkriegszeit«, in *Psychosozial*, 11, 1988/89, S. 117–126.

Anmerkungen zu S. 15

Die Strukturveränderungen von Ehe und Familie zeigen sich nicht überall in gleicher Weise. Es gibt immer noch starke Unterschiede je nach sozialer und regionaler Lage. Statistisch-demographische Analysen zeigen häufig solche Differenzierungen (nach Bildungsgrad, Ortsgröße usw.). Zum Stadt-Land-Unterschied sind die Arbeiten des »Familienbildungsprojekts« wichtig, das an der Universität Bielefeld unter der Leitung von Franz-Xaver Kaufmann durchgeführt wurde, etwa Klaus Peter Strohmeier, »›Movers‹ und ›Stayers‹«, in *Lebenslauf und Familienentwicklung*, herausgegeben von Alois Herlth und Klaus Peter Strohmeier (Leske und Budrich, Opladen 1989). Das Deutsche Jugendinstitut in München hat ebenfalls Land- und Regionalstudien durchgeführt und solche Unterschiede nachgewiesen (Lothar Böhnisch und Heide Funk, *Jugend im Abseits? Zur Lebenslage Jugendlicher im ländlichen*

Raum, Juventa, Weinheim/München 1988; *Ländliche Lebenswelten*, herausgegeben von Lothar Böhnisch u.a., DJI/Juventa, Weinheim/München 1991). Eine »Polarisierung« in kinderlose Paare auf der einen Seite und Familien mit zwei Kindern auf der anderen Seite (und nicht den von manchen vermuteten Trend zur Einkindfamilie) konnte auch Johannes Huinink (»Das zweite Kind. Sind wir auf dem Weg zur Ein-Kind-Familie?«, in *Zeitschrift für Soziologie*, 18. Jg., 1989, S. 192–207) feststellen. Hans Bertram, der Leiter des Deutschen Jugendinstituts, hat schon mehrfach auf weiterhin bestehende große regionale Unterschiede hingewiesen, etwa in seinem Aufsatz – zusammen mit Clemens Dannenbeck – »Pluralisierung von Lebenslagen und Individualisierung von Lebensführungen. Zur Theorie und Empirie regionaler Disparitäten in der Bundesrepublik Deutschland«, in *Lebenslagen, Lebensläufe, Lebensstile*, herausgegeben von Peter A. Berger und Stefan Hradil (Sonderband 7 der Sozialen Welt, Schwartz, Göttingen 1989), S. 207–229.

2. Paare unter Individualisierungsdruck

Anmerkungen zu den S. 18–19

Das erwähnte Buch von Herrad Schenk (*Freie Liebe – wilde Ehe*) behandelt die historische Entwicklung, in der das Liebespaar allmählich von den Bindungen an Familienverband, Kirche und Staat befreit wird (»Individualisierung der Paarbeziehung und der Partnerwahl«).

Zur Rolle der Kirche bei der Partnerwahl im Mittelalter und dem Verbot der Verwandtenehe gibt es mehrere Studien: Georges Duby, *Ritter, Frau und Priester. Die Ehe im feudalen Frankreich* (Suhrkamp, Frankfurt 1985); Jack Goody, *Die Entwicklung von Ehe und Familie in Europa* (Suhrkamp, Frankfurt 1988); Michael Schröter, *»Wo zwei zusammenkommen in rechter Ehe...« Sozio- und psychogenetische Studien über Eheschließungsvorgänge vom 12. bis 15. Jahrhundert* (Suhrkamp, Frankfurt 1985).

Zur Individualisierungstheorie sind, wie schon erwähnt, besonders die Arbeiten von Ulrich Beck (*Risikogesellschaft*, 1986) und Elisabeth Beck-Gernsheim zu nennen. Während er sich mit den allgemeinen Aspekten des Individualisierungstrends beschäftigte, arbeitete sie die Konsequenzen für die Frauen heraus (in ihren Aufsätzen in *Das ganz normale Chaos der Liebe*). Weitere Literatur zur Individualisierungstheorie: Martin Kohli, »Die Institutionalisierung des Lebenslaufs«, in *Kölner Zeitschrift für Soziologie und Sozialpsychologie*, 37. Jg., 1985, S. 1–29; *Handlungsspielräume. Untersuchungen zur Individualisierung und Institutionalisierung von Lebensläufen in der Moderne*, herausgegeben von Ansgar Weymann (Enke, Stuttgart 1989); *Vom Ende des Individuums zur Individualität ohne Ende?*, herausgegeben von Hanns-Georg Brose und Bruno Hildenbrand (Leske und Budrich, Opladen 1988).

Individualisierung meint, so Beck in einer seiner neueren Veröffentlichungen (*Das ganz normale Chaos der Liebe*, S. 12f.): »Die Biographie des Menschen wird aus traditionalen Vorgaben und Sicherheiten, aus fremden Kontrollen und überregionalen Sittengesetzen herausgelöst, offen, entscheidungsabhängig und als Aufgabe in das Handeln jedes einzelnen gelegt. Die Anteile der prinzipiell entscheidungsverschlossenen Lebensmöglichkeiten nehmen ab, und die Anteile der entscheidungsoffenen, selbst herzustellenden Biographie nehmen zu. *Normal*biographie verwandelt sich in *Wahl*biographie – mit allen Zwängen und ›Frösten der Freiheit‹ (Gisela von Wysocki), die dadurch eingetauscht werden.«

Die Rede von der »Pluralisierung von Lebensformen« kam auf, um anzudeuten, daß heute nicht mehr nur die eine Familienform (Ehepaar mit Kindern) existiert, sondern eine Fülle verschiedener Wohn- und Lebensformen möglich und real geworden ist. Dazu: Wolfgang Zapf u. a., *Individualisierung und Sicherheit* (Beck, München 1987) sowie Hans Bertram und Renate Borrmann-Müller, »Individualisierung und Pluralisierung familialer Lebensformen«, in *Aus Politik und Zeitgeschichte – Beilage zur Wochenzeitung Das Parlament,* B 13/1988.

Anmerkungen zu den S. 22–23

Zur Theorie individueller Entscheidung und rationaler Wahl gibt es ein schwieriges, aber einflußreiches Buch: Jon Elster, *Subversion der Rationalität* (Campus, Frankfurt 1987). Stärker auf das Thema Ehe und Familie bezogen sind François de Singly, *Fortune et infortune de la femme mariée* (Presses Universitaires de France, Paris 1987) und Bernhard Naucks Aufsatz »Eltern-Kind-Beziehungen bei Deutschen, Türken und Migranten« (in *Zeitschrift für Bevölkerungswissenschaft,* 16. Jg., 1990, S. 87–120). Von der Neuen Haushaltsökonomie wird die Frage des Kinderkriegens als rationale Entscheidung auf der Grundlage von »Kosten-Nutzen«-Abwägungen betrachtet (vgl. z. B. Klaus F. Zimmermann, »Eine ökonomische Theorie von Familie und Bevölkerungsentwicklung« in *Bevölkerungsentwicklung und Bevölkerungspolitik in der Bundesrepublik*, herausgegeben von der Landeszentrale für politische Bildung Baden-Württemberg (Kohlhammer, Stuttgart 1988), S. 38–54.

Anmerkungen zu den S. 24–25

Das Buch des Bielefelder Soziologen Niklas Luhmann, *Liebe als Passion* (Suhrkamp, Frankfurt 1982) behandelt am Beispiel von Liebesliteratur aus dem 17. und 18. Jahrhundert die Entwicklung der modernen Liebe. Sie ist für ihn das Ergebnis des Individualisierungsprozesses, in dessen Verlauf sich ein steigender Bedarf an persönlicher (intimer) Kommunikation entwickelt hat, weil die alten (familiären, verwandtschaftlichen, dörflichen) Bindungen zerfallen sind. Das hat schließlich dazu geführt, daß ein neues »System« für Intimität notwendig wurde. Die Paarbeziehung ist das Subsystem für Intimität und persönliche Kommunikation geworden, sein Steuerungsmedium heißt »Liebe«.

3. Stabilitätsverlust und Emanzipation

Anmerkungen zu den S. 28–30

Scheidung
Der markanteste Ausdruck des Stabilitätsverlustes von Ehe und Familie sind natürlich die gestiegenen Scheidungszahlen. Die oben erwähnten Veröffentlichungen des Statistischen Bundesamtes und des Bundesinstituts für Bevölkerungsforschung informieren regelmäßig über die neuesten Entwicklungen der Scheidungszahlen und der qualitativen Veränderungen. In *Wirtschaft und Statistik* (12/1990) erschien von Christine Paul der Artikel »Ehescheidungen 1989«. Eine schon etwas ältere, aber immer noch informative Übersicht zur Lage in den USA gibt es von Everett D. Dyer: »Scheidung und Scheidungsfolgen in den USA. Ein Überblick«, in *Kölner Zeitschrift für Soziologie und Sozialpsychologie*, 38. Jg., 1986, S. 581–600. Zu den Tendenzen in der früheren DDR siehe Dagmar Meyer, »Ehescheidung in der ehemaligen DDR«, in *Zeitschrift für Bevölkerungswissenschaft*, 17. Jg., 1991, S. 33–47.

Anmerkungen zu den S. 31–32

Hans-Peter Heekerens (*Die zweite Ehe*, Deutscher Studien Verlag, Weinheim 1988) befaßt sich mit einer besonderen Folgeerscheinung von Scheidungen: den Wiederverheiratungen, also den Zweit- und Drittehen.

Neben einschlägigen Artikeln in amerikanischen Zeitschriften (z. B. Arthur J. Norton und Jeanne E. Moorman, »Current trends in marriage and divorce among American women«, in *Journal of Marriage and the Family*, 49. Jg., 1987, S. 3–14) sind zwei Bücher zum Thema Scheidung und Wiederverheiratung hervorzuheben: Frank F. Furstenberg und Graham B. Spanier, *Recycling the family. Remarriage after divorce* (Sage, Beverly Hills 1984), sowie Graham B. Spanier und Linda Thompson, *Parting: The aftermath of separation and divorce* (Sage, Beverly Hills 1984).

Anmerkungen zu den S. 32–34

Eine soziologische Analyse von Scheidungsgründen bietet: Peter H. Hartmann, *Warum halten Ehen nicht ewig?* (Westdeutscher Verlag, Opladen 1989). Eine zeitgeschichtliche Analyse des Anstiegs der Scheidungen in der Bundesrepublik haben Rosemarie Nave-Herz u.a. unternommen (*Scheidungsursachen im Wandel,* Kleine Verlag, Bielefeld 1990). Über Scheidungsprobleme und Scheidungsfolgen aus verschiedenen Perspektiven: von Betroffenen, von Anwält(inn)en und von Scheidungsrichtern geht es in dem Buch *Wenn aus Ehen Akten werden. Scheidungsprotokolle*, herausgegeben von Margarete Fabricius-Brand (Campus, Frankfurt 1989). Josef Loidl gibt in *Scheidung. Ursachen und Hintergründe. Ein Beitrag zur Familien-Soziologie mit einer Studie über Scheidungsgründe aus der Sicht von Rechtsanwälten* (Böhlau, Wien 1985) eine gute allgemeine Einführung zur Scheidungsproblematik aus soziologischer Sicht, dazu Informationen zur österreichischen Situation und eine Analyse von Scheidungsfällen aus der Sicht von Scheidungsanwälten.

Über die gestiegene Lebenserwartung berichtet eindrucksvoll der Historiker Artur Imhof (*Die gewonnenen Jahre*, Beck, München 1981).

Das Zitat von Rosemarie Nave-Herz über die lange Zeit, die man heute mit seinem Ehepartner verbringt, stammt aus ihrem Aufsatz »Kontinuität und Wandel in der Bedeutung, in der Struktur und Stabilität von Ehe und Familie in der Bundesrepublik Deutschland« (S. 75) in dem von ihr herausgegebenen Buch *Wandel und Kontinuität der Familie in der Bundesrepublik Deutschland* (Enke, Stuttgart 1988).

Herrad Schenk baut ihr schon mehrfach erwähntes Buch (*Freie Liebe – wilde Ehe*) auf der These auf, daß die Einführung der Liebe in die Ehe zur Auflösung der Ehe führen müsse.

Anmerkungen zu den S. 35–37

Eine gute Übersicht zur historischen Entwicklung des Scheidungsrechts bietet Dirk Blasius, *Ehescheidung in Deutschland 1794–1945* (Vandenhoeck & Ruprecht, Göttingen 1987).

Zu den Scheidungsfolgen (vor allem den Folgen für Kinder) gibt es die Resultate einer amerikanischen Langzeitstudie: Judith S. Wallerstein und S. Blakeslee, *Gewinner und Verlierer – Frauen, Männer, Kinder nach der Scheidung* (Droemer Knaur, München 1989). Und allgemein zur deutschen Situation Karl Schwarz, »›Zwischen Vater und Mutter‹ oder ›In welchen Familien wachsen unsere Kinder auf?‹«, in *Zeitschrift für Bevölkerungswissenschaft*, 14. Jg., 1988, S. 107–108.

Anmerkungen zu den S. 38–41

Bildungsbeteiligung und Erwerbsarbeit von Frauen

Daten zur wachsenden Bildungsbeteiligung der Frauen finden sich jährlich neu in den *Grund- und Strukturdaten* des Bundesministers für Bildung und Wissenschaft. Ein Überblick zur These, daß die Bildungsexpansion vor allem den Frauen aus den Mittelschichten genützt hat, findet sich in *Maturanten, Studenten, Akademiker*, herausgegeben von Günter Burkart (Kärntner Druck- und Verlagsgesellschaft, Klagenfurt 1985).

Die beste Darstellung des langfristigen Wandels der Erwerbsbeteiligung von Frauen stammt von Walter Müller, Angelika Willms und Johann Handl (*Strukturwandel der Frauenarbeit 1880–1980,* Campus, Frankfurt 1983). Wer sich genauer über das aktuelle Ausmaß der Erwerbsbeteiligung von Frauen informieren will, kann sich – neben den erwähnten Veröffentlichungen des Statistischen Bundesamtes – auf die Analysen des Instituts für Arbeitsmarkt- und Berufsforschung in Nürnberg beziehen, die zum Beispiel in den *Mitteilungen aus der Arbeitsmarkt- und Berufsforschung* veröffentlicht werden. Auch verschiedene andere Institute (z. B. Wissenschaftszentrum Berlin, Deutsches Institut für Wirtschaftsforschung, Berlin) befassen sich ständig mit diesen Fragen.

Die Aufsätze von Hans-Joachim Hoffmann-Nowotny (»Weibliche Erwerbstätigkeit und Kinderzahl«) und von Hans Bertram und Renate Borrmann-Müller (»Von der Hausfrau zur Berufsfrau?«) in dem Buch *Frauensituation. Veränderungen in den letzten zwanzig Jahren*, herausgegeben von Yvonne Schütze und Uta Gerhardt (Suhrkamp, Frankfurt 1988) informieren über das Ausmaß und die Bedeutung der Erwerbstätigkeit von Frauen im allgemeinen sowie von verheirateten Frauen und von Müttern im besonderen.

Das »Drei-Phasen-Modell« wurde von Alva Myrdal und Viola Klein in ihrem Buch *Die Doppelrolle der Frau in Familie und Beruf* (Köln 1960) ausgearbeitet.

Über die Untersuchung von Hans Kohler und Lutz Reyher über die Erwerbstätigkeitsphasen von rund 100000 Frauen der Geburtsjahrgänge 1901–1926 wird in den *Mitteilungen aus der Arbeitsmarkt- und Berufsforschung,* 3. Jg., 1970, S. 286–297, berichtet.

Das Zitat von Wolfgang Glatzer und Hermann Herget über den Anteil von »Familienfrauen« im Jahr 1980 stammt aus ihrem Aufsatz »Ehe, Familie und Haushalt«, in *Lebensqualität in der Bundesrepublik. Objektive Lebensbedingungen und subjektives Wohlbefinden*, herausgegeben von Wolfgang Glatzer und Wolfgang Zapf (Campus, Frankfurt 1984), S. 124–140 (das Zitat S. 134).

Die beiden Zitate aus den USA: Das erste ist von Ira Reiss, *Family systems in America* (Holt, Rinehart & Winston, New York 1980), S. iv; das zweite von Carol C. Nadelson und Theodore Nadelson, »Dual-career marriages: Benefits and costs«, in *Dual-career couples,* herausgegeben von Fran Pepitone-Rockwell (Sage, Beverly Hills/London 1980), S. 92.

Das Zitat von Charlotte Höhn ist dem »Bericht zur demographischen Lage in der Bundesrepublik Deutschland« entnommen (zusammen mit Reiner Schulz in *Zeitschrift für Bevölkerungswissenschaft*, 13. Jg., 1987, S. 203). Über den Zusammenhang zwischen der Verkürzung der Lebensarbeitszeit und der Frauenerwerbsquote schreiben Klaus Jacobs und Martin Kohli (»Der Trend zum frühen Ruhestand«, in *WSI-Mitteilungen*, 43. Jg., 1990, S. 498–509). Von Bernd Becker (»Entwicklung der Erwerbstätigkeit«, in *Wirtschaft und Statistik*, 4/1988, S. 237–245) stammt die Aussage über den Unterschied des Anstiegs der Erwerbsquoten zwischen Männern und Frauen.

Mit den Problemen, die berufstätigen Frauen in einer männlichen Berufswelt immer noch entgegenstehen, befassen sich zum Beispiel Jerry A. Jacobs, *Revolving doors. Sex segregation and women's careers,* Stanford University Press, 1989) oder Carsten Cornelsen (»Erwerbstätige mit Hochschulabschluß nach Hauptfachrichtungen«, in *Wirtschaft und Statistik,* 5/1991). Und eine Reihe weiterer Studien widmet sich dem Problem der Vereinbarkeit von Beruf und Mutterschaft – vgl. dazu die Anmerkungen zum 11. und 12. Kapitel.

Anmerkungen zu den S. 42–43

Allgemein zu Doppelverdiener-Paaren siehe *Dual-career couples,* herausgegeben von Fran Pepitone-Rockwell (Sage, Beverly Hills/ London 1980).

Über die erwähnte Studie zum Zusammenhang von Berufszufriedenheit und Kinderzahl berichten Lynn White und Hyunju Kim in »The family-building process: childbearing choices by parity«, in *Journal of Marriage and the Family,* 49. Jg., 1987, S. 271–279. Zum Zusammenhang von gemeinsam verbrachter Zeit und Ehezufriedenheit bei Doppelverdiener-Paaren siehe Paul Kingston und Steven Nock, »Time together among dual-earner couples«, in *American Sociological Review*, 52. Jg., 1987, S. 391–400.

Von »Karrierefrauen« älteren Typs in Deutschland handelt das Buch von Erika Bock-Rosenthal, Christa Haase und Sylvia Streeck, *Wenn Frauen Karriere machen* (Campus, Frankfurt 1978).

4. Zusammenleben mit und ohne Trauschein

Anmerkungen zu den S. 45–47

Die engere Ehe-Definition ist den *Grundbegriffen der Soziologie* entnommen (herausgegeben von Hermann Schäfers, Leske und Budrich, Opladen 1986); die Definition von René König aus seinem Beitrag »Hochzeit als Ausgangspunkt zur Darstellung der Rolle der Frau im interkulturellen Vergleich« für den Ausstellungsband *Die Braut*, herausgegeben von Gisela Völger und Karin von Welck (Rautenstrauch-Joest-Museum, Köln 1985). Siehe auch René König, *Die Familie der Gegenwart* (Beck, München 1974) sowie den Artikel »Ehe und Ehescheidung« im *Wörterbuch der Soziologie*, herausgegeben von Wilhelm Bernsdorf (Enke, Stuttgart 1972). Die Zitate von Kurt Tucholsky, Immanuel Kant und Bertolt Brecht sind dem *Insel-Buch der Ehe* (Frankfurt 1986) entnommen. Das Tucholsky-Zitat ist aus dem Gedicht »Ehekrach«, das Kant-Zitat aus dem Kapitel »Recht der Ehe« in seiner *Metaphysik der Sitten*, das Brecht-Gedicht »Über Kants Definition der Ehe in der ‹Metaphysik der Sitten›« (*Gesammelte Werke*, Suhrkamp, Frankfurt, Band 9, S. 609). Das Goethe-Zitat stammt aus den *Wahlverwandtschaften* (I. Teil, 9. Kap., S. 380f., Cotta 1958).

Das Zitat des Juristen Paul Weimar ist aus seinem Aufsatz »Ehe als Rechtsinstitut«, in *Die nichteheliche Lebensgemeinschaft*, herausgegeben von Albin Eser (Schöningh, Paderborn 1985), S. 94.

Für die Entwicklung der Eheschließungszahlen und -quoten sind die bereits mehrfach erwähnten Veröffentlichungen des Statistischen Bundesamtes heranzuziehen.

Anmerkungen zu S. 49

Die Daten über die Heiratsquoten der Geburtsjahrgänge in den europäischen Ländern stammen aus François Höpflinger, *Wandel der Familienbildung in Westeuropa* (Campus, Frankfurt 1987), S. 70, Tab. 7.

Der Begriff »European Marriage Pattern« wurde 1965 von dem Demographen John Hajnal geprägt. Er fand heraus, daß es bestimmte Regionen Europas gab (vor allem im Westen und im Norden), in denen die Leute gewöhnlich in weit höherem Alter heirateten und weit mehr Leute auf Dauer unverheiratet blieben, als man bis dahin geglaubt hatte und als es etwa im Orient der Fall war (vgl. Michael Mitterauer, *Sozialgeschichte der Jugend*, Suhrkamp, Frankfurt 1986, S. 27ff.).

Zu den Heiratsbeschränkungen: Herrad Schenk, *Freie Liebe-wilde Ehe*, S. 103ff., Klaus-Jürgen Matz, *Pauperismus und Bevölkerung. Die gesetzlichen Ehebeschränkungen in den süddeutschen Staaten während des 19. Jahrhunderts* (Stuttgart 1980); Winfried Henke, »Eheverbote«, in *Beiträge zu Bevölkerungsfragen*, herausgegeben von Hans W. Jürgens und Heinrich Tegtmeyer (Beilage 4 zur *Zeitschrift für Bevölkerungswissenschaft*, Heft 1/1988), S. 3–9.

Zusammenleben ohne Trauschein

Zum Begriff und zur Geschichte des »Konkubinats« siehe Clausdieter Schott, »Lebensgemeinschaft zwischen Ehe und Unzucht – ein historischer Überblick«, in *Die nichteheliche Lebensgemeinschaft*, herausgegeben von Albin Eser (Schöningh, Paderborn 1985), S. 13–32; Peter Weimar, »Ehe als Rechtsinstitut«, im selben Band, S. 81–98. Daraus auch das Zitat von Clausdieter Schott zum »Hafen der Ehe« (S. 14). Das Zitat des Psychiaters: Erich Stern, *Die Unverheirateten* (Enke, Stuttgart 1957), S. 3.

Übersichten zu nichtehelichen Lebensgemeinschaften: Sibylle Meyer und Eva Schulze, »Nichteheliche Lebensgemeinschaften – Alternativen zur Ehe?«, in *Kölner Zeitschrift für Soziologie und Sozialpsychologie*, 35. Jg., 1983, S. 735–754; Hartmann Tyrell, »Literaturbericht«, in *Nichteheliche Lebensgemeinschaften in der Bundesrepublik Deutschland* (Schriftenreihe des Bundesministers für Jugend, Familie und Gesundheit, Bd. 170), Stuttgart, S. 93–140; Max Wingen, *Nichteheliche Lebensgemeinschaften. Formen – Motive – Folgen* (Interfrom, Zürich/Osnabrück 1984); Jan Trost, »Nichteheliche Lebensgemeinschaften«, in: *Handbuch der Familien- und Jugendforschung*, herausgegeben von Rosemarie Nave-Herz und Manfred Markefka (Luchterhand, Neuwied 1989), *Band 1: Familienforschung*, S. 363–373; Günter Burkart, Nichteheliche Paarbeziehungen und kultureller Wandel, in *Zeitschrift für Familienforschung*, 3. Jg., 1991.

Für Schweden: Ann K. Blanc, »The formation and dissolution of second unions: Marriage and cohabitation in Sweden and Norway«, in *Journal of Marriage and the Family*, 49. Jg., 1987, S. 391–400; David Popenoe: »Beyond the nuclear family: A statistical portrait of the changing family in Sweden«, in *Journal of Marriage and the Family*, 49. Jg., 1987, S. 173–183; Jan Trost, »Nichteheliche Lebensgemeinschaften« im bereits mehrfach genannten *Handbuch der Familien- und Jugendforschung*, Band 1, S. 363–373.

Frankreich: Pierre-Alain Audirac, »La cohabitation: un million de couples non mariés«, in *Economie et Statistique,* No. 185, 1986, S. 13–33; eine zusammenfassende Übersicht bei Martine Segalen, *Die Familie* (Campus, Frankfurt 1989), S. 190ff. – Für die

Schweiz: Kurt Lüscher, »Haushalte und Familien in der Schweiz. Streiflichter auf die schweizerische Volkszählung 1980«, in *Neue Zürcher Zeitung*, 6.8.1985; François Höpflinger, »Nichteheliche Lebensgemeinschaften in der Agglomeration Zürich: Einige explorative Daten«, in *Schweizerische Zeitschrift für Soziologie*, 15. Jg., 1989, S. 39–55. – Ungarn: Elwood Carlson und Andras Klinger, »Partners in life: Unmarried couples in Hungary«, in *European Journal of Population*, 3. Jg., 1987, S. 85–99.

Anmerkungen zu den S. 55–56

In der Bundesrepublik gibt es erst seit etwa zehn Jahren empirische Studien und statistische Auswertungen zur Verbreitung nichtehelichen Zusammenlebens. 1978 führte das Bundesinstitut für Bevölkerungsforschung eine Befragung junger Frauen in vier ausgewählten Regionen durch (Katharina Pohl, »Wende oder Einstellungswandel? Heiratsabsichten und Kinderwunsch 18–28jähriger deutscher Frauen 1978 und 1983«, in *Zeitschrift für Bevölkerungswissenschaft*, 11. Jg., 1985, S. 89–110). Karl Schwarz (»Die Haushalte der Unverheirateten und der verheiratet Getrenntlebenden«, in *Zeitschrift für Bevölkerungswissenschaft*, 7. Jg., 1981, S. 447–473) sowie Wilfried Linke und Gisela Clausen (»Sonderauswertung von Mikrozensusdaten«, in *Nichteheliche Lebensgemeinschaften in der Bundesrepublik Deutschland* [Schriftenreihe des Bundesministers für Jugend, Familie und Gesundheit, Band 170], Kohlhammer, Stuttgart, S. 141–168) nahmen Schätzungen der Zahl der nichtehelichen Lebensgemeinschaften auf der Grundlage der Haushaltsstatistik des Mikrozensus vor. 1983 wurde eine erste repräsentative Befragung durch EMNID durchgeführt, deren Ergebnisse im eben erwähnten Band des BMJFG veröffentlicht wurden. Daneben existiert eine Reihe kleinerer Studien unterschiedlichster Reichweite und Qualität.

Anmerkungen zu S. 60

Larry L. Bumpass und James A. Sweet (»National estimates of cohabitation«, in *Demography*, 26. Jg., 1989, S. 615–626) berichten über die amerikanische Untersuchung zur Dauerhaftigkeit von nichtehelichen Lebensgemeinschaften; vgl. auch Arland Thornton (»Cohabitation and marriage in the 1980s«, in *Demography*, 25. Jg., 1988, S. 497–508) mit Schätzungen, daß nach zwei Jahren zwei Drittel der Kohabitationen (von 23jährigen) beendet bzw. in Ehen übergegangen waren.

5. Wo die Familie noch selbstverständlich ist

Anmerkungen zu den S. 62–63

Zur Geschichte der Familie gibt es inzwischen reichhaltiges Material. Eine populäre Gesamtdarstellung fehlt noch (das Buch von Herrad Schenk beschränkt sich mehr auf die Paarbeziehung). Gute Darstellungen einzelner Epochen gibt es bei Peter Laslett, *Verlorene Lebenswelten. Geschichte der vorindustriellen Gesellschaft* (Böhlau, Wien 1988); Richard van Dülmen, *Kultur und Alltag in der frühen Neuzeit, Erster Band: Das Haus und seine Menschen, 16.–18. Jahrhundert* (Beck, München 1990). Die beiden Zitate zu Beginn des 5. Kapitels sind aus diesen Büchern: van Dülmen, S. 12f., Laslett, S. 12. Vgl. ferner Edward Shorter, *Die Geburt der modernen Familie* (Rowohlt, Reinbek 1977); mehr auf Frankreich bezogen, aber auch allgemein interessant weite Teile des Buches von Martine Segalen (*Die Familie*, Campus, Frankfurt 1990). Von Heidi Rosenbaum (*Formen der Familie. Untersuchungen zum Zusammenhang von Familienverhältnissen, Sozialstruktur und sozialem Wandel in der deutschen Gesellschaft des 19. Jahrhunderts,* Suhrkamp, Frankfurt 1984) und Ingeborg Weber-Kellermann (*Die Familie. Geschichte. Geschichten und Bilder,* Insel, Frankfurt 1976) gibt es Untersuchungen für das 19. Jahrhundert, im Buch von Ingeborg Weber-Kellermann auch mit schönen Bilddarstellungen.

Den »Mythos von der Großfamilie« hat besonders Peter Laslett durch minutiöse historische Untersuchungen zerstört, allerdings schwer zugänglich in Spezialveröffentlichungen. Michael Mitterauer, ein Familienhistoriker aus Wien, hat viel zur Verbreitung seiner Ergebnisse getan (*Vom Patriarchat zur Partnerschaft*, zusammen mit Reinhard Sieder, Beck, München 1977). Bahnbrechend für die Aufdeckung des Unterschiedes zwischen der Bedeutung von Privatbereich und Intimität im Mittelalter und in der Neuzeit waren die Arbeiten von Norbert Elias, dem 1990 im Alter von 93 Jahren verstorbenen Soziologen (*Über den Prozeß der Zivilisation,* Zwei Bände, Suhrkamp, Frankfurt 1969). Ein interessantes Buch zur Geschichte des Waschens (und der Einführung von Badezimmer und Toilette) stammt vom französischen Soziologen Georges Vigarello (*Seife und Wasser, Puder und Parfüm,* Campus, Frankfurt 1988).

6. Eine Alternative zum Ehe-Gefängnis

Anmerkungen zu den S. 81–82

Das Zitat über die Ehe als sexualfeindliche Institution ist dem Buch *Repressive Familienpolitik* von Dietrich Haensch entnommen (Rowohlt, Reinbek 1969, S. 39, S. 50). Das Zitat der jungen Schwedin: Kristina Ahlmark-Michanek, *Jungfrauenglaube und Doppelmoral* (Rowohlt, Reinbek 1968, S. 35). Und schließlich: Sibylle Meyer und Eva Schulze, *Balancen des Glücks* (Beck, München 1990, S. 21, S. 27).

7. Verhinderte Ehepaare

Anmerkungen zu den S. 95–98

Allgemein zu den Heiratsbeschränkungen: Michael Mitterauer, *Ledige Mütter* (Beck, München 1983); dort findet man auch Hinweise zu den *poverty cultures*, d. h. zu jenen Ländern, in denen das Ausmaß von Armut und daher auch der Anteil der Unverheirateten groß ist, weil nur geheiratet wird, wenn eine gewisse wirtschaftliche Basis vorhanden ist. Vgl. ferner Herrad Schenk, *Freie Liebe – wilde Ehe*, S. 101 ff.; von dort auch die Zitate. Zu den erwähnten Heiratsbeschränkungen im einzelnen: Über die bayrische Polizeiordnung von 1616 siehe Mitterauer, S. 132f.; das Beispiel des Esslinger Mechanikers ist bei Herrad Schenk erwähnt (S. 104); zur Situation in Kiebingen (Württemberg) vgl. Wolfgang Kaschuba und Carola Lipp, *Dörfliches Überleben* (Tübinger Vereinigung für Volkskunde, Tübingen 1982), S. 317f. Zur Entwicklung des Eherechts siehe Thilo Ramm, *Familienrecht, Band I, Recht der Ehe* (dtv-Beck, München 1985).

Zu den Untersuchungen, die einen hohen Anteil prinzipiell Heiratswilliger bei gleichzeitiger Ablehnung der Ehe mit dem gegenwärtigen Partner feststellen: In der EMNID-Studie von 1983 (*Nichteheliche Lebensgemeinschaften in der Bundesrepublik Deutschland*, Stuttgart 1985, S. 29) wird ein Anteil von 28% angegeben, die zwar heiraten möchten, jedoch nicht ihren gegenwärtigen Partner. In einer neueren Studie werden bei 29% der befragten Paare bei beiden Partnern »Vorbehalte gegen die Beziehung (hatten zumindest manchmal Trennungsgedanken und/oder fühlen sich ›weniger glücklich‹ in dieser Beziehung)« festgestellt; dazu kommen weitere 26% der Paare, bei denen einer der Partner Vorbehalte hat (Laszlo Vaskovics u.a., *Optionen der Elternschaft und der Lebensgestaltung in nichtehelichen Lebensgemeinschaften*, Forschungsbericht, Bamberg 1990, S. 60).

8. Die neue Gleichgültigkeit

Anmerkungen zu den S. 107–108

Die »unbewußte Kollusion« in Paarbeziehungen hat vor allem Jürg Willi beschrieben (*Die Zweierbeziehung*, Rowohlt, Reinbek 1975). Herrad Schenk zeigt: Auch die Ehe ohne Trauschein kann zum Gefängnis werden (*Freie Liebe – wilde Ehe*, S. 226f.).

André Béjin hat in zwei Aufsätzen die Ähnlichkeiten zwischen Ehen und nichtehelichen Lebensgemeinschaften herausgearbeitet: »Ehe ohne Trauschein heute«, in *Die Masken des Begehrens und die Metamorphosen der Sinnlichkeit* (mit Beiträgen von Philippe Ariès u.a., Fischer, Frankfurt 1984), S. 197–208, sowie »Ehe ohne Trauschein und Post-Adoleszenz: Anmerkungen zu einigen Mythen des ›Nicht-Übergangs‹«, in *Die ›postmoderne‹*

Familie, herausgegeben von Kurt Lüscher, Franz Schultheis und Michael Wehrspaun (Universitätsverlag, Konstanz 1988), S. 180–190.

9. Fortsetzungsehen

Anmerkungen zu den S. 118–120

Literatur zur Wiederverheiratung ist bereits zum Teil in den Anmerkungen zum 3. Kapitel (Scheidung und Wiederverheiratung) genannt worden. Zur »Fortsetzungsehe« gibt es von Frank Furstenberg auch zwei Artikel auf deutsch: zum einen »Fortsetzungsehen. Ein neues Lebensmuster und seine Folgen« in *Soziale Welt*, 39. Jg., 1987, S. 29–39, zum anderen »Die Entstehung des Verhaltensmusters ›sukzessive Ehen‹«, in *Die »postmoderne« Familie*, S. 73–83.

»Beim nächsten Mann wird alles besser« ist die Trostformel (Beck/Beck-Gernsheim, *Das ganz normale Chaos der Liebe*, S. 10). *Beim nächsten Mann wird alles anders* ist der ironische Titel des unglaublichen Verkaufserfolgs von Eva Heller (Fischer, Frankfurt 1987). Das zeigt, daß sich mit der »Fortsetzungsehe« viele Hoffnungen verbinden, obwohl die realistische Ironie des Buches gerade darin liegt zu zeigen, daß Fortsetzungsbeziehungen vielfach nur eine Flucht vor den immer gleichen Schwierigkeiten darstellen – daß es besser ist, dort zu bleiben, wo zwar nicht alles in Ordnung ist, als das Glück dort zu suchen, wo auf den ersten Blick alles golden glänzt. Die Fortsetzungsehe ist heute vielleicht weniger eine schon bewährte Institution als eine institutionalisierte Hoffnung, ein Fluchtpunkt. Sobald es in der eigenen Beziehung kriselt, taucht der Gedanke auf, daß es beim nächsten Mann oder bei der nächsten Frau wirklich besser sein könnte.

10. Alleinleben – Getrenntleben

Anmerkungen zu den S. 132–136

Datengrundlage für die Feststellung der Einpersonenhaushalte, deren Zahl annäherungsweise angibt, wie viele Personen am Stichtag alleine wohnen, ist die Haushaltsstatistik, die durch den Mikrozensus ständig aktualisiert wird. In *Wirtschaft und Statistik* (10/1990) findet sich der Artikel »›Singles‹ – Versuch einer Beschreibung« von Hannelore Pöschl. Auch die *Statistischen Jahrbücher* sowie andere Veröffentlichungen des Statistischen Bundesamtes geben laufend Hinweise auf die Veränderungen der Haushaltszusammensetzung sowie Zahl und Altersstruktur der Einpersonenhaushalte.

Das Zitat von Charlotte Höhn und Reiner Schulz findet sich auf S. 182 der *Zeitschrift für Bevölkerungswissenschaft,* 13. Jg., 1987, in ihrem »Bericht zur demographischen Lage in der Bundesrepublik Deutschland«.

Eine der wenigen nichtamtlichen Untersuchungen, die versuchte, die Zahl der Singles abzuschätzen, war die Studie *Der Mann (Brigitte-Untersuchung 1985)* von Sigrid Metz-Göckel und Ursula Müller; eine Kurzfassung der Ergebnisse findet sich in »Partner oder Gegner? Überlebensweisen der Ideologie vom männlichen Familienernährer«, in *Soziale Welt*, 38. Jg., 1986, S. 4–28.

Zwei qualitative Studien: Hermann Schreiber, *Singles – Allein leben besser als zu zweit?* (Ullstein, Frankfurt/Wien 1980); Sibylle Meyer und Eva Schulze, *Balancen des Glücks. Neue Lebensformen: Paare ohne Trauschein, Alleinerziehende und Singles* (Beck, München 1989).

Anmerkungen zu S. 138

Aussagen darüber, daß Singles nicht nur unbeschwert, sondern manchmal auch einsam sind oder zu Depressionen neigen, findet man in den meisten Studien. Gelegentlich wird darüber berichtet, daß Singles weniger zufrieden seien und eher zum Selbstmord neigten. Auch ihre Anfälligkeit gegenüber Krankheiten scheint höher zu sein, wie zum Beispiel die *Neue Apotheken Illustrierte* in ihrer Ausgabe 11/1990 (S. 12) unter der Überschrift »Singles leben gefährlicher« berichtet. Dort wird eine australische Studie zitiert, in der gezeigt worden sei, daß Unverheiratete ein höheres Herzinfarkt-Risiko hätten als Verheiratete. Das gelte besonders für die 35–39jährigen. »Das liegt, so meinen die Wissenschaftler, nicht nur an der allgemein ungesünderen Lebensweise von Singles. Der Singlestatus selbst stelle einen gewichtigen Infarktrisikofaktor dar. Die Ehe dagegen wirke positiv auf Lebenswandel, psychisch und physisch stabilisierend und ganz allgemein vorbeugend gegen Krankheiten«, schreiben die Journalisten der *Neuen Apotheken Illustrierten*.

11. Kinderlosigkeit

Anmerkungen zu den S. 154–159

Die Gründe des Geburtenrückgangs werden u.a. dargestellt in *Bevölkerungsentwicklung und Bevölkerungspolitik in der Bundesrepublik*, herausgegeben von der Landeszentrale für politische Bildung in Baden-Württemberg (Kohlhammer, Stuttgart 1988); Charlotte Höhn, »Einflußfaktoren des generativen Verhaltens. Zwischenbilanz zu den Gründen des Geburtenrückgangs«, in *Zeitschrift für Bevölkerungswissenschaft*, 12. Jg., 1986, S. 309–323. Häufig, auch hier, wird davor gewarnt, die gestiegene Erwerbsbeteiligung der Frauen direkt mit dem Geburtenrückgang in Zusammenhang zu bringen, denn im europäischen Vergleich zeigt sich, daß es Länder mit niedriger Frauenerwerbsquote und niedriger Geburtenrate gibt und umgekehrt. Zur Diskussion von Frauenerwerbsarbeit und Geburtenrückgang vgl. auch die Arbeiten von Elisabeth Beck-Gernsheim; ferner die bereits erwähnten Aufsätze von Hans-Joachim Hoffmann-Nowotny (»Weibliche Erwerbstätigkeit und Kinderzahl«) und von Hans Bertram und Renate Borrmann-Müller (»Von der Hausfrau zur Berufsfrau?«) in dem Buch *Frauensituation. Veränderungen in den letzten zwanzig Jahren*, herausgegeben von Yvonne Schütze und Uta Gerhardt (Suhrkamp, Frankfurt 1988), und schließlich die methodisch anspruchsvolle kohortenanalytische Untersuchung von Johannes Huinink, *Ausbildung, Erwerbsbeteiligung von Frauen und Fami-*

lienbildung im Kohortenvergleich (Arbeitspapier Nr. 293, Sonderforschungsbereich 3, Frankfurt/Mannheim 1989).

Eine amerikanische Untersuchung kommt zu dem Ergebnis, daß die Berufstätigkeit der Frau keinen direkten negativen Einfluß auf die Verwirklichung der Elternschaft hat, jedoch die Bereitschaft für ein zweites Kind deutlich senkt (Lynn K. White und Hyunju Kim, »The family-building process: Childbearing choices by parity«, in *Journal of Marriage and the Family*, 49. Jg., 1987, S. 271–279).

Einflußreich wurde die sogenannte »Neue Haushaltsökonomie«. Sie erklärt den Geburtenrückgang mit den gestiegenen »Kosten« und dem gesunkenen »Nutzen« von Kindern für die Eltern. Diese Theorie, von amerikanischen Wirtschaftswissenschaftlern (insbesondere Gary S. Becker) entwickelt, wurde im deutschen Sprachraum etwa durch Klaus F. Zimmermann (»Eine ökonomische Theorie von Familie und Bevölkerungsentwicklung«, in *Bevölkerungsentwicklung und Bevölkerungspolitik in der Bundesrepublik,* herausgegeben von der Landeszentrale für politische Bildung in Baden-Württemberg, Kohlhammer, Stuttgart 1988, S. 38–54) oder Bernhard Felderer und Michael Sauga (*Bevölkerung und Wirtschaftsentwicklung*, Campus, Frankfurt 1988) bekannt gemacht.

Zu den Gründen von Kinderlosigkeit gibt es im deutschen Sprachraum noch nicht allzu viel (vgl. den Übersichtsartikel von Rosemarie Nave-Herz und Ursula Oßwald: »Kinderlose Ehen« im *Handbuch der Familien- und Jugendforschung*, herausgegeben von Rosemarie Nave-Herz und Manfred Markefka (Luchterhand, Neuwied 1989), *Band 1: Familienforschung*, S. 375–387.

Über die gestiegenen Ansprüche an Elternschaft und Erziehung siehe Yvonne Schütze, »Zur Veränderung im Eltern-Kind-Verhältnis seit der Nachkriegszeit«, in *Wandel und Kontinuität der Familie in der Bundesrepublik Deutschland*, herausgegeben von Rosemarie Nave-Herz (Enke, Stuttgart 1988), S. 95–114; Elisabeth Beck-Gernsheim, »Alles aus Liebe zum Kind«, in *Das ganz normale Chaos der Liebe*. Sie zitiert dort auch neuere Untersuchungen, in denen bereits vom »Zuwendungsterror« die Rede ist. Das zeigt sich besonders in den »Ratgebern« für Eltern, wo es bis zur paradoxen Forderung kommt, die Eltern sollten sich *bemühen*, ihr Kind *ganz entspannt* zu betreuen und natürlich zu erziehen.

Der Bielefelder Demograph Herwig Birg hat eine »biographische Theorie der Fertilität« entwickelt, die zeigt, daß wegen höherer Bildungs- und Berufsansprüche die Entscheidung für eine Geburt oft so lange aufgeschoben wird, bis es (fast) zu spät ist. Vgl. dazu sein Buch (zusammen mit Helmut Koch) *Der Bevölkerungsrückgang in der Bundesrepublik Deutschland* (Campus, Frankfurt 1987), aus dem auch die Prognose zur Geburten- und Bevölkerungsentwicklung bis zum Jahr 2030 entnommen ist. In diesem Buch finden sich einige Varianten der Bevölkerungsvorausschätzung, die alle übereinstimmend von einem deutlichen Rückgang der Geburten ausgehen, wenn auch in den einzelnen Modellen – je nach den zugrundegelegten Annahmen – das Ausmaß des Rückgangs unterschiedlich gesehen wird. Außerdem gibt es Berechnungen über die Geburtenzahl der ausländischen Bevölkerung, die zeigen, daß deren Geburtenniveau sich dem der deutschen Bevölkerung annähert, wenn auch der direkte Vergleich wegen der sehr unterschiedlichen Alters- und Erwerbsstruktur schwierig ist. Eine kurze Zusammenfassung der Bevölkerungsentwicklung und seiner Theorie gibt Birg in dem Aufsatz »Die demographische Zeitenwende«, in *Spektrum der Wissenschaften*, 1/1989.

Die Beispiele aus der DDR und Rumänien zu den kurzzeitigen Effekten bevölkerungspolitischer Maßnahmen hat Heinz Vortmann (Deutsches Institut für Wirtschaftsforschung, Berlin) 1990 auf einer Bielefelder Tagung vorgestellt. Allgemein dazu: Charlotte Höhn und Hermann Schubnell, »Bevölkerungspolitische Maßnahmen und ihre Wirksamkeit in ausgewählten europäischen Industrieländern«, in *Zeitschrift für Bevölkerungswissenschaft*, 12. Jg., 1986, S. 3–51, 185–219.

12. Kind und Karriere / 13. Individualismus und Familiensinn im Konflikt

Anmerkungen zu den S. 169–170

Zusammenfassend zum Stichwort »Androgynisierung« (Annäherung der Geschlechterrollen) siehe Dorothee Bierhoff-Alfermann, *Androgynie – Möglichkeiten und Grenzen der Geschlechterrollen* (Westdeutscher Verlag, Opladen 1989).

Zur Doppelbelastung von Frauen und zum Vereinbarkeitsproblem vgl. die entsprechenden Anmerkungen zum 3. und 11. Kapitel. Beispielhaft erwähnt seien noch drei Studien aus den USA, die zeigen, daß hochqualifizierte Frauen auf bezahlte Haushaltshilfe und Kinderbetreuung angewiesen sind, wenn sie Mutter sein wollen – es sei denn, der Partner ist bereit, sein Interesse an der Karriere stark zurückzustellen: Rosanna Hertz, *More equal than others: Women and men in dual-career marriages* (University of California Press, Berkeley 1986); Arlie R. Hochschild, *The second shift – Working parents and the revolution at home* (Viking, New York 1989; jetzt auch auf deutsch: *Der 48-Stunden-Tag*), Kathleen Gerson, *Hard choices: How women decide about work, career, and motherhood* (University of California Press, Berkeley 1985).

Das Heft 2/1991 der *WSI-Mitteilungen* (Monatszeitschrift des Wirtschafts- und Sozialwissenschaftlichen Instituts des Deutschen Gewerkschaftsbundes) hat den Schwerpunkt »Beruf, Karriere – und wie geht's der Familie?«.

Die berufliche Wiedereingliederung von Frauen ist der Themenschwerpunkt eines Heftes der Zeitschrift *Frauenforschung* (7. Jg., 1989, Doppelheft 1+2). Der Vereinbarkeit von Elternschaft und Beruf ist eine Umfrage gewidmet, die von *Brigitte* in Zusammenarbeit mit dem Deutschen Jugendinstitut (München) durchgeführt worden ist: Gisela Erler u.a., *Kind? Beruf? Oder beides? (Brigitte-Untersuchung 1988)* (Hamburg/München 1988). Ausführlicher untersucht werden diese Fragen in einem Projekt im Rahmen des »Sonderforschungsbereichs 186« an der Universität Bremen unter Leitung von Helga Krüger; vgl. Helga Krüger und Claudia Born, »Unterbrochene Erwerbskarrieren und Berufsspezifik: Zum Arbeitsmarkt- und Familienpuzzle im weiblichen Lebenslauf«, in *Vom Regen in die Traufe. Frauen zwischen Beruf und Familie,* herausgegeben von Karl-Ulrich Mayer, Jutta Allmendinger und Johannes Huinink (Campus, Frankfurt 1991), S. 142–161.

14. Partnerschaft und Arbeitsteilung

Anmerkungen zu den S. 198–199

Die wohl ausführlichste Darstellung der Literatur über Väter findet sich in dem zweibändigen Werk von Wassilios E. Fthenakis (*Väter. Zur Psychologie der Vater-Kind-Beziehung,* dtv, München 1988). Vgl. auch Werner Schneider, *Die neuen Väter* (AV-Verlag, Augsburg 1989).

Von der »Feminisierung der Kultur« und der »Feminisierung der Liebe« spricht zum Beispiel Francesa M. Cancian in ihrem Aufsatz »The feminization of love« (in der feministischen Zeitschrift *Signs*, 11. Jg., 1986, S. 692–709). Ähnlich wie Cancian, wenn auch grundsätzlicher und mit psychoanalytischem Hintergrund, argumentiert Reimut Reiche in dem Buch *Geschlechterspannungen* (Fischer, Frankfurt 1990); es gibt für ihn nicht zwei Geschlechter, sondern zwei Ausprägungen eines Geschlechts.

In verschiedenen Untersuchungen wird nach den Anteilen von Mann und Frau an verschiedenen Haushaltstätigkeiten gefragt. Über das »Wohlfahrtssurvey« von 1980 berichten Wolfgang Glatzer und Hermann Herget, »Ehe, Familie und Haushalt«, in *Lebensqualität in der Bundesrepublik. Objektive Lebensbedingungen und subjektives Wohlbefinden,* herausgegeben von Wolfgang Glatzer und Wolfgang Zapf (Campus, Frankfurt 1984), S. 124–140 (das Zitat S. 134).

Dort kam zum Beispiel heraus: Von fünf Haushaltstätigkeiten (Wohnung sauber halten, Fenster putzen, Bettwäsche waschen, Mahlzeiten zubereiten, einkaufen) machten die verheirateten Frauen im Durchschnitt 4,7, wobei keine größeren Unterschiede zwischen jüngeren und älteren Frauen, kinderlosen Frauen und Müttern auszumachen waren. Lediglich bei den jungen Ledigen lag der Durchschnittswert wesentlich niedriger, nämlich bei 2,6. Das bedeutet allerdings nicht, daß die jungen ledigen Männer besonders viel im Haushalt machen würden: Ihr Durchschnittswert lag nur bei 1,2 (S. 127). »Von den alltäglichen Haushaltsaufgaben, die in einem Haushalt anfallen, erledigen die ganztags erwerbstätigen Frauen nicht viel weniger als die zeitweise und nichterwerbstätigen Frauen«, schreiben die Autoren dieser Untersuchung (S. 134f.).

Andere Studien kommen zu vergleichbaren Ergebnissen. Die Geburt eines Kindes führt im allgemeinen dazu, daß die traditionale Arbeitsteilung im Haushalt noch verstärkt wird, selbst dann, wenn die Frau berufstätig bleibt (Höpflinger, *Wandel der Familienbildung in Westeuropa*, S. 122). Auch die früher erwähnte Brigitte-Studie (Sigrid Metz-Göckel und Ursula Müller, *Der Mann [Brigitte-Untersuchung 1985],* Hamburg 1985) zeigt, daß viele Hausarbeiten immer noch ganz überwiegend von den Frauen gemacht werden; ebenso die EMNID-Studie (*Nichteheliche Lebensgemeinschaften in der Bundesrepublik Deutschland* [Schriftenreihe des Bundesministers für Jugend, Familie und Gesundheit, Band 170], Kohlhammer, Stuttgart, S. 60ff.). In ihrer Sekundäranalyse der EMNID-Studie finden Sibylle Meyer und Eva Schulze allerdings deutliche Unterschiede nach dem Bildungsniveau:

»Während die in qualifizierten Berufen tätigen Frauen in allen Altersgruppen überwiegend eine alleinige Verantwortung für die Hausarbeit verneinen, übernimmt die Gruppe der nichtberufstätigen Frauen mit niedrigem Bildungsniveau – ebenfalls in allen Altersgruppen – Hausarbeit überwiegend allein.« (Sibylle Meyer und Eva Schulze: »Nichteheliche Lebensgemeinschaften – Eine Möglichkeit zur Veränderung des Geschlechterverhältnisses?«, in *Kölner Zeitschrift für Soziologie und Sozialpsychologie*, 40. Jg., 1988, S. 337–356 (das Zitat S. 354).

Anmerkungen zu S. 204

Angaben zum Bügeln als einer Haushaltstätigkeit, die von Männern verabscheut wird, finden sich auf S. 24 der *Brigitte-Untersuchung 1985*: Während beim »Abtrocknen« immerhin 13% und beim »Aufräumen« 10% der Männer ankreuzen: »mache überwiegend ich« – dazu noch jeweils 2% »ist meine Sache« –, sind die entsprechenden Anteile für »Bügeln« 1% und 0%. Und selbst »mache ich nur gelegentlich« kreuzen nur 11% an. Bügeln »mache ich nie« kreuzen 87% an.

15. Treue und Trennungsgründe

Anmerkungen zu den S. 210–211

Einem ziemlich langen Artikel zur Geschichte und zur Bedeutungsvielfalt von »Treue« aus dem *Deutschen Wörterbuch* der Gebrüder Grimm ist das Zitat über die deutsche Nationaltugend entnommen (11. Band, I. Abteilung, II. Teil, Leipzig 1952, Sp. 287).

Die Zitate von Horst Krüger und Alexander Mitscherlich stammen aus dem Buch: Alexander Mitscherlich und Gerd Kalow, *Über Treue und Familie. Zwei Gespräche* (Piper, München 1972), S. 15f., S. 37.

Juristen beschäftigen sich heute – nachdem die Frage der Untreue keine Rolle mehr im Scheidungsverfahren spielt – weniger mit der ehelichen, sondern mehr mit der geschäftsmäßigen »Untreue« im Strafrecht, etwa der Veruntreuung von Firmengeldern oder der unerlaubten Kreditvergabe. Zum Beispiel Karl Heinz Labsch, *Untreue (§ 266 StGB). Grenzen und Möglichkeiten einer neuen Deutung* (Schmidt-Römhild, Lübeck 1983).

Anmerkungen zu den S. 213–218

Pascal Bruckner und Alain Finkielkraut (*Die neue Liebesunordnung,* Hanser, München 1979, S. 161f.) schrieben vom Unheil der Zweierbeziehung, die durch das törichte Ideal der Liebesehe heraufbeschworen worden sei.

Das Zitat der österreichischen Zeitgeist-Seismographinnen: Cheryl Benard und Edit Schlaffer, »Othello im Zeitalter der Beziehungskiste« in *Liebe, Freundschaft und so weiter*, herausgegeben von *Psychologie heute* (Beltz, Weinheim 1988), S. 113–123 (Zitat S. 119).

Das »Achtundsechziger«-Zitat über Monogamie, Ehe und Treue stammt von Karin Schrader-Klebert, »Die kulturelle Revolution der Frau«, in *Kursbuch* 17, 1969, S. 1–46 (S. 25f.). Und die beiden folgenden Zitate: Peter Schneider, »Die Sache mit der ‹Männlichkeit›. Gibt es eine Emanzipation der Männer?«, in *Kursbuch* 35, 1974, S. 103–132 (S. 106). Barbara Sichtermann, »›...bewahre mich davor, ein deutsches Kleinstadtmädchen Flamenco tanzen zu sehen.‹ Ein Interview mit Barbara Sichtermann«, in: *diskus – Frankfurter Studentenzeitung*, Heft X, Juni 1984, S. 7–10 (S. 9).

Das Zitat »Wir wollten da ehrlicher leben...« ist eine Interview-Äußerung, zitiert bei Marina Gambaroff, *Utopie der Treue* (Rowohlt, Reinbek 1984), S. 44. Von der Eheberaterin Hildegard Baumgart ist das Buch *Eifersucht. Erfahrungen und Lösungsversuche im Beziehungsdreieck* (Rowohlt, Reinbek 1985; inzwischen unter einem neuen Titel auch als Taschenbuch).

Das Ergebnis aus dem Allensbacher Umfrageinstitut ist entnommen dem Buch: Renate Köcher, *Einstellungen zu Ehe und Familie im Wandel der Zeit* (Eine Repräsentativuntersuchung des Instituts für Demoskopie Allensbach, im Auftrag des Ministeriums für Arbeit, Gesundheit, Familie und Sozialordnung Baden-Württemberg, Stuttgart 1985).

Der Hinweis auf die Untersuchungen, die eine immer noch hohe Mißbilligung von Untreue feststellen, stammt aus dem Aufsatz von Annette Lawson und Colin Samson, »Age, Gender and Adultery«, in *British Journal of Sociology,* 39. Jg., 1988, S. 409–440 (S. 437). Annette Lawson hat außerdem ein dickes Buch über Ehebruch geschrieben: *Adultery* (Basic Books, New York 1988).

Carol Botwin *(Männer, die nicht treu sein können*, Hoffmann & Campe, Hamburg 1989) meint » ›Untreue = Verrat‹ ist eine weibliche Formel« (S. 67). In diesem Buch findet sich eine praktisch nützliche, aber auch soziologisch interessante Zusammenstellung von Faktoren, die sexuelle Untreue begünstigen (S. 48ff.).

Die Nachfolgeuntersuchung einer früheren Studie über Studentensexualität hat Ulrich Clement durchgeführt (*Sexualität im sozialen Wandel*, Enke, Stuttgart 1986).

Zu AIDS schreibt Jürgen Gerhards (»Intimitätsmuster, risikoarmes Sexualverhalten und die Chancen aufklärender Steuerung«, in *Kölner Zeitschrift für Soziologie und Sozialpsychologie,* 41. Jg., 1989, S. 540–554):

»Eine Option für Treue als Problemlösung der weiteren Ausbreitung von Aids muß gleichsam mit Gegenwind rechnen, weil sie gegen den Trend gesellschaftlichen Wandels gesetzt ist. Insofern scheinen der zweiten Problemlösung – safer sex – bessere Chancen der Akzeptanz beschieden zu sein.« (S. 541)

16. Der Milieu-Vergleich: Die Vielfalt der Wege in die Zukunft

Anmerkungen zu S. 235

Von dem amerikanischen Historiker Edward Shorter, der 1975 das Buch *The making of the modern family* (Basic Books, New York, dt. *Die Geburt der modernen Familie*, Rowohlt, Reinbek 1977) veröffentlicht hat, stammt die griffige Unterscheidung »traditionale, moderne, postmoderne Familie«. Ähnlich angelegt hat Neil Postman den historischen Vergleich in seinen Büchern *Das Verschwinden der Kindheit* (1983) und *Wir amüsieren uns zu Tode* (1985; beide Fischer, Frankfurt).

Anmerkungen zu den S. 241–242

Zu den historischen Veränderungen im Arbeitermilieu im Verlauf des 20. Jahrhunderts vgl. die Studie von Josef Mooser, *Arbeiterleben in Deutschland 1900–1970* (Suhrkamp, Frankfurt 1984).

Anmerkungen zu S. 248

Die Daten zum Nord-Süd-Gefälle in der Bundesrepublik sind aus dem Aufsatz von Hartmut Häußermann und Walter Siebel »Die Polarisierung der Großstadtentwicklung im Süd-Nord-Gefälle«, in *Süd-Nord-Gefälle in der Bundesrepublik? Sozialwissenschaftliche Analysen*, herausgegeben von Jürgen Friedrichs, Hartmut Häußermann und Walter Siebel (Westdeutscher Verlag, Opladen 1986), S. 70–96.

T. Berry Brazelton

Zerreißproben

Familienkrisen und wie sie bewältigt werden können
Aus dem Amerikanischen von Hainer Kober. 253 Seiten. Kt.

Wieder legt der berühmte amerikanische Kinderarzt ein Buch vor, das seiner Maxime folgt: Probleme sind normal, und die, die sie lösen, werden dabei stärker und reifer. Aber während T. Berry Brazelton in seinem letzten Buch *Die ganz normalen Katastrophen* die Klaviatur der normalen Alltagsprobleme durchgespielt hat, führt er in *Zerreißproben* außergewöhnliche Belastungssituationen vor Augen, mit denen Familien konfrontiert sind und mit denen zu leben ihnen schließlich gelingt.

Und was ist mit den Kindern?

Beruf und Kind. Beispiele, Erfahrungen, Hilfen
für berufstätige Mütter und Väter
Aus dem Amerikanischen von Hainer Kober. 273 Seiten. Kt.

»Ein einfühlsames Buch für Eltern, die zwischen Kind und Beruf hin-und herhetzen. Darüber hinaus wird in einigen Kapiteln auch die besondere Situation Alleinerziehender berücksichtigt.« Brigitte

Mein Kind verstehen

Entwicklungsprobleme der ersten Lebensjahre
Aus dem Amerikanischen von Hainer Kober. 246 Seiten. Serie Piper 1512

»T. Berry Brazelton hat ein Buch geschrieben, auf das gestreßte Eltern geradezu sehnsüchtig gewartet haben. *Mein Kind verstehen* ist nämlich mehr als ›nur‹ ein Ratgeber, um mit Ängsten, Krankheiten, Daumenlutschen, Bettnässen, Schlafschwierigkeiten und Disziplinfragen besser fertig zu werden. Es ist vor allem eine Hilfe, diese ganz normalen, aber oft als erdrückend empfundenen Probleme in ihrer Bedeutung für die kindliche Entwicklung zu begreifen.«
Chancen – Magazin für Leben, Umwelt, Technik

Die ganz normalen Katastrophen

Das gesunde und das kranke Kind in den ersten Lebensjahren
Aus dem Amerikanischen von Hainer Kober. 251 Seiten. Kt.